HUBERT SCHMELTER

Rechtsschutz gegen nicht zur Rechtsetzung gehörende Akte der Legislative

Schriften zum Öffentlichen Recht

Band 314

Rechtsschutz gegen nicht zur Rechtsetzung gehörende Akte der Legislative

Gleichzeitig ein Beitrag zur Auslegung des Art. 19 Abs. 4 GG

Von

Dr. Hubert Schmelter

DUNCKER & HUMBLOT / BERLIN

CIP-Kurztitelaufnahme der Deutschen Bibliothek

Schmelter, Hubert

Rechtsschutz gegen nicht zur Rechtsetzung gehörende Akte der Legislative: gleichzeitig e. Beitr. zur Auslegung d. Art. 19 Abs. 4 GG. — 1. Aufl. — Berlin: Duncker und Humblot, 1977.
(Schriften zum Öffentlichen Recht; Bd. 314)
ISBN 3-428-03811-8

D 6

Gedruckt 1977 bei Buchdruckerei A. Sayffaerth - E. L. Krohn, Berlin 61
Printed in Germany

ISBN 3 428 03811 8

Vorwort

Diese Untersuchung hat dem Fachbereich Rechtswissenschaft der Westfälischen Wilhelms-Universität Münster im Wintersemester 1975/76 als Dissertation vorgelegen. Sie ist während meiner Tätigkeit als wissenschaftlicher Assistent am Kommunalwissenschaftlichen Institut der Universität Münster entstanden.

Referent ist Herr Professor Dr. Christian-Friedrich Menger gewesen. Herr Professor Dr. Werner Hoppe hat trotz starker Belastung durch ein Prorektorat das Korreferat übernommen.

An dieser Stelle möchte ich nochmals Herrn Professor Dr. Christian-Friedrich Menger herzlich für die wohlwollende Förderung meiner Untersuchungen danken.

Ferner bin ich Herrn Ministerialrat a. D. Professor Dr. Broermann für die Aufnahme dieser Abhandlung in sein Verlagsprogramm zu Dank verpflichtet.

Münster/Westf., im November 1976

Hubert Schmelter

Inhaltsverzeichnis

Abkürzungsverzeichnis

Allgemein gebräuchliche Abkürzungen sind im Verzeichnis nicht aufgeführt. Für Abkürzungen der juristischen Fachsprache wird ergänzend auf Hildebert Kirchner, Abkürzungsverzeichnis der Rechtssprache, 2. Auflage, Berlin 1968, hingewiesen.

a. A.	= anderer Ansicht
ABl.	= Amtsblatt
AcP	= Archiv für die civilistische Praxis
AöR	= Archiv des öffentlichen Rechts
Art.	= Artikel
Bad., bad.	= Baden, badisch
Bad.-Württ., bad.-württ.	= Baden-Württemberg, baden-württembergisch
Bay., bay.	= Bayern, bayrisch
Bay VBl.	= Bayerische Verwaltungsblätter
BFH	= Bundesfinanzhof
BGB	= Bürgerliches Gesetzbuch
BGBl.	= Bundesgesetzblatt
BGHZ	= Entscheidungen des Bundesgerichtshofs in Zivilsachen
BHO	= Bundeshaushaltsordnung
BK	= Kommentar zum Bonner Grundgesetz. Bearbeitet von Hans Jürgen Abrahahm, Ottmar Bühler, Bodo Dennewitz u. a. Hamburg 1950 ff. Zweitbearbeitungen 1964 ff.
Bl., bl.	= Berlin, berliner
BR	= Bundesrat
Brem., brem.	= Bremen, bremisch
BSG	= Bundessozialgericht
BT	= Bundestag
Bu MinG	= Bundesministergesetz
BVerfG	= Bundesverfassungsgericht
BVerfGG	= Bundesverfassungsgerichtsgesetz
BVerwG	= Bundesverwaltungsgericht
Diss.	= Dissertation
DJT	= Deutscher Juristentag
DÖV	= Die Öffentliche Verwaltung
DöD	= Der öffentliche Dienst
DRiZ	= Deutsche Richterzeitung
DRZ	= Deutsche Rechtszeitschrift
DV	= Deutsche Verwaltung
DVBl.	= Deutsches Verwaltungsblatt
E	= Amtliche Sammlung der Entscheidungen des jeweils davor genannten Gerichts
EVwVerfG	= Musterentwurf eines Verwaltungsverfahrensgesetzes — EVwVerfG 1963, 2. Auflage, mit Anhang „Münchener Fassung“, Köln—Berlin 1968

EGGVG	= Einführungsgesetz zum Gerichtsverfassungsgesetz
EvStL	= Evangelisches Staatslexikon. Herausgegeben von Hermann Kunst und Siegfried Grundmann in Verbindung mit Wilhelm Schneemelcher und Roman Herzog, Stuttgart—Berlin 1966
FamRZ	= Zeitschrift für das gesamte Familienrecht
GeschO	= Geschäftsordnung
GG	= Grundgesetz
Grundrechte	= Die Grundrechte. Handbuch der Theorie und Praxis der Grundrechte. Herausgegeben von Karl August Bettermann, Hans Carl Nipperdey, Ulrich Scheuner (sowie Franz Neumann, nur Bd. II). Berlin 1954 bis 1962
GS	= Gesetzessammlung
GVBl.	= Gesetz- und Verordnungsblatt
Hamb., hamb.	= Hamburg, hamburgisch
HdbDStR	= Handbuch des Deutschen Staatsrechts. Herausgegeben von Gerhard Anschütz und Richard Thoma. 2 Bände, Tübingen 1930, 1932
Hess., hess.	= Hessen, hessisch
JöR	= Jahrbuch des öffentlichen Rechts
JuS	= Juristische Schulung
JW	= Juristische Wochenschrift
LT	= Landtag
Lts.	= Leitsatz
LVerf.	= Landesverfassung
MDR	= Monatsschrift für Deutsches Recht
MRVO	= Militärregierungsverordnung
MV	= Minderheitsvotum (abweichende Meinung, „dissenting opinion“)
Nds., nds.	= Niedersachsen, niedersächsisch
N.F.	= Neue Folge
NJW	= Neue Juristische Wochenschrift
NW, nw	= Nordrhein-Westfalen, nordrhein-westfälisch
OLG	= Oberlandesgericht
OVG	= Oberverwaltungsgericht
Preuß., preuß.	= Preußen, preußisch
RBHG	= Gesetz des Reiches für seine Beamten
Rdnr.	= Randnummer
RG	= Reichsgericht
RGBl.	= Reichsgesetzblatt
Rspr.	= Rechtsprechung
RStW	= Recht-Staat-Wirtschaft. Bd. 1 - 4. Schriftenreihe für staatswissenschaftliche Fortbildung. Herausgegeben von Hermann Wandersleb. 1949 - 1953
Saarl., saarl.	= Saarland, saarländisch
Schl.-Holst., schl.-holst.	= Schleswig-Holstein, schleswig-holsteinisch

SGG	= Sozialgerichtsgesetz
SJZ	= Süddeutsche Juristenzeitung
Sp.	= Spalte
Staatsbürger und Staatsgewalt	= Verwaltungsrecht und Verwaltungsgerichtsbarkeit in Geschichte und Gegenwart. Jubiläumsschrift. Zum hundertjährigen Bestehen der deutschen Verwaltungsgerichtsbarkeit und zum zehnjährigen Bestehen des Bundesverwaltungsgerichtes. Im Auftrage der Vereinigung der Präsidenten der deutschen Verwaltungsgerichte herausgegeben von Helmut R. Külz und Richard Naumann. 2 Bände. Karlsruhe 1963
Sten.Ber.	= Stenographischer Bericht
Stenoprot.	= Stenographisches Protokoll
StGH	= Staatsgerichtshof
Verf.	= Verfassung
VerfGH	= Verfassungsgerichtshof
VerwArch.	= Verwaltungsarchiv
VerwRspr.	= Verwaltungsrechtsprechung
VG	= Verwaltungsgericht
VGG	= Gesetz über die Verwaltungsgerichtsbarkeit (für Bayern, Bremen, Hessen und Württemberg-Baden)
VGH	= Verwaltungsgerichtshof
VVDStRL	= Veröffentlichungen der Vereinigung der Deutschen Staatsrechtslehrer
VwGO	= Verwaltungsgerichtsordnung
WehrpflG	= Wehrpflichtgesetz
zit.	= zitiert
ZRP	= Zeitschrift für Rechtspolitik
ZZP	= Zeitschrift für Zivilprozeß

Einleitung

„Wird jemand durch die öffentliche Gewalt in seinen Rechten verletzt, so steht ihm der Rechtsweg offen", heißt es in Art. 19 Abs. 4 Satz 1 GG, einem Novum in der deutschen Verfassungsgeschichte. Anfänglich erfuhr dieses „formelle Hauptgrundrecht" *(Friedrich Klein)* eine fast als euphorisch zu bezeichnende Zustimmung, die nach den Erfahrungen des nationalsozialistischen Mißbrauchs der Staatsmacht nur allzu verständlich erscheint. „Königlicher Artikel" nannte *Walter Jellinek* diese Vorschrift, um hier nur eine der zahlreichen ähnlich lautenden Charakterisierungen zu nennen, die dem hohen verfassungsrechtlichen Rang dieser Verfassungsnorm gerecht werden sollten. — Doch bald zeigte sich, daß der gleichermaßen mit einer Aureole umgebene Artikel des Grundgesetzes nicht davor gefeit war, in die „Niederungen" juristischer Auseinandersetzungen gezogen zu werden.

Nachdem Friedrich Klein auf der Staatsrechtslehrertagung im Jahre 1949 in einem grundlegenden Referat zur „Tragweite der Generalklausel in Art. 19 Abs. 4 des Bonner Grundgesetzes" noch fast unwidersprochen behaupten konnte, der Begriff „öffentliche Gewalt" in Art. 19 Abs. 4 GG umfasse nur Verwaltungshandeln, sind bis heute nahezu sämtliche Kriterien der Rechtsweggarantie, freilich mit unterschiedlicher Intensität, umstritten. Einigkeit herrscht lediglich darüber, daß der Schwerpunkt der Bedeutung des Art. 19 Abs. 4 GG im Rechtsschutz gegen die Exekutive liegt.

Zentrales Thema wissenschaftlicher Betrachtung ist in neuerer Zeit das Problem, ob und wie Rechtsschutz gegen Rechtsnormen gewährt werden kann. — Auch nach dem sogenannten Abhörurteil des Bundesverfassungsgerichts aus dem Jahre 1970 (BVerfGE Bd. 30 S. 1 ff.) ist der Streit darüber nicht verstummt, ob Art. 19 Abs. 4 GG durch Art. 79 Abs. 3 GG einer Einschränkung und Modifizierung durch verfassungsänderndes Gesetz entzogen ist. Umstritten ist ferner, ob es trotz der Rechtsweggarantie des Art. 19 Abs. 4 GG noch sogenannte gerichtsfreie Hoheitsakte gibt, um nur einige der wesentlichen Streitpunkte zu nennen.

Die nicht zur Rechtsetzung gehörenden Akte der Legislative werden, wenn sie unter Aspekten des Individualrechtsschutzes überhaupt erörtert werden, teilweise mit Regierungsakten, militärischen Kommandoentscheidungen und Gnadenakten in einem Atemzug genannt und den sogenannten gerichtsfreien Hoheitsakten zugerechnet. Entweder fehlt die Begründung für diese Auffassung, oder sie ist unzureichend und wenig überzeugend.

Dürig hat daher in seiner Kommentierung des Art. 17 GG zum Problem des Rechtsschutzes gegen nicht zur Rechtsetzung gehörende Akte der Legislative zutreffend bemerkt, dieser Bereich stelle eine „dogmatisch graue Sphäre" dar.

In dieser Untersuchung soll der Versuch unternommen werden, diese „Grauzone" des Rechtsschutzes aufzuhellen.

I. Gegenstand der Untersuchung und Problemstellung

Das Grundgesetz spricht — in dem Abschnitt über den Bundestag, III. Abschnitt Art. 38 - 49 GG — lediglich in Art. 42 Abs. 2 Satz 1 von einem „Beschlusse des Bundestages" und legt dort die für das Zustandekommen eines solchen Beschlusses erforderliche Stimmenzahl fest[1]. Diese Vorschrift bezieht sich in erster Linie auf Gesetzesbeschlüsse gemäß Art. 77 Abs. 1 Satz 1 GG, die als Gegenstand dieser Untersuchung ausscheiden. Solchen Akten regelrechter (förmlicher) Parlamentsgesetzgebung[2] steht eine Vielzahl von nicht in Gesetzesform verabschiedeten Beschlüssen des Parlaments gegenüber.

Otto Mayer[3] hat diese Form parlamentarischen Handelns neben anderen „Tätigkeiten" im Staatsleben (z. B. Amtsniederlegung des Staatsoberhauptes) mit dem Begriff „verfassungsrechtliche Hilfstätigkeiten" umschrieben. Ob diese Bezeichnung glücklich gewählt ist[4], mag hier zunächst dahinstehen[5]. Soweit dieser Begriff jedoch heute noch Verwendung findet, dient er (auch) zur Umschreibung des Phänomens der „Nicht-Gesetzesbeschlüsse" der Legislative[6], deren Bedeutung es im Hinblick auf den Rechtsschutz im folgenden zu klären gilt.

Der — u. a. im Titel der Untersuchung verwendete — Begriff „Legislative" wird im organisatorischen Sinn gebraucht, d. h. er soll

---

1 Die entsprechende Vorschrift der Verfassung des Landes NW (Art. 44 Abs. 2) lautet: „Der Landtag faßt seine *Beschlüsse* mit Stimmenmehrheit."

2 *Klein*, JuS 1964, S. 181 ff. (184).

3 Verwaltungsrecht I, S. 7.

4 Zweifelnd insoweit *Forsthoff*, Verwaltungsrecht I, S. 12.

5 Eine kritische Würdigung der Mayerschen Begriffsbildung unter Einbeziehung weiterer zweifelnder oder ablehnender Stimmen in der Literatur erfolgt unten auf S. 19 - 21.

6 Vgl. etwa *Dürig*, in: Maunz / Dürig / Herzog, GG, Art. 17 Rdnr. 81; *Maunz*, in: Maunz / Dürig / Herzog, GG, Art. 20 Rdnr. 143; *Wolff / Bachof*, Verwaltungsrecht I, § 46 III b) 2.; *Forsthoff*, Verwaltungsrecht I, S. 12; *Obermayer*, Verwaltungsakt, S. 50.

die Staatsorgane bezeichnen, denen die Rechtsetzung überwiegend zugewiesen ist (m. a. W. die die „Rechtsetzungsprärogative" besitzen[7]), also die „besondere(n) Organe der Gesetzgebung" i. S. d. Art. 20 Abs. 2 Satz 2 GG als Inhaber der gesetzgebenden Gewalt.

Dies sind neben dem Bundestag (bei unterschiedlichen Mitwirkungsbefugnissen des Bundesrates) die Parlamente der Länder. Die Untersuchung beschränkt sich im wesentlichen auf Beschlüsse des Bundestages. Solche der Länderparlamente werden nur einbezogen, falls sie im Hinblick auf einen möglichen Rechtsschutz Unterschiede aufweisen oder zur allgemeinen Klärung des Problems beitragen können. Beschlüsse von Gemeindevertretungen scheiden als Untersuchungsgegenstand aus, da diese als Organe der Verwaltung nicht der Legislative zuzuordnen sind[8], und somit die Rechtsschutzproblematik eine andere ist als bei den nicht zur Rechtsetzung gehörenden Akten der Legislative.

Neben Beschlüssen des Bundestages (des Plenums), die sicherlich den Hauptgegenstand der Untersuchung bilden, sind außerdem Akte von sogenannten Unterorganen des Parlaments einzubeziehen. Ausgangspunkt ist die Qualifizierung des Parlaments als Organ[9]. Dieses bildet Unterorgane, deren Handlungen rechtlich als solche des Organs gelten, bevor sie endgültig dem Organträger zugerechnet werden; d. h. in concreto: als — zumindest mittelbare — Parlamentsakte angesehen werden können. In erster Linie ist an Beschlüsse von Ausschüssen gedacht, und zwar insoweit, als sie nicht lediglich parlamentsintern der Vorbereitung von Gesetzesbeschlüssen oder sonstigen Beschlüssen des Plenums dienen, sondern Außenwirkung entfalten und daher für die Frage des Rechtsschutzes Bedeutung erlangen können.

Obwohl der Begriff des Rechtsschutzes in seiner doppelten Bedeutung verstanden wird, „als Schutz der subjektiven Rechte und des objektiven Rechts einerseits — als Schutz durch Gerichte, als gericht-

---

[7] *Kriele*, Rechtsgewinnung, S. 60 ff.

[8] Die in der Entscheidung des BVerfG vom 23. 2. 1972 (BVerfGE Bd. 32, S. 346 ff. [362]) vertretene Auffassung, die die Gemeindevertretung (zumindestens beim Erlaß von Rechtsnormen) der Legislative zuordnet, steht im Gegensatz zur fast einhelligen Meinung in Rechtsprechung und Schrifttum zum Gemeindeverfassungsrecht. Vgl. dazu die insoweit ablehnende Besprechung der o. g. Entscheidung von *Menger*, VerwArch. Bd. 63 (1972), S. 447 ff. mit weiteren Nachweisen; so auch *Hoppe*, Organstreitigkeiten, S. 60; *Schilling*, BayVBl. 1965, S. 113 ff. (115); *Wuttke*, AöR Bd. 96 (1971), S. 506 ff. (526). Obwohl dieser Problemkreis hier nicht eingehend erörtert werden soll und kann, bleibt anzumerken, daß die Ausführungen des BVerfG in der genannten Entscheidung im Gegensatz zu denen im (nicht erwähnten) Urteil des BVerfG vom 3. 1. 1957 (BVerfGE Bd. 6, S. 104 ff. [1152]) stehen. Vgl. auch noch die jüngst erschienene Abhandlung von *Wurzel*, Gemeinderat als Parlament?, Würzburg 1975.

[9] Vgl. dazu allgemein und zu den Unterorganen des Parlaments unten S. 22 ff.

licher Schutz andererseits"[10], ist er hier in erster Linie Synonym für Gerichtsschutz[11].

Da das Problem des Individualrechtsschutzes gegen sogenannte verfassungsrechtliche Hilfstätigkeiten untersucht werden soll, ist die Rechtsweggarantie des Art. 19 Abs. 4 GG als „formelles Hauptgrundrecht" Ausgangspunkt der Erörterungen.

Die Problemstellung der Untersuchung läßt sich demnach folgendermaßen formulieren: Beinhaltet parlamentarisches Handeln in der Form der sogenannten verfassungsrechtlichen Hilfstätigkeiten eine Ausübung öffentlicher Gewalt im Sinne des Art. 19 Abs. 4 GG? Sind dadurch überhaupt Rechtsverletzungen möglich? Falls dies bejaht werden kann: Steht dem Betroffenen der Rechtsweg — gegebenenfalls welcher — offen?

II. Gang der Untersuchung

Zunächst soll das Phänomen der nicht zur Rechtsetzung gehörenden Akte der Legislative in seinen verschiedenen Erscheinungsformen untersucht werden. Daran schließt sich der Versuch an, die Stellung dieser Akte im System staatlicher Handlungsformen insoweit zu klären, als (in Einzelfällen) mögliche Beziehungen oder gar Übereinstimmungen mit sonstigen Formen staatlichen Handelns bestehen, gegenüber denen die Frage des Rechtsschutzes weitgehend unproblematisch ist. Dies soll dem Ziel dienen, solche Akte von vornherein aus den weiteren Überlegungen auszuscheiden. Danach folgt in einer Übersicht eine Darstellung der in Rechtsprechung und Rechtswissenschaft vertretenen Auffassungen zum Rechtsschutz gegen nicht zur Rechtsetzung gehörende Akte der Legislative.

Im zweiten Kapitel wird die Frage nach dem „Ob" des Rechtsschutzes beantwortet, d. h. ob für den Untersuchungsgegenstand eine verfassungsrechtliche Gewährleistung des Rechtsschutzes besteht. Dazu ist u. a. eine Exegese der Rechtsweggarantie des Art. 19 Abs. 4 GG und in deren Rahmen insbesondere eine Auslegung des Begriffs „öffentliche Gewalt" erforderlich. Außerdem wird auf die Lehre vom sogenannten gerichtsfreien Hoheitsakt einzugehen sein.

Nach Klärung der grundsätzlichen Frage des „Ob" des Rechtsschutzes ist die des „Wie" zu untersuchen, nämlich die konkrete prozessuale Ausgestaltung des Rechtsschutzes gegen nicht zur Rechtsetzung gehörende Akte der Legislative.

---

[10] Vgl. *Bettermann*, Grundrechte III/2, S. 779 ff. (779, 780).

[11] So definiert *Menger*, System, S. 55, denn auch folgendermaßen: „*Rechtsschutz* (Hervorhebung im Original — Anm. d. Verf.) ist das Zurverfügungstellen der von den Gerichten ausgeübten staatlichen Entscheidungs- und Zwangsgewalt zur Verwirklichung von Ansprüchen des Einzelnen."

Erstes Kapitel

Grundlegung und Ortsbestimmung

A. Erscheinungsformen der nicht zur Rechtsetzung gehörenden Akte der Legislative

I. Zur Begriffsbildung

a) Sogenannte verfassungsrechtliche Hilfstätigkeiten

Der eingangs zur Umschreibung des Untersuchungsgegenstandes vorläufig verwendete, von *Otto Mayer* geprägte, Begriff der verfassungsrechtlichen Hilfstätigkeiten wurde mit Vorbehalten versehen. Die dort[1] angedeuteten Bedenken seien hier präzisiert.

Zunächst ist zu bemerken, daß die Auffassung Otto Mayers auf einer Antithese vom „fertigen" und „unfertigen" Staat beruht. Die verfassungsrechtlichen Hilfstätigkeiten seien Akte, die vor Tätigwerden des „fertigen Staates" ergingen, und damit scheide ein verwaltungsrechtlicher Charakter aus[2]. Für die „Nicht-Gesetzesbeschlüsse" der Legislative würde dieser Begriffsinhalt bedeuten, daß sie zu einem überwiegenden Teil nicht zu den verfassungsrechtlichen Hilfstätigkeiten zu zählen sind, da es sich bei ihnen in der Regel um Akte des „fertigen Staates" handelt. Schon die von *Otto Mayer*[3] angeführten Beispiele, wie „Niederlegung des Amtes eines Reichspräsidenten, Auflösung des Reichstages und Anordnung des Volksentscheides, Antrag auf Abset-

---

1 Vgl. oben S. 16.

2 Verwaltungsrecht I, S. 7, 8 „Aber nicht alles, was weder Gesetzgebung ist noch Justiz, ist Verwaltung. Zunächst bietet uns das Verfassungsrecht eine Reihe von solchen Tätigkeiten. Das Verfassungsrecht soll den Staat fertigstellen als das handlungsfähige Gemeinwesen, damit er alsodann in Gesetzgebung, Justiz und Verwaltung seine Zwecke verfolgen könne. Die Fertigstellung kann aber nicht durch die ruhende Rechtsordnung allein geschehen; es bedarf mancherlei Anordnungen und Geschäftsbesorgungen, um die Verfassung gar einzurichten und in Gang zu halten. *Diese verfassungsrechtlichen Hilfstätigkeiten, wie wir sie nennen mögen, liegen noch jenseits des Punktes, wo der fertige Staat anfängt, für seine Zwecke tätig zu werden, entsprechen also auch nicht jenem allgemeinem Begriffe, von welchem die Verwaltung im engeren Sinne, die wir hier betrachten, eine besondere Art vorstellen soll.*" (Hervorhebungen vom Verf.)

3 Ebd., S. 7 f.

zung des Reichspräsidenten durch den Reichstag" sowie „Ausschreibung und Leitung der Wahlen zur Volksvertretung, Beschlüsse zur Änderung des Staatsgebietes, Aufnahme in den Staatsverband und Entlassung daraus", zeigen, daß der Gegensatz vom „fertigen" und „unfertigen" Staat kaum geeignet ist, als Ausgangspunkt einer halbwegs umfassenden besonderen Kategorie von Staatsakten „außer von Gesetzgebung, Justiz und Verwaltung" zu dienen, wie es eigentlich beabsichtigt war[4]. Die Beispiele beinhalten nämlich durchweg Akte des „fertigen" Staates. Diesem Widerspruch versucht er — wenig überzeugend — bezüglich der ersten Gruppe der genannten Beispiele mit dem Hinweis zu begegnen, es sei „genau genommen gar kein Handeln namens des Staates, sondern innere Vorgänge der sich ordnenden obersten Gewalt". Zur zweiten Gruppe führt er aus: „Aber auch wo dieser innere Kreis verlassen und nach außen aufgetreten wird, vielleicht schon ganz ausdrücklich im Namen des Staates als eines fertigen Ganzen, kann die Tätigkeit noch die Natur einer bloßen Ergänzung des verfassungsmäßigen Bestandes an sich tragen." Soweit der Begriff der verfassungsrechtlichen Hilfstätigkeiten heute Verwendung findet, wird der Mayersche Ausgangspunkt ignoriert, und es werden wie selbstverständlich (vor allem!) Akte des „fertigen" Staates miteinbezogen[5]. Dies erscheint auch richtig, denn, wie bereits gesagt, kann nur eine solche Ausdehnung des Begriffes eine verwertbare Kategorie besonderer Staatsakte schaffen. Dabei ist allerdings ungeklärt, welche Akte (auch) des „fertigen" Staates denn nun zu den sogenannten verfassungsrechtlichen Hilfstätigkeiten zu zählen sind. Darüber hinaus beschränkt sich die umfassende und vage Bezeichnung „Hilfstätigkeiten" nicht auf (mit Mehrheit gefaßte) Beschlüsse des Parlaments sowie dessen Unterorgane[6]. Nur diese sind dem Parlament als Ganzem, als Verfassungsorgan zurechenbar. Der Begriff ist nicht einmal auf Akte der Legislative beschränkt; er kann durchaus auf Akte anderer Verfassungsorgane erstreckt werden. So spricht der Urheber selbst an anderer Stelle[7] von einer „verfassungsrechtlichen Hilfstätigkeit des Staatsoberhauptes"[8]. Nicht ganz unbedenklich ist die a priori vorgenommene

[4] So bezeichnet denn auch *Olschewski*, Wahlprüfung, S. 155, mit überzeugender Begründung den antithetischen Ausgangspunkt als verfehlt.

[5] Vgl. die Nachweise auf S. 16, Fußnote 6.

[6] Der Begriff würde z. B. auch große Anfragen (Interpellationen) gem. § 75 Abs. 3 GeschOBT, kleine Anfragen (§ 75 Abs. 4 GeschOBT) und Anträge auf Annahme von Entschließungen (§ 81 Abs. 2 Satz 2 GeschOBT) umfassen, für die es keines Mehrheitsbeschlusses bedarf (Unterzeichnung bzw. Unterstützung durch mindestens soviel Mitglieder des Bundestages, wie einer Fraktionsstärke entspricht).

[7] *Otto Mayer*, Verwaltungsrecht I, S. 12, Fußnote 18.

[8] Schon aus den oben angeführten Beispielen ist ersichtlich, daß der Begriff der verfassungsrechtlichen Hilfstätigkeiten nicht auf Akte der Legislative beschränkt werden sollte.

Qualifizierung der Hilfstätigkeiten als Akte verfassungsrechtlicher Art[9]. So bedarf etwa die Feststellung des Rechtscharakters der Nicht-Gesetzesbeschlüsse der Legislative wegen möglicher Auswirkungen auf den Rechtsschutz bzw. Rechtsweg eingehenderer Erörterung und Begründung als es gemeinhin geschieht, die an geeigneter Stelle[10] erfolgen soll. Wenig sinnvoll und im übrigen nicht folgerichtig ist es, wenn Staatstätigkeiten als verfassungsrechtliche Hilfstätigkeiten bezeichnet werden, ihnen damit also verfassungsrechtlicher Charakter zugemessen wird, denn was sollte diese Bezeichnung anders bezwecken, aber letztlich doch als Verwaltungstätigkeiten angesehen werden[11]. Die angeführten Bedenken mögen zur Begründung der Nichtverwendung des Begriffs der verfassungsrechtlichen Hilfstätigkeiten zur — möglichst exakten — Umschreibung und Bezeichnung des Untersuchungsgegenstandes genügen.

b) Sogenannte schlichte Parlamentsbeschlüsse

Präziser, wenn auch ohne eine Aussage zur Rechtsnatur, umschreibt *Richard Thoma*[12] die nicht zur Rechtsetzung gehörenden Akte der Legislative mit dem Begriff „schlichter Parlamentsbeschluß“, der seitdem im staatsrechtlichen Schrifttum allgemein verwendet wird[13]. Die Be-

---

[9] Diesen Bedenken trägt *Dürig*, in: Maunz / Dürig / Herzog, GG, Art. 17 Rdnr. 81, Rechnung, indem er davor warnt, sich durch den „komplexen Begriff der parlamentarischen Hilfstätigkeiten“ (den er mit dem Begriff „verfassungsrechtlichen Hilfstätigkeiten“ gleichsetzt) beeindrucken zu lassen.

[10] Vgl. unten S. 50 ff.

[11] So etwa *Spiegel*, Verwaltungsrechtswissenschaft für die Tätigkeit von Wahlbehörden bei der Durchführung der Wahl. Er führt auf S. 72 aus: „Daß die Verwaltungsbehörden, indem sie die politischen Wahlen leiten und durchführen, eine verfassungsrechtliche Hilfstätigkeit entfalten, ist ohne weiteres zuzugeben. Aber diese Hilfstätigkeit ist nichtsdestoweniger ihrem ganzen Umfang nach Verwaltungstätigkeit im engsten Sinn und nicht Gesetzgebung und Justiz.“

[12] HdbDStR II, S. 221. „*Erforderlich* ist ein Beschluß sei es des Reichstages, sei es eines Landtages entweder geradezu oder deshalb, weil ein förmliches Gesetz erfordert wird. Zum Vorbehalt der Legislative gehört auch ersteres. Beispiele solcher *Vorbehalte eines schlichten Parlamentsbeschlusses* finden sich im Reichsverfassungsrecht, wie im Landesverfassungsrecht in erheblichem Umfange, von den fundamentalen Beschlußfassungen des Mißtrauensvotums, der Entlastung nach Rechnungsprüfung und des Verlangens der Außerkraftsetzung der Diktaturmaßnahmen bis zu mehr zufälligen Einzelheiten“ (Hervorhebung im Original).

[13] z. B. *Arendt*, DRZ 1949, S. 29 ff.; *Friesenhahn*, VVDStRL Bd. 16 (1958), S. 36 f., Fn. 70 u. S. 70; *Ipsen*, DVBl. 1956, S. 500 ff.; *Klein*, JuS 1964, S. 181 ff.; *Kratzer*, BayVBl. 1966, S. 365 ff. u. BayVBl. 1966, S. 408 ff.; *Lerche*, NJW 1961, S. 1758 ff.; *Criegee*, Diss., S. 6 f.; *Linck*, Diss., S. 3 f., 25 f. u. passim; *Obermeier*, Diss., S. 1 f. u. passim; *Schröder*, Diss., passim; *Sellmann*, Parlamentsbeschluß, S. 1 f. Die Rechtsprechung verwendet, soweit ersichtlich, diesen Begriff nicht, sondern es ist lediglich von „Beschluß“ ohne einschränkenden Zusatz die Rede. Vgl. z. B. BVerwGE Bd. 6, S. 282 ff.; Bd. 12, S. 16 ff.; BVerwG, DÖV 1959, S. 706 ff.; BayVGHE (N.F.) Bd. 12 (II), S. 119 ff. = JZ 1960, S. 57 ff.;

zeichnung „Parlamentsbeschluß" schließt zum einen eine Ausdehnung des Begriffes auf Tätigkeiten anderer Verfassungsorgane aus, zum anderen beschränkt sie sich auf (Mehrheits-)Beschlüsse des Plenums, die als Wille des gesamten Bundestages einschließlich der überstimmten Minderheiten gelten[14]. Gerade diese, für den Untersuchungsgegenstand notwendigen Beschränkungen, enthielt der Begriff „Hilfstätigkeiten" nicht. Das Kriterium „schlicht"[15] drückt aus, daß es sich um Beschlüsse handelt, die nicht im Wege des Gesetzgebungsverfahrens zustandekommen[16], d. h. für Beschlüsse des Bundestages, daß sie nicht den in Art. 76 bis 82 GG enthaltenen Regeln entsprechend gefaßt werden. Sie entbehren also, wie *Obermayer*[17] es sehr plastisch ausgedrückt hat, der „verfassungsrechtlich vorgeschriebenen Solennität des Gesetzgebungsverfahrens".

c) Akte parlamentarischer Untergliederungen

Wenn auch die schlichten Parlamentsbeschlüsse einen Großteil der nicht zur Rechtsetzung gehörenden Akte der Legislative ausmachen, so umfaßt der Begriff seiner Definition gemäß jedoch nicht Akte von Untergliederungen des Parlaments wie etwa der Ausschüsse. Diese können aber ebenfalls den nicht zur Rechtsetzung gehörenden Akten der Legislative zugerechnet werden.

Wie bereits erwähnt, ist Ausgangspunkt dieser Betrachtungsweise die Qualifizierung des Parlaments als Organ[18] des als ein körperschaft-

BayVerfGH, DVBl. 1965, S. 88 ff.; OVG Mstr., DVBl. 1962, S. 139 ff.; HessVGH, VerwRspr. Bd. 15 (1963), S. 918 ff.

14 *Maunz*, in: Maunz / Dürig / Herzog, GG, Art. 38 Rdnr. 7; *Schäfer*, Bundestag, S. 153.

15 Teilweise wird statt dessen die Bezeichnung „einfach" als Synonym gebraucht. So z. B. *Böckenförde*, JuS 1968, S. 375 ff. (376).

16 So lauten, sinngemäß übereinstimmend, die nur in den Formulierungen geringfügig voneinander abweichenden Definitionsversuche. z. B. *Schröder*, Diss., S. 1; *Arendt*, DRZ 1949, S. 29 ff. (30). Dieser äußert sich zu den schlichten Beschlüssen des Wirtschaftsrates vor Inkrafttreten des Grundgesetzes („nicht alle Verfahrensregeln der Gesetzgebung angewandt und die Beschlüsse nicht verkündet"); *Kern*, MDR 1950, S. 656 („eine nicht in Gesetzesform verabschiedete Parlamentsentscheidung"); *Obermeier*, Diss., S. 2 („eine Entscheidung des Bundestages, die bei ihrem Erlaß nicht das formelle Gesetzgebungsverfahren — also die in Art. 76 bis 82 GG festgelegte Stufenfolge — durchläuft").

17 Verwaltungsakt, S. 49; Grundzüge, S. 22.

18 Diese Auffassung entspricht der heute h. M. im deutschen Staatsrecht, z. B. *von Mangoldt / Klein*, GG, Vorbem. III 2 b vor Art. 38 (S. 869); *Maunz*, in: Maunz / Dürig / Herzog, GG, Art. 38 Rdnr. 7; *Giese / Schunck*, GG, Anm. II 1 zu Art. 38; *Badura*, BK, Art. 38 (Zweitbearbeitung) Rdnr. 33, 34; *Mattern*, Grundlinien, S. 5; *Achterberg*, DVBl. 1974, S. 694 ff. (701); *Wolff*, Verwaltungsrecht I, S. 74 I f. 6. Die Entwicklung vom Gesellschaftsorgan (so z. B. *Kelsen*, Staatsrechtslehre, S. 468 ff., der aber später (1925) in seiner Allgemeinen Staatslehre, S. 271, ausdrücklich von dieser Auffassung abrückt) zum Staats-

lich Ganzes begriffenen Staates[19]. Der Begriff „Organ" wird im *Wolff*schen Sinne als „ein durch organisatorische Rechtssätze oder ermächtigten Einzelakt gebildetes eigenständiges, institutionelles Subjekt von Zuständigkeiten zur transitorischen Wahrnehmung der Eigenzuständigkeiten einer juristischen Person"[20] verstanden.

Für das Verhältnis des Parlaments zu seinen Untergliederungen und deren rechtliche Qualifizierung ist von Bedeutung, daß das Parlament als Staatsorgan gemäß dem Begriffsinhalt ein „eigenständiges Subjekt von Wahrnehmungszuständigkeiten" ist. Daraus folgt, daß etwa Akte des Bundestages rechtlich unmittelbar dem Organträger, dem Bund, zugerechnet werden[21]. (Dieselben Erwägungen sind auch auf Akte der Länderparlamente übertragbar, die auf gleiche Weise den Ländern als Organträger zugerechnet werden.) Ob dies auch für Akte parlamentarischer Untergliederungen gilt, oder ob sie, bevor sie dem Organträger endgültig zugerechnet werden, zunächst als Akte des Parlaments (somit als „Akte der Legislative" im Sinne der Themenstellung) gelten, sei am Beispiel der Ausschüsse[22] erörtert. Zweifel sind

---

organ, welches im Zuge der Auflösung der Antinomie zwischen Staat (Krone) und Gesellschaft skizziert *Dagtoglou* (Ersatzpflicht, S. 11 ff., m. w. Nachw.). Zum Rechtscharakter des Bundestages vgl. auch *Steiger*, Grundlagen, S. 50 ff.

19 Hinzuzufügen ist, daß der Bundestag außerdem als Repräsentativorgan des (Bundes-) Volkes angesehen werden kann, also insoweit eine Doppelstellung einnimmt. So die h. M., *Maunz*, in: Maunz / Dürig / Herzog, GG, Art. 38 Rdnr. 1 u. 2, *von Mangoldt / Klein*, GG, Vorbem. III 2 c vor Art. 38, S. 870, m. w. Nachw.; *Mattern*, Grundlinien, S. 17 ff.; *Wolff*, Verwaltungsrecht II, § 75 I d 2. Allgemein zum Begriff „Repräsentation *G. Jellinek*, Staatslehre, S. 566 ff.; *Leibholz*, EvStL, Stichwort: Repräsentation, Sp. 1859 ff.; *Hans J. Wolff*, Theorie der Vertretung, § 4 (S. 16 ff.), § 14 - 16 (S. 303 ff.). Zur Entwicklung speziell der parlamentarischen Repräsentation *Badura*, BK, Art. 38 (Zweitbearbeitung) Rdnr. 2 - 34. Daß die obige Auffassung nicht ganz zweifelsfrei ist, weist *Mattern* (Grundlinien, S. 23) nach. Er führt aus: „Das Parlament hat gleichzeitig zwei Bezugspunkte, nämlich einmal das Volk und zum anderen den Staat. Es ist ein Kollegium von Repräsentanten des Volkes, es ist aber auch ein Organ des Staates." Die Repräsentation obliege nicht der Institution des Parlaments, sondern den Organschaftsträgern (Organwaltern), den Mitgliedern des Parlaments. Nur so verstanden könne das Parlament als Repräsentativorgan verstanden werden. Ein Blick auf Art. 38 Abs. 1 Satz 2 GG, der die Repräsentation des Volkes den Abgeordneten und nicht der Institution Bundestag zuweist („Sie sind Vertreter des ganzen Volkes" ...) zeigt, daß diese Deutung nicht ganz von der Hand zu weisen ist.

20 Verwaltungsrecht II, § 74 I f.; zum Begriff Organ allgemein vgl. *G. Jellinek*, Staatslehre, S. 540 ff.; *Wolff*, Theorie der Vertretung, S. 224 ff.; *Schornstein*, Organpersönlichkeit 1933. Einer kritischen Betrachtung unterzieht *Ernst-Wolfgang Böckenförde*, in: Festschrift für Hans J. Wolff, S. 269 ff. die *Wolff*sche Organlehre.

21 *Wolff*, Verwaltungsrecht II, § 74 I f 6 „Organe sind mithin nur diejenigen organisatorischen Funktionseinheiten (Subjekte), deren Verhalten rechtlich unvermittelt der Körperschaft, Anstalt oder Stiftung zugerechnet wird".

22 Vgl. zur „Rechtsgestalt und Funktion der Parlamentsausschüsse" aus neuerer Zeit die eingehende Abhandlung von *Frost*, AöR Bd. 95 (1970), S. 38 ff.

deshalb angebracht, weil § 60 Abs. 1 GeschOBT die Ausschüsse ausdrücklich als „Organe des Bundestages" bezeichnet und auch sonst allgemein von Organen des Bundestages die Rede ist[23]. Da nach dem hier vertretenen Organbegriff notwendige Voraussetzung ist, daß der Organträger eine juristische Person ist[24], können Ausschüsse oder sonstige Untergliederungen des Parlaments keine Organe sein, denn der Bundestag ist zwar ein körperschaftliches Organ aber keine juristische Person des öffentlichen Rechts[25]. Außerdem handelt es sich bei den Ausschüssen und sonstigen parlamentarischen Untergliederungen nicht um „eigenständige, institutionelle Subjekte von Wahrnehmungszuständigkeiten"; ihnen sind nur Aufgaben des Bundestages zur Ausübung übertragen[26]. Dies gilt selbst dann, wenn ihre Aufgaben über bloße Vorbereitungs- und Empfehlungstätigkeit für das Plenum hinausgehen und ihnen durch Verfassung oder Geschäftsordnung selbständige Entscheidungsbefugnisse eingeräumt sind. Die diesen Ausführungen zufolge nicht ganz einsichtige Verwendung des Begriffs Organ beruht zum einen darauf, daß die dem Parlament gegenüber erfolgende Zurechnung der Akte der parlamentarischen Untergliederungen als ausreichendes Kriterium für die Qualifizierung als Organ angesehen wird, also nicht auf eine unmittelbar dem Organträger (dem Bund als juristische Person des öffentlichen Rechts) erfolgende Zurechnung abgestellt wird. Zum anderen wird der Begriff Organ teilweise im untechnischen Sinn gebraucht[27]. Es soll hier jedoch daran festgehalten werden, daß parlamentarischen Untergliederungen keine Organqualität im eigentlichen Sinne zukommen kann. Da ihnen jedoch eine organähnliche Stellung nicht abzusprechen ist, bietet sich die einschränkende Be-

---

[23] So z. B. BVerfGE 1, S. 252; *Perels*, HdbDStR, Bd. 1, S. 449 ff. (450); *von Mangoldt / Klein*, GG, Anm. III 1 zu Art. 40 (S. 908); *Hamann / Lenz*, GG, Anm. B 1 zu Art. 40; *Giese / Schunck*, GG, Anm. II 2 zu Art. 40; *Achterberg*, Parlamentsrecht, S. 17 ff.; *Altmann*, DÖV 1956, S. 751 um nur einige zu nennen.

[24] So auch *Wolff*, Verwaltungsrecht II, § 74 I f 9 „Nur Juristische Personen haben Organe im eigentlichen Sinne; denn nur bei ihnen findet eine unvermittelte Zurechnung des Organverhaltens zum Organträger statt".

[25] So die allgemeine Meinung, z. B. *von Mangoldt / Klein*, GG, Vorbem. III 2 c vor Art. 38 (S. 871); *Maunz*, in: Maunz / Dürig / Herzog, GG, Art. 38 Rdnr. 7; *Badura*, BK, Art. 38 (Zweitbearbeitung) Rdnr. 34; *Schweitzer*, NJW 1956, S. 84 ff. (85).

[26] So insbesondere *Maunz*, in: Maunz / Dürig / Herzog, GG, Art. 40 Rdnr. 5; entsprechend dieser Auffassung vertreten *von Mangoldt / Klein* (Anm. V zu Art. 40, S. 917, Anm. V 2 c zu Art. 39, S. 905) und *Gross* (DVBl. 1954, S. 422), daß der Bundestagspräsident bei Ausübung der Befugnisse aus Art. 40 Abs. 2 Satz 1 keine eigenen Rechte, sondern nur solche des Bundestages wahrnimmt.

[27] So z. B. in § 60 Abs. 2 Satz 2 GeschOBT, der die Ausschüsse als „vorbereitende Beschlußorgane" bezeichnet. In den Entscheidungen des BVerfG ist von „Organ" (BVerfGE Bd. 1, S. 229; 2, S. 365), „Organteil" (BVerfGE, Bd. 1, S. 359), „Gliederung" (BVerfGE, Bd. 2, S. 14) oder „notwendige Einrichtung" (BVerfGE, Bd. 10, S. 14) die Rede. Zur „untechnischen" Betrachtungsweise des BVerfG vgl. *Möcke*, DÖV 1966, S. 162 ff. (163).

zeichnung „Unterorgan" an. Daraus geht hervor, daß dieses bei (aus) einem Organ gebildet wird und dessen Handeln zunächst dem Organ und erst dann dem Organträger (einer juristischen Person!) zugerechnet wird[28]. So werden denn auch die Ausschüsse und sonstigen Untergliederungen des Parlaments teilweise als Unterorgane bezeichnet[29]. Da Akte parlamentarischer Unterorgane zunächst (mittelbar) dem Parlament zugerechnet werden, sind sie in den Kreis der nicht zur Rechtsetzung gehörende Akte der Legislative miteinzubeziehen.

Den Gegenstand der Untersuchung bilden somit schlichte Parlamentsbeschlüsse und Akte parlamentarischer Unterorgane.

II. Arten schlichter Parlamentsbeschlüsse

Obwohl die schlichten Parlamentsbeschlüsse höchst unterschiedliche Materien zum Gegenstand haben, lassen sich gemäß ihrer Rechtsgrundlage zwei Hauptgruppen unterscheiden. Nämlich einerseits Beschlüsse (des Bundestages) auf Grund ausdrücklicher Zuständigkeitsregelung, die im Grundgesetz, in der Geschäftsordnung des Bundestages oder in einfachen Gesetzen enthalten ist, sowie andererseits solche, die ohne ausdrückliche Zuständigkeitsnormen gefaßt werden[1].

Da der Begriff des schlichten Parlamentsbeschlusses — in Übereinstimmung mit dessen üblicher Verwendung im staatsrechtlichen Schrifttum[2] — aus einer Gegenüberstellung von Gesetzesbeschluß und (allen anderen!) sonstigen Beschlüssen des Parlaments gewonnen wurde, scheidet eine Beschränkung auf in Verfassung, Geschäftsordnung oder einfachem Gesetz nicht geregelte Beschlüsse aus[3].

---

[28] „Doch wird ... das Verhalten des Unterorgans (Organteils) zunächst dem Organ und erst über dieses dem Organträger zugerechnet." *Wolff*, Verwaltungsrecht II, § 74 I f 6 β; vgl. auch *Steiger*, Grundlagen, S. 147 „Die Ausschüsse wären allenfalls unselbständige Unterorgane oder auch Hilfsorgane. Zutreffender ist daher die Bezeichnung Organteile. Denn ihre Handlungen sind als solche der BRD gar nicht zurechenbar. Sie gehen rechtlich auf in dem Handeln des Bundestages, das erst als solches zurechenbar wird".

[29] So z. B. *Maunz*, in: Maunz / Dürig / Herzog, GG, Art. 40 Rdnr. 3, 5, 7; *Giese / Schunck*, GG, Anm. II 1 zu Art. 40 (an anderer Stelle, Anm. II 2 zu Art. 40, ist jedoch wieder von „Organen des Bundestages" die Rede); *Frost*, AöR Bd. 95 (1970), S. 38 ff. (82, 83). *Böckenförde*, in: Festschrift für Hans J. Wolff, S. 269 ff. (285) bezeichnet sie als „Organ-Organe". Hinzuzufügen ist, daß die nicht korrekte Bezeichnung der parlamentarischen Untergliederungen als Organe wohl auch aus Gründen der Einfachheit erfolgt. So führt z. B. *Maunz* (Maunz / Dürig / Herzog, GG, Art. 40 Rdnr. 3) aus: „Der Bundestag wählt seine Organe (Unterorgane) selbst." Vgl. dazu auch *Wolff*, Verwaltungsrecht II, § 74 I f 9.

[1] Vgl. die Aufzählungen der verschiedenen Arten schlichter Parlamentsbeschlüsse bei *von Mangoldt / Klein*, GG, Anm. IV 2 zu Art. 42 (S. 929 f.); *Arendt*, DRZ 1949, S. 29; *Schröder*, Diss., S. 3; *Obermeier*, Diss., S. 4 ff.

[2] Vgl. die Nachw. oben S. 21, Fußnote 13.

a) Schlichte Parlamentsbeschlüsse auf Grund ausdrücklicher Zuständigkeitsregelung

1. Rechtsgrundlagen im Grundgesetz für schlichte Beschlüsse des Bundestages

(1) Entscheidungen über Petitionen (Art. 17 GG i. V. m. §§ 112, 113 GeschOBT);

(2) Bestimmung von Schluß und Wiederbeginn seiner Sitzungen (Art. 39 Abs. 3 Satz 1 GG i. V. m. §§ 24, 25 GeschOBT);

(3) Wahl des Präsidenten, dessen Stellvertreters und der Schriftführer (Art. 40 Abs. 1 Satz 1 GG i. V. m. §§ 2, 3 GeschOBT);

(4) Geschäftsordnungsgebung (Art. 40 Abs. 1 Satz 2);

(5) Wahlprüfungsentscheidung und Entscheidung über die Mitgliedschaft eines Abgeordneten (Art. 41 Abs. 1 GG i. V. m. §§ 45 f. BWahlG, §§ 13 ff. WahlprüfungsG);

(6) Entscheidung über den Ausschluß der Öffentlichkeit (Art. 42 Abs. 1 GG i. V. m. § 23 GeschOBT);

(7) Ausübung des Zitierungsrechts einschließlich des Interpellationsrechts (Art. 43 Abs. 1 GG i. V. m. § 46 GeschOBT);

(8) Einsetzung von Ausschüssen: Untersuchungsausschuß (Art. 44 Abs. 1 Satz 1 GG i. V. m. § 63 GeschOBT); ständiger Ausschuß (Art. 45 Abs. 1 Satz 1 GG); die Ausschüsse für auswärtige Angelegenheiten und für Verteidigung (Art. 45 a Abs. 1 Satz 1 GG);

(9) Wahl des Wehrbeauftragten (Art. 45 b GG i. V. m. § 116 a GeschOBT u. § 13 des Gesetzes über den Wehrbeauftragten);

(10) Entscheidungen über Beschränkungen persönlicher Rechte der Abgeordneten (Art. 46 Abs. 2 bis 4 GG) und des Bundespräsidenten (Art. 60 Abs. 4 GG);

(11) Bestellung der Mitglieder des gemeinsamen Ausschusses (Art. 53 a Abs. 1 Satz 2 GG);

(12) Entscheidung über die Erhebung der Anklage gegen den Bundespräsidenten (Art. 61 Abs. 1 GG i. V. m. § 49 ff. BVerfGG) oder gegen einen Bundesrichter (Art. 93 Abs. 2 GG i. V. m. § 58 ff. BVerfGG);

(13) Wahl des Bundeskanzlers (Art. 63 GG i. V. m. § 4 GeschOBT, Art. 67 Abs. 1 Satz 1 GG i. V. m. § 98 GeschOBT, Art. 68 Abs. 1 Satz 2 GG);

(14) Zustimmung zu Nebentätigkeiten von Mitgliedern der Bundesregierung (Art. 66 GG, § 5 BuMinG);

---

[3] So aber *Böckenförde*, JuS 1968, S. 375 ff. (376); *Hamann / Lenz*, GG, Anm. B 2 zu Art. 40; *Klein*, JuS 1964, S. 181 ff. (184), dieser weist jedoch darauf hin, daß nach üblichem Verständnis der Begriff sowohl „gesetzlich" geregelte als auch nicht geregelte schlichte Parlamentsbeschlüsse umfaßt.

(15) Abstimmung über einen Vertrauensantrag des Bundeskanzlers (Art. 68 Abs. 1 Satz 1 GG, § 103 GeschOBT);

(16) Wahl der Mitglieder des Vermittlungsausschusses (Art. 77 Abs. 2 GG i. V. m. § 67 Abs. 1 GeschOBT);

(17) Feststellung des Spannungsfalles (Art. 80 a Abs. 1 GG) und die besondere Zustimmung in den Fällen des Art. 12 a Abs. 5 Satz 1 und Art. 12 a Abs. 6 Satz 2 GG;

(18) Zustimmung zur Errichtung bundeseigener Mittel- und Unterbehörden (Art. 87 Abs. 3 Satz 2 GG);

(19) Beschluß über die Einstellung des Einsatzes von Streitkräften (Art. 87 a Abs. 4 Satz 2 GG);

(20) Wahl von Mitgliedern des Bundesverfassungsgerichts (Art. 96 Abs. 1 Satz 2 GG);

(21) Wahl von Mitgliedern des Richterwahlausschusses (Art. 95 Abs. 2 GG i. V. m. § 56 GeschOBT);

(22) Entlastung der Bundesregierung hinsichtlich der Haushaltsführung (Art. 114 Abs. 1 GG, § 114 Abs. 2 BHO);

(23) Feststellung des Verteidigungsfalles (Art. 115 a Abs. 1 GG).

Die Aufzählung dieser im Grundgesetz vorgesehenen schlichten Parlamentsbeschlüsse zeugt von einem außerordentlich breiten Spektrum parlamentarischer Handlungsmöglichkeiten außerhalb der Gesetzgebung. Der Bundestag wird auf Grund dieser Ermächtigungsnormen vorwiegend tätig zur Wahrnehmung von Kontrollfunktionen, wie etwa bei der Einsetzung von Untersuchungsausschüssen, der Ausübung des Zitierungsrechts, der Entscheidung über Petitionen oder zur Wahrnehmung von Kreationsfunktionen, so bei der Wahl der Parlamentspräsidenten oder des Bundeskanzlers. Außerhalb der Ausübung dieser Funktionen liegen z. B. die Beschlüsse, die die Verteidigung betreffen oder sich auf Ablauf und Arbeitsweise der Tätigkeit des Bundestages beziehen. Ein gemeinsames Merkmal der genannten schlichten Parlamentsbeschlüsse besteht darin, daß sie durchweg keine Rechtsetzung, d. h. nicht den Erlaß von (abstrakten und generellen) Rechtssätzen beinhalten (formelle Gesetzgebung scheidet per definitionem aus).

Zweifel bestehen insoweit lediglich bezüglich der Geschäftsordnungsgebung gemäß Art. 40 Abs. 1 Satz 1 GG. Fraglich ist, ob durch einen solchen Beschluß nicht Rechtsnormen geschaffen werden und daher dieser Bereich, da dem Problemkreis Rechtsschutz gegen Rechtsnormen angehörend, im Sinne der Themenstellung ausscheiden muß. Entscheidend ist die Rechtsnatur der Geschäftsordnung. Ohne den Streit- und Meinungsstand in allen Einzelheiten erörtern zu können[4], sollen kurz

[4] Vgl. dazu ausführlich *Arndt*, Geschäftsordnungsautonomie, S. 137 ff.

die wichtigsten Ansichten dargelegt werden. Ausgangspunkt aller Versuche einer rechtlichen Qualifikation, dies sei vorweg vermerkt, ist das übliche im Grundgesetz und den Länderverfassungen vorgesehene und praktizierte Verfahren der Geschäftsordnungsgebung durch schlichten Parlamentsbeschluß. Der vom saarländischen Landtag vorgenommene Erlaß der Geschäftsordnung im Gesetzgebungsverfahren[5] stellt insoweit eine Ausnahme dar[6]. Die in der Rechtsprechung[7] und Literatur[8] nahezu einhellig vertretene Auffassung betrachtet die parlamentarischen Geschäftsordnungen als autonome Satzungen. Die Vertreter dieser Ansicht gehen allerdings davon aus, worauf *Maunz*[9] hinweist, daß autonome Rechtsetzung nicht von der Rechtsfähigkeit des Erlassenden abhängig ist (auch sie gestehen dem Parlament keine selbständige Rechtspersönlichkeit zu). Die Auffassung *Hatscheks*[10], die Geschäftsordnung enthalte bloße Konventionalregeln, wird zu Recht nicht mehr vertreten, da mit dieser Qualifizierung nicht zu vereinbaren ist, daß den Mitgliedern des Parlaments auf Grund der Geschäftsordnung Rechte erwachsen. Desgleichen hat die Qualifizierung als Rechtsverordnung[11] in neuerer Zeit keine Anhänger mehr gefunden[12].

---

[5] Gesetz Nr. 544 über die Geschäftsordnung des Saarländischen Landtages vom 20. 12. 1956 (ABl. S. 1625).

[6] Zur Geschäftsordnungsgebung durch Gesetz kritisch *Arndt*, Geschäftsordnungsautonomie, S. 121 - 125. Er weist mit überzeugender Begründung nach, daß dies nur dann zulässig ist, „wenn die Verfassung selber, wie im Falle des Art. 41 Abs. 3 des Grundgesetzes, die nähere Regelung auf diesem Wege ausdrücklich vorschreibt“. a. A. *Achterberg*, Parlamentsrecht, S. 49.

[7] Seit dem Urteil des Bundesverfassungsgerichts vom 6. 3. 1952, BVerfGE Bd. 1, S. 144 ff. (148), welches sich auf den Boden der herrschenden Satzungstheorie stellte, ist die in der Zeit vor und während der Weimarer Republik heftig geführte Diskussion beinahe verstummt. Ebenso BayVerfGHE (N.F.) Bd. 8 (1955), S. 91 ff. (95 - 101).

[8] So *von Mangoldt / Klein*, GG, Anm. IV 1 zu Art. 40 (S. 914 f.); *Maunz*, in: Maunz / Dürig / Herzog, GG, Art. 40 Rdnr. 21; *Hamann / Lenz*, GG, Anm. B 3 zu Art. 40; *Schmidt-Bleibtreu / Klein*, GG, Art. 40 Rdnr. 4; *Maunz*, Staatsrecht, § 34 II 1 b; *Lechner / Hülshoff*, Parlament, S. 186; *Schäfer*, Bundestag, S. 58 f.; *Mattern*, Grundlinien, S. 77 f. („autonome Organsatzung“); *Gross*, DVBl. 1955, S. 80 ff. (79); *Wolff / Bachof*, Verwaltungsrecht I, § 25 IX a 1 (Satzungen bes. Art. „Verfassungssatzungen“); in der älteren Literatur z. B. *Laband*, Staatsrecht, S. 344 f.; *Perels*, HdbDStR Bd. 1, S. 449 u. Reichstagsrecht, S. 2 ff.

[9] In: Maunz / Dürig / Herzog, GG, Anm. B 1 zu Art. 40. Darauf stellt jedoch *Schweitzer*, NJW 1956, S. 84 ff. (85) ab, der deshalb den Satzungscharakter ablehnt.

[10] Parlamentsrecht, S. 42 ff.

[11] So z. B. *Georg Jellinek*, System, S. 169; *Anschütz*, in: Meyer / Anschütz, Staatsrecht, S. 235.

[12] Wenn man von *Giese*, GG, 4. Aufl. 1955, Anm. 3 zu Art. 40 einmal absieht, der die Geschäftsordnung als gemischte Rechts- und Verwaltungsverordnung ansah. Seit der 5. Aufl. des Kommentars, der seitdem von *Egon Schunck* bearbeitet wird, ist diese Auffassung zugunsten der Satzungstheorie aufgegeben. Vgl. *Giese / Schunck*, GG, 5. Aufl. 1960, Anm. B zu Art. 40; 8. Aufl. 1970, Anm. 3 zu Art. 40.

Abschließend sei noch auf zwei in der Gegenwart vertretene Auffassungen hingewiesen, die die Geschäftsordnung als „interne Rechtsvorschrift"[13] sowie als „parlamentarischen Innenrechtssatz"[14] qualifizieren. Allen genannten Theorien über die Rechtsnatur der (kodifizierten) Geschäftsordnung einschließlich ihrer Modifizierungen mit Ausnahme der Qualifizierungen als Konventionalregel und als interne Rechtsvorschrift gehen von einem gemeinsamen Kriterium aus, nämlich dem Rechtssatzcharakter der Geschäftsordnung. Dem entspricht die Fähigkeit der Geschäftsordnungen, Bindungen (nicht nur für den Einzelfall, sondern generell für eine Vielzahl von Fällen) zu erzeugen und Rechte für die Mitglieder des erlassenden Organs zu begründen. Daher mag hier dahinstehen, ob die Geschäftsordnung als Satzung oder Rechtsverordnung zu qualifizieren ist[15], jedenfalls beinhaltet der schlichte Parlamentsbeschluß der Geschäftsordnungsgebung gem. Art. 40 Abs. 1 Satz 2 GG Rechtsetzung[16] und scheidet daher gemäß der Themenstellung aus dem Kreis der zu untersuchenden schlichten Parlamentsbeschlüsse aus[17].

2. Rechtsgrundlagen in der Geschäftsordnung des Bundestages

Wenn auch die Geschäftsordnungsgebung selbst nicht Gegenstand der Untersuchung ist, so enthält jedoch die Geschäftsordnung eine Reihe von Ermächtigungsnormen zum Erlaß schlichter Parlamentsbeschlüsse, die im folgenden beispielhaft aufgezählt werden sollen. (Erwähnt

---

13 So *Arndt*, Geschäftsordnungsautonomie, S. 156 ff.; kritisch dazu *Steiger*, Grundlagen, S. 40.

14 *Achterberg*, Grundzüge, S. 15.

15 Eine im Sinne der Rechtsquellenlehre dogmatisch völlig zweifelsfreie und restlos befriedigende Einordnung ist kaum möglich. — Trotz verbleibender Zweifel (autonome Satzungen werden im allgemeinen als typisches Reservat mittelbarer Staatsverwaltung angesehen) erscheint die Qualifizierung als (Verfassungs-)Satzung (so *E. W. Böckenförde*, Organisationsgewalt, S. 122 f., unter Ablehnung der Qualifizierung als „autonome" Satzung, S. 120 f.) am sachgerechtesten. Vor allem, wenn man die Begrenzung der Regelungsbefugnis auf interne parlamentarische Gegenstände und die „Exklusivität des Adressatenkreises" (so *Maunz*, in: Maunz / Dürig / Herzog, GG, Art. 40 Rdnr. 21) in Betracht zieht. So kommt denn auch der Bayerische Verfassungsgerichtshof in der bereits erwähnten Entscheidung (vgl. oben Fn. 7) nach eingehender Auseinandersetzung mit den im Schrifttum vertretenen Auffassungen zu dem Ergebnis, dem Wesen der Geschäftsordnung werde „am besten die Auffassung gerecht, daß die Geschäftsordnung eine autonome Satzung ist" (ebd., S. 100). Kritisch zur Satzungstheorie z. B. *Arndt*, Geschäftsordnungsautonomie, S. 136 ff.; *Altmann*, DÖV 1956, A. 751 ff.; *Schweitzer*, NJW 1956, S. 84 ff.

16 So im Einvernehmen mit der h. M. ausdrücklich *Achterberg*, Grundzüge, S. 49 „Die Rechtsetzung des Parlaments selbst geschieht dabei durch Geschäftsordnungsgebung und Gesetzgebung".

17 Dies gilt gleichermaßen für die Geschäftsordnungsgebung der Länderparlamente, so z. B. nach Art. 38 Abs. 1 Satz 2 LVerfNW.

werden nur solche, die nicht lediglich im Grundgesetz enthaltene Ermächtigungen wiederholen oder präzisieren.)

(1) Anerkennung als Fraktion oder als Gruppe (§ 10 Abs. 1 Satz 2 bzw. Abs. 4 GeschOBT);

(2) Bezeichnung von Akten als vertraulich (§ 21 Abs. 1 Satz 1 Gesch OBT);

(3) Beschluß über die gemeinsame Beratung gleichartiger oder verwandter Gegenstände (§ 28 GeschOBT);

(4) Übergang zur Tagesordnung (§ 29 Abs. 1 GeschOBT), Schließung und Abbrechen der Beratung (§ 30 Abs. 2 GeschOBT), Vertagung (§ 31 GeschOBT);

(5) Einsetzung einer Enquêtekommission (§ 74 a GeschOBT)[18];

(6) Abstimmung über Entschließungen zu Gesetzentwürfen und Verträgen mit auswärtigen Staaten und ähnlichen Verträgen (§ 89 GeschOBT);

(7) Beschlüsse über Einsprüche gegen das Protokoll (§ 122 GeschOBT);

(8) Abweichung von der Geschäftsordnung (§§ 127, 129 GeschOBT).

3. Rechtsgrundlagen in einfachen Gesetzen

Neben den genannten in Grundgesetz und in der Geschäftsordnung enthaltenen Ermächtigungsnormen für schlichte Parlamentsbeschlüsse des Bundestages finden sich Rechtsgrundlagen in einfachen Gesetzen.

Hier einige Beispiele:

(1) Einwilligung zur Veräußerung bundeseigener Grundstücke von erheblichem Wert oder besonderer Bedeutung (§ 64 Abs. 2 Satz 1 BHO);

(2) Einwilligung zur Veräußerung von Unternehmensanteilen mit besonderer Bedeutung (§ 65 Abs. 7 Satz 1 BHO);

(3) Mißbilligungsbeschluß bei der Entlastung der Bundesregierung nach Rechnungslegung (§ 114 Abs. 5 BHO);

(4) Erklärungen des Bundestages in Verfassungsstreitverfahren, z. B. Beitrittserklärung in einem Verfahren nach Art. 93 Abs. 1 Nr. 1 GG (§§ 13 Nr. 5, 63, 65 BVerfGG), Äußerung in einem Verfahren nach Art. 93 Abs. 1 Nr. 2 GG (§§ 13 Nr. 6, 77 BVerfGG), Äußerung bzw. Beitritt in einem Verfahren nach Art. 100 Abs. 2 GG (§§ 1 Nr. 12, 83 Abs. 2 BVerffGG), Äußerung in einem Verfahren nach Art. 100 Abs. 3 (§§ 13 Nr. 13, 85 Abs. 2 BVerfGG).

---

[18] Diese Möglichkeit wurde bei der Parlamentsreform im Jahre 1969 eingeführt. Vgl. dazu *Giesing*, DÖV 1970, S. 124 ff. Eine Bilanz sowie Reformvorschläge für Aufgaben und Befugnisse der Enquêtekommissionen finden sich im Zwischenbericht der Enquête-Kommission für Fragen der Verfassungsreform aus dem Jahre 1972 (BT-Drucksache VI/3829, S. 19 ff.).

Obwohl dies im Grundgesetz nicht vorgesehen ist, finden sich in einer Reihe von Gesetzen Verordnungsermächtigungen an die Bundesregierung oder einen Bundesminister nach Art. 80 Abs. 1 GG, die von einer Zustimmung des Bundestages abhängig gemacht werden, welche in der Form des schlichten Parlamentsbeschlusses ergeht. Dieses schon in der Weimarer Zeit in der Staatspraxis geübte Verfahren[19] der sogenannten Zustimmungsverordnungen findet auch heute Anwendung[20] und wird allgemein verfassungsrechtlich für zulässig gehalten[21]. Dabei ist jedoch zu beachten, daß der Bundestag, obwohl durch schlichten Parlamentsbeschluß handelnd, rechtsetzend tätig wird, da er durch den Zustimmungsakt an der Verordnungsgebung der Exekutive beteiligt ist[22, 23]. Diese Art schlichter Parlamentsbeschlüsse scheidet daher als Untersuchungsgegenstand aus. „Zustimmungsverordnungen verlieren durch die Beteiligung der Legislative nicht ihren Charakter als Rechtsverordnungen"[24], so daß Rechtsschutzprobleme im Bereich des hier nicht zu erörternden Rechtsschutzes gegen Rechtsnormen angesiedelt sind[25]. Denn der Zustimmungsbeschluß selbst ist (wie ein Gesetzesbeschluß) nicht isoliert anfechtbar. Eine gerichtliche Überprüfung ist lediglich im Rahmen der Prüfung der Rechtmäßigkeit der (Zustimmung-)Rechtsverordnung (etwa wegen möglicher Kompetenzüberschreitung) möglich.

b) Schlichte Parlamentsbeschlüsse ohne ausdrückliche Zuständigkeitsregelung

Den „normativ"[26] geregelten schlichten Parlamentsbeschlüssen stehen solche gegenüber, für die eine ausdrückliche Ermächtigung nicht besteht.

---

19 Vgl. *Thoma*, HdbDStR II, S. 221 ff. (221 Fn. 1). „Schlichter Parlamentsbeschluß wird in einfachen Gesetzen häufig vorgesehen als Form des Verlangens der Außerkraftsetzung einer Verordnung oder der nachträglichen Genehmigung einer Verordnung."

20 Beispiele, vorwiegend auf dem Gebiet der Preis- und Zollgesetze finden sich in dem Beschluß des BVerfG vom 12. 11. 1958 BVerfGE Bd. 8, S. 274 ff. (320).

21 z. B. BVerfG ebd., *Maunz*, in: Maunz / Dürig / Herzog, GG, Art. 80 Rdnr. 26; *Klein*, Übertragung, S. 79 ff. (95 ff.) jeweils mit weiteren Nachweisen.

22 So BVerfGE Bd. 8, S. 274 ff. (322).

23 In diesem Zusammenhang sei darauf hingewiesen, daß der Zustimmungsakt zwar Rechtsetzungsakt aber nicht Rechtssatz ist. Er enthält selbst keine Normen, sondern ist Voraussetzung für das Entstehen von Normen. Auf die Notwendigkeit der Unterscheidung zwischen Rechtssatz und Rechtsetzungsakt weist *Bettermann*, Festschrift für Nipperdey, S. 723 ff. (726, 727) im Rahmen einer Erörterung von Satzungsgenehmigungen hin. Insoweit zustimmend *Bachof*, Festschrift für Weber, S. 515 ff. (518/519).

24 So BVerfGE Bd. 8, S. 274 ff. (322).

25 Zu den gerichtlichen Kontrollmöglichkeiten gegenüber Rechtsverordnungen einschließlich der sogenannten Zustimmungsverordnungen nimmt *Klein*, Übertragung, S. 79 ff. (105 f.) Stellung.

Diese Art von Beschlüssen ist gleichwohl in der Parlamentspraxis von erheblicher Bedeutung und ihre Zahl Legion[27]. Der Vielzahl dieser gesetzlich nicht geregelten Beschlüsse entspricht die Unterschiedlichkeit der Gegenstände, mit denen sie sich befassen. Das breite Spektrum umfaßt z. B. Beschlüsse in Gesetzgebungsangelegenheiten (außerhalb des eigentlichen Gesetzgebungsbeschlusses), Regierungs- und Verwaltungsangelegenheiten. Es kann sich einerseits um allgemeine Manifestationen des politischen Willens des Parlaments, andererseits um konkrete Willensäußerungen handeln, die an ein anderes Verfassungsorgan gerichtet sind. Diese richten sich, was Beschlüsse des Bundestages anbetrifft, zumeist an die Bundesregierung. Auf Grund dieser Verschiedenartigkeit der gesetzlich nicht geregelten schlichten Parlamentsbeschlüsse im Hinblick auf den Adressaten empfiehlt es sich, zwischen adressierten und nicht adressierten Beschlüssen zu unterscheiden[28].

1. Adressierte, gesetzlich nicht geregelte schlichte Parlamentsbeschlüsse

Diese Art von Beschlüssen bezieht sich zumeist auf Einzelfragen und hat eine bestimmte Zielrichtung. Der Bundestag faßt solche schlichten Parlamentsbeschlüsse etwa in Gestalt einer Anregung, Empfehlung, Bitte, Aufforderung, eines Ersuchens oder gar einer Weisung an die Bundesregierung. Es seien hier einige Beispiele genannt, und zwar lediglich solche Beschlüsse, die in einem gerichtlichen Verfahren angegriffen und überprüft wurden. In einem vom Bundesverwaltungsgericht durch Urteil vom 20. 1. 1961[29] entschiedenen Rechtsstreit vertrat die Klägerin die Ansicht, der Ausschluß der Fahrgastschiffahrt von der Gewährung einer Betriebsbeihilfe nach dem Mineralölgesetz sowie einer dazu erlassenen Rechtsverordnung sei rechtswidrig, da er im Widerspruch zu einem ausdrücklichen Beschluß des Bundestages stehe. Es handelte sich zunächst um einen Beschluß des Bundestages, den

---

[26] Der Begriff soll in diesem Zusammenhang Verfassung, Geschäftsordnung und einfache Gesetze umfassen.

[27] Vgl. die zahlreichen Beispiele bei *Sellmann*, Parlamentsbeschluß, S. 18 ff. und *Obermeier*, Diss., S. 17 ff. Beispiele aus der Zeit der Weimarer Republik finden sich bei *Schröder*, Diss., S. 66 ff.; *Pötsch-Hefter*, JöR, Bd. 21, S. 99 ff.

[28] So auch *Klein*, JuS 1964, S. 181 ff. (184). *Böckenförde*, JuS 1968, S. 375 ff. (S. 378, 379 Erläuterungen Nr. 7) hält die Unterscheidung zwischen adressierten und nicht adressierten (gesetzlich nicht geregelten) schlichten Parlamentsbeschlüssen für eine rechtliche Betrachtung für überflüssig. Dem kann nicht zugestimmt werden, da sich etwa das umstrittene Problem der Bindung der Regierung nur bei den adressierten Beschlüssen stellt. Im übrigen dient die Unterscheidung einer besseren Übersichtlichkeit bei der Darstellung des komplexen Phänomens der gesetzlich nicht geregelten schlichten Parlamentsbeschlüsse.

[29] BVerwGE Bd. 12, S. 16 ff. Diese Entscheidung ist Gegenstand der Besprechungen bzw. Abhandlungen von *Klein*, JuS 1964, S. 181 ff.; *Lerche*, NJW 1961, S. 1758 ff.; *Bachof*, JZ 1962, S. 355 f. u. S. 707 f.

dieser bei der Verabschiedung des Mineralölgesetzes vom 31. 5. 1951 in seiner Sitzung vom 26. 4. 1951 faßte und der folgenden Wortlaut hatte: „Die Bundesregierung wird ersucht, in Ausführung des § 2 Absatz 2 Ziffer 1 mit Wirkung vom 1. April 1951 Verbilligungen zu gewähren, die dem Stand vom 31. März 1951 entsprechen, solange sich nicht die zu diesem Zeitpunkt bestehenden wirtschaftlichen Verhältnisse und die Wettbewerbsbedingungen wesentlich ändern[30]." Den zweiten Beschluß in diesem Zusammenhang faßte der Bundestag in seiner Sitzung vom 21. 2. 1952. Dieser hatte folgenden Wortlaut: „Die Bundesregierung wird ersucht, in Befolgung des Gesetzes zur Aufhebung und Ergänzung von Vorschriften auf dem Gebiete der Mineralölwirtschaft vom 31. Mai 1951 (BGBl. G S. 371) sowie der im Zusammenhang mit diesem Gesetz verabschiedeten Entschließung zu § 2 Abs. 2 mit Wirkung ab 1. April 1951 die nachstehende Ermäßigung ohne einschränkende Bestimmungen zu gewähren: Binnenschiffahrt einschließlich Fähren und Fahrgastschiffahrt, Fahrgastschiffe und Fähren, die das deutsche Festland mit den deutschen Inseln verbinden, DM 28,50 je 100 kg[31]."

Während in der genannten Entscheidung des Bundesverwaltungsgerichts der bzw. die Beschlüsse des Bundestages nur inzidenter überprüft wurden, erfolgte in der Entscheidung des Bayerischen Verfassungsgerichtshofes vom 30. 9. 1959[32] eine unmittelbare Überprüfung eines (gesetzlich nicht geregelten) schlichten Parlamentsbeschlusses. Der Beschwerdeführer verlangte mittels Verfassungsbeschwerde (gemäß Art. 66, 120 BV) die Feststellung, daß der Beschluß des Bayerischen Landtages vom 17. 5. 1950 verfassungswidrig und nichtig sei: Dieser Beschluß hatte folgenden Wortlaut: „Der Bayerische Landtag an die Bayerische Staatsregierung — Der Landtag hat über die Ermittlung eines neuen Schlüssels zur Verteilung der Mittel für den sozialen Wohnungs- und Siedlungsbau in seiner heutigen öffentlichen Sitzung Beratung gepflogen und beschlossen:

1. Die Verteilung der Mittel für den sozialen Wohnungs- und Siedlungsbau erfolgt nach dem Schlüssel 4:3:3:0.
2. Aus den Mitteln für den sozialen Wohnungsbau ist eine Reserve von 18 Millionen DM zu bilden. Hiervon sind zu verwenden
   a) für die Beseitigung der Flüchtlingsmassenlager ein Betrag von 12 Millionen DM,
   b) für sonstige dringende Bedürfnisse 6 Millionen DM.

Über die Verwendung der Reserven ist dem Landtag Bericht zu erstatten[33]."

---

30 Vgl. BT-Drucksache I/2193; BT-Protokoll I/5551 D 5552 A.

31 Vgl. BT-Drucksache I/3090; BT-Protokoll I/8375 A/B.

32 BayVerfGHE (N.F.), Bd. 12 (1959), S. 119 ff.

Die an die Bundesregierung adressierten Beschlüsse des Bundestages reichen von Ersuchen mit innenpolitischem Gegenstand (wie in den erwähnten Beispielen) über solche außenpolitischer Art[34], Ersuchen um Einbringung von Gesetzesvorlagen bis hin zu bloßen Aufforderungen zur Erteilung von bestimmten Informationen.

2. Nicht adressierte, gesetzlich nicht geregelte schlichte Parlamentsbeschlüsse

Diese Art schlichter Parlamentsbeschlüsse enthält häufig, wie bereits erwähnt, allgemeine Manifestationen des politischen Willens des Parlaments. So hat sich der Bundestag z. B. in einem Beschluß vom 26. 7. 1950[35] für einen „Europäischen Bundespakt" eingesetzt und dies noch einige Male wiederholt[36]. Das Bekenntnis zur Wiedervereinigung Deutschlands war mehrfach Gegenstand schlichter Parlamentsbeschlüsse. Aus neuerer Zeit sei die „Entschließung" des Bundestages vom 17. 5. 1972 zu den Verträgen mit der Sowjetunion und Polen erwähnt, die u. a. klarstellen sollte, daß die Verträge einen Friedensvertrag nicht vorwegnähmen[37, 38]. Im übrigen erstreckt sich der Wirkungsbereich von „fundamentalen Beschlußfassungen" bis hin zu „mehr zufälligen Einzelheiten"[39]. Dies gilt sowohl für die adressierten als auch für die nicht adressierten schlichten Parlamentsbeschlüsse.

c) Zum Verfahren der Beschlußfassung

Das Verfahren für das Zustandekommen schlichter Parlamentsbeschlüsse ist in Art. 42 Abs. 2 Satz 1 GG geregelt. Danach ist „zu einem Beschlusse des Bundestages die Mehrheit der abgegebenen Stimmen erforderlich, soweit dieses Grundgesetz nichts anderes bestimmt". Ohne Zweifel ist die wichtigste Art eines Beschlusses im Sinne des Art. 42 Abs. 1 Satz 1 GG der Gesetzgebungsbeschluß gemäß Art. 77 Abs. 1 Satz 1 GG. Aber auch für Beschlüsse über „andere dem Bundestag nach

---

[33] Vgl. Verhandlungen des Bayerischen Landtages, IV. Tagung, 163. Sitzung vom 17. 5. 1950, Sten.Ber., S. 455, Beilage 3749.

[34] Als Beispiel sei ein Beschluß des Bundestages erwähnt mittels dessen die Bundesregierung ersucht wurde, „sich zur Sicherung des Friedens für Ost-West-Verhandlungen wegen der Wiedervereinigung und Abrüstung einzusetzen" (BT-Protokoll III/419-Umdruck 7).

[35] BT-Drucksache I/1193; BT-Protokoll I/2837.

[36] z. B. in den Beschlüssen vom 8. 2. 1952 (BT-Drucksache I 3074; BT-Protokoll I/8243) und vom 30. 4. 1954 (BT-Drucksache II/501; BT-Protokoll II/1181).

[37] Vgl. z. B. BT-Drucksache I/3277, BT-Protokoll I/8799; BT-Drucksache II/452, BT-Protokoll II/796.

[38] Auszüge aus der Debatte zu dieser Entschließung (und zu den sogenannten Ostverträgen) sowie Pressestimmen finden sich in: Deutscher Bundestag, Chronik VI, S. 203 ff.

[39] *Thoma,* HdbStR II, S. 221.

Verfassung, Gesetz oder Geschäftsordnung obliegende Angelegenheiten“[40] sowie für schlichte Parlamentsbeschlüsse ohne ausdrückliche Ermächtigung regelt diese Vorschrift das Verfahren ihres Zustandekommens[41].

III. Akte parlamentarischer Unterorgane

Wie bereits ausgeführt, sind Akte parlamentarischer Unterorgane in den Bereich der nicht zur Rechtsetzung gehörenden Akte der Legislative einzubeziehen, da ihr Handeln dem Parlament und über dieses dem Organträger zugerechnet wird. Hier sollen kurz die (wichtigsten) parlamentarischen Unterorgane aufgeführt werden[1], ohne Rücksicht darauf, ob ihre Akte im Einzelfall geeignet sind, Individualrechte zu beeinträchtigen. Dies ist späterer Erörterung vorbehalten.

a) Bundestagspräsident, Präsidium

Der Bundestagspräsident ist nach übereinstimmender Auffassung (Unter-)Organ (zur unkorrekten Bezeichnung des „Organ“ vgl. oben S. 24) des Bundestages[2]. Akte des Präsidenten beinhalten auf der einen Seite in den Sitzungen die Leitungsbefugnis, die Ordnungsbefugnis und eine Ausschußberatungsbefugnis[3], auf der anderen Seite steht ihm das Hausrecht und die Polizeigewalt zu; außerdem ist er oberste Dienstbehörde für alle Bundestagsbeamten[4]. — Das Präsidium (§ 5 GeschOBT), bestehend aus dem Präsidenten und den Stellvertretern, berät den

---

40 So *Giese / Schunck*, GG, II 3 zu Art. 42.

41 Letzteres bestreiten zu Unrecht *Maunz*, in: Maunz / Dürig / Herzog, GG, Art. 42 Rdnr. 14; *von Mangoldt / Klein*, GG, Anm. IV, 2 zu Art. 42 (S. 930); *Hamann / Lenz*, Anm. B 2 zu Art. 42. Sie halten sog. Entschließungen des Bundestages, z. B. die Aufforderung an die Bundesregierung zur Vorlage eines bestimmten Gesetzentwurfes, nicht für Beschlüsse im Sinne des Art. 42 Abs. 2 Satz 1 GG. Mit dem Bundesverfassungsgericht (BVerfGE Bd. 2, S. 143 ff. [161]) ist davon auszugehen, daß „Art. 42 Abs. 2 Satz 1 GG nichts anderes ist als eine (solche) Regel des objektiven Verfassungsrechts, die sagt, wann ein Beschluß des Bundestages vorliegt“. Die genannten Autoren stellen dagegen auch auf den Inhalt und die Rechtswirkungen der Beschlüsse ab. Darüber sagt jedoch Art. 42 Abs. 2 Satz 1 GG nichts aus. Als rein organisatorische Vorschrift (so auch *Maunz*, ebd., Art. 42 Rdnr. 15) regelt er lediglich das Verfahren der Willensbildung, d. h. falls die dort aufgestellten Voraussetzungen — Mehrheit der abgegebenen Stimmen — bei der Abstimmung als letztem Punkt des Willensbildungsprozesses vorliegen, ist ein „Beschluß des Bundestages“, welcher Art auch immer, gegeben. Wie hier auch *Obermeier*, Diss., S. 15 f.

1 Eine ausführliche Aufzählung findet sich bei *Achterberg*, Grundzüge, S. 17 ff. mit weiteren Nachweisen.

2 z. B. *von Mangoldt / Klein*, GG, Anm. III 2 a (S. 912); *Maunz*, in: Maunz / Dürig / Herzog, GG, Anm. B 1 zu Art. 40; *Achterberg*, Grundzüge, S. 17 f.; *Kleinschnittger*, Diss., S. 15 f. mit umfangreichen Nachweisen.

3 Vgl. §§ 7, 25, 27, 30, 32, 33, 49, 52, 128 GeschOBT.

4 Vgl. Art. 40 Abs. 2 GG; § 7 GeschOBT.

Präsidenten und stellt u. a. den Haushaltsplanentwurf des Parlaments fest. Die Geschäftsordnung gibt über die Funktion des Präsidiums keine Auskunft.

b) Schriftführer, Sitzungsvorstand, Ältestenrat

Alle drei Gremien dienen der Unterstützung des Präsidenten bei der Geschäftsführung insbesondere bei der Leitung der Plenarsitzungen[5]. Auch diese sind nach richtiger Auffassung als Unterorgane des Bundestages anzusehen[6], da ihnen — neben der Unterstützungsfunktion — nach der Geschäftsordnung Aufgaben zur eigenen Wahrnehmung übertragen sind[7].

c) Bundestagsausschüsse

Nach der Qualifizierung der Ausschüsse als Unterorgane des Parlaments (vgl. oben S. 22 ff.) sind Gegenstand der Untersuchung sowohl Beschlüsse obligatorischer (Ausschüsse für auswärtige Angelegenheiten und für Verteidigung, Art. 45 a GG) als auch fakultative (Untersuchungsausschüsse, Art. 44 GG und sonstige Ausschüsse, § 60 ff. GeschOBT) Ausschüsse. Zweifelhaft sind in diesem Zusammenhang lediglich die Beschlüsse des sogenannten ständigen Ausschusses nach Art. 45 GG. Nach dem hier vertretenen Organbegriff scheidet eine Qualifizierung als Unterorgan des Bundestages aus[8], da der ständige Ausschuß gerade dann tätig wird, wenn das Organ nicht mehr existiert, d. h. wenn der Bundestag aufgelöst wird oder dessen Wahlperiode endet. Der Streit um die verfassungsrechtliche Stellung[9] mag hier auf sich beruhen, da der ständige Ausschuß jedenfalls der gesetzgebenden Gewalt (im organisatorischen Sinne) zuzuordnen ist[10], und daher seine

---

[5] Vgl. § 9 GeschOBT (Schriftführer); § 8 GeschOBT (Sitzungsvorstand); § 6 GeschOBT (Ältestenrat).

[6] So auch *Maunz*, in: Maunz / Dürig / Herzog, GG, Art. 40 Rdnr. 9; *Achterberg*, Grundzüge, S. 18, die übereinstimmend in ihrer Aufzählung der parlamentarischen Unterorgane Schriftführer, Sitzungsvorstand und Ältestenrat nennen.

[7] Vgl. z. B. §§ 6 Abs. 3, 4; 56; 9 Abs. 2 GeschOBT.

[8] So auch *Maunz*, in: Maunz / Dürig / Herzog, GG, Art. 45 Rdnr. 5.

[9] Vgl. dazu *Maunz*, ebd., Art. 45 Rdnr. 5.

[10] So *von Mangoldt / Klein*, GG, Anm. III, 2 zu Art. 45 (S. 952), „im organisatorischen Sinne Organ der gesetzgebenden Gewalt". Ähnlich auch *Steiger*, Grundlagen, S. 147. „Soweit die Ausschüsse Entscheidungszuständigkeiten innehaben, sind sie Organe des Bundestages. Der ständige Ausschuß ist dabei ein mittelbares Verfassungsorgan, weil er die verfassungsmäßigen Zuständigkeiten des Bundestages im Rahmen des Art. 45 GG wahrnimmt." Im übrigen wird der ständige Ausschuß als „parlamentarisches Hilfsorgan" angesehen. So z. B. *Dennewitz / Schneider*, BK, Anm. II 1 zu Art. 45; *von Mangoldt / Klein*, GG, Anm. III, 2 zu Art. 45 (S. 952), *Maunz*, in: Maunz / Dürig / Herzog, GG, Art. 45 Rdnr. 5.

Beschlüsse als Akte der Legislative im Sinne der Themenstellung anzusehen sind.

d) Der Wehrbeauftragte des Bundestages

Art. 45 b GG, der die Stellung des Wehrbeauftragten regelt, wurde durch das 7. Gesetz zur Änderung des Grundgesetzes vom 19. 3. 1956 (BGBl. I S. 111) in das Grundgesetz eingefügt. Nach dem Wortlaut der Bestimmung („Zum Schutz der Grundrechte und als Hilfsorgan des Bundestages bei der Ausübung der parlamentarischen Kontrolle wird ein Wehrbeauftragter des Bundestages berufen") unterliegt es keinem Zweifel, daß der Wehrbeauftragte zumindestens auch Unterorgan des Bundestages ist. Umstritten ist, ob der Wehrbauftragte eine Doppelstellung hat, ob er neben seiner Stellung als Unterorgan ein selbständiges Verfassungsorgan ist[11], soweit er „zum Schutz der Grundrechte" berufen ist. Die Auffassung von der Doppelstellung fußt auf der Prämisse einer Doppelfunktion des Wehrbeauftragten. Es mag dahingestellt bleiben, ob diese Prämisse überhaupt haltbar ist[12]. Jedenfalls wird die Auffassung, die den Wehrbeauftragten (nur) als Unterorgan des Bundestages qualifiziert, seiner Stellung im System des Grundgesetzes eher gerecht. Nach dem Wortlaut des Art. 45 b GG wird ein *„Wehrbeauftragter des Bundestages"* berufen. Der Grundrechtsschutz durch den Wehrbeauftragten steht nicht neben der parlamentarischen Kontrolle, sondern ist als Teil derselben anzusehen. Darüber hinaus spricht auch die Abhängigkeit des Wehrbeauftragten vom Bundestag (jederzeitige Möglichkeit seiner Abwahl durch das Parlament — § 15 Abs. 4 WbG) gegen eine Stellung als selbständiges Verfassungsorgan. Dem wird die wohl herrschende Meinung gerecht, die den Wehrbeauftragten (ausschließlich) als Unterorgan des Bundestages ansieht[13]. Alle Akte des Wehrbeauftragten sind damit dem Bundestag zuzurechnen und unterfallen den zu untersuchenden Akten der Legislative.

e) Fraktionen als parlamentarische Unterorgane?

Eine Aufzählung parlamentarischer Unterorgane wirft zwangsläufig das Problem der Rechtsnatur parlamentarischer Fraktionen auf. *von*

---

[11] So *Ule*, Grundrechte, S. 119 ff.; ders., JZ 1957, S. 422 ff.; *Groß*, DVBl. 1957, S. 344 ff.; *Hamann / Lenz*, GG, Anm. zu Art. 45 b; *von Mangoldt / Klein*, GG, Anm. III 2 zu Art. 45 b (S. 959); *Maunz*, Staatsrecht, § 23 II 1 e.

[12] *Dürig*, in: Maunz / Dürig / Herzog, GG, Art. 45 b Rdnr. 7 stellt dies mit beachtlichen Argumenten in Frage.

[13] So *Busch*, Wehrbeauftragter, S. 20; *Dürig*, ebd., Art. 45 b Rdnr. 7, Art. 45 b Rdnr. 5 ff.; *Jaeger*, Apelt-Festschrift, S. 121 ff. (133); *Lorenz*, Rechtsschutz, S. 171; *Kipp*, DÖV 1955, S. 513 ff. (515); *Kühne*, Diss., S. 44; *Mattern*, DÖV 1959, S. 841 ff. (842); *Maurer*, Wehrbeauftragter, S. 31 ff.; *Witte*, Diss., S. 114 ff.

Mangoldt / Klein[14] führen dazu aus: „Nach durchaus herrschender Meinung sind die Fraktionen Organe des Bundestages.“ Schon die erste Behauptung, es handele sich um eine „durchaus herrschende Meinung“, ist, zumindest nach heutigem Streit- und Meinungsstand[15], nicht haltbar. Aber auch die Qualifizierung der Fraktion als (Unter-)Organ begegnet ernsthaften Bedenken. In dem zur Stützung der Auffassung herangezogenen Urteil des Bundesverfassungsgerichts vom 5. 4. 1952 wird zwar ausgeführt, die Fraktion sei Organ des Landtages. An anderer Stelle[16] werden die Fraktionen jedoch als „Organteil“[17], „ständige Gliederungen“, „notwendige Einrichtungen“ oder ähnlich bezeichnet. von Mangoldt / Klein halten diese Aussagen für unbeachtlich, da es sich um obiter dicta handele; sie verschweigen indes, daß die Äußerung über die Organqualität der Fraktion ebenfalls nur in einem obiter dictum erfolgte. Im übrigen ist in derselben Entscheidung an anderer Stelle[18] von „Gliederungen des Parlaments“ die Rede. Daher liegt der Schluß nahe, daß das Bundesverfassungsgericht den Begriff „Organ“ nicht im technischen Sinne verstanden hat[19]. Für ihre Behauptung, *Altmann*[20] komme zur Ablehnung der Organqualität der Fraktionen „infolge eines abwegigen Organbegriffes“, sind von Mangoldt / Klein die Begründung schuldig geblieben. Legt man nur den kleinsten gemeinsamen Nenner der verschiedenen Ansichten zur Organtheorie zugrunde, so besteht insoweit ein Konsens, als das Organhandeln dem Organträger zurechenbar sein muß. Auf den konkreten Fall bezogen bedeutet dies, daß das Handeln der Fraktion als (Unter-)Organ dem Bundestag und über diesen dem Bund zurechenbar sein müßte. Dies ist aber gerade nicht der Fall. Die Fraktionen handeln nicht wie der Parlamentspräsident, wie die Ausschüsse für das Parlament als Ganzes, und erst recht nicht für den Bund. Wie die Rechtsstellung der Fraktionen[21] auch

---

[14] GG, Anm. III d zu Art. 40 (S. 910) unter Berufung auf BVerfGE, Bd. 1, S. 208 ff. (229); *Perels*, HdbDStR I, S. 449 ff. (450); *Giese*, GG, Anm. II 2 zu Art. 40; so auch *Nawiasky*, Grundgedanken, S. 88; *Böckenförde*, in: Festschrift für Hans J. Wolff, S. 269 ff. (285).

[15] Die Gegenmeinung wird z. B. vertreten von: *Achterberg*, Grundzüge, S. 39 ff.; mit weiteren Nachweisen *Altmann*, DÖV 1956, S. 751 ff. (753); *Mattern*, Grundlinien, S. 12 ff.; *Maunz*, in: Maunz / Dürig / Herzog, GG, Art. 40 Rdnr. 14; *Möcke*, NJW 1965, S. 276 ff. (278) u. S. 567 ff.; ders., DÖV 1966, S. 162 ff.; *Schäfer*, Bundestag, S. 152 f.; *Trossmann*, Parlamentsrecht, S. 116; *Hamann / Lenz*, GG, Anm. B 2 zu Art. 40 sagen dies zwar nicht expressis verbis, führen aber die Fraktion in ihrer Aufzählung parlamentarischer Unterorgane nicht auf.

[16] BVerfGE, Bd. 1, S. 208 ff. (229).

[17] z. B. BVerfGE, Bd. 2, S. 143 ff. (159/160); Bd. 2, S. 365; Bd. 10, S. 14.

[18] BVerfGE, Bd. 1, S. 208 ff. (223).

[19] So auch *Möcke*, DÖV 1966, S. 162 ff. (163).

[20] DÖV 1956, S. 751 ff.

[21] Vgl. dazu *Achterberg*, Grundzüge, S. 39 ff.; *Steiger*, Grundlagen, S. 114 ff. jeweils mit weiteren Nachweisen.

immer beschaffen sein mag, sei hier dahingestellt, jedenfalls sind sie keine (Unter-)Organe des Parlaments[22]. Dafür bietet z. B auch die Geschäftsordnung des Bundestages keine Anhaltspunkte[23]. Der hier vertretenen Auffassung steht nicht entgegen, daß die Fraktionen als mit „eigenen Rechten" ausgestattete Gruppen im sogenannten Organstreit zur Klage vor dem Bundesverfassungsgericht gemäß Art. 93 Abs. 1 Satz 1 GG legitimiert sind[24]. Die Parteifähigkeit kommt den Fraktionen nicht deshalb zu, weil sie etwa Organe sind, sondern weil sie nach der Geschäftsordnung mit „eigenen Rechten" ausgestattet sind. Ähnliche Erwägungen gelten für den einzelnen Abgeordneten. Dieser ist nicht (Unter-)Organ[25], sondern gemäß der hier vertretenen Organtheorie als Organwalter anzusehen.

B. Die nicht zur Rechtsetzung gehörenden Akte der Legislative im System staatlicher Handlungsformen

I. Vorbemerkungen

Die klassische Einteilung staatlicher Handlungsformen orientierte sich am Gewaltenteilungsschema. Es wurde eine „gegenständliche Dreiteilung der Staatstätigkeiten" vorgenommen. Der Staat handelt rechtsetzend, rechtsprechend oder verwaltend[1]. Man ermittelte den Begriff der Verwaltung mittels eines Substraktionsverfahrens, die Tätigkeit des Staates außerhalb von Rechtsetzung und Rechtsprechung wurde zur Verwaltung gerechnet[2]. Aber bereits *Otto Mayer*[3] relativiert diesen

---

22 Insoweit kann der Kritik *Böckenfördes*, in: Festschrift für Hans J. Wolff, S. 269 ff. (285 Fußnote 53) zu der Auffassung *Achterbergs*, Grundzüge, S. 39, den Fraktionen keinen Organcharakter zuzubilligen, nicht beigepflichtet werden. Er gründet seine Kritik auf die lapidare Feststellung, *Achterberg* komme dazu „durch strikte Anlehnung an den *Wolff*schen Organbegriff und dessen Konstruktionsbasis". Es drängt sich die Frage auf: Warum nicht? Darauf bleibt er die Antwort schuldig. Jedenfalls ist für die Ablehnung des Organ- bzw. Unterorgancharakters der Fraktionen letztlich entscheidend, daß deren Handeln weder dem Bundestag noch (über diesen) dem Staat zuzurechnen ist.

23 Vgl. §§ 10 ff. GeschOBT (§ 10 Abs. 1 „Die Fraktionen sind Vereinigungen ... der Mitglieder des Bundestages, ...").

24 So BVerfGE Bd. 2, S. 143 ff. (160); Bd. 20, S. 56 ff. (104).

25 So auch *Achterberg*, Grundzüge, S. 31; *Maunz*. in: Maunz / Dürig / Herzog, GG, Art. 40 Rdnr. 15.

1 So z. B. *W. Jellinek*, Verwaltungsrecht, S. 6; *Otto Mayer*, Verwaltungsrecht I, S. 2.

2 Vgl. *W. Jellinek*, Verwaltungsrecht, S. 13; *Otto Mayer*, Verwaltungsrecht I, S. 7.

3 Er führt dazu aus (Verwaltungsrecht I, S. 17): „Aber nicht alles, was weder Gesetzgebung ist noch Justiz, ist Verwaltung." Der modifizierte und

Begriff (und stellt damit dessen Erkenntniswert in Frage), indem er eine Reihe von Staatstätigkeiten, die weder Rechtsetzung noch Rechtsprechung beinhalten, nicht der Verwaltung zuordnet. Diesem Unbehagen an der am Gewaltenteilungsschema orientierten Dreiteilung staatlicher Handlungsformen entspringt (u. a.) die bereits erwähnte Kategorie der sogenannten verfassungsrechtlichen Hilfstätigkeiten[4]. *Forsthoff*[5] weist in diesem Zusammenhang darauf hin, daß die „überkommene Theorie in allzu enger Anlehnung an die Gewaltenteilungsdoktrin eine klare Sonderung verfehlte, wenn sie sich lediglich um die Feststellung der Grenze zwischen Gesetzgebung und Verwaltung bemühte. Auf die Unterscheidung zwischen Verfassung und Verwaltung kommt es nicht weniger an[6]."

Dies mag zur Skizzierung der „überkommenen Theorie" genügen, da hier keine allgemeine Typologie staatlicher Handlungsformen — unter Einbeziehung der nicht zur Rechtsetzung gehörenden Akte der Legislative -- entwickelt werden soll, wie reizvoll dieses Unterfangen auch immer sein mag[7].

Der topischen Problemstellung entsprechend soll untersucht werden, ob die nicht zur Rechtsetzung gehörenden Akte der Legislative und bestimmte sonstige, nicht so problematisierte staatliche Handlungsformen in ihrem Rechtscharakter identisch sind oder so weitgehende Übereinstimmungen aufweisen, daß eine Gleichbehandlung dieser Akte im Hinblick auf den Rechtsschutz gerechtfertigt ist. Der Versuch einer solchen Zuordnung ist deshalb notwendig und unumgänglich, da das geltende Rechtsschutzssystem in seinen prozeßrechtlichen Normen zumindest die Art des Rechtsweges[8] gegen Akte öffentlicher Gewalt von

letztlich von ihm verwandte Begriff der Verwaltung lautet folgendermaßen: „Verwaltung ist Tätigkeit des Staates zur Verwirklichung seiner Zwecke unter seiner Rechtsordnung, außerhalb der Justiz" (ebd., S. 13).

[4] Als weitere Tätigkeiten, die, obgleich weder Gesetzgebung noch Rechtsprechung beinhaltend, nicht der Verwaltung zuzuordnen sind, nennt er z. B. den völkerrechtlichen Verkehr, die Kriegführung, das militärische Kommando (ebd., S. 9 ff.).

[5] Verwaltungsrecht I, S. 12.

[6] Zur „Gewaltentrennung" bzw. „Funktionenunterscheidung" vgl. auch *Achterberg*, Funktionenlehre, S. 107 ff. u. passim dazu die Besprechung von *Menger*, DVBl. 1971, S. 85, sowie *Menger*, VVDStRL Bd. 15 (1957), S. 3 ff. (24 ff.).

[7] Ein solcher Versuch wäre schon deshalb von Interesse, da eine Einordnung der nicht zur Rechtsetzung gehörenden Akte der Legislative bisher lediglich punktuell versucht wurde. So behandelt z. B. *Obermeier*, Diss., S. 33 ff., unter diesem Aspekt nur sogenannte Entschließungen des Bundestages. *Kassimatis*, Der Bereich der Regierung, untersucht insoweit die sogenannten Regierungsakte, die nach seiner materiellen Definition einen Teil der nicht zur Rechtsetzung gehörenden Akte der Legislative umfassen (vgl. z. B. S. 120 ff., „Regierungsakte des Bundestages").

[8] Im Gegensatz zum „Wie" ist das „Ob" des Rechtsschutzes der verfassungsrechtlichen Garantie des Art. 19 Abs. 4 GG zu entnehmen.

der Handlungsform abhängig macht. Könnte den nicht zur Rechtsetzung gehörenden Akten der Legislative z. B. Verwaltungsaktcharakter beigemessen werden, so würde der Rechtsschutz in den durch die einschlägigen Vorschriften der Verwaltungsgerichtsordnung vorgezeichneten Bahnen verlaufen[9].

Der positiven Rechtsordnung liegt die Unterscheidung zwischen *Rechtssatz* und *Einzelakt* zugrunde[10]. Dies gilt insbesondere für das Rechtsschutzsystem, aber auch im materiellen Verwaltungsrecht sowie im Verfassungsrecht[11]. An diesen „Grundformen staatlichen Handelns“[12] hat sich ein Zuordnungsversuch zu orientieren, ungeachtet der Kritik, die diese, de lege lata notwendige, wenn auch im Einzelfall ungemein schwierige Unterscheidung grundsätzlich in Frage stellt[13].

II. Rechtssatz

Da die Themenstellung sich auf die Untersuchung nicht zur Rechtsetzung gehörender Akte der Legislative beschränkt, erübrigt sich eigentlich ein Einordnungsversuch in diese Kategorie staatlicher Handlungsformen; denn durch diese Akte werden eben keine Rechtssätze, welcher Art auch immer, geschaffen. Falls durch schlichte Parlamentsbeschlüsse ausnahmsweise Rechtssätze geschaffen werden, wie am Beispiel der Geschäftsordnungsgebung und bei den sogenannten Zustimmungsverordnungen demonstriert wurde[1], scheiden diese gemäß der

---

[9] Diese Art des Vorgehens mag auf den ersten Blick vielleicht nicht ganz einsichtig sein, da verfassungsrechtliche und prozessuale Probleme vermengt und vertauscht zu werden scheinen. Sicher enthält die Problemstellung sowohl verfassungsrechtliche als auch prozessuale Aspekte, wobei grundsätzlich erstere methodisch vorrangig zu behandeln sind, da das Problem des Individualrechtsschutzes gegen nicht zur Rechtsetzung gehörende Akte der Legislative letztlich nur aus Art. 19 Abs. 4 GG und der Verfassung insgesamt beantwortet werden kann. Falls aber das Vorliegen etwa eines Verwaltungsaktes eindeutig bejaht werden kann, ist regelmäßig nicht nur über das „Wie“ sondern auch über das „Ob“ des Rechtsschutzes entschieden und enthebt der Notwendigkeit auf die verfassungsrechtlichen Grundlagen der Rechtswegeröffnung des Art. 19 Abs. 4 GG zu rekurrieren. Es handelt sich also gewissermaßen um den Versuch einer „Vorklärung“. Ein negatives „Subsumtionsergebnis“ bedeutet also keinesfalls eine negative Antwort auf die Frage nach dem Rechtsschutz.

[10] Grundlegend *Volkmar*, Allgemeiner Rechtssatz und Einzelakt; *Kelsen*, Allgemeine Staatslehre, S. 232 hat darauf hingewiesen, daß diese Unterscheidung in jeder Rechtsordnung, unabhängig von ihrer positiven Ausgestaltung, notwendig sei.

[11] Dies hat unlängst *von Mutius*, Festschrift für Hans J. Wolff, S. 167 ff. (170 f.) nachgewiesen.

[12] *Volkmar*, Rechtssatz, S. 15.

[13] z. B. *Abelein*, Festschrift für G. Küchenhoff, S. 419 ff. (432); *Brohm*, VVDStRL Bd. 30 (1972), S. 245 ff. (282 ff.). Zu dieser Kritik vgl. *von Mutius*, Festschrift für Hans J. Wolff, S. 169 ff.

[1] Vgl. oben S. 27 ff. u. 31.

Themenstellung als Untersuchungsgegenstand aus. Zur Erläuterung sei hinzugefügt, daß die herrschende Lehre den Begriff des Rechtssatzes mit dem des (materiellen) Gesetzes gleichsetzt oder zumindest eng verknüpft[2]. Der seit mehr als hundert Jahren währende Streit um den Gesetzesbegriff mag hier auf sich beruhen[3]. Überwiegend wird als Wesensmerkmal des (materiellen) Gesetzes und damit auch des Rechtssatzes eine „irgendwie geartete Allgemeinheit"[4] (und damit zusammenhängend auch Allgemeinverbindlichkeit) angesehen[5]. Gerade dieser Allgemeinheit ermangelt es den nicht zur Rechtsetzung gehörenden Akten der Legislative ausnahmslos. Die gesetzlich geregelten schlichten Parlamentsbeschlüsse zur Ausübung der Kontrollbefugnis (z. B. Petitionsbeschlüsse, Beschlüsse zur Einsetzung von Untersuchungsausschüssen), der Kreationsbefugnis bei der Wahl eigener Unterorgane und fremder Organe, wie auch die nicht gesetzlich geregelten schlichten Parlamentsbeschlüsse (z. B. Aufforderungen an die Bundesregierung oder politische Stellungnahmen) betreffen nur einen bestimmten oder mehrere bestimmte Sachverhalte. Außerdem kommt ihnen keine Allgemeinverbindlichkeit zu. Sie beinhalten dagegen Einzelakte. Dies gilt in besonderem Maße für die genannten Beispiele von Akten parlamentarischer Unterorgane.

Eine Einordnung der schlichten Beschlüsse in den Kreis der formellen Gesetze scheidet per definitionem aus[6]. Diese Akte der Legisla-

---

[2] So ausdrücklich *Maunz*, Staatsrecht, § 10, I d „Unter *Gesetz im materiellen Sinn* versteht man *jeden Rechtssatz* (jede Rechtsform), gleichgültig ob er in Gestalt eines formellen Gesetzes erscheint oder nicht" (Hervorhebung im Original); *Wolff*, Verwaltungsrecht I, § 24 II c „Gesetz im materiellen Sinn ist nach der herrschenden Lehre jeder positive (abstrakte und generelle) Rechtssatz". Diese Begriffsbildung sowie die Spaltung des Gesetzesbegriffes in einen Begriff des formellen und einen des materiellen Gesetzes geht insbesondere auf *Laband* zurück. z. B. Budgetrecht, S. 3: „Das Wort Gesetz bedeutet Ausspruch eines Rechtssatzes."

[3] Vgl. dazu jeweils mit weiteren Nachweisen z. B. *Achterberg*, Funktionenlehre, S. 40 ff.; *Böckenförde*, Gesetz, S. 65 ff., 226 ff.; *Jesch*, Gesetz, S. 10 ff.; *Starck*, Gesetzesbegriff, S. 71 ff.

[4] *Volkmar*, Rechtssatz, S. 15.

[5] Aus dem schier unübersehbaren Schrifttum seien nur einige Beispiele aus neuerer Zeit erwähnt (jeweils mit weiteren Nachweisen). *Forsthoff*, Verwaltungsrecht I, S. 9; *Wolff / Bachof*, Verwaltungsrecht I, § 17; § 24 II c; *Jesch*, Gesetz, S. 10 ff.; *E.* u. *G. Küchenhoff*, Staatslehre, S. 133 ff.; *Maunz*, Staatsrecht, § 10 I c u. d; *Menger*, Handbuch der Sozialwissenschaften, Bd. 8 (1964), S. 771; *Starck*, Gesetzesbegriff, S. 21 ff., 195 ff.; *Volkmar*, Rechtssatz, S. 33 ff.; BVerfGE Bd. 10, S. 234 ff. (242); Bd. 25, S. 371 ff. (396).

[6] Da gerade das Kriterium der Entstehungsform sowohl für den Begriff des formellen Gesetzes als auch des schlichten Parlamentsbeschlusses maßgebend ist, ist es unverständlich, wenn *Obermeier*, Diss., S. 49 ff. bei dem Versuch einer Einordnung der sog. parlamentarischen Entschließungen in den Kreis der formellen Gesetze auf die Rechtsnatur abstellt oder zumindest diese zu überprüfen vorgibt. Er kommt dann letztlich auch mit formellen Argumenten (kein Gesetzgebungsverfahren, mangelnde Mitwirkung des

tive sind gerade solche, die nicht „im verfassungsmäßigen Wege der Gesetzgebung“[7] zustandekommen. Ohne Frage gilt dies auch für Akte parlamentarischer Unterorgane.

III. Einzelakt

Die Feststellung, daß die nicht zur Rechtsetzung gehörenden Akte der Legislative Einzelakte sind, da sie einen oder mehrere bestimmte Sachverhalte betreffen, also konkret sind, sagt noch nichts darüber aus, welche Art von Einzelakt anzunehmen ist. Denn ebenso wie Rechtssätze in verschiedenen Erscheinungsformen wie Gesetz, Verordnung oder Satzung auftreten können, gibt es unterschiedliche Arten von Einzelakten. Darunter ist gewiß der Verwaltungsakt von überragender Bedeutung.

a) Verwaltungsakt

1. Allgemeine Bemerkungen zur Lehre vom Verwaltungsakt

Auf die umfangreiche Lehre vom Verwaltungsakt kann in diesem Zusammenhang nur insoweit eingegangen werden, als es im Rahmen der hier vorzunehmenden „Vorklärung“ notwendig ist.

Ob die schlichten Parlamentsbeschlüsse und Akte parlamentarischer Unterorgane sämtlich oder teilweise Verwaltungsakte darstellen, hängt davon ab, mit welchem Inhalt man den Begriff des Verwaltungsakts versieht. Das Bundesverwaltungsgericht hat dazu im Urteil vom 3. 5. 1956[1] ausgeführt: „Der Begriff des Verwaltungsaktes ist eine Zweckschöpfung der Verwaltungsrechtswissenschaft ... Für die Zweckbestimmung des Begriffs des Verwaltungsaktes im Rahmen der Verwaltungsgerichtsbarkeit ist das Rechtsschutzbedürfnis des Bürgers wesentlich.“ Diese „Zweckschöpfungsthese“, auf die man sich auch in der Rechtslehre allenthalben beruft[2], führte in der Rechtsprechung des Bundesverwaltungsgerichts zu dem Begriff des „Verwaltungsakts im weiteren Sinn“[3]. Die vermeintliche Notwendigkeit einer Erweiterung des Begriffs wurde aus dem „verfassungsrechtlichen Grundgedanken

---

Bundesrates, keine Ausfertigung durch den Bundespräsidenten etc.) zur Ablehnung einer Qualifizierung der sogenannten Entschließungen als formeller Gesetze.

[7] Vgl. *Wolff / Bachof*, Verwaltungsrecht I, S. 17 III b.

[1] BVerwGE Bd. 3, S. 258 ff. (262).

[2] So z. B. *Forsthoff*, Verwaltungsrecht I, S. 196; *Wolff / Bachof*, Verwaltungsrecht I, § 46 VIII; *Bachof*, JZ 1962, S. 667 f.; *Menger / Erichsen*, VerwArch. Bd. 56 (1965), S. 384; *Redeker / von Oertzen*, VwGO, § 42 Rdnr. 22 mit weiteren Nachweisen; vgl. dazu auch *von Mutius*, Festschrift für Hans J. Wolff, S. 167 ff. (184) mit weiteren Nachweisen in Fußnote 91.

[3] BVerwGE Bd. 18, S. 154 ff. (155).

eines umfassenden Rechtsschutzes" hergeleitet. Unter ausdrücklicher Bezugnahme auf die „Zweckschöpfungsthese" des Bundesverwaltungsgerichts prägt *Dürig*[4] den Begriff eines „Verwaltungsakts im technischen Sinn", der alle Hoheitsakte umfassen soll, gegen die Art. 19 Abs. 4 GG Rechtsschutz gewährt. Mit ähnlicher Tendenz vertreten *Eyermann / Fröhler*[5], „daß Verwaltungsakte im Sinne der Verwaltungsgerichtsordnung alle *hoheitlichen* — d. h. im Subordinationsverhältnis ergehenden — *Amtshandlungen* sind"[6].

Was die Dürigsche Auffassung anbetrifft, so ist schon der Ausgangspunkt, daß die verwaltungsgerichtlichen Generalklauseln die Anfechtbarkeit eines Hoheitsaktes von dessen Eigenschaft als Verwaltungsakt abhängig machen, unrichtig[7]. Für die öffentlich-rechtlichen Streitigkeiten gab es schon vor Inkrafttreten der Verwaltungsgerichtsordnung (z. B. nach § 22 Abs. 1 der Militärregierungsverordnung Nr. 165 und nach § 88 Abs. 1 des süddeutschen Verwaltungsgerichtsgesetzes für die sogenannten Parteistreitigkeiten) neben der Anfechtungsmöglichkeit gegenüber Verwaltungsakten Rechtsschutz gegen sonstige hoheitliche, aber nicht obrigkeitliche („schlicht verwaltende") Tätigkeiten eines Trägers öffentlicher Verwaltung durch die Leistungs- (Unterlassungs-) und Feststellungsklage[8]. Uneingeschränkt gilt dies seit Inkrafttreten der

[4] In: Maunz / Dürig / Herzog, GG, Art. 19 Abs. 4 Rdnr. 11, 24. „Ist somit jeder Akt der öffentlichen Gewalt anfechtbar, so muß jeder solcher Einzelakt als ‚Verwaltungsakt' i. S. der Verwaltungsprozeßordnungen qualifiziert werden, denn die verwaltungsgerichtlichen Generalklauseln machen die Anfechtbarkeit eines Hoheitsaktes von seiner Rechtsnatur als Verwaltungsakt abhängig. Da die jeweilige verwaltungsgerichtliche Generalklausel ‚verfassungskonform' zu interpretieren ist, also in ihrem Umfang nicht enger sein darf als der nach Art. 19 IV gewährte Rechtsschutz, ist jeder Hoheitsakt, gegen den Art. 19 IV Rechtsschutz gewährt, auch ein ‚Verwaltungsakt' im technischen Sinn" (Rdnr. 24).

[5] VwGO, § 42 Rdnr. 14. Zu dieser auch in der 6. Auflage weiterhin vertretenen Ansicht stellt *Erichsen* in einer Rezension des Kommentars mit Recht die Frage, „ob die hier manifestierte Beharrlichkeit noch sinnvoll ist" (DÖV 1974, S. 864). Er weist in diesem Zusammenhang darauf hin, „daß die Einbeziehung von Maßnahmen in die Kategorie des Verwaltungsakts zu einer Verringerung der dem Bürger zur Verfügung stehenden Rechtsschutzmöglichkeiten führt" (oder besser: führen kann), und somit der auf möglichst umfassende Rechtsschutzgewährung zielenden *Eyermann / Fröhler*schen Auffassung die Grundlage entzogen ist.

[6] Hervorhebung im Original.

[7] Dabei ist zu bemerken, daß die Dürigsche Kommentierung des Art. 19 Abs. 4 GG im Jahre 1958 also zwei Jahre vor Inkrafttreten der VwGO erschienen ist.

[8] So BVerwGE Bd. 14, S. 323 ff. (327). Diese richtige Erkenntnis läßt es unverständlich erscheinen, wenn das Bundesverwaltungsgericht in weiteren Entscheidungen (so z. B. im Urteil vom 20. 3. 1964, BVerwGE Bd. 18, S. 154 ff., und im Urteil vom 9. 2. 1966, DVBl. 1966, S. 601 f. mit zustimmender Anmerkung von *Evers*, S. 602) so tut, als bestehe ein Zwang, aus Rechtsschutzgesichtspunkten jedwede Verwaltungsmaßnahme ohne Rücksicht auf ihre Rechtsnatur als Verwaltungsakt zu qualifizieren. Im Sinne der erstgenannten

Verwaltungsgerichtsordnung, die in der Generalklausel des § 40 die Gewährung verwaltungsgerichtlichen Rechtsschutzes nicht vom Vorliegen eines Verwaltungsaktes abhängig macht, sondern auf das Kriterium „öffentlichrechtliche Streitigkeit nichtverfassungsrechtlicher Art" abstellt.

Von der Haltbarkeit der „Zweckschöpfungsthese" vor allem in dem vom Bundesverwaltungsgericht vertretenen Sinn einmal abgesehen[9], sind sämtliche Auffassungen abzulehnen, die den Begriff des Verwaltungsakts auf Grund einer vermeintlichen Notwendigkeit aus Rechtsschutzgesichtspunkten einer uneingeschränkten Beliebigkeit anheimstellen[10]. Die dahinter stehende Absicht, dem verfassungsrechtlichen Postulat einer möglichst umfassenden Gewährung von Rechtsschutz zu entsprechen, ist gewiß lobenswert. Allerdings kann von einem Zwang, wie immer wieder suggeriert wird, wegen der verwaltungsgerichtlichen Generalklausel und insbesondere der Rechtsweggarantie des Art. 19 Abs. 4 GG nicht die Rede sein. Es sei jedoch angemerkt, daß der Anachronismus einer Rechtsschutz eröffnenden Funktion des Verwaltungsaktes angesichts der restriktiven Auslegung des Art. 19 Abs. 4 GG durch das Bundesverfassungsgericht[11] an Aktualität gewonnen hat. Nur vor diesem Hintergrund erscheint die Qualifizierung einer Maßnahme als Verwaltungsakt ohne Rücksicht auf ihre Rechtsnatur, wenn auch nicht zu billigen, so doch zumindest verständlich.

Wie bereits gesagt, ist unter der Geltung der Verwaltungsgerichtsordnung der Rechtsschutz nicht davon abhängig, ob sich der Betroffene gegen einen Verwaltungsakt oder gegen eine sonstige Maßnahme eines

Entscheidung weist das Bundesverwaltungsgericht im Urteil vom 1. 3. 1967 (BVerwGE Bd. 26, S. 251 ff.) dann wieder darauf hin, daß es auf die Rechtsnatur der Maßnahme ankomme. („Es kommt demnach hier alles darauf an, was die vom Regierungspräsidenten erlassene Anordnung rechtlich ist" ...) Die mit ihrer Anfechtungsklage gegen die als Verordnung qualifizierte Maßnahme abgewiesenen Kläger werden ausdrücklich auf das Normenkontrollverfahren gem. § 47 VwGO, auf die Feststellungsklage gem. § 43 VwGO sowie auf eine vorbeugende Unterlassungsklage verwiesen. Von der angeblich Rechtsschutz eröffnenden Funktion des Verwaltungsakts ist keine Rede mehr.

9 Kritisch dazu z. B. *Rupp*, AöR Bd. 85 (1960), S. 149 ff. (155 f.), Bd. 88 (1963), S. 479 ff. (485); *von Engelhardt*, Rechtsschutz, S. 67 ff. mit weiteren Nachweisen. Sicher scheint zu sein, daß die „Zweckschöpfungsthese" einer beliebigen Manipulierbarkeit des Verwaltungsaktbegriffs Vorschub geleistet hat, wie sich u. a. aus *Dürigs* Berufung auf die Ausführungen des Bundesverwaltungsgerichts zur Begründung seiner Auffassung ergibt.

10 So auch *Wolff / Bachof*, Verwaltungsrecht I, § 46; *von der Groeben / Knack*, Landesverwaltungsgesetz SchlHSt, § 106 Rdnr. 1.3; *Menger / Erichsen*, VerwArch. Bd. 58 (1967), S. 78 f.; *Bachof*, JZ 1962, S. 707; *Renck*, NJW 1966, S. 1247, ders., JuS 1965, S. 129 ff. (131); *Rupp*, AöR Bd. 88 (1963), S. 479 ff. (485).

11 So z. B. die in dem Beschluß vom 27. 7. 1972 (DVBl. 1971, S. 740 ff. mit ablehnender Anmerkung von *Umbach)* vertretene Ansicht, Art. 19 Abs. 4 GG gewähre keinen Rechtsschutz gegen als Satzung erlassene Bebauungspläne.

Trägers öffentlicher Verwaltung wendet, wie aus § 40 VwGO eindeutig hervorgeht[12]. Im übrigen gewährleistet unabhängig von der prozeßrechtlichen Ausgestaltung die verfassungsrechtliche Rechtsweggarantie des Art. 19 Abs. 4 GG den Rechtsweg bei Verletzung eigener Rechte durch die öffentliche Gewalt, ohne auf eine besondere Form der Handlung abzustellen, durch die die Verletzung erfolgt. — Abgesehen von der mangelnden Notwendigkeit einer uferlosen Ausdehnung des Verwaltungsaktbegriffs sprechen gewichtige, wenn nicht gar zwingende prozeßrechtliche Gründe gegen ein solches Vorgehen. Nach den in der Verwaltungsgerichtsordnung konkretisierten Vorstellungen des Gesetzgebers sollen bei Vorliegen eines Verwaltungsakts bestimmte Klagetypen verwandt werden, nämlich die Anfechtungs- und Verpflichtungsklage des § 42 Abs. 1 VwGO; gegen sonstige Maßnahmen eines Trägers öffentlicher Verwaltung stehen mit der Leistungs- (Unterlassungs-) und Feststellungsklage andere Klagetypen zur Verfügung, für die auch andere Voraussetzungen (meist geringere) vorliegen müssen. Vom Klagetyp, der wiederum von der Rechtsnatur der gerügten Maßnahme bestimmt wird, ist es abhängig, ob neben den allgemeinen besondere Sachentscheidungsvoraussetzungen gegeben sein müssen; etwa ob gemäß § 68 VwGO ein Vorverfahren erforderlich ist, oder ob die Voraussetzungen des § 42 Abs. 2 VwGO erfüllt sein müssen. Aus diesen Gründen[13] kann auf eine möglichst genaue Bestimmung des Begriffs des Verwaltungsakts nicht verzichtet werden[14].

2. Definition des Verwaltungsakts

Orientierungsrahmen für eine Begriffsbestimmung ist die Entwicklung des Verwaltungsbegriffes in der Wissenschaft[15], der von der Gesetz-

[12] So bemerken denn auch *Menger / Erichsen*, VerwArch. Bd. 58 (1967), S. 78 zur Auffassung des Bundesverwaltungsgerichts (BVerwGE Bd. 18, S. 154 ff. [155]), aus Rechtsschutzgesichtspunkten sei bei der Anwendung des prozeßrechtlichen Begriffs des Verwaltungsakts großzügig zu verfahren, folgendes: „Diese Formulierungen nehmen sich vor dem Hintergrund der VwGO etwas anachronistisch aus. Erwecken sie doch den Eindruck, als gäbe es nur Rechtsschutz gegen Verwaltungsakte."

[13] Der Verwaltungsakt hat darüber hinaus im materiellen Verwaltungsrecht und Verwaltungsverfahrensrecht trotz Bedenken gegen die Verwendung des überkommenen Instituts in einigen Bereichen, insbesondere in der Eingriffs- und auch in der Leistungsverwaltung (vgl. dazu *Menger*, VerwArch. Bd. 51 [1960], S. 375 f.) noch seine Bedeutung. Dazu sei auf die Frage der Verbindlichkeit sowie die Folgen bei Fehlerhaftigkeit (Widerruf bzw. Rücknahme, Haftung etc) hingewiesen.

[14] So im Ergebnis auch die in Fußnote 10 genannten Autoren.

[15] Zur historischen Entwicklung des Verwaltungsaktbegriffs in Deutschland (wie auch zuvor in Frankreich — acte administratif) im Zusammenhang mit der Entwicklung der Verwaltungsgerichtsbarkeit vgl. *Otto Mayer*, Verwaltungsrecht I, S. 54 ff., 92 ff.; *Forsthoff*, Verwaltungsrecht I, S. 195 ff.; *Erichsen*, Verfassungs- und verwaltungsrechtsgeschichtliche Grundlagen, ins-

gebung aufgegriffen wurde und in einige gesetzliche Definitionen in Verfahrensgesetzen einging.

§ 25 Abs. 1 der Militärregierungsverordnung Nr. 165 hatte den Verwaltungsakt definiert als „jede Verfügung, Anordnung, Entscheidung oder sonstige Maßnahme, die von einer Verwaltungsbehörde zur Regelung eines Einzelfalles auf dem Gebiete des öffentlichen Rechts getroffen wird“[16]. Das Bundesverwaltungsgericht dehnte mit Urteil vom 21. 10. 1955[17] die Anwendung dieses Verwaltungsbegriffes über den Geltungsbereich der Verordnung — die britische Besatzungszone — hinaus auf den Geltungsbereich der anderen Verwaltungsprozeßgesetze aus. Zunächst wurde die Begriffsbestimmung des § 25 Abs. 1 der MRVO Nr. 165 teilweise wörtlich in andere Verwaltungsgerichtsgesetze bzw. Verwaltungsverfahrensgesetze übernommen[18]. In neueren Kodifikationen bzw. Entwürfen ist diese Legaldefinition nur unwesentlich verändert bzw. präzisiert worden. So lautet die Legaldefinition in den Musterentwürfen der Verwaltungsverfahrensgesetze des Bundes[19] sowie in § 106 Abs. 1 schl.-holst.LVerwG[20] (insoweit fast wörtlich übereinstimmend) folgendermaßen: „Verwaltungsakt ist jede Verfügung, Entscheidung oder andere hoheitliche Maßnahme, die eine Behörde zur Regelung eines Einzelfalles auf dem Gebiet des öffentlichen Rechts trifft und die auf unmittelbare Rechtswirkung nach außen gerichtet ist.“

Von den bereits erörterten kontroversen Meinungen über eine enge bzw. genaue oder weite Begriffsbestimmung bis hin zum Verzicht auf jegliche begriffliche Klärung einmal abgesehen, wird dieser Begriffsinhalt in seinen wesentlichen Punkten allgemein akzeptiert und verwendet[21]. Dabei ist selbstverständlich nicht ausgeschlossen, daß weiter-

---

besondere S. 110 ff.; *Menger*, System, S. 98 ff.; *Obermayer*, Verwaltungsakt, S. 27 ff.

16 Eine gleichlautende Legaldefinition enthielt schon vorher Art. 1 Abs. 1 a der MRVO Nr. 141.

17 BVerwGE Bd. 2, S. 273 ff. (274).

18 So z. B. in § 23 Abs. 1 VGG Berlin; § 20 Abs. 1 VGG Saarland; § 4 berl. Verwaltungsverfahrensgesetz vom 2. 10. 1958; ähnlich auch § 23 EGGVG in der Fassung des § 179 VwGO für sog. Justizverwaltungsakte.

19 Vgl. § 27 E VwVerfG 1963/1966/1970 (Musterentwurf eines Verwaltungsverfahrensgesetzes 1963, 2. Auflage, mit Anhang „Müncherner Fassung“ 1966, Köln und Berlin 1968; Entwurf eines Verwaltungsverfahrensgesetzes der Bundesregierung vom 21. September 1970, BT-Drucksache, VI, Nr. 1173, S. 5 ff. [11]) sowie § 31 E VwVerfG 1973 (Entwurf eines Verwaltungsverfahrensgesetzes vom 23. März 1973, BR-Drucksache 227/73, S. 5 ff. [15]). Wörtlich übereinstimmend auch nun die Definition des Verwaltungsakts in § 35 des Verwaltungsverfahrensgesetzes vom 25. Mai 1976 (BGBl. I, S. 1253).

20 Allgemeines Verwaltungsgesetz für das Land Schleswig-Holstein vom 18. April 1967 (GVBl. Schl.-Holst. 1967, S. 131 ff.).

21 Das Bundesverwaltungsgericht bezieht sich in seinem Urteil vom 25. 2. 1969 (BVerwGE Bd. 31, S. 301 ff., 305 f.) ausdrücklich auf die Legaldefinition des § 27 E VwVerfG 1963.

hin Meinungsverschiedenheiten in Grenzfällen bestehengeblieben sind, deren Erörterung sich in diesem Zusammenhang erübrigt.

Die den Begriffsinhalt umschreibende Definition ist allerdings zumindest in einem Punkt korrektur- bzw. präzisierungsbedürftig. Der Anwendungsbereich des Verwaltungsakts erstreckt sich nicht, wie aus der Definition hervorzugehen scheint, auf das gesamte Gebiet des öffentlichen Rechts. Er umfaßt z. B. nicht das Völkerrecht, Prozeßrecht oder, was sich für den Einordnungsversuch von Legislativakten als bedeutsam erweisen wird, nicht das Verfassungsrecht. Der Verwaltungsakt ist als Instrument des Verwaltungshandelns auf das Verwaltungsrecht beschränkt[22]. Auf Grund dieser Erwägungen wird daher teilweise ausdrücklich in der verwendeten Definition, die ansonsten in ihren wesentlichen Punkten übernommen wird, das Merkmal „auf dem Gebiete des öffentlichen Rechts" durch die Wendung „auf dem Gebiete des Verwaltungsrechts" ersetzt[23]. Falls dies nicht expressis verbis geschieht, werden jedoch allgemein Akte auf dem Gebiet des Verfassungsrechts nicht zu den Verwaltungsakten gezählt[24].

3. Untersuchungsgegenstand und Verwaltungsakt

Die nicht zur Rechtsetzung gehörenden Akte der Legislative seien nun an den einzelnen Kriterien der Definition des Verwaltungsakts unter Beachtung der notwendigen einschränkenden Präzisierung des Merkmals „auf dem Gebiete des öffentlichen Rechts" gemessen.

aa) Maßnahme einer Verwaltungsbehörde bzw. eines Subjekts öffentlicher Verwaltung

Das Vorliegen eines Verwaltungsaktes ist nicht schon deshalb ausgeschlossen, weil das Parlament (i. d. R.) nicht als Verwaltungsbehörde tätig wird[25]. Das Bundesverwaltungsgericht führt dazu im Urteil vom

---

[22] Das bedeutet nicht, daß der zu regelnde Einzelfall auf dem Gebiet des Verwaltungsrechts liegen muß, was z. B. bei den sog. privatrechtsgestaltenden Verwaltungsakten nicht der Fall ist, sondern die behördliche Entscheidung selbst muß auf dem Gebiet des Verwaltungsrechts liegen, d. h. „nach den Vorschriften des öffentlichen Rechts geregelt" werden (*Ule*, Verwaltungsprozeßrecht, Anhang zu § 32, I 2), so mit Recht *Wilke*, JZ 1968, S. 221 ff.

[23] So z. B. *Wolff*, Verwaltungsrecht I, § 46 I; so jetzt auch *Wolff / Bachof*, Verwaltungsrecht I, § 46 I c; *Obermayer*, Verwaltungsakt, S. 82 f. „bei Betätigung hoheitlicher Verwaltung"; ders., in: Staats- und Verwaltungsrecht in Bayern, S. 168 „hoheitliche(r) Rechtsakt nichtverfassungsrechtlicher Art"; *Schwerdtfeger*, Fallbearbeitung, S. 18 f.; *Stern*, Verwaltungsprozessuale Probleme, S. 38.

[24] So z. B. *Eyermann / Fröhler*, VwGO, § 42 Rdnr. 36; *Koehler*, VwGO, Anm. A VI zu § 42; *Kopp*, VwGO, Anm. 9 c zu § 42; *Ule*, Verwaltungsprozeßrecht, Anhang zu § 32, VII, S. 142 f.

[25] a. A. *Obermeyer*, Verwaltungsakt, S. 64 „Eine Ausnahme der gesetzgebenden Körperschaften ist nicht eigens erwähnt. Es ist aber offenkundig,

26. 3. 1955 aus: „Die bloße Tatsache, daß eine Aufgabe einer Volksvertretung übertragen ist, nimmt ihr nicht den Charakter einer Verwaltungsobliegenheit und macht sie ihrem sachlichen Gehalt nach nicht zum Gegenstand der Gesetzgebung[26]." Dementsprechend und in Anlehnung an die herrschende Meinung gehen die Legaldefinitionen in dem Entwurf des Verwaltungsverfahrensgesetzes des Bundes[27] und im Landesverwaltungsgesetz Schl.-Holst.[28] wie auch § 25 Abs. 2 MRVO Nr. 165 von einem weiten Behördenbegriff aus, der nicht im organisatorischen Sinn gebraucht wird[29]. Das Bundesverwaltungsgericht stellt daher in dem o. g. Urteil — nach Überprüfung der übrigen Voraussetzungen — zu Recht fest, daß der Beschluß der bremischen Bürgerschaft über die Verleihung des Enteignungsrechts gemäß § 3 bremEnteignungsgesetz ein Verwaltungsakt sei[30]. Die weitaus überwiegende Auffassung geht, teilweise unter Bezugnahme auf diese Entscheidung, davon aus, daß Parlamente, soweit sie Verwaltungsfunktionen wahrnehmen, auch als Verwaltungsbehörde anzusehen sind und damit auch Verwaltungsakte erlassen können[31].

Es muß allerdings darauf hingewiesen werden, daß es sich nur um Ausnahmefälle handeln kann, da die Legislative aus Gewaltenteilungsgrundsätzen verfassungsrechtlich gehindert ist, schrankenlos Verwaltungsbefugnisse zu usurpieren[32]. Diesem Postulat entspricht die Praxis

daß sie nicht zu den Verwaltungsbehörden gerechnet werden sollen". So anscheinend auch *Ule*, Verwaltungsprozeßrecht, Anhang zu § 32 II, S. 128, der die gesetzgebenden Körperschaften ausnahmslos als nicht dem Begriff der Verwaltungsbehörde unterfallend ansieht.

26 BVerwGE 2, S. 36 ff. (37). Übereinstimmend auch das Urteil der Vorinstanz, VGH Bremen, DVBl. 1953, S. 697 ff., sowie OLG Hamburg, MDR 1953, S. 316 ff. Der bay. VGH (E N.F. Bd. 12, S. 119 ff. = JZ 1960, S. 57 ff.) sieht den bay. Landtag, dann, wenn er „Maßnahmen der vollziehenden Gewalt trifft", als Behörde im Sinne der Art. 66, 120 bay.Verf. an.

27 § 1 Abs. 2 E VwVerfG 1963 „Behörde im Sinne dieses Gesetzes ist jede Stelle, die Aufgaben der öffentlichen Verwaltung wahrnimmt". So jetzt auch § 1 Abs. 4 VwVfG vom 25. Mai 1976.

28 § 3 Abs. 2 „Behörde im Sinne dieses Gesetzes ist jede organisatorisch selbständige Stelle, die öffentlich-rechtliche Verwaltungstätigkeit ausübt".

29 So der E VwVerfG 1963 (vgl. oben Fußnote 19), Einzelbegründung zu § 1, S. 81.

30 Ähnlich bay.VGH, VerwRspr., Bd. 17 (1966), S. 474 ff. (476), Kreisfreierklärung einer Gemeinde durch die Staatsregierung mit Zustimmung des bay. Landtages gem. Art. 5 Abs. 3 bay. Gemeindeordnung.

31 So z. B. *Klein*, VVDStRL Bd. 8 (1950), S. 67 ff. (107); *Forsthoff*, Verwaltungsrecht I, § 1, 1, S. 9; *Wolff / Bachof*, Verwaltungsrecht I, § 46 III b 3; *Eyermann / Fröhler*, VwGO, § 42 Rdnr. 34; *Schunck De Clerck*, VwGO, Anm. 2 b) aa) zu § 42; *Klinger*, VwGO, Anm. E I 4 zu § 42.

32 *Achterberg*, Funktionenlehre, S. 113 f. nennt unter Hinweis auf *Bachof* (VVDStRL Bd. 12 [1954], S. 37 und *Hildegard Krüger* (DVBl. 1955, S. 758 ff., 791 [792]) die Ausübung materieller Verwaltung durch gesetzgebende Organe Funktionenvertauschungen. Zur verfassungsrechtlichen Poblematik des nach üblichem Sprachgebrauch Gewaltenverschränkung genannten Phänomens

auch weitgehend, soweit es um Handeln der Gesetzgebungsorgane in der Form des Verwaltungsakts geht[33], wie die wenigen Beispiele zeigen.

bb) Maßnahme auf dem Gebiete des Verwaltungsrechts

Das Kriterium der Verwaltungsaktdefinition „auf dem Gebiete des Verwaltungsrechts" dient u. a. der Abgrenzung verwaltungsrechtlicher Maßnahmen von solchen verfassungsrechtlicher Art. Welchem Bereich die nicht zur Gesetzgebung gehörenden Akte der Legislative zuzuordnen sind, hängt von den Abgrenzungsmaßstäben ab. Stellt man formell auf den Aktautor ab, so müssen sämtliche Akte der Legislative, da von Verfassungsorganen (Parlament oder parlamentarische Unterorgane) erlassen, als verfassungsrechtliche Akte bezeichnet werden. Die Untauglichkeit einer solchen Abgrenzung[34] ergibt sich bereits aus der erwähnten Möglichkeit des Erlasses von Verwaltungsakten durch gesetzgebende Körperschaften, die in diesen Fällen zumindest wie Verwaltungsorgane behandelt werden. Dieselben Erwägungen gelten für andere Verfassungsorgane. Der Bundespräsident dürfte vorwiegend verfassungsrechtliche Maßnahmen vornehmen. Die durch ihn erfolgenden Ernennungen von Beamten, Richtern und Soldaten sind dagegen Verwaltungsakte.

Wegen des Ausnahmecharakters der Wahrnehmung von Verwaltungsaufgaben durch gesetzgebende Körperschaften kommt der erlassenden Stelle allerdings eine Indizfunktion zu, d. h. in der Regel werden Verfassungsorgane nicht auf dem Gebiet des Verwaltungs-, sondern des Verfassungsrechts tätig[35].

Als weiteres, formales Abgrenzungskriterium bieten sich die den nicht zur Rechtsetzung gehörenden Akten der Legislative zugrundeliegenden Rechtsnormen an. Dies hätte den Vorzug der Einfachheit und Exaktheit für sich, da alle Maßnahmen auf Grund verfassungsrecht-

---

vgl. *Achterberg,* Funktionenlehre, S. 178 ff. mit weiteren Nachweisen aus Rspr. und Literatur.

33 Der Schein trügt allerdings, da man sich bei Eingriffen der Legislative in den Bereich der Verwaltung eines subtileren Mittels bedienen kann und auch im großen Umfang bedient, nämlich der sog. Maßnahmegesetze („konkrete Vollzugsakte in Gesetzesform" *Forsthoff).* Zur verfassungsrechtlichen Problematik grundlegend *Menger* (Bericht) und *Werhahn* (Mitbericht), VVDStRL Bd. 15 (1957), S. 3 ff.; *Zeidler,* Maßnahmegesetze; *Forsthoff,* Verwaltungsrecht I, S. 9 f. mit weiteren Nachweisen.

34 So auch *Obermayer,* Allgemeines Verwaltungsrecht, S. 171. Zur Geeignetheit dieses Abgrenzungskriteriums bei der Unterscheidung Regierungsakt-Verwaltungsakt vgl. *Kassimatis,* Regierung, S. 89, mit weiteren Nachweisen; *Lenz,* Diss., S. 53.

35 Umgekehrt läßt sich jedoch negativ feststellen, daß nur Verfassungsorgane Maßnahmen auf dem Gebiet des Verfassungsrechts treffen können.

licher Zuständigkeitsnormen als verfassungsrechtliche Akte qualifiziert werden könnten[36]. Dabei ist jedoch zu beachten, daß die Verfassungen — im formellen Sinn —, also das Grundgesetz und die Verfassungen der Länder, eine Reihe von Normen enthalten, die Verfassungsorgane zu Maßnahmen ermächtigen, welche nicht dem Verfassungsrecht, sondern dem Verwaltungsrecht zuzurechnen sind[37]. Die bereits erwähnte Zuständigkeit des Bundespräsidenten zur Ernennung von Beamten, Richtern und Soldaten ergibt sich aus Art. 60 Abs. 1 GG; die Ernennungen beinhalten aber trotzdem Verwaltungsakte, also keine Akte auf dem Gebiet des Verfassungsrechts. — Bei den nicht zur Rechtsetzung gehörenden Akten der Legislative trifft dies auf Maßnahmen des Bundestagspräsidenten bei Ausübung der Polizeigewalt zu[38]. Nach übereinstimmender, richtiger Auffassung wird er insoweit als Verwaltungsbehörde tätig und erläßt Verwaltungsakte[39]. Dasselbe gilt im übrigen für Vertreter des Bundestagspräsidenten, wie etwa die Vorsitzenden von Ausschüssen[40]. Obwohl die Zuständigkeit des Bundestagspräsidenten sich aus der Verfassungsbestimmung des Art. 40 Abs. 2 GG — einer

---

[36] Auf den ersten Blick scheinen *Wolff / Bachof* diese Ansicht zu vertreten. (Verwaltungsrecht I, § 46 III „Verwaltungsrechtlich ist eine Maßnahme eines Subjekts öffentlicher Verwaltung auf Grund seiner hoheitlichen, aber nicht verfassungsrechtlichen Zuständigkeit".) Da sie aber z. B. trotz der verfassungsrechtlichen Zuständigkeitsnorm in Art. 40 Abs. 2 GG die Ausübung der Polizeigewalt durch den Bundestagspräsidenten (wovon noch die Rede sein wird) als Maßnahme auf dem Gebiet des Verwaltungsrechts und damit bei Vorliegen der übrigen Voraussetzungen als Verwaltungsakt qualifizieren, grenzen sie trotz der mißverständlichen Formulierung letztlich nicht formell, sondern materiell ab.

[37] So auch *Forsthoff*, Verwaltungsrecht I, § 1, 1, S. 12; *Scheuner*, Festschrift für R. Smend, S. 253 ff. (284); *Lenz*, Diss., S. 51.

[38] Daß diese als Akte der Legislative anzusehen sind, bezweifelt *Obermayer*, Verwaltungsakt, S. 65 f. Zu Unrecht! Schon der Wortlaut des Art. 40 Abs. 2 Satz 1 GG („Der Präsident übt das Hausrecht und die Polizeigewalt im Gebäude des Bundestages aus") deutet darauf hin, daß ihm die Polizeigewalt nicht als eigenes Recht zusteht, sondern nur vom Bundestag zur Ausübung übertragen ist. Auch bei Ausübung der Polizeigewalt handelt er als Unterorgan des Bundestages und nicht kraft eigener Organstellung, da Art. 40 Abs. 2 GG eine Ausgestaltung der Parlamentsautonomie beinhaltet. Dies gilt im übrigen auch für die Einberufungsbefugnis des Bundestagspräsidenten nach Art. 39 Abs. 3 GG. Daß der Bundestagspräsident insoweit keine eigenen Rechte hat, sondern ihm diese nur zur Ausübung übertragen sind, läßt sich generalisierend auf alle sonstigen parlamentarischen Unterorgane übertragen. So auch *von Mangoldt / Klein*, GG, Anm. V zu Art. 40, S. 917; *Groß*, DVBl. 1954, S. 422; *Kleinschnittger*, Diss., S. 123 u. 130; *Maunz*, in: Maunz / Dürig / Herzog, GG, Art. 40 Rdnr. 5 u. 24 „Von Rechten eines Unterorganes kann also, abgesehen von seinem Recht auf Existenz, nur in dem Sinne die Rede sein, daß das Unterorgan eine Befugnis des Bundetages unter Ausschluß anderer Unterorgane ausüben darf" (Rdnr. 5).

[39] So neben den in Fußnote 38 genannten Autoren z. B. *Wolff / Bachof*, Verwaltungsrecht I, § 46 III b 3; *Wolff*, Verwaltungsrecht II, § 123 II a.

[40] *Eyermann / Fröhler*, VwGO, S. 42, Rdnr. 34; *Obermayer*, Verwaltungsakt, S. 65; OVG Berlin, DVBl. 1970, S. 293 f. (Ordnungsstrafe des Vorsitzenden eines parlamentarischen Untersuchungsausschusses Verwaltungsakt).

Norm des formellen Verfassungsrechts — ergibt[41], wird er nicht auf dem Gebiet des Verfassungsrechts, sondern des Verwaltungsrechts, nämlich des Polizeirechts tätig. Er erläßt Verfügungen im Rahmen der Gefahrenabwehr zur Aufrechterhaltung der öffentlichen Sicherheit und Ordnung. Obwohl keine speziellen polizeirechtlichen Ermächtigungsgrundlagen existieren[42], wird er nach allgemeinen polizeirechtlichen Grundsätzen tätig, d. h. unter Beachtung der polizeirechtlichen Generalklausel(n), des Grundsatzes der Verhältnismäßigkeit, Angemessenheit des Mittels usw. *Maurer*[43] führt zu diesem Problembereich in einer Anmerkung zum Urteil des Bundesverwaltungsgerichts vom 8. 3. 1962[44], welches die Ablehnung eines Gnadengesuchs durch den Ministerpräsidenten des Landes NRW zum Gegenstand hatte, zutreffend aus, daß aus der verfassungsrechtlichen Kompetenz noch nicht zwingend die verfassungsrechtliche Natur der im Rahmen dieser Zuständigkeit getroffenen Maßnahme folge.

Diese Beispiele zeigen, daß die zugrundeliegenden Zuständigkeitsnormen als Abgrenzungskriterium (zumindest allein) nicht geeignet sind[45]. Ähnlich wie dem erlassenden Organ kommt allerdings auch der Zuständigkeitsnorm insoweit eine Indizfunktion zu. Daher läßt sich zumindest folgender, einer widerlegbaren Vermutung vergleichbarer, Satz gewinnen:

> Handelt ein Verfassungsorgan auf Grund einer verfassungsrechtlichen Zuständigkeitsnorm, so kommt dem Akt in der Regel verfassungsrechtlicher Charakter zu.

Diese formalen Abgrenzungskriterien haben aber wohlgemerkt nur die Wirkung einer Vermutung.

Da darauf abzustellen ist, ob der Akt auf dem Gebiet des Verwaltungsrechts oder des Verfassungsrechts liegt, ist der Abgrenzungsmaß-

---

[41] Dazu, daß diese Norm die einzige gesetzliche Grundlage darstellt, vgl. *Kleinschnittger*, Diss., S. 137 mit weiteren Nachweisen.

[42] Vgl. dazu *von Mangoldt / Klein*, GG, Anm. V 1 b zu Art. 40, S. 918; *Maunz*, in: Maunz / Dürig / Herzog, GG, Art. 40 Rdnr. 24; *Kleinschnittger*, Diss., S. 137.

[43] JZ 1963, S. 27 ff.

[44] BVerwGE Bd. 14, S. 73 ff. = NJW 1962, S. 1410 ff. = DVBl. 1962, S. 528 ff. = DÖV 1962, S. 502 = MDR 1962, S. 759 = JZ 1963, S. 26 mit Anm. *Maurer*. Auf diese Entscheidung wird später noch einzugehen sein.

[45] Diese Art der Abgrenzung stimmt weitgehend mit der im Rahmen der Auseinandersetzung um den Regierungsakt vor allem im französischen Rechtskreis (vgl. *Carré de Mahlberg*, l'Etat I, S. 525 ff.) vertretenen Theorie der unmittelbaren Verfassungsvollziehung überein. Diese diente und dient zur Begründung der Unterscheidung zwischen Verwaltungsakt und (injustiziablem!) Regierungsakt. Sie wird wegen ihres formalen, rechtspositivistischen Charakters zu Recht heute weitgehend abgelehnt. Vgl. dazu *Rumpf*, Regierungsakt, S. 86 ff.; *Kassimatis*, Regierung, S. 81, 88 ff. jeweils mit weiteren Nachweisen.

stab im materiellen Bereich zu suchen. Nach der Auffassung *Obermayers*[46] liegt ein verfassungsrechtlicher Akt dann vor, „wenn eine Handlung ausschließlich auf (Bundes- oder Landes-)Verfassungsrecht beruht und nicht (auch) ein Verwaltungsgesetz vollzieht". Daß neben diesem Kriterium der zugrundeliegenden Rechtsnormen letztlich nur materielle Kriterien maßgebend sein können, erhellt der Satz: „Entscheidend ist die Bedeutung des Aktes im Rahmen der Rechtsordnung[47]." Daraus ergibt sich auch, daß nicht jeder Hoheitsakt verfassungsrechtlicher Natur ist, der am Verfassungsrecht, insbesondere an den Grundrechten zu messen ist. „Entscheidend ist vielmehr, daß sich das Tätigwerden des jeweiligen handelnden öffentlich-rechtlichen Organs unter einem verfassungsrechtlichen Aspekt vollzieht[48]." Aber gerade eine solche materielle Abgrenzung enthebt nicht der Schwierigkeit einer Unterscheidung zwischen einem Bereich der Verwaltung und einem solchen der Verfassung, worauf *Obermayer*[49] selbst hinweist, selbst wenn man der Auffassung ist, daß keine exakte, sondern nur eine annähernde Abgrenzung möglich ist[50].

Auf die Notwendigkeit einer solchen Abgrenzung, besonders im Hinblick auf die sogenannten verfassungsrechtlichen Hilfstätigkeiten, zu denen er u. a. auch die nicht zur Rechtsetzung gehörenden Akte der Legislative zählt, weist *Forsthoff*[51] hin. Er hält als Ausgangspunkt einen „formal bestimmten Verfassungsbegriff" für ungeeignet, da, wie aus den obigen Beispielen ersichtlich, in die kodifizierten Verfassungen, oftmals mehr zufällig, alle möglichen Rechtsmaterien aufgenommen worden seien. Den Bereich des materiellen Verfassungsrechts umschreibt er folgendermaßen: „Ihm sind alle Rechtserscheinungen zuzurechnen, welche die wesentliche, die Staatsform bestimmende Organisation und Funktion der obersten Staatsgewalt und deren Verhältnis zu den Staatsgenossen, insbesondere die politischen Aktivrechte zum Gegenstand haben[52]." Ohne im Rahmen dieser „Vorklärung" darauf näher

---

[46] Allgemeines Verwaltungsrecht, S. 170 f.

[47] *Obermayer*, ebd., S. 171.

[48] *Obermayer*, Verwaltungsakt, S. 49.

[49] Verwaltungsakt, S. 48 unter Hinweis auf *Maunz*, VerwRspr. Bd. 5 (1953) Nr. 181, S. 858 f.; dies betont auch *van Husen*, DVBl. 1953, S. 70 ff. (71).

[50] So *von Mangoldt / Klein*, GG, Überschrift III 3, S. 26; *Zippelius*, Staatslehre, § 7 III, S. 32 für den „Normenbestand, der die ‚Verfassung im materiellen Sinn' (die politischen Grundentscheidungen des Staates) enthält".

[51] Verwaltungsrecht I, S. 12.

[52] *Forsthoff*, ebd., S. 12; ähnlich *Maunz*, in: Maunz / Dürig / Herzog, GG, Art. 93 Rdnr. 4; *Zippelius*, Staatslehre, § 7 III, S. 32 „Zu ihm (dem Normenbestand der Verfassung im materiellen Sinn — Anm. d. Verf.) gehören nach heutigem Verfassungsverständnis die grundlegenden Vorschriften über die Staatsorganisation, vor allem darüber, welches die obersten Staatsorgane sind, wie sie bestellt werden, welche Aufgaben und Befugnisse sie haben und in welcher Weise sie zusammenwirken, ferner die Grundbestimmungen

einzugehen[53], sei dieser materielle Verfassungsbegriff, der in etwa dem in der Weimarer Zeit vertretenen Begriff gleichkommt[54] und auch heutigem Verfassungsverständnis entspricht[55], Grundlage eines Abgrenzungsversuchs.

Zunächst sind die schlichten *Parlamentsbeschlüsse und Akte parlamentarischer Unterorgane* zu nennen, *welche die Tätigkeit des Parlaments unmittelbar betreffen*, diese erst ermöglichen. Dazu gehören etwa die Bestimmung von Schluß und Wiederbeginn der Sitzungen des Bundestages (Art. 39 Abs. 3 Satz 1 GG i. V. m. §§ 24, 25 GeschOBT), die Einberufung durch den Bundestagspräsidenten gemäß Art. 39 Abs. 3 Satz 2 GG, die Entscheidung des Bundestages über den Ausschluß der Öffentlichkeit (Art. 42 Abs. 1 GG i. V. m. § 23 GeschOBT). Die Normen, in denen solche geschäftsleitenden Handlungen geregelt sind, gehören dem materiellen Verfassungsrecht an, da sie die Funktion der obersten Staatsgewalt betreffen. Desgleichen sind diese Akte selbst verfassungsrechtlicher Natur, da sie erst die Tätigkeit des Verfassungsorgans Bundestag möglich machen, indem sie dessen Handlungsablauf und konkrete Arbeitsweise betreffen.

Die *Wahrnehmung der Kontrollfunktionen* beinhaltet eine spezifische Befugnis und Aufgabe des Parlaments. Durch sie gilt es, die Exekutive — Regierung und Verwaltung — zu überwachen, zu kontrollieren und auch zu beeinflussen wie zu lenken. Dies geschieht z. B. durch die Ausübung des Zitierungsrechts einschließlich des Interpellationsrechts (Art. 43 Abs. 1 GG i. V. m. § 46 GeschOBT) und die Einsetzung von Untersuchungsausschüssen (Art. 44 Abs. 1 GG i. V. m. § 63 GeschOBT). Für eine rechtliche Qualifizierung kommt es nicht auf die Materie an, die in der Enquête behandelt wird, etwa ob Probleme der Verwaltung Gegenstand der Untersuchung sind[56]. Maßgebend ist der Akt selbst und

---

über die politischen Rechte der Staatsbürger, die Grundrechtsgarantien und die wesentlichen politischen Prinzipien und Wertentscheidungen, die diesen organisatorischen Vorschriften und Rechtsgarantien zugrundeliegen".

[53] Dies insbesondere deshalb, da das Problem einer Zuordnung der einzelnen zu untersuchenden Akte der Legislative zum Bereich der Verfassung oder der Verwaltung bei der Frage des Rechtsweges (öffentlich-rechtliche Streitigkeit nicht-verfassungsrechtlicher Art gem. § 40 VwGO) erneut auftaucht und einer Überprüfung bedarf.

[54] Vgl. dazu *Thoma*, HdbDStR, Bd. I, S. 1; *Carl Schmitt*, Verfassungslehre, S. 3 ff.

[55] z. B. *Kägi*, Grundordnung, S. 26; *Loewenstein*, Verfassungslehre, S. 129 ff.; *Nawiasky*, Staatslehre, 3. Teil, S. 96 ff.; *Krüger*, Staatslehre, S. 292; *von Mangoldt / Klein*, GG. Überschrift III, 3, S. 25 f.; *Maunz*, Staatsrecht, § 5; *Stein*, Staatsrecht, S. 8; *Zippelius*, Staatslehre, § 7 III, S. 31 f.

[56] So aber *Kassimatis*, Regierung, S. 122, der Beschlüsse von Untersuchungsausschüssen, wenn der Enquêtegegenstand dem verwaltungsrechtlichen Bereich angehört, nicht als Regierungsakt (nach seiner Definition „auf das Staatsganze bezogene staatsleitende Tätigkeit") und damit nicht dem materiellen Verfassungsbereich angehörend ansieht.

dessen „Bedeutung im Rahmen der Rechtsordnung“ *(Obermayer)*, also die Einsetzung des Untersuchungsausschusses durch das Parlament und der abschließende Beschluß des Untersuchungsausschusses. Diese sind als Ausprägung spezifischer parlamentarischer Kontrollbefugnisse im Rahmen der gewaltenteilenden Staatsordnung dem verfassungsrechtlichen Bereich zuzurechnen und können daher als Akte „auf dem Gebiete des Verfassungsrechts“ angesehen werden[57].

Dasselbe gilt für die sogenannten *parlamentarischen Entschließungen*, die teilweise der Kontrolle teilweise der Einflußnahme auf die Regierung und teilweise lediglich (zumindest formell) adressatlos der politischen Artikulation des Parlaments dienen. Deren verfassungsrechtlicher Charakter[58] entfällt nicht etwa dann, wenn die Entschließungen (was in der Praxis nicht selten ist)[59] Gegenstände der Verwaltung behandeln. Insoweit gelten dieselben Grundsätze wie sie bereits für die Untersuchungsausschüsse dargelegt wurden. *Max Obermeier* bemerkt in diesem Zusammenhang zu Recht: „Eine Entschließung verliert ihren Charakter als Verfassungsrechtsakt nicht dadurch, daß in ihr Gegenstände der Verwaltung behandelt werden. Entscheidend ist das Ersuchen an die Regierung, das der Beschluß enthält[60].“

Die *Ausübung parlamentarischer Kreationsbefugnisse* durch den Bundestag dient sowohl der Schaffung oberster (Verfassungs-)Staatsorgane (z. B. die Wahl des Bundeskanzlers gemäß Art. 63 GG i. V. m. § 4 GeschOBT, Art. 67 Abs. 1 Satz 1 GG i. V. m. § 98 GeschOBT, Art. 68 Abs. 1 Satz 2 GG; die Wahl von Mitgliedern des Bundesverfassungsgerichts gemäß Art. 94 Abs. 1 Satz 2 GG[61] als auch der Wahl parlamen-

---

[57] Diese Auffassung ist der bereits oben (Fußnote 22) vertretenen Ansicht vergleichbar, wonach Verwaltungsakte zwar als Instrument des Verwaltungshandelns auf das Verwaltungsrecht beschränkt sind, aber mitnichten der zu regelnde Einzelfall auf dem Gebiet des Verwaltungsrechts liegen muß. So wie es dort darauf ankommt, ob die behördliche Entscheidung selbst auf dem Gebiet des Verwaltungsrechts liegt, ist es für die rechtliche Qualifizierung von Parlamentsakten maßgebend, ob diese selbst dem Bereich des Verfassungsrechts zuzuordnen sind.

[58] So auch *Obermeier*, Diss., S. 36 f. Anlaß zu Mißverständnissen könnte allerdings die Formulierung bieten, daß ein Hoheitsakt verfassungsrechtlicher Art dann vorliege, wenn er verfassungsrechtlich geregelt sei. Diese Aussage ist nur dann zu akzeptieren, wenn die „verfassungsrechtliche Regelung“ im materiellen Sinn verstanden wird, was aus den weiteren Ausführungen in diesem Zusammenhang auch zum Ausdruck kommt.

[59] So die der erwähnten Entscheidung des Bundesverwaltungsgerichts vom 20. 1. 1961 (BVerwGE Bd. 12, S. 16 ff.) zugrundeliegenden Entschließungen des Bundestages zum Mineralölgesetz, oder die der Entscheidung des Bay. Verfassungsgerichtshofes vom 30. 9. 1953 (Bay.VerfGHE N.F. II. Teil, Bd. 12, S. 119 ff.) zugrundeliegende Entschließung des bay. Landtages zum sozialen Wohnungs- und Siedlungsbau.

[60] Diss., S. 36, Fußnote 5.

[61] Zum Status des BVerfG als Verfassungsorgan und oberstes Staatsorgan vgl. die Dokumentation von *Leibholz*, JöR Bd. 6 (1957), S. 109 ff. Im übrigen

tarischer Unterorgane (z. B. die Wahl des Bundestagspräsidenten gemäß Art. 40 Abs. 1 Satz 1 GG i. V. m. §§ 2, 3 GeschOBT; die Wahl des Wehrbeauftragten gemäß Art. 45 b GG i. V. m. § 116 a GeschOBT und § 13 des Gesetzes über den Wehrbeauftragten sowie die Wahl der Mitglieder der verschiedenen Ausschüsse). Die Normen, auf denen diese Wahlakte beruhen, sind dem materiellen Verfassungsrecht zuzurechnen, da sie die „die Staatsform bestimmende Organisation und Funktion der obersten Staatsgewalt" zum Gegenstand haben. Desgleichen kommt den Kreationsakten selbst verfassungsrechtlicher Charakter zu, da sie, wie *Maunz* es formuliert, „politische Strukturen, Organisationen ins Leben rufen"[62]. Eine Unterscheidung zwischen Akten auf dem Gebiet des Verwaltungsrechts und solchen des Verfassungsrechts erweist sich deshalb als schwierig, weil die möglichen Abgrenzungskriterien, auch die hier verwendeten, zugegebenermaßen recht vage sind. Dies gilt sowohl für die Bestimmung eines Bereichs der Verfassung[63] als auch für eine Definition der öffentlichen Verwaltung[64]. Darüber hinaus sind die Grenzen oftmals fließend, was allerdings nicht dazu führen darf, von einer Abgrenzung Abstand zu nehmen.

In Zweifelsfällen ist die Entscheidung danach zu treffen, ob die Elemente des Verwaltungsrechts oder die des Verfassungsrechts überwiegen. Dies sei am Beispiel der Ausübung der Polizeigewalt durch den Bundestagspräsidenten demonstriert. Wie bereits ausgeführt, ist die Polizeigewalt des Bundestages, die dem Präsidenten zur Ausübung übertragen ist, ein Ausfluß der Parlamentsautonomie. Sie ist historischen Ursprungs[65] und geht insbesondere auf Entwicklungen des französischen Parlamentsrechts zurück[66]. Im deutschen Parlamentsrecht findet sich die parlamentarische Polizeigewalt zuerst in Geschäftsordnungsbestimmungen des preußischen Landtages nach der Verfassung

---

sei daran erinnert, daß § 1 Abs. 1 BVerfGG die Stellung des BVerfG als Verfassungsorgan voraussetzt. („Das Bundesverfassungsgericht ist ein allen übrigen Verfassungsorganen gegenüber selbständiger und unabhängiger Gerichtshof des Bundes.")

[62] In: Maunz / Dürig / Herzog, GG, Art. 93 Rdnr. 4, der u. a. mit dieser Umschreibung die Verfassung im materiellen Sinn definiert.

[63] Die erwähnten Versuche *Forsthoffs, Zippelius', Maunz'* u. a. sind demzufolge auch mehr als Umschreibungen denn als Definitionen zu werten.

[64] Auf dieses Dilemma der Verwaltungsrechtswissenschaft, der bis heute eine befriedigende Definition nicht gelungen ist, weisen *Forsthoff*, Verwaltungsrecht I, § 1, S. 1 und *Wolff / Bachof*, Verwaltungsrecht I, § 2 I, mit weiteren Nachweisen, hin. Daß die bereits erwähnte „Subtraktionsmethode" der klassischen Verwaltungsrechtswissenschaft *(Jellinek, Otto Mayer)* zum einen den an eine Definition zu stellenden Anforderungen nicht genügt, zum anderen der komplexen Erscheinung der verschiedenen Staatstätigkeiten nicht gerecht wird, ist heute allgemein anerkannt.

[65] Vgl. dazu *Kleinschnittger*, Diss., S. 130 ff. mit weiteren Nachweisen.

[66] So existiert dort eine solche Regelung seit der Verfassung von 1789. Vgl. dazu *Hatschek*, Staatsrecht I, S. 519.

von 1850 und in § 62 GeschO des Reichstages der Zeit vor der Weimarer Republik. Ursprünglich sollten durch diese Exemtion von der Polizeigewalt der zuständigen Polizeibehörde Übergriffe der Krone auf das Parlament verhindert werden. Diese Gründe gelten, wenn auch in abgeschwächter Form, auch für die entsprechenden Regelungen der republikanischen Verfassungen, wie Art. 28 NRW und Art. 40 Abs. 2 GG, die eine Einflußnahme oder gar Übergriffe der Exekutive auf das Parlament mittels polizeilicher Maßnahmen von vornherein zu verhindern trachten. Es ist unbestreitbar, daß die Regelung des Art. 40 Abs. 2 GG, wie auch deren historische Vorläufer, verfassungsrechtlicher Natur ist, da sie die Beziehungen zwischen obersten Staats- und Verfassungsorganen betrifft. Eine andere Beurteilung ist jedoch geboten, wenn man die konkreten Maßnahmen des Parlamentspräsidenten in Ausübung der Polizeigewalt betrachtet. Wie bereits ausgeführt, wird er im Rahmen der Gefahrenabwehr zur Aufrechterhaltung der öffentlichen Sicherheit und Ordnung tätig. Seine Maßnahmen weisen materiell keine Unterschiede zu solchen vergleichbarer Art der allgemeinen Polizeibehörden auf; es besteht lediglich formell eine unterschiedliche Zuständigkeitszuweisung, die den Rechtscharakter der Maßnahme nicht entscheidend beeinflußt. Daher überwiegen die verwaltungsrechtlichen Elemente, wenngleich verfassungsrechtliche Aspekte nicht von der Hand zu weisen sind, so daß die Maßnahmen des Parlamentspräsidenten in Ausübung der Polizeigewalt „auf dem Gebiete des Verwaltungsrechts" ergehen und bei Vorliegen der übrigen Voraussetzungen als Verwaltungsakte anzusehen sind.

Eindeutiger als Akte auf dem Gebiet des Verwaltungsrechts sind die Maßnahmen zu qualifizieren, die der Bundestagspräsident als „oberste Dienstbehörde der Bundestagsbeamten" (§ 7 Abs. 4 GeschOBT) trifft; dies ungeachtet der Tatsache, daß die Vorschriften der Geschäftsordnung als (ergänzende) Verfassungsnormen anzusehen sind[67], da auch hier die Zuständigkeitsnorm den Rechtscharakter des entsprechenden Aktes nicht entscheidend zu beeinflussen vermag.

Da den übrigen nicht zur Rechtsetzung gehörenden Akten der Legislative in aller Regel wegen ihres verfassungsrechtlichen Charakters nicht die Qualität von Verwaltungsakten zukommt, erübrigt sich insoweit eine Überprüfung der übrigen Kriterien des Verwaltungsaktbegriffs.

---

[67] *Maunz*, in: Maunz / Dürig / Herzog, GG, Art. 93 Rdnr. 4 „ergänzende Verfassungsnormen im materiellen, nicht formellen Sinn"; *Wolff / Bachof*, Verwaltungsrecht I, § 25 IX a 1 und *E. W. Böckenförde*, Organisationsgewalt, S. 122 f. „Verfassungssatzungen"; *Altmann*, DÖV 1956, S. 751 ff. (753) „öffentliches Recht, und zwar ... sekundäres Verfassungsrecht".

b) Schlichtes Verwaltungshandeln und innerdienstlicher Rechtsakt

Nach dem Versuch einer Subsumtion unter den Begriff des Verwaltungsakts sei noch kurz auf sonstiges Verwaltungshandeln in der Form von Einzelakten, das sogenannte schlichte Verwaltungshandeln und die innerdienstlichen Rechtsakte (innerdienstliche Weisungen) eingegangen[68]. Das nachgewiesene Regel-Ausnahmeverhältnis im Hinblick auf den Rechtscharakter der nicht zur Rechtsetzung gehörenden Akte der Legislative ist auch hier von Bedeutung. Sowohl das schlichte Verwaltungshandeln als auch die innerdienstlichen Rechtsakte beinhalten Handlungen von Verwaltungsbehörden auf dem Gebiet des Verwaltungsrechts[69] (denen es an anderen Begriffsmerkmalen der Verwaltungsaktdefinition mangelt). Da die nicht zur Rechtsetzung gehörenden Akte der Legislative in aller Regel Akte auf der Ebene des Verfassungsrechts darstellen, können sie insoweit weder dem Begriff des schlichten Verwaltungshandelns noch dem des innerdienstlichen Rechtsakts unterfallen. Wenn auch die sogenannten parlamentarischen Entschließungen, soweit das Parlament die Regierung bittet, auffordert, oder gar Weisungen zu erteilen versucht, gewisse Parallelen zu den innerdienstlichen Weisungen aufweisen, so mangelt es ihnen neben dem verwaltungsrechtlichen Charakter an einem weiteren Wesensmerkmal der innerdienstlichen Rechtsakte; für diese ist ein wie auch immer geartetes — behördliches — Über- und Unterordnungsverhältnis, ein hierarchisches (Instanzen-)Verhältnis begriffliche Voraussetzung. „Zwischen Parlament und Regierung besteht nicht das vom Begriff der innerdienstlichen Weisung geforderte Subordinationsverhältnis seitens der Exekutive[70].“

Soweit allerdings in Ausnahmefällen die parlamentarischen Unterorgane und — seltener — das Parlament selbst Akte auf dem Gebiete

---

[68] Eine eingehende Erörterung dieser Formen des Verwaltungshandelns ist im Rahmen dieser Untersuchung weder nötig noch möglich. Insoweit sei verwiesen auf *Forsthoff*, Verwaltungsrecht I, § 11, S. 195 ff. (insbesondere S. 198 f. u. S. 203 f.); *Wolff / Bachof*, Verwaltungsakt I, § 45 II, § 46 VII b; *Bachof*, Verwaltungsakt und innerdienstliche Weisung, in: Festschrift für Laforet, S. 285 ff.; *Obermayer*, Verwaltungsakt und innerdienstlicher Rechtsakt, S. 105 ff.

[69] *Obermayer*, Verwaltungsakt und innerdienstlicher Rechtsakt, S. 110 sieht negativ nur „nicht verfassungsrechtliche Handlungen“ als innerdienstliche Rechtsakte an. Er definiert folgendermaßen: „Als innerdienstliche Rechtsakte sind somit alle nicht verfassungsrechtlichen Handlungen anzusehen, die in einem besonderen öffentlich-rechtlichen Abhängigkeitsverhältnis unter Berufung auf dessen besonderen institutionellen Zweck ergehen und den betroffenen Gliedern gegenüber unmittelbar rechtserheblich sind.“

[70] So *Max Obermeier*, Diss., S. 37 ff. (39), der außer diesem Gesichtspunkt auch wegen des verfassungsrechtlichen Charakters der parlamentarischen Entschließungen zu dem Ergebnis kommt, daß diese keine innerdienstlichen Weisungen darstellen.

des Verwaltungsrechts erlassen, so kann dies sowohl in der Form von Verwaltungsakten als auch in der Form schlichten Verwaltungshandelns oder innerdienstlicher Rechtsakte geschehen. Der Bundestagspräsident kann z. B. als Dienstherr der Bundestagsbeamten bloße Mitteilungen beamtenrechtlicher Art machen oder den Beamten dienstliche Anweisungen geben. Möglicher Rechtsschutz gegen derartige Handlungen wäre vor den allgemeinen Verwaltungsgerichten zu suchen, da es sich um öffentlich-rechtliche Streitigkeiten nichtverfassungsrechtlicher Art gemäß § 40 Abs. 1 VwGO handeln würde[71].

c) Regierungsakt

Die in der Literatur[72] vertretene Auffassung, welche einige der verschiedenen nicht zur Rechtsetzung gehörende Akte der Legislative als sogenannte Regierungsakte[73] ansieht, gibt Veranlassung zu einer kurzen Erörterung an dieser Stelle. Zunächst ist darauf hinzuweisen, daß teilweise eine rechtliche Sonderstellung der Regierungsakte im System staatlicher Handlungsformen in Zweifel gezogen wird[74]. Selbst wenn diese besondere Stellung bejaht wird, bestehen weiterhin Unklarheiten und Meinungsverschiedenheiten über die rechtliche Qualifizierung der Regierungsakte und die Kriterien zur Abgrenzung von anderen Staatsakten[75]. Aber von diesen Problemen einmal abgesehen, ist entscheidend für eine Verwendbarkeit des Begriffes im Rahmen dieser „Vorklärung", daß gerade die Frage des Rechtsschutzes umstritten ist, die eng mit der Lehre von Regierungsakt verknüpft, ja bestimmend für sie ist. Dem Regierungsakt wird insoweit zumindest eine Sonderstellung im Vergleich mit anderen Staatsakten eingeräumt, wenn er nicht gar von vornherein als Synonym des Begriffs „gerichtsfreier Hoheitsakt" angesehen wird. Ein vorweggenommener Subsumtionsversuch der nicht zur

71 Ob gegen derartiges schlichtes Verwaltungshandeln oder innerdienstliche Rechtsakte gerichtete Rechtsschutzbegehren, die in der Form der allgemeinen Leistungsklage zu erfolgen hätten, im Einzelfall zulässig und begründet wären, sei hier dahingestellt. Vgl. dazu allgemein die in Fußnote 68, S. 72 genannten Autoren sowie *Eyermann / Fröhler*, VwGO, § 42 Rdnr. 26 ff. u. 53 ff.; *Redeker / von Oertzen*, VwGO, § 42 Rdnr. 33, 36 und 93; *Kopp*, VwGO, Anm. 9 f. u. g zu § 42; *Ule*, Verwaltungsprozeßrecht, Anhang zu § 32, V u. VI, S. 138 ff.; ders., Verwaltungsgerichtsbarkeit, Anm. IV 1 d, e und 5 a zu § 42.

72 So ausdrücklich z. B. *Wolff / Bachof*, Verwaltungsrecht I, § 46 III b 1; *Kassimatis*, Regierung, S. 120 ff.

73 Dabei ist allerdings Voraussetzung, worüber — neben allem Streit im übrigen — Einigkeit besteht, daß der Begriff nicht im organisatorischen Sinn verstanden wird, sondern entscheidend ist, ob die entsprechenden Akte materiell Regierungstätigkeit zum Inhalt haben.

74 So z. B. *Bachof*, Amtshandlung, S. 25 ff.; *Ule*, Verwaltungsgerichtsbarkeit, Anm. IV 6 a zu § 42; neuerdings zurückhaltend *Wolff / Bachof*, Verwaltungsrecht I, § 46 III b; vgl. demgegenüber *Wolff*, Verwaltungsrecht I, § 46 III b, der die Existenz von Regierungsakten uneingeschränkt bejaht.

75 Darauf weisen insbesondere *Eyermann / Fröhler*, VwGO, § 42 Rdnr. 36 und *Wolff / Bachof*, Verwaltungsrecht I, § 46 III b hin.

Rechtsetzung gehörenden Akte der Legislative unter den derart problematisierten Begriff würde daher, anders als beim Verwaltungsakt, keine auch nur halbwegs verläßliche Auskunft über das „Ob“ und „Wie“ gerichtlichen Rechtsschutzes erbringen können. Für den Rechtsschutz gegen sogenannte Regierungsakte stehen eben nicht wie für den Rechtsschutz gegen Verwaltungsakte bewährte und anerkannte prozessuale Möglichkeiten zur Verfügung. Eine Erörterung ist daher im Rahmen einer Vorklärung vor Befragung der einschlägigen Verfassungsnormen untunlich und erfolgt im Zusammenhang mit der Untersuchung des Begriffs des sogenannten gerichtsfreien Hoheitsaktes[76].

IV. Zusammenfassung

Als vorläufiges Ergebnis läßt sich feststellen, daß die nicht zur Rechtsetzung gehörenden Akte der Legislative in aller Regel auf dem Gebiet des Verfassungsrechts ergehen. Sie stellen daher keine Verwaltungsakte oder sonstige Verwaltungsrechtshandlungen, sondern Verfassungsrechtsakte dar. Sofern in Ausnahmefällen parlamentarische Unterorgane und — seltener — das Parlament selbst auf verwaltungsrechtlichem Gebiet tätig werden, ist Rechtsschutz vor den Verwaltungsgerichten nach den Regeln der Verwaltungsgerichtsordnung zu erlangen; d. h. bei Handeln in der Form des Verwaltungsakts mittels Anfechtungs- oder Verpflichtungsklage, im übrigen mittels Feststellungsklage oder allgemeiner Leistungsklage bzw. Unterlassungsklage.

C. Überblick über die in Rechtsprechung und Rechtswissenschaft vertretenen Auffassungen zum Rechtsschutz gegen nicht zur Rechtsetzung gehörende Akte der Legislative

Die folgenden Ausführungen sollen von der eigentlichen Untersuchung der verfassungsrechtlichen und prozessualen Problematik einen groben Überblick, gleichsam in Form einer tour d'horizon, über die verschiedenen Meinungen in Rechtsprechung und Literatur vor allem zum „Ob“ des Rechtsschutzes bieten. Zur Verdeutlichung des Streit- und Meinungsstandes zum Gesamtproblem sind daher in erster Linie generalisierende Aussagen heranzuziehen, da Stellungnahmen zum Rechtsschutz gegen einzelne schlichte Parlamentsbeschlüsse und Akte parlamentarischer Unterorgane dazu nur bedingt geeignet sind.

---

[76] Aus eben diesen Gründen wurde hier auf eine Einbeziehung der einschlägigen Literatur weitgehend verzichtet und späterer Erörterung vorbehalten.

I. Stellungnahmen der Rechtsprechung

Allgemeine Antworten auf die Frage nach dem Rechtsschutz gegen schlichte Parlamentsbeschlüsse sind in der Rechtsprechung kaum zu finden; dies überrascht auch nicht, da in der Regel über konkrete Rechtsverletzungen durch spezielle Akte zu entscheiden ist. Es gibt allerdings, zumeist in der Form von obiter dicta, eine Reihe von allgemeinen Stellungnahmen zur Lehre von den gerichtsfreien Hoheitsakten bzw. Regierungsakten, welche wie gesagt im Rahmen der Erörterung der verfassungsrechtlichen Problematik auf ihre Bedeutung für den Rechtsschutz gegen Parlamentsakte untersucht werden soll.

In der für das „Ob" des Rechtsschutzes zentralen Frage nach dem Inhalt des Begriffs „öffentliche Gewalt" im Sinne des Art. 19 Abs. 4 GG hat das Bundesverfassungsgericht in dem sogenannten AKU-Urteil vom 25. Juni 1968[1] die Auffassung vertreten, daß die Gesetzgebung nicht zur „öffentlichen Gewalt" im Sinne des Art. 19 Abs. 4 GG gehöre. Diese Ansicht ist in einigen nachfolgenden Entscheidungen wiederholt und bekräftigt worden[2]. Dabei ist jedoch zu beachten, daß der Begriff „Gesetzgebung" dort nicht im organisatorischen, sondern materiellen Sinn[3] gebraucht wird, d. h. er bedeutet (abstrakte und generelle) Rechtsetzung. Unbeschadet einer späteren, eingehenderen Erörterung dieser Rechtsprechung einschließlich ihrer Beurteilung in der Literatur im Rahmen der Auslegung des Art. 19 Abs. 4 GG und insbesondere dort des Begriffs „öffentliche Gewalt" läßt sich schon hier feststellen, daß die insoweit einschränkende Auslegung des Bundesverfassungsgerichts für den Untersuchungsgegenstand nichts präjudiziert. Dieser beinhaltet eben gerade nicht Gesetzgebung im Sinne von Rechtsetzung, sondern nicht rechtsetzende Akte der gesetzgebenden Organe.

Ähnlich unergiebig für diese Untersuchung sind die Äußerungen des Bundesverfassungsgerichts zur allgemeinen Bedeutung des Art. 19 Abs. 4 GG, dessen Schwergewicht vornehmlich darin liegt, daß er die „Selbstherrlichkeit" der vollziehenden Gewalt im Verhältnis zum Bürger beseitigen solle[4]. Dem kann, wie die Auslegung des Art. 19

---

[1] BVerfGE Bd. 24, S. 33 ff. (49 ff.). Durch dieses Urteil wurde die Verfassungsbeschwerde ehemaliger deutscher Aktionäre der niederländischen Algemene Kunstzijde Uni N.V. (AKU) als unzulässig verworfen. Diese hatten sich gegen die in einem Vertragsgesetz zu einem Abkommen mit den Niederlanden ausgeschlossene Möglichkeit gewandt, etwaige Rechte an dem in Deutschland belegenen Vermögen der AKU vor deutschen Gerichten geltend zu machen.

[2] BVerfGE Bd. 24, S. 367 ff. (401); Bd. 25, S. 352 ff. (365); Bd. 31, S. 364 ff. (368).

[3] Nicht ausdrücklich wurde entschieden, ob lediglich formelle und materielle oder auch nur materielle Gesetzgebung (einschließlich der kommunalen Satzungen) gemeint war. Darauf weist das Bundesverfassungsgericht in der jüngsten Entscheidung zu diesem Problembereich hin (BVerfGE Bd. 31, S. 364 ff. [368]) und läßt dies ebenfalls offen.

Abs. 4 GG beweisen wird, ohne Bedenken zugestimmt werden, denn auch das Schwergewicht möglicher Eingriffe ist in Exekutivakten zu suchen. Das bedeutet aber nicht notwendig, daß die Rechtsweggarantie des Art. 19 Abs. 4 GG auf Akte der vollziehenden Gewalt beschränkt ist, und rechtsverletzende Akte der Legislative außerhalb der Rechtsetzung von ihr nicht erfaßt werden.

Zur Vervollständigung des Überblicks sei noch auf einige Entscheidungen hingewiesen, die sich mit einzelnen schlichten Parlamentsbeschlüssen bzw. Akten parlamentarischer Unterorgane beschäftigen. In den wenigen Entscheidungen, die zu „Parlamentspetitionen"[5] ergangen sind, wird einhellig die Meinung vertreten, daß gegen *Petitionsbeschlüsse der Parlamente* bzw. deren Unterlassung (oder der Petitionsausschüsse, soweit diesen Entscheidungskompetenzen übertragen sind) Rechtsschutz zu gewähren sei[6]. Lediglich über die Art des Rechtsweges bestehen unterschiedliche Auffassungen[7]. In einer Grundrechtsklage nach § 131 hess.Verf. i. V. m. § 45 Abs. 2 hess. StGHG gegen die *Einsetzung eines Untersuchungsausschusses* durch den hessischen Landtag hat der hessische Staatsgerichtshof mit Beschluß vom 9. Februar 1972[8] das Rechtsschutzbegehren des Antragstellers als unzulässig verworfen. Das Gericht führt dazu folgendes aus: „Denn die Einsetzung eines Untersuchungsausschusses stellt eine parlamentarische Maßnahme dar, die *in aller Regel*[9] Rechte des Bürgers nicht verletzen kann. Selbst wenn die Einsetzung ein Akt der öffentlichen Gewalt wäre — dies bedarf hier keiner näheren Erörterung — so stünde nach h. M. der Rechtsweg hiergegen nicht offen (gerichtsfreier Hoheitsakt). Dies schließt allerdings eine Grundrechtsklage nicht schlechthin aus." Der hess. Staatsgerichts-

---

4 So z. B. BVerfGE Bd. 10, S. 264 ff. (267); Bd. 25, S. 352 ff. (365); BVerwGE Bd. 16, S. 289 ff. (293).

5 d. h. Petitionen „an die Volksvertretungen" im Gegensatz zu solchen „an die zuständigen Stellen" gem. Art. 17 GG. Das Bundesverfassungsgericht hat sich zu einer Parlamentspetition noch nicht geäußert.

6 Der Petent hat einer grundlegenden Entscheidung des Bundesverfassungsgerichts vom 22. April 1953 (BVerfGE Bd. 2, S. 225 ff. [230]) zufolge einen Anspruch auf ordnungsgemäße Entgegennahme und Beantwortung der Petition. Die Antwort muß zumindest die Kenntnisnahme von dem Inhalt der Petition und Angaben über die Art ihrer Erledigung enthalten.

7 Der bay. Verfassungsgerichtshof (Entscheidung vom 15. Mai 1957, bay. VerfGHE [N.F.], Bd. 10, S. 20 ff.) hält die Verfassungsbeschwerde nach Art. 120, 66 bay.Verf. für zulässig. Obwohl der bay. Landtag als Behörde tätig geworden sei, sei der Verwaltungsrechtsweg nicht gegeben, da ein parlamentarischer Petitionsbescheid kein Verwaltungsakt i. S. d. §§ 22, 35 VGG sei. Das OVG Hamburg (Urteil vom 20. August 1965, DVBl. 1967, S. 86 ff.) hält dagegen die allgemeine Leistungsklage (da Petition kein Verwaltungsakt) vor dem Verwaltungsgericht für zulässig. So jetzt auch das OVG Berlin (Urteil vom 26. August 1975), DVBl. 1976, S. 261 ff. Vgl. dazu auch BVerwG (Urteil vom 28. 11. 1975), NJW 1976, S. 637 f. = JuS 1976, S. 326 f. (*Weber*).

8 DÖV 1972, S. 56 ff.

9 Hervorhebung vom Verf.

hof weist die Klage letztlich nur deshalb ab, weil der Antragsteller nicht geltend machen kann, unmittelbar und gegenwärtig in seinen Grundrechten verletzt zu sein. Er gesteht jedoch ausdrücklich die Möglichkeit einer Rechtsverletzung zu, die z. B. darin liegen könne, daß dem Untersuchungsausschuß entgegen Art. 92 Abs. 1 Satz 2 hess.Verf. ein über die Beweiserhebung hinausgehender Auftrag — etwa die Verurteilung eines festgestellten Verhaltens mit unmittelbaren Folgen für den Bürger oder die Entziehung des gesetzlichen Richters — übertragen würde. Ungeachtet der Besonderheiten der Grundrechtsklage nach hessischem Recht und ohne an dieser Stelle näher auf die Ausführungen des Gerichts einzugehen, läßt sich zumindest die Erkenntnis der Möglichkeit von Individualrechtsverletzungen auf die Einsetzung von Untersuchungsausschüssen nach Art. 44 GG übertragen. Die Frage nach dem „Ob" des Rechtsschutzes ist allerdings an Art. 19 Abs. 4 GG zu messen und nicht wie es der hess. Staatsgerichtshof (wenn auch nur in einem obiter dictum) getan hat, durch apodiktische Verweisung auf die (angeblich herrschende) Lehre vom gerichtsfreien Hoheitsakt zu beantworten[10].

Die nicht sehr zahlreichen Entscheidungen, die sich grundsätzlich zum Rechtsschutz gegen *Immunitätsbeschlüsse*[11] äußern, veranlassen *Maunz*[12] wegen ihrer Uneinheitlichkeit (insbesondere im Hinblick auf die Spruchpraxis des bay. Verfassungsgerichtshofs) zu der Bemerkung, „daß die Verfassungsgerichtsbarkeit in dieser Frage nicht recht an sich selbst glaubt". Der bay. Verfassungsgerichtshof hat nämlich in zwei Entscheidungen auf Verfassungsbeschwerden von Abgeordneten wegen der Aufhebung ihrer Immunität nach Art. 120, 66 bay.Verf. unterschiedlich geurteilt. In der Entscheidung vom 28. Juni 1948[13] bejaht er die Rechtsschutzmöglichkeit; in der Entscheidung vom 14. August 1952[14] verneint er sie. In einer weiteren Entscheidung wiederum hat der bay. Verfassungsgerichtshof[15] auf die Verfassungsbeschwerde eines Bürgers in Übereinstimmung mit der herrschenden Meinung[16] zwar ausgeführt,

---

10 Im übrigen existiert, soweit ersichtlich, keine Rechtsprechung zur Frage des Rechtsschutzes gegen Beschlüsse zur Einsetzung von Untersuchungsausschüssen. — Das Problem des Rechtsschutzes gegenüber Beschlüssen von Untersuchungsausschüssen, dessen Ausschluß gem. Art. 44 Abs. 4 GG im Verhältnis zu Art. 19 Abs. 4 GG bleibt gesonderter Erörterung vorbehalten.

11 Rechtsprechung des Bundesverfassungsgerichts zu Art. 46 GG liegt zur Zeit noch nicht vor.

12 In: Maunz / Dürig / Herzog, GG, Art. 46 Rdnr. 71.

13 Bay.VerfGHE (N.F.) Bd. 1, S. 38 ff.

14 Bay.VerfGHE (N.F.) Bd. 5, S. 216 ff.

15 Bay.VerfGHE (N.F.) Bd. 19, S. 1 ff.

16 So z. B. OLG Karlsruhe, NJW 1960, S. 1840 ff.; *Maunz*, in: Maunz / Dürig / Herzog, GG, Art. 46 Rdnr. 27 u. 71; *von Mangoldt / Klein*, GG, Anm. IV 2 c (S. 974 f.) jeweils mit weiteren Nachweisen. *Moller* (DVBl. 1966, S. 881 ff.) befürwortet einen Anspruch des Abgeordneten gegen das Parlament auf Schutz vor „mißbräuchlicher Strafverfolgung".

daß weder dem Abgeordneten noch dem betroffenen Bürger ein Anspruch auf Aufrechterhaltung oder Aufhebung der Immunität zustehe; der dem Landtag (in Art. 28 bay.Verf.) eingeräumte Ermessensspielraum sei weit bemessen, aber nicht schrankenlos. Unter Bezugnahme auf Maunz[17] billigt das Gericht letztlich Rechtsschutz zu, indem es insoweit ein formelles subjektives Recht auf willkürfreie Ermessensausübung einräumt.

In der bereits erwähnten[18] Entscheidung des bay. Verfassungsgerichtshofs vom 30. September 1959[19] hat dieser die Verfassungsbeschwerde nach Art. 66, 120 bay.Verf. gegen einen an die Staatsregierung *adressierten, gesetzlich nicht geregelten Beschluß* des bay. Landtages über die Festsetzung des Verteilungsschlüssels und die Verteilung der Wohnungsbaumittel nach diesem Schlüssel als unzulässig abgewiesen. Der Beschluß sei für die Staatsregierung rechtlich nicht unmittelbar verpflichtend und für den einzelnen Staatsbürger nicht verbindlich[20]. Auf eine möglicherweise bestehende faktische Beeinträchtigung des Antragstellers geht das Gericht nicht ein. Zur Abrundung des Bildes vom Stand der Rechtsprechung zum Rechtsschutz gegen schlichte Parlamentsbeschlüsse sei abschließend noch auf eine Entscheidung des Bundesverwaltungsgerichts zur *Anordnung des militärischen Bereitschaftsdienstes* durch die Bundesregierung (Beschluß vom 20. September 1961, kurz nach dem Bau der Berliner Mauer) nach § 6 Abs. 7 WehrPflG i. d. F. vom 28. November 1960 hingewiesen[21]. Wenn es sich auch um einen Beschluß der Bundesregierung und nicht um einen Parlamentsbeschluß handelte, so ist das Urteil gleichwohl für diese Untersuchung von Bedeutung, da dem Bundestag ähnliche Kompetenzen eingeräumt sind, die vergleichbare Wirkungen nach sich ziehen[22]. Es sei an die (schlichten) Beschlüsse des Bundestages erinnert, die die Feststellung des Eintritts des Spannungsfalles (Art. 80 a Abs. 1 GG), das Verlangen nach Einstellung des

---

[17] *Maunz*, in: Maunz / Dürig / Herzog, GG, Art. 46 Rdnr. 71.

[18] Vgl. oben S. 33.

[19] Bay.VerfGHE (N.F.) Bd. 12, S. 113 ff.

[20] „Sie (derartige behördliche Akte des Landtages — Anm. d. Verf.) unterliegen also der Verfassungsbeschwerde nur dann, wenn sie unmittelbar in die Rechtssphäre des einzelnen eingreifen können. Diese Voraussetzung ist besonders bei Landtagsbeschlüssen nicht erfüllt, die zwar politisch ‚als Manifestation des politischen Willens' des Parlaments für die Staatsregierung bedeutsam sind, sie indes rechtlich nicht unmittelbar verpflichten und jedenfalls für den einzelnen Staatsbürger nicht verbindlich sind" (ebd., S. 122 f.).

[21] Urteil vom 12. Oktober 1962, BVerwGE Bd. 15, S. 63 ff.

[22] Das Bundesverwaltungsgericht vergleicht ausdrücklich die Anordnung des militärischen Bereitschaftsdienstes durch die Bundesregierung mit der Feststellung des Verteidigungsfalles durch den Bundestag nach dem früheren (inzwischen durch die sog. „Notstandsverfassung" aus dem Jahre 1968 aufgehobenen) Art. 59 a GG, die gem. § 4 Abs. 1 Nr. 3 WehrPflG die Pflicht zu einem unbefristeten Wehrdienst nach sich zog.

Einsatzes von Streitkräften (Art. 87 a Abs. 4 Satz 2 GG) oder die Feststellung des Verteidigungsfalles (Art. 115 a Abs. 1 GG) enthalten. Das Bundesverwaltungsgericht hat es abgelehnt, die Anordnung des militärischen Bereitschaftsdienstes durch die Bundesregierung zu überprüfen, da es sich weder um einen Verwaltungsakt handele noch eine Rechtsverordnung sei, sondern ein der richterlichen Kontrolle nicht unterliegender politischer Akt[23]. Zumindest in der Tendenz, wenn nicht sogar auch im Ergebnis, kommt diese Auffassung der Lehre vom gerichtsfreien Hoheitsakt bzw. (gerichtsfreien) Regierungsakt nahe. So verwundert es denn auch nicht, daß die Stimmen zu dieser Entscheidung vor allem bemängeln, daß das Bundesverwaltungsgericht jegliche gerichtliche Kontrollmöglichkeit verneint. Sowohl *Bachof*[24] als auch *Czermak*[25] weisen in kritischen Besprechungen der Entscheidung darauf hin, daß sich das weite politische Ermessen der Regierung nicht „schlechthin im rechtsleeren Raum bewege"[26], sondern das Willkürverbot auch für solche Regierungsentscheidungen gelte. Die Richtigkeit dieser Erwägungen, soviel sei hier vorweggenommen, wird sich insoweit auch für schlichte Parlamentsbeschlüsse erweisen.

II. Zum Meinungsstand in der Literatur

Soweit sich die Rechtswissenschaft konkret[1] zum Rechtsschutz gegen schlichte Parlamentsbeschlüsse äußert, umfassen die Stellungnahmen die gesamte Skala möglicher Antworten auf diese Frage; sie reichen von uneingeschränkter Verneinung über einschränkende Auffassungen und vorsichtige Stellungnahmen bis hin zur uneingeschränkten Be-

---

[23] Das Gericht führt im einzelnen aus: „Die Anordnung des Bereitschaftsdienstes insbesondere ist nicht an rechtliche, der gerichtlichen Nachprüfung zugängliche Voraussetzungen geknüpft, sondern beruht stets nur auf der Einschätzung der politischen Situation. Die Bundesregierung muß hierzu zwar rechtlich ermächtigt sein, sie handelt aber nach einem lediglich politischen Ermessen, und die Gerichte besitzen keinen rechtlichen Maßstab dafür, ob die Anordnung zu billigen ist. Nur die Rechtskontrolle ist ihnen aber zugewiesen; unter der Verletzung von Rechten des einzelnen im Sinne der Rechtsweggarantie des Art. 19 Abs. 4 GG sind allein Verstöße gegen die Rechtsordnung zu verstehen, die Entscheidung hierüber muß nach Maßgabe des Rechtes möglich sein. Daran fehlt es, wenn die Regierungsgewalt ein gesetzlich vorgesehenes Mittel lediglich nach ihrem politischen Gutdünken handhaben darf. In diesem Falle ist allein die parlamentarische Kontrolle gegeben, sie legt die politische Verantwortlichkeit zugrunde und beurteilt die Richtigkeit nach der Zweckmäßigkeit und dem Erfolg. Diese Betrachtungsweise ist den Gerichten verwehrt" (ebd., S. 65 f.).

[24] Verfassungsrecht II, S. 42.

[25] DÖV 1963, S. 235 ff.

[26] *Bachof*, Verfassungsrecht II.

[1] Äußerungen allgemeiner Natur etwa zum Begriff der öffentlichen Gewalt im Sinne des Art. 19 Abs. 4 GG oder zum sog. gerichtsfreien Hoheitsakt, die lediglich mittelbar Rückschlüsse auf das Rechtsschutzproblem zulassen, werden in den betreffenden Abschnitten in die Untersuchung einbezogen.

jahung. — Eine der wenigen Monographien zum schlichten Parlamentsbeschluß, die von *Sellmann*[2] verfaßt wurde, beschränkt sich auf die „nicht ausdrücklich gesetzlich geregelten schlichten Parlamentsbeschlüsse“, deren Erscheinungsformen und vor allem auf die umstrittene Frage der Verbindlichkeit solcher Beschlüsse für die Regierung. Diesen Untersuchungsschwerpunkten entsprechend wird lediglich in einem kurzen Anhang der Abhandlung die „Bedeutung der gesetzlich nicht geregelten schlichten Parlamentsbeschlüsse für die Judikative und den einzelnen Rechtsträger“ behandelt[3]. Sellmann behauptet, daß die schlichten Parlamentsbeschlüsse (im Sinne der von ihm vorgenommenen Beschränkung auf sog. Entschließungen) nicht in die Rechtssphäre des einzelnen eingreifen und ihn daher auch nicht in seinen Rechten verletzen können. Der Rechtsträger könne deshalb einen schlichten Parlamentsbeschluß nicht in einem gerichtlichen Verfahren angreifen und seine Aufhebung bewirken, wenn er sich in seinen Rechten beeinträchtigt fühle. Eine Berufung auf Art. 19 Abs. 4 GG sei nicht möglich, da diese Vorschrift nur Schutz gegen unmittelbare Rechtsverletzungen gewähre. Eine Anfechtungsmöglichkeit bestehe weder im Wege der Verfassungsbeschwerde gemäß § 90 BVerfGG noch durch eine Klage vor dem Verwaltungsgericht. — Ähnlich wie Sellmann beschränkt *Obermeier*[4] seine Untersuchung auf die gesetzlich nicht geregelten schlichten Parlamentsbeschlüsse und erörtert im wesentlichen das Phänomen unter allgemeinen Gesichtspunkten wie Erscheinungsform, Rechtsnatur und Zulässigkeit. Seine Äußerungen zum Rechtsschutz erschöpfen sich in einem einzigen Satz am Ende der Abhandlung[5], der folgendermaßen lautet: „Für den Bürger besteht weder die Möglichkeit einer Anfechtbarkeit eines einfachen Beschlusses, noch kann er mittels einer Leistungsklage Rechte aus Entschließungen geltend machen.“ Gleichfalls zu einem negativen Votum kommt *Kratzer*[6], der Beschlüsse des bay. Landtages auf ihre Wirkung und gerichtliche Überprüfungsmöglichkeit untersucht. Er versagt diese ohne Vorbehalt z. B. für Immunitätsentscheidungen, Petitionsbeschlüsse, Beschlüsse, die mit dem „Selbstverwaltungsrecht des Parlaments unmittelbar zusammenhängen“ sowie für „schlichte Beschlüsse ohne besondere Rechtsgrundlage“, die sogenannten Entschließungen des Parlaments. Kratzer vertritt überdies generell die Auffassung, „wie es justizfreie Regierungsakte gibt, so gibt es eben auch justizfreie Parlamentsakte“[7]. Vor dem Hintergrund dieser

---

[2] *Klaus Albrecht Sellmann*, Der schlichte Parlamentsbeschluß, Berlin 1966.

[3] Ebd., S. 142 ff.

[4] *Max Obermeier*, Die schlichten Parlamentsbeschlüsse nach dem Bonner Grundgesetz, insbesondere ihre Zulässigkeit und Rechtsnatur, Diss. jur., München 1965.

[5] Ebd., S. 162.

[6] Bay.VBl. 1966, S. 365 ff. (insbes. S. 367 ff.) u. S. 408 ff.

[7] Ebd., S. 368.

Ansicht sind die jeweils negativen Stellungnahmen zum Rechtsschutz gegen die einzelnen Parlamentsbeschlüsse zu betrachten und zu werten.

Hans Schneider[8] zählt in einer rechtsvergleichenden Untersuchung außer diplomatischen Hoheitsakten, Kommandoakten, Regierungsakten und freien Präsidialakten (z. B. Gnadenakte, Verleihung von Titeln, Orden) ausdrücklich „parlamentarische Entscheidungen" zu den gerichtsfreien Hoheitsakten[9]. Unter Bezugnahme auf Schneider rechnen *von Mangoldt / Klein*[10] neben anderen Staasakten folgende schlichte Parlamentsbeschlüsse zu den gerichtsfreien Hoheitsakten: „Innerparlamentarische Entscheidungen, z. B. über 1. Aberkennung der Immunität, 2. Sitzungsgewalt, z. B. Ausschluß von Sitzungen, 3. Beschlüsse von Untersuchungsausschüssen (Art. 44 Abs. 4 Satz 1), 4. Wahlprüfungen (vgl. jedoch Art. 41 Abs. 2), 5. Sitzungstermine". Mit Ausnahme der Bestimmung der Sitzungstermine halten von Mangoldt / Klein Rechtsverletzungen durch diese Akte für möglich. Es erscheint ihnen jedoch eine Versagung des Rechtsschutzes trotz Art. 19 Abs. 4 GG denkbar.

Vorsichtiger äußert sich *Schmidt-Bleibtreu*[11]. Nach seiner Auffassung dürften Regierungsakte (deren rechtliche Qualifikation er für umstritten hält) und u. a. auch „innerparlamentarische politische Entscheidungen" im Rahmen des Art. 19 Abs. 4 GG nur dann eine Rolle spielen, wenn durch sie unmittelbar die Rechte des einzelnen verletzt würden. Dies sei bei solchen Akten regelmäßig nicht der Fall, so daß die Möglichkeit einer Rechtsverletzung im Sinne des Art. 19 Abs. 4 GG normalerweise ausscheide. Der Feststellung dieses Regel-Ausnahme-Verhältnisses wird man wohl kaum widersprechen können, da damit, mit Verlaub, eine empirisch leicht nachweisbare Binsenweisheit ausgesprochen wird. Problematisch sind aber eben gerade die Ausnahmefälle, deren Möglichkeit auch Schmidt-Bleibtreu zugesteht. Die Frage, ob und wie in solchen Ausnahmefällen Rechtsschutz gewährt werden soll, ist mit der (zweifellos richtigen) Aussage, daß diese Akte im Rahmen des Art. 19 Abs. 4 GG nur bei unmittelbaren Individualrechtsverletzungen eine Rolle spielen können, kaum befriedigend beantwortet.

Trotz dieser sibyllinischen Aussage glaubt *Hendrichs*[12], sich für seine Ansicht, daß Regierungsakte justiziabel seien, auf Schmidt-Bleibtreu beziehen zu können. Abgesehen davon erstreckt Hendrichs, wie sich aus seiner Ablehnung der Lehre vom gerichtsfreien Hoheitsakt ergibt[13], die grundsätzliche Justiziabilität auch auf schlichte Parlamentsbe-

[8] Gerichtsfreie Hoheitsakte, Tübingen 1951.
[9] Ebd., S. 47.
[10] GG, Anm. VII 5 b zu Art. 19 (S. 576 f.).
[11] In: Schmidt-Bleibtreu / Klein, GG, Art. 19 Rdnr. 24.
[12] In: von Münch, GG, Art. 19 Rdnr. 51.
[13] Ebd., Art. 19 Rdnr. 50.

schlüsse, wenngleich auch er hervorhebt, daß ein Eingriff in die Rechte des einzelnen selten vorliege.

Hamann / Lenz[14] rechnen die Gesetzgebung auch beim Erlaß nicht rechtsetzender Akte zur öffentlichen Gewalt im Sinne des Art. 19 Abs. 4 und bejahen die Justiziabilität. Zur Begründung führen sie u. a. aus: „Dies leugnen, hieße z. B. den Bürger gegenüber ehrverletzenden Äußerungen im Rahmen einer parlamentarischen Untersuchung (Art. 44 GG) schutzlos stellen, was mit Art. 1 Abs. 1 GG unvereinbar wäre."

Dürig[15] weist darauf hin, daß man neben den Regierungsakten den Kreis der „justizlosen" Akte auch auf innerparlamentarische Entscheidungen erstrecken wolle. Er gesteht zu, daß ein großer Teil der unter den Begriff des „justizlosen Hoheitsaktes" katalogisierten Staatsakte für eine (erfolgreiche) Klage deshalb ausscheide, da von vornherein eine unmittelbare Rechtsverletzung im Sinne des Art. 19 Abs. 4 GG kaum denkbar sei. Soweit jedoch die Tatbestandsmerkmale des Art. 19 Abs. 4 GG vorlägen, seien diese Akte justiziabel. Er hält einen „gerichtsfreien" Akt der öffentlichen Gewalt auf der Ebene des Art. 19 Abs. 4 GG für eine contradictio in adjecto. Soweit Dürig, der ausgehend von dieser Grundposition mit Ausnahme der Rechtsprechung[16] sowohl die gesetzgebende als auch die vollziehende Gewalt als „öffentliche Gewalt" im Sinne des Art. 19 Abs. 4 GG ansieht und die entsprechenden Akte dieser Gewalten für justiziabel hält, soweit sie die übrigen Voraussetzungen der Rechtsweggarantie erfüllen. Der Ansicht *Matterns*[17] zufolge umfaßt der Rechtsschutz auch die Parlamentsakte, da es im Bereich des Grundgesetzes jedenfalls keine sogenannten justizlosen Hoheitsakte gebe. Im Rahmen der Prüfung des Rechtsschutzes des Petenten bei Petitionen an das Parlament vertritt *Seidel*[18] die Auffassung, daß Art. 19 Abs. 4 GG als absolute Individualrechtsschutzgarantie auch den Rechtsschutz gegen Petitionsbescheide oder deren Unterlassung gewährleiste; denn es werde wie bei Verwaltungsmaßnahmen auch bei Parlamentsakten öffentliche Gewalt ausgeübt, durch welche der einzelne verletzt werden könne. *Wimmer*[19] weist in einer Abhandlung zur Justiziabilität öffentlicher Bildungspläne darauf hin, daß Landesparlamente vereinzelt Landesbildungspläne formal beschließen, und dies in der Form schlichter Parlamentsbeschlüsse geschieht[20]. Er bejaht die Anfechtungsmöglich-

---

14 GG, Anm. B 14 zu Art. 19.

15 In: Maunz / Dürig / Herzog, GG, Art. 19 Rdnr. 24.

16 Ebd., Art. 19 Rdnr. 17.

17 Grundlinien, S. 81.

18 Petitionsrecht, S. 20.

19 DVBl. 1970, S. 305 ff. (307).

20 So z. B. in Berlin. Dort schreibt § 2 des Universitätsgesetzes vom 16. 7. 1969 (GVBl. S. 909) dies für die Hochschulplanung ausdrücklich vor. Die Zulässigkeit eines solchen Beschlusses ergibt sich aus Art. 34 Abs. 2 bln.Verf.,

keit solcher schlichter Parlamentsbeschlüsse durch die von den Planungsanweisungen betroffenen Außenstehenden (Schüler, Erziehungsberechtigte, Lehrer, Schulträger u. a.)[21].

Abschließend sei noch auf *Kassimatis* hingewiesen, der auf Grund seines materiellen Regierungsaktbegriffes (sog. staatsleitende) schlichte Parlamentsbeschlüsse zu den Regierungsakten zählt[22]. Er hält diese ohne Einschränkung für justiziabel[23], da Art. 19 Abs. 4 GG alle Akte der „öffentlichen Gewalt" erfasse, falls sie „jemanden" „in seinen Rechten" verletzen.

III. Zusammenfassung und Ausblick

Soweit der gebotene Überblick über generelle Aussagen der Rechtsprechung und Literatur zum Rechtsschutz gegen schlichte Parlamentsbeschlüsse dies erlaubt, soll versucht werden, ein Fazit zu ziehen, zumindest erkennbare Tendenzen aufzuzeigen. Die Unsicherheit der Rechtsprechung, welche *Maunz*[1] bei den Entscheidungen zum Rechtsschutz gegen Immunitätsbeschlüsse vermerkt hat, scheint exemplarisch für den gesamten Bereich des Rechtsschutzes gegen schlichte Parlamentsbeschlüsse zu sein. Neben den Rechtsschutz gewährenden Entscheidungen sind zumindest tendenziell Erscheinungen zu beobachten, die letztlich zu einer Einschränkung des Rechtsschutzes führen; letzteres gilt für die restriktive Auslegung des Begriffs „öffentliche Gewalt" im Sinne des Art. 19 Abs. 4 GG und die einschränkende Handhabung des Erfordernisses der unmittelbaren Betroffenheit sowie die zu beobachtende Neigung zur Anerkennung gerichtsfreier Räume im Bereich von Akten oberster Staatsorgane (z. B. in der Entscheidung des Bundesverwaltungsgerichts zur Anordnung des militärischen Bereitschaftsdienstes[2]). Die in der Literatur vertretenen Ansichten zeichnen sich im allgemeinen nicht gerade durch abgewogene, ausführliche und überzeu-

---

wonach der Regierende Bürgermeister im Einvernehmen mit dem Senat die Richtlinien der Politik bestimmt, die der Billigung des Abgeordnetenhauses bedarf.

[21] Ebd., S. 308. Es sei allerdings darauf hingewiesen, daß *Wimmer* die Bildungspläne in der Form schlichter Parlamentsbeschlüsse als „antizipierte Teile der späteren Gesetzgebung" ansieht. Nach seiner Auffassung „müssen sie deswegen von vornherein als quasi-gesetzgeberische Akte behandelt werden". Demzufolge seien diese schlichten Parlamentsbeschlüsse als „Rechtsvorschriften" im Sinne des § 47 VwGO anzusehen und der abstrakten Normenkontrolle zu unterwerfen.

[22] Regierung, S. 120 ff.

[23] Ebd., S. 180 ff. (Verwaltungsgerichtsbarkeit und Regierungsbereich), S. 188 ff. (Verfassungsgerichtsbarkeit und Regierungsbereich), S. 211 (Rechtsweggarantie und Regierungsbereich) u. passim.

[1] Vgl. oben S. 63.

[2] Vgl. oben S. 64 f.

gende Begründungen aus; dies gilt sowohl für solche Autoren, die den Rechtsschutz gegen schlichte Parlamentsbeschlüsse verneinen[3], als auch für jene, welche den Rechtsschutz bejahen[4]. Bei den verneinenden oder unentschiedenen Stimmen ist die Neigung zu beobachten, mangels Rechtsverletzung im Regelfall, auf die problematischen Ausnahmefälle nicht das notwendige Augenmerk zu lenken[5]. Von diesen Einzelheiten einmal abgesehen, ist zumindest in der Literatur schon aus den generellen Äußerungen ein leichtes Übergewicht und eine sich in neuerer Zeit verstärkende Tendenz zur Anerkennung der Gerichtserheblichkeit zu erkennen. Gleichwohl erhärtet die Unsicherheit der Rechtsprechung und die Uneinheitlichkeit der Literaturmeinungen, die zudem überwiegend an einem Begründungsdefizit leiden, die Richtigkeit der eingangs in der Einleitung zitierten Aussage *Dürigs* von der „dogmatisch grauen Sphäre" des Rechtsschutzes gegen nicht zur Rechtsetzung gehörende Akte der Legislative. Auf die Tatsache, daß sich seit der Äußerung *Dürigs* im Jahre 1960 kaum etwas geändert hat, weisen die Ausführungen *Maurers* in der Festschrift für *Eduard Kern* aus dem Jahre 1968 hin. Dieser macht unter ausdrücklicher Erwähnung der Überprüfung von Parlamentsakten darauf aufmerksam, daß es trotz eines angeblich „perfekten Rechtsschutzsystems" noch Bereiche gebe, in denen dies noch nicht verwirklicht sei[6]. Das durch die Unsicherheit der Beurteilung der Rechtslage seitens der Rechtsprechung und der Literatur hervorgerufene Rechtsschutzdefizit beruht sowohl auf Zweifeln über das „Ob" als auch das „Wie" des Rechtsschutzes gegen schlichte Parlamentsbeschlüsse. Die sich somit aus verfassungsrechtlichen wie aus prozessualen Problemen ergebenden Schwierigkeiten dürften auch heute kaum als geklärt gelten. Daran haben auch zwei in jüngster Zeit erschienene umfassende und verdienstvolle Monographien zur Bedeutung des Art. 19 Abs. 4 GG, die Habilitationsschrift von *Dieter Lorenz*[7] und die Dissertation von *Horst Bauer*[8] nichts Entscheidendes zu ändern

---

[3] So z. B. *von Mangoldt / Klein* (vgl. oben S. 67); *Sellmann* (vgl. oben S. 66).

[4] So z. B. *Mattern* (vgl. oben S. 68); *Seidel* (vgl. oben S. 68).

[5] *Schmidt-Bleibtreu* (vgl. oben S. 67).

[6] Ebd., S. 275 „Man spricht heute gern und nicht zu Unrecht von einem ‚perfekten Rechtsschutzsystem'. Gleichwohl gibt es noch Bereiche, in denen der Rechtsschutz lückenhaft oder zweifelhaft ist oder doch auf prozessuale Schwierigkeiten stößt und dadurch in seiner Wirksamkeit beeinträchtigt wird. Dazu gehören etwa die Anfechtbarkeit von Gnadenakten, der Rechtsschutz gegen verwaltungsrechtliche Vollstreckungsmaßnahmen, die *Überprüfung von Parlamentsakten* und vor allem auch die Frage, ob und in welcher Weise sich der Bürger gegen Rechtsnormen, durch die er sich in seinen Rechten verletzt glaubt, zur Wehr setzen kann" (Hervorhebung vom Verf.).

[7] Der Rechtsschutz des Bürgers und die Rechtsweggarantie, München 1973; besprochen von *Ule*, DVBl. 1973, S. 423 f., *Menger*, JZ 1974, S. 71 f. und *Frowein*, Der Staat 1974, S. 128 ff.

[8] Gerichtsschutz als Verfassungsgarantie — Zur Auslegung des Art. 19 Abs. 4 GG, Berlin 1973; besprochen von *Ule*, DVBl. 1973, S. 899; *Scholler*,

vermocht. Dies deshalb, da beide Untersuchungen die allgemeine Bedeutung und Tragweite der Rechtsweggarantie zum Gegenstand haben, und naturgemäß konkrete Aussagen zum hier zu behandelnden speziellen Problemkreis nicht enthalten und auch kaum enthalten können[9]. So strebt Lorenz eine Ausdehnung des Anwendungsbereichs des Art. 19 Abs. 4 GG an, sowohl wegen des „erweiterten und gegenüber dem überkommenen Bestand wesentlich veränderten und verfeinerten Instrumentarium(s) staatlichen Handelns" als auch wegen des „erhöhte(n) Schutzbedürfnis(ses) des einzelnen, das aus der vielfach zu beobachtenden Annäherung von Staat und Gesellschaft und der damit einhergehenden Konstituierung zusätzlicher Unterworfenheit des einzelnen unter nichtstaatliche, gleichwohl aber dem öffentlichen Bereich zugehörende Gewalten resultiert"[10].

Bauer beschreibt die Zielrichtung seiner Untersuchung folgendermaßen: „Schutz des Einzelnen und objektive Kontrolle durch die Gerichte, dies sind die beiden Pfeiler, um die sich weitere Problemkreise legen, die letztlich das Spannungsverhältnis zwischen Individual- und Gemeinschaftsinteresse ausmachen. Dieses genannte Spannungsverhältnis innerhalb des Art. 19 Abs. 4 GG soll unter Berücksichtigung der Gesamtverfassung, vor allem des Rechtsstaatsgedankens, einer Lösung zugeführt werden[11]."

Wenn auch beide Autoren ausdrückliche Antworten weder auf die Frage nach dem „Ob" noch nach dem „Wie" des Rechtsschutzes gegen schlichte Parlamentsbeschlüsse geben, sind die Stellungnahmen zur allgemeinen Bedeutung des Art. 19 Abs. 4 GG gleichwohl für die verfassungsrechtlichen Probleme dieser Untersuchung von eminenter Bedeutung. Wie bereits betont, ist Ausgangspunkt jeglicher Problemerörterung des Individualrechtsschutzes — und somit auch gegen schlichte Parlamentsbeschlüsse — die Verfassungsgarantie des Art. 19 Abs. 4 GG, so daß die Erkenntnisse Lorenz' und Bauers zur Beantwortung der grundsätzlichen und vorrangigen Frage nach dem „Ob" des Rechtsschutzes fruchtbar gemacht werden können.

Bay.VBl. 1974, S. 540; *Hans von Mangoldt,* Die Verwaltung, Bd. 8 (1975), S. 125 f. und *Lorenz,* AöR Bd. 100 (1975), S. 199 f.

[9] *Bauer,* Gerichtsschutz als Verfassungsgarantie, S. 16, weist ausdrücklich darauf hin, „daß das Hauptanliegen dieser Arbeit in der Einordnung des Art. 19 Abs. 4 GG in den größeren verfassungsrechtlichen Zusammenhang besteht und erst in zweiter Linie die Gewinnung von Einzelerfordernissen für das gegenwärtige Verwaltungsprozeßrecht angestrebt wird".

[10] Ebd., Vorwort.

[11] Ebd., S. 16 f.

Zweites Kapitel

Verfassungsrechtliche Gewährleistung des Rechtsschutzes gegen nicht zur Rechtsetzung gehörende Akte der Legislative

A. Vorbemerkungen

Wenn Art. 19 Abs. 4 GG auch Ausgangspunkt der grundsätzlichen Frage nach dem „Ob" des Rechtsschutzes sein soll und muß, so soll nicht einer isolierten Betrachtungsweise das Wort geredet werden, die allein auf die Rechtsweggarantie des Art. 19 Abs. 4 GG abstellt. Nicht nur Art. 19 Abs. 4, sondern auch die Verfassungsprinzipien der Art. 92, 101 und 103 GG enthalten das „prozessuale Leitbild der Verfassung"[1]. Im übrigen widerspräche die isolierte Betrachtungsweise einer Verfassungsnorm einer sinnvollen am Gesamtgefüge und Sinnzusammenhang zu orientierenden Verfassungsinterpretation, wovon noch die Rede sein wird. Gleichwohl ist Art. 19 Abs. 4 GG in erster Linie zu befragen, da, wie *Lerche*[2] es sehr plastisch formuliert hat, „der Zusammenschluß der verstreuten prozessualen Normen des GG ... seine moderne Mitte in Art. 19 IV GG gefunden" hat. Diese Verfassungsnorm ist in der Tat „Motor des Ganzen", „Energiesammelpunkt" und „Zentrum der prozessualen Verfassungssicherungen für den Bürger".

Wenn nun Art. 19 Abs. 4 GG auf die Frage nach dem Rechtsschutz gegen schlichte Parlamentsbeschlüsse eine positive Antwort erlaubt, so ist verfassungskräftig der Rechtsweg eröffnet, und die Möglichkeit gegeben, gerichtlichen Rechtsschutz in Anspruch zu nehmen. Wie das im einzelnen geschieht, bleibt der Regelung durch einfaches Prozeßrecht vorbehalten[3]. Allerdings ist zu beachten, daß die untergeordneten Prozeßrechtsnormen der Konkretisierung dieser verfassungsrechtlichen Garantie dienen und dementsprechend im Zweifel verfassungskonform zu interpretieren sind[4]. Die Auffassung des Bundesverwaltungsgerichts[5],

---

[1] *Obermayer*, DVBl. 1965, S. 625 f.; ähnlich auch *Menger*, in: Staatsbürger und Staatsgewalt, 2. Bd., S. 427 ff. (428).

[2] ZZP Bd. 78 (1965), S. 1 ff. (16).

[3] So auch *von Engelhardt*, Rechtsschutz, S. 118 f.; *Maurer*, Festschrift für Eduard Kern, S. 275 ff. (277); *Renck*, JuS 1966, S. 273 ff. (276).

welches den „Rechtsweg nur im Rahmen der geltenden Prozeßordnungen" garantieren will, ist daher nicht zu billigen. Insoweit kann *von Engelhardt*[6] vorbehaltlos beigepflichtet werden, der die — zumindest mißverständlichen — Ausführungen des Bundesverwaltungsgerichts mit folgenden Worten scharf kritisiert: „Wenn demgegenüber das BVerwG meint, Art. 19 IV GG gewährleiste(t) den Rechtsweg nur im Rahmen der jeweils geltenden Prozeßordnungen, so verkehrt es damit das Rangverhältnis von Verfassung und Gesetz und legt die Axt an die bislang unangefochtene Vorstellung von der aktuellen und unmittelbaren Geltung des Art. 19 Abs. 4 GG; es verneint seine das einfache Prozeßrecht ergänzende und rechtsschutzlückenfüllende Funktion[7]."

Falls Art. 19 Abs. 4 GG keinen Rechtsschutz gegen schlichte Parlamentsbeschlüsse gewährt, so ist die Rechtsschutzmöglichkeit nicht von vornherein ausgeschlossen, sondern lediglich auf einfachgesetzliche Prozeßrechtsnormen reduziert; „das Rechtsschutzproblem ist vielmehr nur noch eine Frage des einfachen Prozeßrechts und somit dem Ermessen des einfachen Gesetzgebers überlassen"[8]. Das würde zwangsläufig bedeuten, da die Rechtsweggarantie insoweit nicht wirksam wäre, daß Rechtsschutzlücken auftreten und nicht mittels verfassungskonformer Auslegung oder durch unmittelbare Wirkung der Verfassungsrechtlichen Rechtsschutzgarantie geschlossen werden könnten.

Ob die Rechtsschutzgarantie des Art. 19 Abs. 4 GG auch nicht zur Gesetzgebung gehörende Akte der Legislative erfaßt, hängt entscheidend vom Inhalt des Begriffs „öffentliche Gewalt" ab, dessen Unter-

---

4 *Obermayer*, DVBl. 1965, S. 625 ff. (626) führt dazu aus: „Für die der Verfassung nachgeordneten Prozeßvorschriften hat das prozessuale Leitbild der Verfassung folgende Bedeutung: Alles gesetzliche und untergesetzliche Prozeßrecht gilt nur insoweit, als es dem prozessualen Leitbild der Verfassung als seinem ‚inhaltlichen Grundmaß' entspricht bzw. ihm gemäß (‚verfassungskonform') interpretiert werden kann. Soweit das ‚einfache' Prozeßrecht keine zureichende Konkretisierung des prozessualen Leitbildes der Verfassung darstellt, ist zu prüfen, inwieweit diesem selbst eine unmittelbare Wirkung auf den einzelnen Prozeß und seine Beteiligten zukommt."

5 Urt. v. 27. 11. 1964, DÖV 1965, S. 169 = VerwRspr. Bd. 17, S. 495; übereinstimmend: BSG, DVBl. 1971, S. 420; *Leibholz / Rinck*, GG, Art. 19 Rdnr. 10.

6 Rechtsschutz, S. 118.

7 Insoweit übereinstimmend *Maurer*, in: Festschrift für Eduard Kern, S. 275 ff. (277). Ablehnend auch *von Mutius*, VerwArch. Bd. 63 (1972), S. 207 ff. (209); *Renck*, JuS 1966, S. 273 ff. (276); *Olschewski*, Wahlprüfung, S. 124 f.; *Maurer*, ebd., S. 277, Fußnote 9, weist unter Bezugnahme auf BVerfGE Bd. 10, S. 264 ff. mit Recht darauf hin, daß es etwas anderes ist, „wenn das Verfahrensrecht gewisse Formalvoraussetzungen (Fristen, Formvorschriften für die Klageschrift etc.) festlegt, da sich diese aus der notwendigen Formalisierung des Verfahrens ergeben und nicht auf Beschränkung des Rechtsschutzes überhaupt abzielen". Vgl. zu diesem Problemkreis *Buermeyer*, Rechtsschutzgarantie und Gerichtsverfahrensrecht.

8 *von Engelhardt*, Rechtsschutz, S. 119; so auch *Maurer*, Festschrift für Eduard Kern, S. 275 ff. (277).

suchung im Rahmen der Auslegung des Art. 19 Abs. 4 GG wir uns nach einigen Anmerkungen zur Methode der Verfassungsinterpretation zuwenden wollen.

B. Art. 19 Abs. 4 GG und der Rechtsschutz gegen Parlamentsakte

I. Anmerkungen zur Methode der Verfassungsinterpretation

Der Problemstellung der Untersuchung entsprechend, soll eine Auseinandersetzung mit der in neuerer Zeit- insbesondere seit der Freiburger Staatsrechtslehrertagung im Jahre 1961[1], intensiv geführten Methodendiskussion unterbleiben. Die Komplexität des Problems der Verfassungsauslegung, welche in einem nahezu unübersehbaren Schrifttum[2] ihren sichtbaren Ausdruck findet, würde für eine — fruchtbare, d. h. nicht nur oberflächliche und darum überflüssige — Auseinandersetzung einen Umfang erfordern, der der Themenstellung dieser Untersuchung nicht angemessen wäre und deren Rahmen sprengen würde[3]. — Gleichwohl sollen die Elemente der angewandten Methode offengelegt werden, um dem Gebot der „Methodenehrlichkeit“ und „Methoden-

---

1 Bericht von *Peter Schneider*, VVDStRL Bd. 20 (1963), S. 1 ff. und Mitbericht von *Ehmke*, VVDStRL Bd. 20 (1963), S. 53 ff. mit dem Thema „Prinzipien der Verfassungsinterpretation“.

2 Aus der neueren Literatur sind hervorzuheben z. B. *Böckenförde*, NJW 1965, S. 1529 ff.; ders.: NJW 1974, S. 1529 ff.; *Esser*, Vorverständnis; *Forsthoff*, in: Festschrift für Carl Schmitt, S. 35 ff.; ders.: Verfassungsauslegung; ders.: Rechtsstaat; *Hesse*, Verfassungsrecht, § 2; *Huber*, Gedenkschrift für Max Imboden, S. 191 ff.; *Jesch*, Gesetz; *Kriele*, Rechtsgewinnung (vgl. dazu die kritische Besprechung von *Friedrich Müller*, Fragen einer Theorie der Praxis, AöR Bd. 95 [1970], S. 154 ff.); *Krüger*, DVBl. 1961, S. 685 ff.; *Larenz*, Methodenlehre, S. 141 ff. u. passim; *Leisner*, DÖV 1961, S. 641 ff.; *Lerche*, DVBl. 1961, S. 690 ff.; *Maunz*, Staatsrecht, § 7 II; *Friedrich Müller*, Normstruktur; ders.: Methodik; ders.: Arbeitsmethoden; ders.: Fallanalysen; *Ossenbühl*, DÖV 1965, S. 649 ff.; *Pestalozza*, Der Staat, 1963, S. 425 ff.; *Peters*, Entwicklung, S. 46 ff.; sowie die bereits erwähnten Berichte von *Schneider* und *Ehmke* auf der Staatsrechtslehrertagung 1961, VVDStRL Bd. 20 (1963), S. 1 ff. u. S. 53 ff. Eine Zusammenfassung und Würdigung des Meinungs- und Streitstandes der neueren Methodendiskussion zur Verfassungsauslegung findet sich bei *Goerlich*, Wertordnung, S. 173 ff. und passim.

3 Diese zwar notwendige, wenn auch nur mit Unbehagen vorgenommene Selbstbeschränkung wird durch eine Feststellung *Ossenbühls* (DÖV 1965, S. 649 ff., 653) erträglicher, der bemerkt: „Insgesamt bleibt jedoch der Eindruck, der in der Methodenlehre seit eh und je besteht, daß mancherlei auszusetzen und zu bemängeln ist, aber eine allseits und für alle Fälle befriedigende ‚Patentmethode‘ keiner bieten kann.“ Dieses Eindrucks konnte sich der Verfasser bei der Durchsicht des Schrifttums zur Methodenlehre gleichfalls nicht erwehren. Dabei ist hinzuzufügen, daß die verschiedenen Auffassungen in dem auf einem hohen Abstraktionsniveau geführten Methodenstreit oftmals nur in Nuancen differieren und im Ergebnis häufig übereinstimmen.

klarheit"[4] Genüge zu tun, was einige kritische Bemerkungen, insbesondere zu neueren Tendenzen in der Methodendiskussion nicht ausschließt.

Einige Autoren wollen die sogenannte topische Methode[5], d. h. weniger eine normorientierte und im Sinne der herrschenden Meinung auf Systeme und Werte abstellende Auslegung, sondern eine auf rational relevantes und begründbares Konsequenzabwägungsdenken abstellende Rechtsanwendungslehre, auch auf die Verfassungsinterpretation anwenden[6]. Neben Vorbehalten, die gegen die topische Methode im allgemeinen geltend gemacht worden sind[7] und denen hier nicht nachgegangen werden soll, artikuliert *Friedrich Müller*[8], der der herrschenden Meinung gleichwohl kritisch gegenübersteht, gewichtige und letztlich überzeugende Bedenken gegen deren Verwertung im Bereich des Verfassungsrechts. Wenngleich sich das Verfassungsrecht durch die „Knappheit seiner Normtexte, die Weite und relative Unbestimmtheit seiner Norminhalte" auszeichne, so zeige dies lediglich „die Notwendigkeit der Normkonkretisierung als Rechtsfortbildung", und es sei „damit noch keineswegs gesagt, der hermeneutische Primat müsse von der Norm auf das Problem übergehen[9]. Gerade im Verfassungsrecht kann dem nicht gefolgt werden. „Der mögliche Wortsinn umschreibt ... aus rechtsstaatlichen Gründen den Spielraum einer normorientierten Konkretisierung, welche die verfassungsrechtliche Zuordnung der Funktionen respektiert"[10, 11]. Wegen der besagten Knappheit der Normtexte

---

[4] Vgl. zu diesen Begriffen *Friedrich Müller*, Normstruktur, S. 68 ff.

[5] Grundlegend *Viehweg*, Topik und Jurisprudenz (1. Auflage 1953, 5. Auflage 1974); vgl. auch *Bokeloh*, Der Beitrag der Topik zur Rechtsgewinnung, und *Struck*, Topische Jurisprudenz, jeweils mit weiteren Nachweisen.

[6] So z. B. *Ehmke*, VVDStRL Bd. 20 (1963), S. 53 ff.; *Hesse*, Verfassungsrecht, § 2; *Kriele*, Rechtsgewinnung, S. 114 ff., 157 ff. u. passim.

[7] Ablehnend z. B. *Canaris*, Systemdenken, S. 135 ff.; *Diederichsen*, NJW 1966, S. 697 ff.; *Larenz*, Methodenlehre, S. 150 ff.; kritisch, zurückhaltend Zippelius, NJW 1967, S. 2229 ff.

[8] Normstruktur, S. 47 ff. (58 f.); ders.: Methodik, S. 68 ff. u. S. 140 ff.

[9] *F. Müller*, Normstruktur, S. 57 f.

[10] *F. Müller*, Methodik, S. 140. Er fährt fort: „Im Verfassungsrecht ist die klärende und stabilisierende Aufgabe des Normwortlauts ein Hauptargument gegen die Topik. Diese möchte die Norm nur als einen Ansatzpunkt für die Problemlösung behandeln, der übergangen werden kann, wenn er dem Problemzusammenhang nicht zu genügen scheint. Doch steckt der Wortlaut die äußeren Grenzen funktionell vertretbarer und verfassungsrechtlich zulässiger Sinnvarianten ab." Selbst *Hesse* (Verfassungsrecht, § 2 III 3) gesteht zu, daß die Breite der Verständnismöglichkeiten des Textes das Feld der topischen Möglichkeiten abstecke, und daher die Verfassungsinterpretation nur ein „begrenztes Problemdenken" ermögliche. Ähnlich auch ders., in: Rechtsschutz, S. 33. Auch im Bereich der zivilrechtlichen Literatur ist der Topik mangelnder Normbezug vorgeworfen worden. So z. B. *Canaris*, Systemdenken, S. 142 ff.; *Diederichsen*, NJW 1966, S. 697 ff. (702); *Flume*, Richter und Recht, S. 34, Anm. 85.

und Unbestimmtheit der Norminhalte im Verfassungsrecht ist allerdings nur eine negative Bestimmung der Grenzfunktion verfassungsrechtlicher Normtexte möglich, d. h. über den durch den Wortlaut abgesteckten Spielraum des möglichen Wortsinnes darf nur bei nachweisbarer Fehlerhaftigkeit oder Mißverständlichkeit hinausgegangen werden[12]. Dies ist nicht schon dann möglich, wenn der Wortlaut „keinen Ansatzpunkt für eine sinnvolle Problemlösung bietet“[13].

Damit soll aber keineswegs einer Rückkehr zum Subsumtionsideal des Positivismus das Wort geredet werden[14]. Es war und ist ein Irrtum zu glauben, es sei möglich, Gesetzesauslegung und insbesondere Verfassungsinterpretation, von numerisch bestimmten Rechtsvorschriften (Bestimmung von Fristen, Terminen u. ä.) einmal abgesehen, mittels syllogistischen Schlusses bewältigen zu können[15]. Gerade die verfassungsrechtliche Rechtsgewinnung bedarf einer über Normtextinterpretation hinausgehenden Verfassungsinterpretation. Diese erschöpft sich nicht in einer Rekonstruktion eines bereits Vorgegebenen, sondern sucht

---

11 Auch nach der Auffassung *Larenz'* (Methodenlehre, S. 321) bildet der „mögliche Wortsinn“ die Grenze der Auslegung. „Eine mit dem Wortsinn nicht mehr zu vereinbarende ‚Auslegung‘ ist in Wahrheit richterliche Rechtsfortbildung in Gestalt einer Gesetzesänderung oder Gesetzeskorrektur.“

12 Über dieses aus Gründen der Rechtssicherheit wie der grundgesetzlichen Funktionenordnung unabweisbare Postulat hat sich das Bundesverfassungsgericht in Entscheidungen gegen den Wortlaut der Verfassung häufig hinweggesetzt. So z. B. in BVerfGE Bd. 1, S. 351 ff. (366); 2, S. 347 ff. (374 f.); 8, S. 210 ff. (221); 9, S. 89 ff. (104 f.); 13, S. 261 ff. (268). Kraß formuliert wird das Bundesverfassungsgericht in diesen Fällen unter Mißachtung der Funktionenordnung nicht mehr als „Hüter der Verfassung“, sondern als eine Art „Ersatzverfassungsgeber“ tätig. Es erweist damit der Verfassungsordnung wie sich selbst einen „Bärendienst“, indem es aus vermeintlichen Sachzwängen anläßlich einzelner Entscheidungen in den Funktionsbereich der Legislative (bzw. sogar der Constitutive) eindringt und damit die Stellung der Verfassungsgerichtsbarkeit an sich gefährdet. Selbst eine Rechtsfortbildung contra legem (also im Bereich des einfachen Gesetzesrechts), die das Bundesverfassungsgericht vor einiger Zeit (Beschluß vom 14. 2. 1973, BVerfGE Bd. 34, S. 269 ff.) durch die Sanktionierung der Rspr. des BGH (z. B. NJW 1965, S. 685 ff.) zum Geldersatz wegen Verletzung des allgemeinen Persönlichkeitsrechts gebilligt hat, begegnet aus ähnlichen Erwägungen (Bindung der Rspr. an „Gesetz und Recht“, Art. 20 Abs. 3 und 97 Abs. 1 GG) erheblichen Bedenken. Daher auch ablehnend *Menger,* VerwArch. Bd. 65 (1974), S. 195 ff. mit weiteren Nachweisen. Ein zu diesem Vorgehen möglicherweise berechtigender sog. Rechtsnotstand (vgl. zum Begriff *Larenz,* Methodenlehre, S. 399 ff., 401), eine auf absolute Ausnahmefälle zu beschränkende Rechtsfigur, lag im gegebenen Fall nicht vor. So auch *Menger,* ebd., S. 200.

13 So aber *Ehmke,* VVDStRL Bd. 20 (1963), S. 53 ff. (60) zumindest für „junge Gesetze“ bzw. Verfassungen.

14 Zumindest tendenziell in diese Richtung gehen die Angriffe *Forsthoffs* gegen die „Wertungsjurisprudenz“. Festschrift für Carl Schmitt, S. 35 ff. und Problematik, S. 36 ff. Kritisch und letztlich ablehnend gegenüber den Thesen Forsthoffs, *Larenz*, Methodenlehre, S. 142 ff.

15 Dies haben besonders die Verfechter einer topischen Methode mit aller Deutlichkeit nachgewiesen. So z. B. *Esser,* Grundsatz, passim; *Kriele,* Rechtsgewinnung, S. 47 ff.

problem- und fallbezogen den objektiven Normgehalt zu ermitteln[16], wobei, wie bereits gesagt, der mögliche Wortsinn des Normtextes eine Begrenzungsfunktion ausübt.

Diesem Ziel können die „canones" oder „Elemente" im Sinne *Savignys*[17] (also die grammatischen, logischen, historischen und systematischen Auslegungskriterien) nur dienen, wenn ihre Ergänzungsfähigkeit und -bedürftigkeit in Rechnung gestellt wird[18]. Auch die herrschende Meinung in Rechtsprechung[19] und Literatur[20] bedient sich nicht nur dieser Elemente, sondern erweitert sie (u. a.) um das Kriterium der teleologischen Auslegung zur Feststellung des sogenannten „objektivierten Willens des Gesetzgebers"[21,22]. Daneben sind besondere „Prinzipien der Verfassungsinterpretation" entwickelt worden, wie die Konzeption vom Verfassungsrecht als Wertsystem, der Maßstab funktioneller Richtigkeit, das Gebot verfassungskonformer Auslegung oder das Prinzip der Einheit der Verfassung, die allerdings nur zum Teil neben den herkömmlichen Auslegungselementen selbständige Bedeutung

---

[16] Vgl. zu diesem Begriff, *Friedrich Müller*, Normstruktur, S. 22.

[17] Dieser hat seine Lehre von der Gesetzesauslegung im ersten Band seines „Systems des heutigen Römischen Rechts" aus dem Jahre 1840 entwickelt. Zu *Savignys* Methodenlehre vgl. *Kriele*, Rechtsgewinnung, S. 67 ff.

[18] Zur Relativität der *Savigny*schen canones etwa *Ehmke*, VVDStRL Bd. 20 (1963), S. 53 ff. (99 f.); *Ule*, ebd., S. 105; *E. Wolf*, AöR Bd. 80 (1955/56), S. 489 ff.

[19] So das Bundesverfassungsgericht in ständiger Rechtsprechung seit BVerfGE Bd. 1, S. 299 ff. (312). Vgl. z. B. auch BVerfGE Bd. 8, 274 ff. (307); 10, S. 20 ff. (51); 10, S. 234 ff. (244); 11, S. 126 ff. (129 f.). Zur Rechtsprechung des Bundesverfassungsgerichts siehe *Leibholz / Rinck*, GG, Einführung Anm. II A (Auslegung von Gesetzen im allgemeinen) und Anm. II B (Auslegung von Verfassungsnormen im besonderen). Vgl. auch BVerwGE Bd. 1, S. 159 ff. (161); BGHZ Bd. 33, S. 330 ff.; BFHE Bd. 55, S. 277 ff.

[20] z. B. *Giese / Schunck*, GG, Anm. II 2 a zu Art. 93; *Hamann / Lenz*, GG, Einführung, S. 113; *Larenz*, Methodenlehre, S. 296 ff.; *von Mangoldt / Klein*, GG, Einleitung IV 7 a; *Maunz*, Staatsrecht, § 7 II 1.

[21] Nach Auffassung des Bundesverfassungsgerichts (BVerfGE Bd. 1, S. 299 ff., 312) ist für die Auslegung einer Gesetzesvorschrift maßgebend „der in dieser zum Ausdruck kommende objektivierte Wille des Gesetzgebers, sowie er sich aus dem Wortlaut der Gesetzesbestimmung und dem Sinnzusammenhang ergibt, in den diese hineingestellt ist. Nicht entscheidend ist dagegen die subjektive Vorstellung der am Gesetzgebungsverfahren beteiligten Organe oder einzelner ihrer Mitglieder über die Bedeutung der Bestimmung." Im Gegensatz zu diesem Bekenntnis hat das Bundesverfassungsgericht häufig die Entstehungsgeschichte zum allein maßgebenden Kriterium der Entscheidung gemacht. So z. B. in BVerfGE Bd. 2, S. 266 ff. (276); 4, S. 299 ff. (304), 9, S. 124 ff. (128).

[22] *Friedrich Müller* hält die „Willensmetapher" für überflüssig. „Häufig geben die Normen gerade der Verfassung nicht mehr als Anhaltspunkte für mögliche Konkretisierungen. Vor allem ist grundsätzlich der ‚objektivierte Wille' nichts anderes als der möglichst rational zu konkretisierende Norm- und Sachgehalt einer Vorschrift in bezug auf die zu lösende Rechtslage." So in: Normstruktur, S. 21; vgl. auch ders., in: Methodik, S. 24 f. u. S. 188. Kritisch zu dem Ziel der Interpretation, einen „objektiven oder subjektiven Willen" zu ermitteln, auch *Hesse*, Verfassungsrecht, § 2 II 2.

haben. So ist das Prinzip der Einheit der Verfassung[23] im wesentlichen im Bereich des systematischen Auslegungskriteriums angesiedelt.

Festzuhalten ist, daß die überkommenen canones nur dann sinnvoll zur Verfassungskonkretisierung verwandt werden können, wenn sie nicht als geschlossenes System verstanden werden und ihr Charakter als Hilfselemente deutlich wird, sie also nicht kanonisch verwendet werden. Dem entspricht auch die Praxis der Verfassungskonkretisierung in Rechtsprechung und Rechtswissenschaft, obwohl oftmals vorgegeben wird, ausschließlich mit den canones — erweitert um das teleologische Element — zu operieren. *Kriele*[24] bemerkt in diesem Zusammenhang zu Recht: „Kein einziger Interpret begnügt sich mit der grammatischen, logischen, historischen und systematischen Auslegung im *Savigny*schen Sinn."

In dieser Untersuchung sollen, in Anlehnung an die von *Friedrich Müller*[25] gewonnenen Erkenntnisse, methodologische Elemente im engeren, überkommenen Sinn, also die grammatischen, historisch-genetischen systematischen und teleologischen Auslegungskriterien zum Zwecke der Verfassungskonkretisierung, d. h. eine problem- und fallbezogene Feststellung des objektiven Normgehalts, verwendet werden. Diese sind bei Bedarf, d. h. bei Ungesichertheit des mittels der überkommenen Auslegungselemente erzielten Ergebnisses oder bei alternativen Lösungsmöglichkeiten, durch methodologische Elemente im weiteren Sinn zu ergänzen, u. a. dogmatische, Theorie-Elemente und rechts- bzw. verfassungspolitische Kriterien. Da aus den oben angeführten Gründen am Primat der Normbindung festgehalten werden soll und aus rechtsstaatlichen Gesichtspunkten wie verfassungskräftigen Grundsätzen der Funktionenordnung auch festgehalten werden muß, ist den normgebundenen Elementen bei Konfliktsfällen jeweils der Vorrang einzuräumen[26].

---

23 Vgl. dazu *Hesse*, Verfassungsrecht, § 2 III 2 c) aa); *Ehmke*, VVDStRL Bd. 20 (1963), S. 53 ff. (77 ff.). Auch die Rechtsprechung verwendet diesen Gesichtspunkt z. B. in BVerfGE Bd. 1; S. 14 ff. (32 f.); 2, S. 380 ff. (403); 3, S. 225 ff. (231 f.); 6, S. 309 ff. (361); 19, S. 206 ff. (220).

24 Rechtsgewinnung, S. 81.

25 Arbeitsmethoden, S. 184 „Normkonkretisierung bringt folgende Elemente ins Spiel: a) methodische Elemente im engeren Sinn (grammatische, historische, genetische, systematische und ‚teleologische' Auslegung sowie einzelne Prinzipien der Verfassungsinterpretation), b) Normbereichs-Elemente, c) dogmatische Elemente, d) Theorie-Elemente, e) lösungstechnische Elemente und f) rechts- bzw. verfassungspolitische Elemente." So auch ders., in: Methodik, S. 195 und Fallanalysen, S. 8.

26 Das bedeutet, in groben Zügen, folgendes: Ein mittels der methodologischen Elemente im engeren Sinn erzieltes, (relativ) gesichertes Ergebnis, kann durch ein auf Grund methodologischer Kriterien im weiteren Sinn gewonnenes, widersprechendes Ergebnis nicht umgestoßen werden, da diese nicht unmittelbar normbezogen sind. Nur bei mehreren Lösungsmöglichkeiten

Die hier angewandte Methode der Verfassungsinterpretation oder -auslegung ist also im Sinne einer normorientierten Verfassungskonkretisierung zu verstehen, die allerdings von der Geltung der „allgemeinen Erkenntnisse der juristischen Hermeneutik ... auch im Bereich der Verfassungsinterpretation ausgeht“[27].

II. Der Begriff „öffentliche Gewalt“

a) Methodologische Elemente im engeren Sinn

1. Grammatische Auslegung[1]

Bettermann[2] ist der Auffassung, „daß die spätere Geschichtsschreibung über das Grundgesetz diesen Rechtsweg-Artikel ein Musterstück juristischer Formulierungskunst nennen“ werde. Er hebt insbesondere „die klassische Klarheit und Kürze“ hervor, „mit der hier ein Verfassungsprinzip als unmittelbar geltender und mühelos praktikabler Rechtssatz formuliert worden ist“. Damit sei Napoleons zynische Ansicht widerlegt, Verfassungen müßten kurz und dunkel sein. Wenn auch zuzugeben ist, daß Art. 19 Abs. 4 GG in der praktischen Rechtsanwendung einfacher umsetzbar ist als viele andere Normen des Grundgesetzes, so bestehen trotz der „klassischen Klarheit und Kürze“ (oder vielleicht gerade deshalb) erhebliche Meinungsunterschiede über die Bedeutung

können die methodologischen Elemente im weiteren Sinn den Ausschlag zugunsten eines bestimmten Ergebnisses geben. Bei Zweifeln innerhalb der methodologischen Elemente im engeren Sinn gehen die Teilergebnisse der grammatischen und systematischen Interpretation den anderen Konkretisierungselementen vor, da sie sich unmittelbar auf Normtexte beziehen. Abgesehen von dem Kriterium der Normbezogenheit lassen sich keine Präferenzregeln zugunsten einzelner Konkretisierungselemte aufstellen. Vgl. dazu im einzelnen *Friedrich Müller* (Zitate in der vorhergehenden Fußnote).

[27] So *Larenz*, Methodenlehre, S. 149. Dieser führt zur Verfassungsinterpretation zusammenfassend aus: „Sicher dürfte es möglich sein, zusätzlich zu den allgemeinen Regeln der juristischen Hermeutik Besonderheiten der Verfassungsinterpretation herauszuarbeiten, die sich vornehmlich aus der Funktion der Verfassung als einheitsstiftender Grundordnung und aus dem in der Verfassung vorgezeichneten Verhältnis von politischer Entscheidungsmacht und richterlicher Kontrollfunktion ergeben. Aber die allgemeinen Erkenntnisse der juristischen Hermeneutik gelten, das hat sich, wie wir glauben, deutlich gezeigt, auch im Bereich der Verfassungsinterpretation.“

[1] Die grammatische (sprachliche, philologische) Auslegung steht nicht willkürlich am Anfang des Auslegungsvorgangs, da jede Auslegung eines Normtextes mit dem Versuch einer Ermittlung des Wortsinnes beginnen muß. (Allgemeine Auffassung, vgl. statt vieler *Larenz*, Methodenlehre, S. 301.) „Anderenfalls würde jede Möglichkeit der Normsetzung in Frage gestellt, denn das Wort ist das dem Gesetz zur Verfügung stehende Mittel, Sinngehalte mitzuteilen, ...“ (So *Menger / Erichsen*, VerwArch. Bd. 58 [1967], S. 70 ff. [80].) — Daß der Wortlaut neben seiner Bedeutung als Ausgangspunkt der Auslegung, vor allem im Verfassungsrecht, eine Begrenzungsfunktion ausübt, wurde bereits in den Anmerkungen zur Methode erläutert.

[2] AöR Bd. 96 (1971), S. 528.

der Rechtsweggarantie an sich sowie über die einzelnen in Art. 19 Abs. 4 GG gebrauchten Begriffe. Dies gilt nicht zuletzt für den zentralen und für diese Untersuchung entscheidend wichtigen Begriff „öffentliche Gewalt".

Zur Ermittlung des Wortsinnes dieses Begriffs im Wege der grammatischen Auslegung ist es weder tunlich noch nötig, getrennt und abstrakt den Inhalt der beiden Wörter „öffentlich"[3] und „Gewalt"[4] zu erkunden, soweit dies nicht Rückschlüsse auf die Bedeutung des Begriffs „öffentliche Gewalt" zuläßt. Nur dessen Sinn in der Rechtsweggarantie gilt es in seiner konkreten Bedeutung für die Parlamentsakte zu untersuchen. Die zur Ermittlung des Wortsinnes neben der Rechtssprache[5] in der Regel zu berücksichtigende Umgangssprache, ist hier wenig ergiebig, da die Wortkombination bereits einen (in der Umgangssprache nicht gebräuchlichen) Rechtsbegriff[6] bzw. juristischen Begriff aus dem Staats- und Verwaltungsrecht beinhaltet. Der Begriff „Gewalt"

---

[3] Zum Begriff „öffentlich" vgl. *Martens*, Öffentlich, § 2, S. 22 ff. mit umfangreichen Nachweisen zur Bedeutung in der Umgangs- wie Rechtssprache.

[4] Vgl. z. B. *Trübners* Wörterbuch, 3. Bd., Stichwort: Gewalt, S. 160 f.; *Perschel*, in: Handlexikon zur Rechtswissenschaft, Stichwort: Gewalt, S. 146 ff.; *von Unruh*, Festschrift für Hans J. Wolff, S. 109 ff. (110 f.).

[5] Auch: juristische Fachsprache. Dabei handelt es sich strenggenommen nur um ein Fachvokabular. So auch *Struck*, JZ 1975, S. 84 ff. (85).

[6] So ausdrücklich *Wernicke*, BK, Anm. II 4 e zu Art. 19 und *Klein*, VVDStRL Bd. 8 (1950), S. 67 ff. (104). Klein knüpft daran seine Kritik an der Formulierung „durch die öffentliche Gewalt", die „gedanklich-logisch verfehlt und sprachlich mißglückt" sei. Denn ein Begriff könne kein positives oder negatives Verhalten setzen, so daß „die öffentliche Gewalt" auch nicht verletzen und durch sie auch nicht „jemand" verletzt werden könne. Dies sei nur durch natürliche Personen möglich, welche die öffentliche Gewalt ausübten, die ihre Träger seien. (Zustimmend *Wernicke*, BK, ebd.; *Hamann / Lenz*, GG, Anm. B 14 zu Art. 19.) Klein hält deshalb die Formulierung „durch die Träger öffentlicher Gewalt" für richtig und sprachlich besser. — Dazu ist zu bemerken, wobei dies nicht als Beckmesserei verstanden werden sollte, daß es dann schon „durch *einen* Träger öffentlicher Gewalt" heißen müßte, da eine konkrete Verletzungshandlung nur durch einen und nicht die Träger öffentlicher Gewalt erfolgen kann. Im übrigen ist zu bedenken, daß man unter „Träger öffentlicher Gewalt" den Staat oder eine sonstige juristische Person des öffentlichen Rechts versteht, und nicht eine natürliche Person, die diese Gewalt nur ausübt. (So auch *W. Jellinek*, VVDStRL Bd. 8 [1950], S. 159 ff. [160].) Den Bedenken Kleins würde die abstrakte Wendung „durch die Ausübung öffentlicher Gewalt" gerecht, ohne ähnlichen Anfechtungen wie sein Formilierungsvorschlag ausgesetzt zu sein. Es ist jedenfalls festzustellen, daß die Wahl des Begriffs „öffentliche Gewalt" eine sprachlich wie juristisch zulässige und noch tolerierbare Verkürzung darstellt, die gerade zu der „Klarheit und Kürze" führt, von der *Bettermann* spricht. Dabei bedarf es keiner Frage, daß ein Rechtsbegriff wie die „öffentliche Gewalt" nicht verletzten kann, sondern dies durch die Organe bzw. Organwalter (also die natürlichen Personen) geschieht und deren Handeln der juristischen Person Staat oder einer sonstigen juristischen Person des öffentlichen Rechts als Träger der öffentlichen Gewalt zugerechnet wird. Gegen die Kritik Kleins auch *Peters*, Entwicklung, S. 280.

umfaßt im Deutschen[7] in der Umgangs- und insbesondere in der Rechtssprache zwei große Bedeutungsgruppen, nämlich zum einen „Gewalt" im Sinne von „Gewalttätigkeit" und zum anderen im Sinne von „Macht, Herrschaftsbefugnis". In der konkreten Verwendungsform in der Verfassungsnorm des Art. 19 Abs. 4 GG (also im Bereich des Staatsrechts) sowie in der Kombination mit „öffentlich" kennzeichnet der Begriff „die einem Hoheitsträger wesenseigene Herrschaft, d. h. die Möglichkeit und Fähigkeit, sich aus eigener Zuständigkeit gegenüber anderen Personen durchzusetzen"[8]. Der Begriff ist also im Sinne von „Macht, Herrschaftsbefugnis" zu verstehen[9]. Die Hinzufügung des Adjektivs „öffentlich" bedeutet insoweit keine Erweiterung, Beschränkung oder Veränderung des Sinnes, sondern nur eine Verdeutlichung. Der Begriff „öffentliche Gewalt" steht also als Synonym für Gewalt im Sinne von „Macht, Herrschaftsbefugnis"[10]. Wesensmerkmal dieser Herrschaftsbefugnis ist eine rechtliche Überlegenheit (Hoheit), die in der bereits beschriebenen Befugnis besteht, sich gegenüber den Widerständen einzelner Personen durchzusetzen, d. h. hoheitlich auf die Eigensphäre individueller Rechtssubjekte einzuwirken[11]. Aus diesem Grund kann zur Umschreibung des Begriffs „öffentliche Gewalt" auch der Begriff „Hoheitsgewalt" verwendet werden[12].

Träger dieser öffentlichen Gewalt ist zunächst „der Staat in seiner Einheit, repräsentiert durch irgendein Organ"[13]. Da in Art. 19 Abs. 4 GG nicht von „staatlicher", sondern von „öffentliche(r) Gewalt" die Rede

---

7 Andere europäische Sprachen benötigen dazu nach dem Vorbild des Lateinischen mindestens zwei verschiedene Wortstämme: lat. „vis", „violentia"; engl., frz. „violence", „force" für Gewalt i. S. von „Gewalttätigkeit" und lat. „potestas (publica)", „imperium", engl. „power", frz. „pouvoir", „puissance" für Gewalt i. S. von Macht, „Herrschaftsbefugnis". Vgl. dazu *Perschel*, in: Handlexikon zur Rechtswissenschaft, Stichwort: Gewalt, S. 146 ff.

8 So *Schneider*, EvStL, Stichwort: Gewalt, Sp. 660.

9 Vgl. z. B. *Wolff / Bachof*, Verwaltungsrecht I, § 2 III c „Gemeinwesen verfügen über eine *öffentliche*, d. h. allen Mitgliedern und sogar den in ihrem Machtbereich sich befindenden Fremden gegenüber geltende Gewalt" (Hervorhebung im Original).

10 Ähnliches dürfte für „potestas" und „potestas publica" im Lateinischen gelten.

11 So *Erler*, VVDStRL, Bd. 18 (1960), S. 7 ff. (9, 47).

12 Eine Gleichsinnigkeit der Begriffe „öffentliche Gewalt" und „Hoheitsgewalt" weist *Martens* (Öffentlich, S. 82 ff.) sowohl für den Bereich der Amtshaftung (wovon noch die Rede sein wird) als auch für Art. 19 Abs. 4 GG und § 90 BVerfGG nach.

13 Das Bundesverfassungsgericht (BVerfGE Bd. 4, S. 27 ff. [30]; Bd. 6, S. 445 ff. [448] — insoweit zustimmend: *Geiger*, BVerfGG, Anm. 3 zu § 90; *Lechner*, BVerfGG, Anm. 2 zu Abs. 1 zu § 90; *Leibholz / Rupprecht*, BVerfGG, § 90 Rdnr. 24; *Schmidt-Bleibtreu*, in: Maunz / Sigloch / Schmidt-Bleibtreu / Klein, BVerfGG, § 90 Rdnr. 67 ff.) benutzt diese Definition zwar für den Begriff der „öffentlichen Gewalt" in § 90 BVerfGG. Aber zumindest im Bereich der grammatischen Auslegung kann diese Sinndeutung auf den insoweit identischen Wortlaut des Art. 19 Abs. 4 GG übertragen werden.

ist (im Gegensatz etwa zu Art. 1 Abs. 1 GG)[14], kann diese zweifellos auch von nichtstaatlichen Hoheitsträgern, wie z. B. von den Gemeinden, Kreisen, Amts- und Landschaftsverbänden sowie von anderen juristischen Personen des öffentlichen Rechts ausgeübt werden. Außerdem kann der Staat in einzelnen Bereichen die Ausübung öffentlicher Gewalt auf Private übertragen[15]. Im gewaltenteilenden Rechtsstaat des Grundgesetzes wird die (staatliche) öffentliche Gewalt von den Organen der gesetzgebenden, rechtsprechenden und vollziehenden Gewalt ausgeübt.

Der in Art. 19 Abs. 4 GG einschränkungslos gebrauchte Begriff „öffentliche Gewalt" ist gemäß den sich aus dem Wortlaut ergebenden Wortsinn weder geeignet, nach dem Aktautor noch nach der Rechtsnatur des (hoheitlichen) Eingriffsakts zu differenzieren. Nach allgemeiner, richtiger Auffassung umfaßt der Wortlaut daher Akte aller drei Staatsgewalten im Sinne der Gewaltenteilungslehre[16]. „Das Grundgesetz spricht nur in Art. 19 Abs. 4 von öffentlicher Gewalt anstatt von ‚Verwaltung' oder ‚vollziehender Gewalt' und bringt damit den objektiven Normwillen eindeutig zum Ausdruck, über die mit diesen Begriffen bezeichneten engeren Tätigkeitsbereiche staatlicher Herrschaft hinauszugehen[17]."

---

[14] Zur Unterscheidung zwischen „staatlicher" und „öffentlicher Gewalt" vgl. etwa *Hesse*, Rechtsschutz, S. 85 ff.

[15] Vgl. dazu *Schneider*, EvStL, Stichwort: Gewalt, Sp. 660 f.

[16] Diese Deutung des Wortlauts (im Rahmen der grammatischen Auslegung) wird ausdrücklich geteilt z. B. von *Bauer*, Gerichtsschutz, S. 107; *Bettermann*, Grundrechte III 2, S. 779 ff. 789); ders., AöR Bd. 86 (1961), S. 129 ff. (153); *Dagtoglou*, Ersatzpflicht, S. 23; *Forsthoff*, DVBl. 1957, S. 113 ff. (117); *Hamann / Lenz*, GG, Anm. B 14 zu Art. 19; *Henke*, JZ 1969, S. 145 ff. (146); *Hesse*, Rechtsschutz, S. 90; *von der Heydte*, VVDStRL Bd. 8 (1950), S. 162 f.; *Lorenz*, Rechtsschutz, S. 83 ff., 163; *Maurer*, Festschrift für Eduard Kern, S. 275 ff. (280); *Obermayer*, NJW 1966, S. 1885 ff. („Nach der auf den Wortlaut abstellenden grammatischen Auslegung wäre die Annahme gerechtfertigt, daß der öffentlichen Gewalt jede hoheitliche Tätigkeit ohne Beschränkung auf eine bestimmte Staatsgewalt zuzuordnen ist." — S. 1888); *Olschewski*, Wahlprüfung, S. 102 f.; *Ossenbühl*, 50. DJT, Bd. I B 178; *Ule*, EvStL, Stichwort: Rechtsweggarantie, Sp. 1776 ff.; *Wernicke*, BK, Anm. 4 e β zu Art. 19. Selbst Autoren, die im Ergebnis eine einschränkende Auslegung befürworten, halten den Wortlaut insoweit für eindeutig. So z. B. *Klein*, VVDStRL Bd. 8 (1950), S. 67 ff. (107); *Obermayer*, Verwaltungsakt, S. 36. (Dieser modifiziert allerdings später seine einschränkende Auslegung, so in VVDStRL Bd. 18 [1960], S. 144 ff. [164 f., 212] u. ders. DVBl. 1965, S. 625 ff. und NJW 1966, S. 1885 ff.); *Seuffert*, Festschrift für Gebhard Müller, S. 491 ff. (496). — Zweifel hinsichtlich der vom Wortlaut gebotenen umfassenden Sinndeutung des Begriffs „öffentliche Gewalt" tauchen, soweit ersichtlich, lediglich auf in der AKU-Entscheidung des Bundesverfassungsgerichts vom 25. 6. 1968 (BVerfGE Bd. 24, S. 33 ff. [50]), bei *Dürig*, in: Maunz / Dürig / Herzog, GG, Art. 19 Rdnr. 17. („Da Entstehungsgeschichte und Wortlaut eine eindeutige Auslegung nicht ermöglichen, muß auf eine teleologische Interpretation zurückgegriffen werden") und *Hummer*, Diss., S. 62.

[17] *Lorenz*, Rechtsschutz, S. 163, unter Hinweis auf die Verwendung des Begriffs „öffentliche Gewalt" in dem erst nachträglich eingefügten Art. 93

Desgleichen ist die Qualifizierung des Hoheitsaktes etwa als Verwaltungsakt, Verfassungsakt oder Regierungsakt angesichts des Wortlauts des Art. 19 Abs. 4 GG irrelevant[18]. Eine gegenüber dem sich aus dem Normtext ergebenden umfassenden Wortsinn restriktive Auslegung, d. h. Beschränkung der Anwendung des Begriffs „öffentliche Gewalt" etwa auf „Verwaltung" bzw. „vollziehende Gewalt" oder auf bestimmte Arten von Eingriffsakten, ist daher allenfalls außerhalb der sprachlichen Interpretation mittels anderer Auslegungskriterien zu begründen.

Als Teilergebnis der grammatischen Auslegung läßt sich somit festhalten:

Der in Art. 19 Abs. 4 GG einschränkungslos gebrauchte Begriff „öffentliche Gewalt" umfaßt seinem Wortlaut nach Akte aller drei Staatsgewalten im Sinne der Gewaltenteilungslehre, somit auch die nicht zur Rechtsetzung gehörenden Akte der Legislative.

2. Systematische Auslegung

In Anknüpfung an den mittels grammatischer Auslegung ermittelten Wortsinn hat die systematische „Auslegung den Bedeutungszusammenhang des Gesetzes, und zwar sowohl der einzelnen Teile eines Rechtssatzes wie der sinnhaft aufeinander bezogenen Rechtssätze untereinander und mit dem Sinnganzen der gesamten Rechtsordnung zu beachten"[19].

Was nun die gesamte Satzaussage anbetrifft, in die der Begriff „öffentliche Gewalt" hineingestellt ist, so ergeben sich daraus keine Anhaltspunkte für eine Beschränkung des Begriffs auf die vollziehende Gewalt. Man kann den ersten Halbsatz des Art. 19 Abs. 4 GG, „wird jemand durch die öffentliche Gewalt in seinen Rechten verletzt", als Voraussetzung ansehen, bei deren Erfüllung die im zweiten Halbsatz normierte Rechtsfolge, „so steht ihm der Rechtsweg offen", eintritt. Die angeordnete Rechtsfolge des Offenstehens des Rechtsweges läßt mittels Rückschluß auf den Begriff „öffentliche Gewalt" allenfalls die Deutung zu, daß die rechtsprechende Gewalt nicht von dem Begriff erfaßt wird, da deren rechtsprechende (also vom Richter in richterlicher Unabhängigkeit erlassenen) Akte bereits im Rechtsweg ergehen[20]. So vertritt die weitaus herrschende Meinung in Rechtsprechung[21] und Literatur[22] die Auffassung, die rechtsprechende Gewalt gehöre nicht zur öffent-

[18] So ausdrücklich *Olschewski*, Wahlprüfung, S. 102. „Weder kommt es auf den Träger der öffentlichen Gewalt an, noch ist die Art und Rechtsnatur des Eingriffsakts erheblich. Nicht weil ein Hoheitsakt Verwaltungsakt oder Verfassungsakt ist, unterfällt oder entzieht er sich der Rechtsweggarantie des Art. 19 Abs. 4."

[19] *Larenz*, Methodenlehre, S. 305.

[20] So *Bettermann*, AöR Bd. 96 (1971), S. 528 ff. (537).

lichen Gewalt im Sinne des Art. 19 Abs. 4 GG, so daß gegenüber Akten der Rechtsprechung der Rechtsweg nicht eröffnet sei. Zur Begründung greift man auf die inzwischen zu Schlagworten erstarrten[23] Formulierungen *Wernickes*[24] („Art. 19 Abs. 4 will sicherlich nicht die Rechtsprechung gegen die Rechtsprechung mobilisieren") oder *Dürigs*[25] („Art. 19 Abs. 4 gewährt Schutz *durch* den Richter, nicht *gegen* den Richter"[26]) zurück.

Es kann im Rahmen dieser Untersuchung dahinstehen, ob Rechtsprechungsakte tatsächlich privilegiert oder exemt sind. Fraglich und hier insoweit von Bedeutung ist allerdings, ob sie es deshalb sind, weil sie keine Ausübung öffentlicher Gewalt im Sinne des Art. 19 Abs. 4 GG darstellen. *Lorenz*[27] bemerkt in diesem Zusammenhang unter Hinweis auf die selbstverständliche Einbeziehung der rechtsprechenden Gewalt in Art. 93 Abs. 1 Nr. 4 a GG und § 90 BVerfGG: „Hier mag der Unterschied des Bundesverfassungsgerichts zu den übrigen Gerichten und dessen Auffassung als neue, eigenartige Kontrollqualität eine Rolle

---

[21] z. B. BVerfGE Bd. 4, S. 74 ff. (96); 11, S. 263 ff. (265); 15, S. 275 ff. (280); BVerwGE Bd. 8, S. 350 ff. (351); OLG Köln, NJW 1961, S. 1761; OLG Hamburg MDR 1954, S. 554.

[22] So z. B. *Arentz,* Diss., S. 131 f.; *Bauer,* Gerichtsschutz, S. 146; *Bettermann,* Grundrechte III/2, S. 779 ff. (790); ders.: AöR Bd. 96 (1971), S. 528 ff. (536 f. u. 552); *Dürig,* in: Maunz / Dürig / Herzog, GG, Art. 19 Rdnr. 17; *Friesenhahn,* DV 1949, S. 481; *Hamann / Lenz,* GG, Anm. B 12 zu Art. 13; *Hesse,* Rechtsschutz, S. 91; *Kuhn,* Diss., S. 39; *von Mangoldt / Klein,* GG, Anm. V 2 c zu Art. 19 (S. 570); *Maurer,* Festschrift für Eduard Kern, S. 275 ff. (280, Fußn. 18); *Niggemann,* Diss., S. 52 f.; *Obermayer,* Verwaltungsakt, S. 37; *Schmidt-Bleib*soweit ersichtlich nur *von der Heydte,* VVDStRL Bd. 8 (1950), S. 163 (Diskussionsbeitrag); *Schrödter,* BBauG, 2. Aufl. (1969), § 10 Rdnr. 1 (unter irriger Bezugnahme auf *Dürig,* in: Maunz / Dürig / Herzog, GG, Art. 19 Rdnr. 18) — in der 3. Aufl. (1973), § 10 Rdnr. 1 bezieht *Schrödter* ausdrücklich die Rechtsprechung nicht mehr in den Schutzbereich des Art. 19 Abs. 4 GG ein; *Redeker* (NJW 1971, S. 1171) führt in einer Anmerkung zum Urteil des Bundesverfassungsgerichts vom 4. 5. 1971 (1 BvR 96/71) aus, daß die Meinung des Gerichts, Art. 19 Abs. 4 GG sei auf Akte der rechtsprechenden Gewalt nicht anwendbar, auf die Dauer kaum haltbar sei. Es seien durchaus Fallgestaltungen denkbar, bei denen sich aus Art. 19 Abs. 4 GG ernsthaft die Frage nach dem Rechtsschutz gegen richterliche Akte der öffentlichen Gewalt stelle. Kritisch zur h. M. auch *Lorenz,* Rechtsschutz, S. 241 ff., der im Ergebnis die Auffassung vertritt, Art. 19 Abs. 4 GG verlange einen „Instanzenzug im Sinne der Eröffnung einer Nachprüfungsmöglichkeit auf Verfahrensfehler" (S. 244). Insoweit steht *Lorenz* im Widerspruch zur ganz h. M., z. B. BVerfGE Bd. 4, S. 74 ff. (95); 8, S. 174 ff. (181 f.); *Bettermann,* Grundrechte III/2, S. 779 ff. (809 f.); ders.: AöR Bd. 96 (1971), S. 528 ff. (552); vgl. weitere Nachweise bei *Lorenz,* ebd., S. 244, Fußnote 18.

[23] So *Lorenz,* Rechtsschutz, S. 241. *Redeker,* NJW 1971, S. 1171, sagt sehr deutlich, daß „dieser wohlklingende, letztlich aber doch inhaltsleere Satz keine Begründung ersetzen" könne.

[24] BK, Anm. II 4 e α zu Art. 19.

[25] *Maunz / Dürig / Herzog,* GG, Art. 19 Rdnr. 17.

[26] Hervorhebung im Original.

[27] Rechtsschutz, S. 241 unter Berufung auf *Bettermann,* Festschrift für Friedrich Lent, S. 17 ff. (40) und *Brox,* FamRZ 1973, S. 397.

spielen. Am Bedeutungsgehalt des wie immer zu definierenden *Begriffs*[28] der öffentlichen Gewalt kann diese Abstinenz bei Art. 19 Abs. 4 also jedenfalls nicht liegen[29]." Sicher wird von den Vertretern der herrschenden Meinung nur gesagt, die rechtsprechende Gewalt falle nicht unter den Begriff öffentliche Gewalt im Sinne des Art. 19 Abs. 4 GG, da der Begriff in seiner allgemeinen Bedeutung zweifellos rechtsprechende Akte umfaßt. In der Regel zielt die Begründung allerdings weniger auf den Begriff „öffentliche Gewalt" als vielmehr auf die in Art. 19 Abs. 4 GG angeordnete Rechtsfolge des Offenstehens des Rechtsweges. So sagt z. B. *Bettermann*[30], daß alle richterlichen Akte privilegiert seien, die im Rechtsweg ergingen. „Wo bereits im Rechtsweg entschieden oder agiert wurde, kann der Rechtsweg nicht mehr eröffnet werden. Da ist folglich Art. 19 Abs. 4 unanwendbar[31]." Wenn man diese oder ähnliche Argumente für eine Privilegierung der Rechtsprechungsakte zugrundelegt, so ist eine zweifelhafte Überstrapazierung methodischer Grundsätze zur einschränkenden Auslegung des Begriffs „öffentliche Gewalt" unnötig und richtiger bei der Rechtsfolge anzusetzen. Das würde also bedeuten, daß Rechtsprechungsakte zwar eine Ausübung öffentlicher Gewalt im Sinne des Art. 19 Abs. 4 GG darstellen, aber trotz möglicher Rechtsverletzungen aus besonderen Gründen (systematisch-teleologischer Art) die in Art. 19 Abs. 4 GG angeordnete Rechtsfolge nicht eintritt[32].

Ungeachtet einer möglichen Einbeziehung der rechtsprechenden Gewalt und der sich aus der angeordneten Rechtsfolge ergebenden spezifischen Besonderheiten, die gegenüber deren Akten bestehen, bietet die gesamte Satzaussage keine Anhaltspunkte dafür, daß der Begriff öffentliche Gewalt im Sinne des Art. 19 Abs. 4 GG die nicht zur Rechtsetzung gehörenden Akte der Legislative nicht erfaßt.

Die äußere Systematik, also die formale Stellung des Art. 19 Abs. 4 GG[33] am Ende des Grundrechtskataloges in Abschnitt I des Grund-

[28] Hervorhebung im Original.

[29] So auch *Olschewski*, Wahlprüfung, S. 103: „Daß gleichwohl nach herrschender Auffassung Einschränkungen im Anwendungsbereich des Art. 19 Abs. 4 bestehen — insbesondere die Judikative, vielleicht auch die Legislative und ihre Akte nicht angriffsbedürftig oder -fähig sind — resultiert nicht aus dem Begriff der „öffentlichen Gewalt", sondern beruht auf anderen Erwägungen."

[30] AöR Bd. 96 (1971), S. 528 ff. 537).

[31] *Dienes*, Diss., S. 134 bemerkt in diesem Zusammenhang, daß die Garantie nicht auf der Tatbestandsseite enthalten könne, was Gegenstand der Folgeanordnung sei.

[32] Ähnlich auch *Peters*, Entwicklung, S. 280, Fußnote 173: „Trotzdem ist es falsch, mit *Maunz / Dürig* ... zu behaupten, die Rechtsprechung gehöre nicht zur *öffentlichen Gewalt* i. S. d. Art. 19 Abs. 4; sie gehört dazu, doch ist mit dem Vorliegen eines Gerichtsurteils der Rechtswegvorschrift des Art. 19 bereits genügt."

gesetzes, der die Überschrift „Grundrechte" trägt, deutet auf dessen Grundrechtscharakter hin. Ob sich dieses Indiz, welches zudem „die formalste aller unter rein formalen Gesichtspunkten überhaupt möglichen Unterscheidungen, Einteilungen und Begriffsbestimmungen"[34] darstellt, bestätigt, kann in diesem Zusammenhang offenbleiben (davon wird später noch die Rede sein)[35]; denn weder der mögliche Grundrechtscharakter noch die formale Stellung bieten ausreichende Anhaltspunkte für die Klärung der Frage, ob der Begriff „öffentliche Gewalt" Parlamentsakte umfaßt.

Wichtiger und insoweit aufschlußreich ist die innere Systematik, d. h. „der innere Bedeutungszusammenhang, das ‚Zusammenspiel' der Vorschriften zu einer in sich sinnvollen Regelung"[36]. In Art. 1 Abs. 1 GG als oberster Norm des (objektiven) Verfassungsrechts ist die Unantastbarkeit der Menschenwürde statuiert[37]. Der zweite Satz gebietet die Verpflichtung „aller staatlichen Gewalt" zu deren Achtung und Schutz. Diese „lückenlose Erfassung sämtlicher Betätigung der Staatsgewalt"[38] wird in Art. 1 Abs. 3 GG folgendermaßen präzisiert: „Die nachfolgenden Grundrechte binden Gesetzgebung, vollziehende Gewalt[39] und Rechtsprechung als unmittelbar geltendes Recht." Das Grundgesetz benutzt hier also die historisch überkommene Gewaltendreiteilung zur näheren Kennzeichnung der Ausübung der Staatsgewalt. Diese abstrakt bezeichneten Funktionen werden wiederum in Art. 20 Abs. 2 S. 2 GG in Beziehung gesetzt zu den Ausübenden, nämlich den Organen der Gesetzgebung, der vollziehenden Gewalt und der Rechtsprechung, die als Adressaten des Art. 1 Abs. 3 GG anzusehen sind[40]. Was nun die

---

[33] Zur formalen Stellung des Art. 19 Abs. 4 GG und den daraus im allgemeinen gezogenen Folgerungen, vgl. *Bauer*, Gerichtsschutz, S. 21 ff.

[34] So *Klein*, VVDStRL Bd. 8 (1950), S. 67 ff. (82).

[35] Vgl. unten S. 130 f.

[36] *Larenz*, Methodenlehre, S. 307.

[37] Es kann hier offenbleiben, ob Art. 1 GG lediglich ein „tragendes Konstitutionsprinzip" (BVerfGE Bd. 6, S. 32 ff. [36]), also eine Norm des objektiven Verfassungsrecht, darstellt, so die h. M., oder ob er ein Grundrecht im Sinne eines subjektiven öffentlichen Rechts beinhaltet, also eine Anspruchsgrundlage darstellt, so z. B. *Nipperdey*, Grundrechte II/1, S. 1 ff. (11 ff.). Vgl. dazu *Dürig*, in: Maunz / Dürig / Herzog, GG, Art. 1 Rdnr. 4 und *Zippelius*, BK, Art. 1 (Zweitbearbeitung) Rdnr. 28 ff. jeweils mit weiteren Nachweisen.

[38] *Dürig*, in: Maunz / Dürig / Herzog, GG, Art. 1 Rdnr. 100.

[39] Anläßlich der Einführung der Wehrpflicht wurde durch Gesetz vom 19. 3. 1956 (BGBl. I, S. 111) der ursprünglich gebrauchte Begriff „Verwaltung" durch die Wendung „vollziehende Gewalt" ersetzt.

[40] Daraus ergibt sich auch, daß demgemäß hier die Funktionsbereiche formal von den Organen zu bestimmen sind, d. h. Gesetzgebung = Organe der Gesetzgebung = Volksvertretungen. So auch *Dürig*, in: Maunz / Dürig / Herzog, GG, Art. 1 Rdnr. 101. Dieser bemerkt unter Hinweis auf die Bedeutung des Art. 1 Abs. 3 GG, „die Grundrechte zu weitmöglichst subjektiven Rechten zu aktualisieren", daß materiell umschriebene Tätigkeiten als Anspruchsverpflichtete subjektiver Rechte ungeeignet seien. Eine Verpflichtung

Bedeutung dieser Norm anbetrifft, so bemerkt das Bundesverfassungsgericht[41]: „Art. 1 Abs. 3 GG kennzeichnet nicht nur grundsätzlich die Bestimmungen des Grundrechtsteils als unmittelbar geltendes Recht, sondern bringt zugleich den Willen des Verfassunggebers zum Ausdruck, daß der Einzelne sich der öffentlichen Gewalt gegenüber auf diese Normen als auf Grundrechte im Zweifel soll berufen können." Diese allgemeine Aktualisierungsfunktion in Richtung auf subjektive Rechte spannt den Bogen zu Art. 19 Abs. 4 GG, der gleichsam spiegelbildlich[42] dem einzelnen die prozessuale Möglichkeit gewährt, bei Rechtsverletzungen (wovon sicher Grundrechtsverletzungen erfaßt werden[43]) durch die öffentliche Gewalt den Rechtsweg zu beschreiten. Der Staat stellt damit die Gerichte als unabhängige Institutionen zum Schutz der Individualsphäre vor rechtswidrigen Eingriffen der öffentlichen Gewalt zur Verfügung. „Im Streit zwischen Individuum einerseits und Staat (d. h. hier Exekutive und Legislative) andererseits haben die Gerichte die Funktion eines unparteiischen Dritten[44]." *Dürig* nennt hier als Kontrollobjekte mit Recht sowohl die Exekutive als auch die Legislative. (Zur möglichen Einbeziehung der Rechtsprechung wurde bereits das Nötige gesagt[45].) Die in Art. 1 Abs. 3 GG ausgesprochene Bindung erfaßt alle drei Gewalten im Sinne der historischen Gewaltenteilungslehre, demgegenüber werden in Art. 19 Abs. 4 GG die Gerichte „aus der Einheit der staatlichen Gewalt, als kontrollierende Funktionsträger herausgenommen"[46], so daß die Kontrolle zumindest die beiden anderen Gewalten erfaßt. Inwieweit diese generalisierende Aussage Beschränkungen unterliegt, mag hier dahinstehen, jedenfalls kann sich die Garantie des Art. 19 Abs. 4 GG nicht auf Akte der vollziehenden Gewalt beschränken, da auch die Legislative als potentieller Verletzer von Individualrechten in Betracht kommt. Dies gilt, wie bei der Erörterung des Begriffs „Rechtsverletzung" noch im einzelnen nachzuweisen sein wird, auch und nicht zuletzt für die nicht zur Rechtsetzung gehörenden Akte der Legislative, so daß der Begriff „öffentliche Gewalt" im Sinne des Art. 19 Abs. 4 GG auch Parlamentsakte umfaßt.

---

ließe sich nur gegenüber Gewaltenträgern im Hinblick auf die ihrer Kompetenz zugewiesenen Tätigkeiten begründen. Es sei in diesem Zusammenhang daran erinnert, daß der im Titel der Untersuchung verwendete Begriff „Legislative" in diesem formalen Sinn verstanden wird.

41 BVerfGE Bd. 6, S. 386 ff. (387).

42 *Klein*, VVDStRL Bd. 8 (1950), S. 67 ff. (88) spricht in diesem Zusammenhang sehr plastisch von „einem chiastisch-symmetrischen Aufbau des Grundrechtsteils des GG", an dessen Eingang und Ausgang sich diese Bestimmungen „wie zwei rocher de bronce" auftürmten.

43 Der Umfang des Begriffs „Rechte" in Art. 19 Abs. 4 GG wird später noch erörtert.

44 *Dürig*, in: Maunz / Dürig / Herzog, GG, Art. 19 Rdnr. 2.

45 Vgl. oben S. 84 f.

46 *Bauer*, Gerichtsschutz, S. 105.

Neben der durch Art. 19 Abs. 4 GG geschaffenen Möglichkeit, einen schutzwerte Individualpositionen verletzenden Akt der öffentlichen Gewalt unmittelbar anzugreifen, steht die Staatshaftungsnorm des Art. 34 GG (i. V. m. § 839 BGB). Dieser Vorschrift kommt demgegenüber im Rechtsschutzsystem subsidiäre Bedeutung zu, indem sie lediglich eine nachträgliche Wiedergutmachung anstrebt. Insofern ist es berechtigt, davon zu sprechen, die Staatshaftungsvorschriften gewährten „mittelbaren Rechtsschutz"[47] gegenüber dem durch Art. 19 Abs. 4 GG garantierten unmittelbaren Rechtsschutz gegenüber rechtswidrigen Beeinträchtigungen durch die öffentliche Gewalt. Dieser Charakter des Art. 34 GG als Kompensationsnorm läßt es zweifelhaft erscheinen, ob diese Vorschrift im Rahmen der systematischen Auslegung überhaupt verläßliche Auskunft über die Bedeutung des Art. 19 Abs. 4 GG und hier insbesondere des Begriffs „öffentliche Gewalt" geben kann. So ist es durchaus denkbar, daß gegen einen rechtsverletzenden Akt der öffentlichen Gewalt ein „Frontalangriff", gestützt auf Art. 19 Abs. 4 GG, nicht möglich ist und dem Betroffenen lediglich der Amtshaftungsanspruch bleibt. Als Beispiel seien die Rechtsprechungsakte genannt, gegenüber denen nach herrschender Auffassung der Rechtsweg gemäß Art. 19 Abs. 4 GG nicht offensteht; gleichwohl tritt die Staatshaftung nach Art. 34 GG ein, falls die Voraussetzungen des § 839 BGB vorliegen[48].

Abgesehen von der Funktion, die Art. 34 GG im Rechtsschutzsystem des Grundgesetzes ausübt, bestehen auch Bedenken, auf Grund der im Normtext vorhandenen Verbindungslinien zu Art. 19 Abs. 4 GG, Rückschlüsse auf die Bedeutung des Begriffs „öffentliche Gewalt" in der Rechtsweggarantie zu ziehen. In Art. 34 GG ist von „Ausübung eines ... anvertrauten öffentlichen Amtes" die Rede. Nach überwiegender Auffassung[49] soll diese Abweichung von der entsprechenden Staatshaftungsnorm des Art. 131 WRV („Ausübung öffentlicher Gewalt")[50]

---

[47] So *Bettermann*, Grundrechte III/2, S. 779 ff. (852 f.); ähnlich auch *Dagtoglou*, BK, Art. 34 (Zweitbearbeitung) Rdnr. 4; *Maunz*, in: Maunz / Dürig / Herzog, GG, Art. 34 Rdnr. 4.

[48] Dabei ist die in § 839 Abs. 2 BGB normierte Beschränkung der Haftungsvoraussetzungen, das sog. Spruchrichterprivileg, gegenüber sonstigen Staatsakten von Bedeutung. Zur Staatshaftung für Justizakte, vgl. *Dagtoglou*, BK, Art. 34 (Zweitbearbeitung) Rdnr. 440 ff.

[49] z. B. *Bettermann*, Grundrechte III/2, S. 779 ff. (834); *Dagtoglou*, BK, Art. 34 (Zweitbearbeitung) Rdnr. 23; *Hamann / Lenz*, GG, Anm. B 3 zu Art. 34; *von Mangoldt / Klein*, GG, Anm. III 2 a zu Art. 34 (S. 831); *Maunz*, in: Maunz / Dürig / Herzog, GG, Art. 34 Rdnr. 17, *Schmidt-Bleibtreu / Klein*, GG, Art. 34 Rdnr. 5; *Wolff / Bachof*, Verwaltungsrecht I, § 64 II c.

[50] Zu diesem Begriff i. S. d. Art. 131 WRV sowie „in den verschiedenen Zweigen des öffentlichen Rechts", vgl. *Oermann*, Diss., S. 17 ff. und passim. Dabei sei erwähnt, daß Oermann wie selbstverständlich davon ausgeht, daß sich „öffentliche Gewalt ... auf jedem Gebiet staatlicher Tätigkeit äußert. Gesetzgebung und Rechtsprechung fallen ihrem ganzen Umfange nach in

zwar nicht von erheblicher inhaltlicher Bedeutung sein; sie trage nur einer umfangreichen Rechtsprechung zu Art. 131 WRV Rechnung, welche die Anwendung auch auf schlichthoheitliche Tätigkeit ausgedehnt habe, bedeute aber keine Ausdehnung auf fiskalisches Tätigwerden des Staates[51]. Trotzdem kann diese vergleichbare Wendung kaum zur Beantwortung der Frage verwertet werden, ob Legislativakte eine Ausübung öffentlicher Gewalt im Sinne des Art. 19 Abs. 4 GG darstellen; denn im Staatshaftungsrecht ist es gerade umstritten, ob Art. 34 GG eine Ersatzpflicht des Staates bei sogenanntem legislativen Unrecht statuiert[52]. Wenn der Streit auch im wesentlichen nur normatives Unrecht betrifft, so können die Argumente der Vertreter der ablehnenden Auffassung teilweise auch gegenüber sonstigen Legislativakten ins Feld geführt werden. Z. B. werden Amtshaftungsansprüche wegen legislativen Unrechts mit der Begründung versagt, Abgeordnete hätten kein Amt im Sinne des Art. 34 GG, sondern ein Mandat[53], oder die Legislative nehme in der Regel ausschließlich Aufgaben gegenüber der Allgemeinheit wahr und nicht gegenüber dem Anspruchsteller, verletze also nicht die ihr „einem Dritten gegenüber obliegende Amtspflicht" im Sinne des Art. 34 GG[54].

Nach diesem relativ erfolglosen Ausflug — zur systematischen Deutung des Begriffs „öffentliche Gewalt" — in das durch Art. 34 GG

---

den Bereich der öffentlichen Gewalt" (ebd., S. 4). Auch das Reichsgericht sah die Ausübung der Gesetzgebungsgewalt als „Ausübung öffentlicher Gewalt" im Sinne des Art. 131 WRV an. (So z. B. RG JW 1928, S. 1038.)

[51] So aber *Friesenhahn*, RStW Bd. 3 (1950), S. 279; *Giese / Schunck*, GG, Anm. II 3 zu Art. 34. Die vom 3. Zivilsenat des BGH (BGHZ Bd. 34, S. 99 [101]) vertretene Auffassung, Art. 34 GG sei auch im Fiskalbereich anwendbar, ist inzwischen wieder aufgegeben worden.

[52] Vgl. dazu statt vieler *Dagtoglou*, Ersatzpflicht, S. 12 ff. und passim; ders., in: BK, Art. 34 (Zweitbearbeitung) Rdnr. 426 ff. jeweils mit weiteren Nachweisen. Nach der früher vorherrschenden Ablehnung überwiegen inzwischen die Stimmen, die eine Ersatzpflicht bejahen. Vgl. OLG Hamburg DÖV 1971, S. 238 ff. mit weiteren Nachweisen; *Schack*, DÖV 1971, S. 446 ff. behauptet sogar, daß die Haftungspflicht des Staates für legislatives Unrecht heute kaum mehr bestritten sei. (Ablehnend noch ders., MDR 1953, S. 195 ff.) Dem trägt der im Jahre 1973 vorgelegte Entwurf eines Staatshaftungsgesetzes augenscheinlich Rechnung. (Vgl. Reform des Staatshaftungsrechts — Entwürfe eines Staatshaftungsgesetzes und einer Grundgesetzänderung mit Begründungen — Kommissionsbericht; Herausgeber: Bundesminister der Justiz und des Innern; Bonn, Oktober 1973.) Dort ist in § 6 die Haftung für Rechtsverletzungen durch Gesetzgebung begründet, allerdings mit gewissen Privilegierungen gegenüber Rechtsverletzungen der Judikative und gesetzgebenden Gewalt. So soll die Naturalrestitution ausgeschlossen sein, und die Geldersatzpflicht erst dann eintreten, „wenn der Gesetzgeber innerhalb von achtzehn Monaten nach verfassungsgerichtlicher Feststellung der Rechtswidrigkeit keine andere Regelung trifft" (§ 6 Abs. 1, S. 2 Entw. StHG).

[53] So *Bettermann*, Grundrechte III/2, S. 779 ff. (836); *Luhmann*, Entschädigung, S. 129; *Schack*, MDR 1953, S. 514 ff.

[54] So z. B. BGH NJW 1966, S. 726 f.; NJW 1971, S. 1172 ff.; *von Mangoldt / Klein*, GG, Anm. III b zu Art. 34 (S. 833); *Wolff / Bachof*, Verwaltungsrecht I, § 64 I b; *Schack*, DÖV 1971, S. 446 ff.

bestimmend geprägte Staatshaftungsrecht sei noch kurz auf die übrigen prozessualen Verfassungssicherungen des Bürgers im Grundgesetz eingegangen, deren Mittelpunkt, wie bereits ausgeführt[55], Art. 19 Abs. 4 GG darstellt. Das in Art. 101 Abs. 1 S. 2 GG normierte Verbot der Entziehung des gesetzlichen Richters soll nach überwiegender, richtiger Auffassung lediglich unbefugte Eingriffe in die Organisation der richterlichen Gewalt verhindern[56] und nicht dem rechtsuchenden Bürger den Rechtsweg eröffnen[57]. Diese Funktion kommt Art. 19 Abs. 4 GG zu, während Art. 101 Abs. 1 S. 2 GG die Eröffnung des Rechtsweges voraussetzt und unabhängig davon organisatorischen Manipulationen im Bereich der richterlichen Spruchkörper vorbeugen will[58].

Ähnliches gilt auch für die Bedeutung des Art. 103 Abs. 1 GG, der jedermann Anspruch auf rechtliches Gehör vor Gericht gewährt. Wenn auch *Baur*[59] die Auffassung vertreten hat, Art. 103 Abs. 1 GG eröffne den Weg zum Gericht und garantiere einen umfassenden Rechtsschutz durch die Gerichte, und insoweit auch vereinzelt Zustimmung gefunden hat[60], so steht dem die herrschende Meinung zu Recht entgegen[61]. Art. 103 Abs. 1 GG gewährt nur rechtliches Gehör in einem anhängigen Verfahren[62], nicht aber auch ein Recht auf Eröffnung eines Verfahrens. *Dütz*[63] hat dies unter Hinweis auf Normtext, historische, genetische und systematische Gesichtspunkte überzeugend nachgewiesen, so daß auf dessen Ausführungen verwiesen werden kann. Es kann hier dahinstehen, inwieweit im übrigen Überschneidungen der Normbereiche der Art. 19 Abs. 4 und 103 Abs. 1 GG besonders im Hinblick auf die Effektivität des Rechtsschutzes bestehen[64]. Jedenfalls erfaßt der Normbereich des Art. 103 Abs. 1 GG nicht das „Ob“, sondern nur das „Wie“ des Rechtsschutzes; insoweit besteht eine gewisse Übereinstimmung mit Art. 101 Abs. 1 S. 2 GG. Aus diesem Grund sind die beiden Normen für eine Deutung des Begriffs „öffentliche Gewalt“ nicht verwertbar, da

---

[55] Vgl. oben S. 72.

[56] Vgl. *Dütz*, Gerichtsschutz, S. 73 mit weiteren Nachweisen (in Fußnote 294).

[57] So aber *Joachim*, DRiZ 1965, S. 181 ff. (183).

[58] So auch BVerfGE Bd. 17, S. 294 ff. (299); 22, S. 254 ff. (258 f.).

[59] AcP Bd. 153 (1954), S. 393 ff. (396 ff.).

[60] Vgl. die Nachweise bei *Dütz*, Gerichtsschutz, S. 75, Fußnote 304.

[61] z. B. *Dürig*, in: Maunz / Dürig / Herzog, GG, Art. 103 Rdnr. 88; *Dütz*, Gerichtsschutz, S. 75 ff.; *Lerche*, ZZP Bd. 78 (1965), S. 1 ff. (6 f.); *Lorenz*, Rechtsschutz, S. 238 jeweils mit weiteren Nachweisen.

[62] BVerfGE Bd. 17, S. 356 ff. (361); a. A. *Kirch*, Diss., S. 83 f.

[63] Gerichtsschutz, S. 75 ff.

[64] Dies stellen *Lerche*, ZZP Bd. 78 (1965), S. 1 ff. (24) und *Lorenz*, Rechtsschutz, S. 238 besonders heraus. Anzumerken ist, daß der Normbereich des Art. 103 Abs. 1 GG teils enger teils weiter als der des Art. 19 Abs. 4 GG ist. Art. 103 Abs. 1 GG garantiert zwar nicht die Eröffnung des Rechtsweges, garantiert aber rechtliches Gehör in jedem gerichtlichen Verfahren, also nicht nur in solchen, die sich gegen Akte öffentlicher Gewalt richten.

gerade dieser Begriff wesentlich über das „Ob" des Rechtsschutzes entscheidet.

Hinweise für eine Deutung vermag allerdings Art. 44 Abs. 4 S. 1 GG zu geben, der Beschlüsse der Untersuchungsausschüsse der richterlichen Erörterung entzieht. Es sei daran erinnert[65], daß Ausschüsse als Unterorgane des Parlaments anzusehen sind, deren Akte dem Parlament zuzurechnen sind, die also (mittelbare) Parlamentsakte darstellen. Das bedeutet, daß sie der hier zu untersuchenden Kategorie der nicht zur Rechtsetzung gehörenden Akte der Legislative unterfallen. — Die Regelung des Art. 44 Abs. 4 S. 1 GG hätte sich erübrigt, wenn jene Akte nicht als solche der öffentlichen Gewalt im Sinne des Art. 19 Abs. 4 GG anzusehen wären, und der Rechtsweg darum ohnehin nicht eröffnet wäre. *Maunz*[66] sieht daher in Art. 44 Abs. 4 S. 1 GG eine Bestätigung für die von *Dürig* in dessen Kommentierung des Art. 19 Abs. 4 GG vertretene weite Deutung des Begriffs „öffentliche Gewalt". Es ist zwar denkbar und gesetzestechnisch durchaus möglich, daß es sich lediglich um eine deklaratorische Regelung handelt; diese Betrachtungsweise widerspricht aber dem im Rahmen der systematischen Auslegung von Verfassungsnormen zu berücksichtigenden Interpretationspunkt des „Prinzips der Einheit der Verfassung"[67, 68]. Ohne der Bedeutung dieses „Interpretationsleitpunktes" *(Ossenbühl)* im einzelnen nachzuspüren, besagt er doch soviel, „die Verfassung jeweils als einen in sich sinnvollen, zwar vielseitigen und keineswegs spannungslosen, aber doch immer auf die Einheit des politischen Gemeinwesens gerichteten Ordnungszusammenhang zu interpretieren"[69]. Mit anderen Worten: der Interpret muß grundsätzlich die Verfassung als „ein in sich geschlossenes Ganzes"[70] betrachten, um so divergierende oder gar konträre Prinzipien und Regelungen der Verfassung zur Übereinstimmung zu bringen[71]. Wenn man diese Gesichtspunkte zugrunde legt, so kann die Regelung in Art. 44 Abs. 4 S. 1 GG nur konstitutiv im Sinne einer Ausnahme verstanden werden. Denn der ausdrückliche Ausschluß des Rechtsweges ist nur dann sinnvoll, wenn die Rechtsweggarantie des Art. 19 Abs. 4

---

[65] Vgl. oben S. 22 ff.

[66] *Maunz / Dürig / Herzog*, GG, Art. 44 Rdnr. 65.

[67] Vgl. insbesondere *Ehmke*, VVDStRL Bd. 20 (1963), S. 53 ff. (72 ff., 89 ff.). Zu diesem „Interpretationsleitpunkt" allgemein vgl. *Ossenbühl*, DÖV 1965, S. 649 ff. (654 f.) mit weiteren Nachweisen aus Rspr. und Lit.

[68] Zum „Prinzip der Einheit der Verfassung" in der Rspr. des Bundesverfassungsgerichts, vgl. BVerfGE Bd. 1, S. 14 ff. (32); 3, S. 225 ff. (231 f.); 19, S. 206 ff. (220); 28, S. 243 ff. (261); 30, S. 1 ff. (19).

[69] *Ehmke*, VVDStRL Bd. 20 (1963, S. 53 ff. (77).

[70] *Ossenbühl*, DÖV 1965, S. 649 ff. (654).

[71] In diesem Sinne hat das Bundesverfassungsgericht z. B. im SRP-Urteil (BVerfGE Bd. 2, S. 1 ff. [72] ff.) das Spannungsverhältnis zwischen Art. 21 und 38 GG gelöst.

GG insoweit den Rechtsweg überhaupt eröffnet. Erfüllen die nicht rechtsetzenden Parlamentsbeschlüsse schon nicht das „Tatbestandsmerkmal", „öffentliche Gewalt", so erübrigt sich der zusätzliche Rechtswegausschluß in Art. 44 Abs. 4 S. 1 GG. Bei Unterstellung einer sinnvollen Regelung ist daher ein Rückschluß von Art. 44 Abs. 4 S. 1 GG auf Art. 19 Abs. 4 GG des Inhalts gerechtfertigt, daß der Begriff „öffentliche Gewalt" in der Rechtsweggarantie schlichte Parlamentsbeschlüsse (einschließlich der Akte parlamentarischer Unterorgane) umfaßt.

Als (Teil-)Ergebnis der systematischen Auslegung läßt sich somit festhalten,

> daß unter Berücksichtigung der Bedeutung des Art. 1 Abs. 1 und Abs. 3 GG sowie des Art. 44 Abs. 4 S. 1 GG der Begriff „öffentliche Gewalt" im Sinne des Art. 19 Abs. 4 GG — in Übereinstimmung mit dem Ergebnis der grammatischen Auslegung — nicht zur Rechtsetzung gehörende Akte der Legislative umfaßt.

3. Historisch-genetische Auslegung[72]

Die historische Auslegung ist zur Ermittlung des Sinngehaltes des Begriffs „öffentliche Gewalt" wenig ergiebig, da Art. 19 Abs. 4 GG ein novum[73] in der deutschen Verfassungsentwicklung darstellt, wenn auch die Schöpfer des Grundgesetzes mit dieser Norm kein völliges Neuland[74] in der geschichtlichen Entwicklung des Rechtsschutzes des Individuums gegen den Staat betreten haben[75].

Die die historische Entwicklung kennzeichnenden — mittelbaren — Normvorläufer enthalten zum einen nicht den umfassenden Begriff der öffentlichen Gewalt, zum anderen geht die Rechtsweggarantie des

---

[72] Obwohl diese beiden Auslegungselemente etwas Verschiedenes beinhalten, nämlich die Überprüfung von Normvorläufern (historische Auslegung) auf der einen und von Gesetzesmaterialien und der Entstehungsgeschichte (genetische Auslegung) auf der anderen Seite, sollen sie hier gleichwohl zusammen abgehandelt werden. (Daß in Lehre und Rspr. diese Elemente nicht selten miteinander vermengt und die Bezeichnungen unkorrekt verwendet werden, darauf weist *Friedrich Müller*, Fallanalysen, S. 10, hin.) Eine Verbindung empfiehlt sich deshalb, da diese Kriterien eng miteinander verzahnt sind; Normvorläufer fließen in den Entstehungsvorgang ein, beeinflussen ihn und dienen häufig als Vorbild für die zu konkretisierende Norm.

[73] So ausdrücklich *Bauer*, Gerichtsschutz, S. 18; *Ossenbühl*, 50. DJT Bd. I, B 167; *Bettermann*, AöR Bd. 36 (1971), S. 528 ff. (564) „Art. 19 Abs. 4 ist eine Neuschöpfung". *von Doemming / Füsslein / Matz*, JöR (N.F.) Bd. 1 (1951), S. 183 bemerken: „Eine Klausel über die Offenhaltung des Rechtsweges bei Verletzung der Rechte des einzelnen durch die öffentliche Gewalt war in der RV nicht enthalten. Auch der CH.E (Herrenchiemseer Entwurf — Anm. d. Verf.) wies keine Bestimmung dieser Art auf."

[74] So *Bettermann*, AöR Bd. 96 (1971), S. 528 ff. (529 f.).

[75] Zur geschichtlichen Entwicklung vgl. *Klein*, VVDStRL Bd. 18 (1950), S. 67 - 78; *Menger*, Grundrechte III/2, S. 717 ff. (718 - 723); ders., DÖV 1963, S. 726 ff.

Art. 19 Abs. 4 GG weit über den historischen Rechtszustand des Bürgerschutzes hinaus. So hieß es in § 181 Abs. 1 der Frankfurter Reichsverfassung vom 28. 3. 1849 (sog. Paulskirchenverfassung)[76]: „Die Verwaltungsrechtspflege hört auf; über alle Rechtsverletzungen entscheiden die Gerichte." Diese Vorschrift bedeutet lediglich, daß Verwaltungsstreitsachen nicht von weisungsabhängigen Verwaltungsbehörden, sondern von unabhängigen Gerichten entschieden werden sollen[77]. Ein umfassender Individualrechtsschutz wurde damit nicht garantiert.

Die Weimarer Reichsverfassung vom 1. 10. 1918 bestimmte in Art. 107: „Im Reiche und in den Ländern müssen nach Maßgabe der Gesetze Verwaltungsgerichte zum Schutze der einzelnen gegen Anordnungen und Verfügungen der Verwaltungsbehörden bestehen." Ohne auf die Bedeutung dieses „Programmsatzes" näher eingehen zu wollen[78], bleibt anzumerken, daß Art. 107 WRV den Individualrechtsschutz bzw. die Einrichtung von Verwaltungsgerichten zu dessen Sicherung nur gegenüber Akten von Verwaltungsbehörden postulierte.

In den Rechtswegklauseln der bei Inkrafttreten des Grundgesetzes bereits vorhandenen Länderverfassungen ist zumeist in Anlehnung an die Formulierung des Art. 107 WRV von „Verordnungen und Verfügungen der Verwaltungsbehörden" die Rede, so in Art. 90 Abs. 1 der Verfassung für Württemberg-Baden vom 28. 11. 1946, in Art. 124 Abs. 1 der Verfassung für Rheinland-Pfalz vom 18. 5. 1947, in Art. 63 der Verfassung für Württemberg-Hohenzollern vom 20. 5. 1947 und in Art. 147 S. 1 der Landesverfassung der Freien Hansestadt Bremen vom 21. 10. 1947. Lediglich Art. 2 Abs. 3 der Verfassung des Landes Hessen vom 1. 12. 1946[79] und Art. 20 der Verfassung des Saarlandes vom 15. 12. 1947[80] (wobei allerdings die Besonderheiten des damaligen Status'

---

[76] Diese am 12. Oktober 1848 von der Deutschen verfassunggebenden Nationalversammlung angenommene Vorschrift wurde allerdings praktisch nie wirksam.

[77] Vgl. dazu *Menger*, Grundrechte III/2, S. 717 ff. (720 f.) mit weiteren Nachweisen. Dieser weist darauf hin, daß damit keine Entscheidung gegen die Verwaltungsgerichtsbarkeit und für den sog. „Justizstaat" verbunden war.

[78] Vgl. dazu *Anschütz*, WRV, Anm. zu Art. 107 mit weiteren Nachweisen.

[79] „Glaubt jemand durch die öffentliche Gewalt in seinen Rechten verletzt zu sein, so steht ihm der Rechtsweg offen." Nach *Klein*, VVDStRL Bd. 8 (1950), S. 67 ff. (79) dürfte diese Vorschrift der hess. Verfassung „unmittelbares Vorbild für die sprachliche Fassung der grundgesetzlichen Rechtsschutzgeneralklausel" gewesen sein. *Stein* in: Zinn / Stein, hess. Verf., Anm. 5 zu Art. 2 ist der Auffassung, daß nur Rechtsverletzungen durch die vollziehende Gewalt, nicht durch die Rechtsprechung oder Gesetzgebung anfechtbar seien, da diese Vorschrift nur den Rechtsweg sichern wolle. Diese Argumentation ist nur überzeugend für die Rechtsprechung, da nur dort die Entscheidung bereits im Rechtsweg ergeht. (Vgl. dazu oben S. 83 ff.) Zur Entstehungsgeschichte der hess. Verf. vgl. *Zinn*, in: Zinn / Stein, hess. Verf., Einführung, S. 45 - 83 und *von Brünneck*, JöR (N.F.) Bd. 3 (1954), S. 213 ff.

[80] Zur Entstehungsgeschichte der saarl. Verfassung vgl. *Stöber* (Hrsg.), „Die saarländische Verfassung vom 15. Dez. 1947 und ihre Entstehung".

des Saarlandes zu beachten sind) verwenden wie Art. 19 Abs. 4 GG den Begriff „öffentliche Gewalt“[81].

Der Entwurf eines Grundgesetzes, den der Verfassungsausschuß der Ministerpräsidenten-Konferenz der westlichen Besatzungszonen erarbeitet hatte (sog. Herrenchiemsee-Entwurf)[82], bestimmte in Art. 138:

„(1) Wer sich durch die Anordnung oder durch die Untätigkeit einer Verwaltungsbehörde in seinen Rechten verletzt oder mit einer ihm nicht obliegenden Pflicht beschwert glaubt, kann gerichtliche Hilfe in Anspruch nehmen.

(2) Das Nähere bestimmen die Bundes- und Landesgesetze.“

Zur Entstehungsgeschichte bemerkt *Klein*[83] zu Recht: „Leider sind die vorliegenden Materialien, insbesondere diejenigen des Bonner Parlamentarischen Rates, zur Genesis des Art. 19 Abs. 4 dürftig und sachlich kaum ergiebig[84].“ Was den Begriff „öffentliche Gewalt“ anbetrifft, so fällt allerdings auf, daß von Beginn der Beratungen des Parlamentarischen Rates zum heutigen Art. 19 Abs. 4 GG bis zu dessen endgültiger Fassung unumstritten von „öffentlicher Gewalt“ die Rede war[85]. Die ist um so bemerkenswerter, als der Herrenchiemsee-Entwurf, der dem Parlamentarischen Rat als Beratungsgrundlage diente, in der vergleichbaren Vorschrift des Art. 138 von „Anordnung ... oder Untätigkeit einer Verwaltungsbehörde“ spricht. Klein[86] hat nun unter Hinweis auf die Verwendung der Formulierungen in Art. 107 WRV, in den genannten Bestimmungen der Länderverfassungen sowie in Art. 138 des Herrenchiemsee-Entwurfs[87] den Nachweis zu erbringen

---

[81] Alle nach Inkrafttreten des Grundgesetzes beschlossenen Länderverfassungen, die ausdrücklich den Rechtsweg garantieren, haben den Ausdruck „öffentliche Gewalt“ gewählt, so Art. 41 Abs. 1 der nds. Verf. vom 13. 4. 1951, Art. 61 der hamb. Verf. vom 6. 6. 1952 und Art. 67 Abs. 1 der bad.-württ. Verf. vom 11. 11. 1953.

[82] Vgl. dazu „Bericht über den Verfassungskonvent auf Herrenchiemsee vom 10. bis 23. August 1948“, München 1948.

[83] VVDStRL Bd. 8 (1950), S. 67 ff. (78).

[84] Dieser Eindruck wird bestätigt durch die Zusammenfassung der amtlichen Materialien bei *von Doemming / Füsslein / Matz,* JöR (N.F.) Bd. 1 (1951), S. 176 ff. (183 - 185).

[85] Die Rechtsweggarantie kam erstmals in der vierten Sitzung des Grundsatzausschusses vom 23. 9. 1948 zur Sprache. Satz 1 des Art. 19 Abs. 4 GG in seiner heutigen Gestalt wurde als Absatz 4 des Art. 2 GG vorgeschlagen und vom Grundsatzausschuß angenommen. In den folgenden Beratungen war im wesentlichen nur die (formale) Stellung der Rechtsweggarantie im Grundgesetz sowie die subsidiäre Eröffnung des ordentlichen Rechtsweges umstritten. Vgl. dazu *von Doemming / Füsslein / Matz,* JöR (N.F.) Bd. 1 (1951), S. 183 ff.

[86] VVDStRL Bd. 8 (1951), S. 67 ff. (104 ff.).

[87] Klein (ebd., S. 106) fügt zur Begründung die Regelungen in § 35 Abs. 1 der US-zonalen Verwaltungsgerichtsgesetze von 1946/47 und § 23 Abs. 1 S. 1 der MRVO Nr. 165 hinzu, in denen von „Verwaltungsakten“ die Rede ist.

versucht, der Begriff „öffentliche Gewalt" in Art. 19 Abs. 4 GG beziehe sich ausschließlich auf Verwaltungsbehörden. Nach Aufzählung der einschlägigen Normen bemerkt Klein[88]: „Überall also wird für den öffentlichen Rechtsschutz ein Verhalten von Verwaltungsbehörden vorausgesetzt, nicht hingegen ein solches anderer Behörden, Stellen und Instanzen. Auch im Sinne des Art. 19 Abs. 4 wird man daher als Träger öffentlicher Gewalt *ausschließlich Verwaltungsbehörden*[89] zu verstehen haben. Und zwar kommt als anfechtbares Verhalten einer solchen Behörde nur ein Verwaltungsakt im technisch-spezifischen Sinne, nicht beispielsweise in der weiteren Bedeutung des Begriffes in § 25 der Verordnung Nr. 165 der britischen Militärregierung in Betracht[90]." Es fällt auf, daß Klein bei seiner Aufzählung den § 2 Abs. 3 der hess. Verfassung und Art. 20 der saarl. Verfassung, die den Begriff „öffentliche Gewalt" verwenden, nicht erwähnt. Es ist also nicht richtig, daß „überall ... für den öffentlich-rechtlichen Rechtsschutz ein Verhalten von Verwaltungsbehörden vorausgesetzt" wird. Zumindest spricht der Wortlaut der beiden genannten Verfassungsbestimmungen gegen diese Deutung. Wenn Klein feststellen zu können glaubt, die Herrenchiemseer Vorschrift kehre zwar — wenn auch nicht in ihrer textlichen Formulierung, so doch jedenfalls in ihrem sachlichen Inhalt — in Art. 19 Abs. 4 GG wieder[91], so ist dies eine unbewiesene Behauptung. Gerade die Abweichung und Wahl des umfassenderen Begriffs „öffentliche Gewalt" deutet auch auf einen umfassenden sachlichen Inhalt hin. Diese Vermutung wäre zu widerlegen gewesen.

Der Normtext wird zu Beginn der historisch-rechtsvergleichenden Exegese mit der Bemerkung beiseitegeschoben, im Gegensatz zu Art. 120 bay.Verf.[92] gebe der bloße Wortlaut des Art. 19 Abs. 4 GG keinen Anhalt auf die Frage, wer im Sinne der Rechtsweggarantie Träger öffentlicher Gewalt sei[93]. Nachdem (!) das Ergebnis gefunden ist, daß der Begriff „öffentliche Gewalt" ausschließlich Verwaltungsbehörden umfasse, gesteht Klein den „klaren Wortlaut des Art. 19 Abs. 4" zu, „der keine Ausnahmen, Einschränkungen oder Vorbehalte macht"[94]. Neben

---

Dazu ist zu bemerken, daß diese unterverfassungsrechtlichen Rechtsnormen kaum zur Auslegung der Verfassungsnorm des Art. 19 Abs. 4 GG beitragen können.

88 Ebd., S. 107.

89 Hervorhebung im Original.

90 Klein beruft sich dabei auf *Friesenhahn*, DV 1949, S. 478 ff. (482), nach dessen nicht begründeter Auffassung Art. 19 Abs. 4 GG „offensichtlich nur Handlungen von Verwaltungsbehörden im Auge" habe.

91 Ebd., S. 79.

92 „Jeder Bewohner Bayerns, der sich durch eine Behörde in seinen verfassungsmäßigen Rechten verletzt fühlt, kann den Schutz des bayerischen Verfassungsgerichtshofes anrufen."

93 *Klein*, ebd., S. 105.

94 Ebd., S. 117.

diesen Bedenken sind auch im übrigen (in methodischer Hinsicht) Fragezeichen angebracht, da das Ergebnis allein mittels historischer Auslegung begründet wird, und trotz einschränkender Deutung gegenüber dem (zugegebenermaßen) umfassenden Wortlaut bei der Exegese des Begriffs „öffentliche Gewalt" auf die notwendige systematische und teleologische Auslegung verzichtet wird. Es überrascht daher, daß Klein in der sich an das Referat anschließenden Diskussion hinsichtlich seiner einschränkenden Auslegung des Begriffs „öffentliche Gewalt" (zumal damit gleichzeitig eine Einschränkung der Reichweite der Rechtsweggarantie an sich verbunden ist) bis auf *von der Heydte*[95] bei den versammelten Staatsrechtslehrern nicht auf Kritik gestoßen ist. Dies verwundert um so mehr, als Klein[96] im übrigen eine extensive Auslegung der Rechtsweggarantie fordert.

In diesem Zusammenhang ist allerdings zu vermerken, daß auch das Bundesverfassungsgericht in ähnlich angreifbarer Weise verfährt. In der bereits erwähnten AKU-Entscheidung[97] wird bei der Exegese des Begriffs „öffentliche Gewalt" zur Begründung des Ergebnisses, die Gesetzgebung (bei der Normsetzung) sei nicht öffentliche Gewalt im Sinne des Art. 19 Abs. 4 GG, entscheidend auf die historische Auslegung abgestellt. Abgesehen davon, daß die historische Auslegung im konkreten Fall angesichts der Neuschöpfung des Art. 19 Abs. 4 GG wenig aussagekräftig sein kann, widerspricht dies dem in ständiger Rechtsprechung[98] wiederholten methodologischen Bekenntnis des Gerichts zum Weg der Ermittlung des sog. objektivierten Willens des Gesetzgebers[99]. Die Entscheidung ist daher, nicht zuletzt wegen dieser methodischen Mängel, zu Recht auf Kritik gestoßen[100].

Die historische Auslegung läßt gegenüber dem durch den Wortlaut indizierten umfassenden Sinngehalt des Begriffs „öffentliche Gewalt" einen sicheren Schluß auf eine einschränkende Interpretation nicht zu. Das Ergebnis der historisch-rechtsvergleichenden Exegese Kleins, der den Begriff im Sinne von Verwaltungsbehörden verstanden wissen

---

[95] VVDStRL Bd. 8 (1950), S. 162 f. „Was berechtigt uns dazu, unter dem Begriff der ‚öffentlichen Gewalt' ausschließlich ‚Verwaltungsbehörden' zu begreifen? Hätte der Gesetzgeber diese Einschränkung gewollt, hätte er es auch gesagt! ‚Öffentliche Gewalt' ist auch gesetzgebende Gewalt: Art. 19 Abs. 4 bedeutet m. E. nicht nur Verwaltungskontrolle, sondern auch Normenkontrolle."

[96] Ebd., S. 123, Lts. I 2 „Das Bekenntnis des GG zum Rechtsstaat in Art. 19 Abs. 4 berechtigt und verpflichtet zu einer durchgängig rechtsstaatlich-extensiven Auslegung der Vorschrift".

[97] BVerfGE Bd. 24, S. 33 ff.

[98] Seit BVerfGE Bd. 1, S. 299 ff.

[99] Vgl. dazu oben S. 77, Fußnote 21.

[100] So z. B. bei *Bettermann*, AöR Bd. 96 (1971), S. 528 ff. (529 f.); *Henke*, JZ 1969, S. 145 ff.; *Lorenz*, Rechtsschutz, S. 162 f.; ders., DVBl. 1969, S. 144; *Wilken*, DVBl. 1969, S. 532 ff.

will, ist weder überzeugend noch zwingend. Man könnte auch ebensogut umgekehrt argumentieren: Da gegenüber den vergleichbaren Normen der Landesverfassungen sowie im Herrenchiemsee-Entwurf in Art. 19 Abs. 4 GG nicht von „Verwaltungsbehörden“, sondern allgemein von „öffentlicher Gewalt“ die Rede ist, reicht er demgemäß auch weiter[101].

Soweit die dürftigen Materialien zur Entstehungsgeschichte überhaupt geeignet sind, eine halbwegs verläßliche Aussage im Rahmen der genetischen Auslegung zu machen, indizieren sie keine eingeschränkte Bedeutung des Begriffs „öffentliche Gewalt“. Die unumstrittene Verwendung dieses Begriffs in den Verhandlungen des Parlamentarischen Rates, entgegen den Formulierungen in den vergleichbaren (mittelbaren) Normvorläufern, sowie einige Äußerungen der dort vertretenen Abgeordneten deuten auf einen umfassenden Sinngehalt hin. So führte der Abgeordnete *von Mangoldt*[102] aus, die Regelung sehe die „allgemeine Verfolgbarkeit“ von Eingriffen in die Freiheit vor. *Thoma*[103] äußerte, die Prinzipien des Rechtsstaates forderten formell-rechtlich, daß sich jedermann gegen wirklich oder vermeintlich rechtswidrige Eingriffe in seine Rechts- und Freiheitssphäre, insbesondere auch gegen die Verletzung seines allgemeinen Persönlichkeitsrechts auf Freiheit von rechtswidrigem Zwang zur Wehr setzen könne. Aus diesen einschränkungslosen Äußerungen sowie aus den mangelnden Hinweisen auf ein restriktives Verständnis in den Materialien im übrigen[104], läßt sich der, wenn auch angesichts der dürftigen Erkenntnisgrundlagen vage, Schluß rechtfertigen, daß der Begriff „öffentliche Gewalt“ nach entstehungsgeschichtlichen Gesichtspunkten umfassend zu deuten ist und somit auch Parlamentsakte umfaßt.

Diese Auffassung wird auch durch die Tatsache gestützt, daß die „Väter“ des Grundgesetzes es für notwendig erachten, in Art. 44 Abs. 4 S. 1 GG, einer Norm, die ebenso neu ist wie Art. 19 Abs. 4 GG, ausdrücklich Beschlüsse der Untersuchungsausschüsse der richterlichen Erörterung zu entziehen. Wie bereits im Rahmen der systematischen Auslegung ausgeführt[105], hätte sich diese Regelung erübrigt, wenn jene (mittelbaren) Parlamentsakte nicht als solche der öffentlichen Gewalt im Sinne des Art. 19 Abs. 4 GG anzusehen wären, und der Rechtsweg darum ohnehin nicht eröffnet wäre.

Als (Teil-)Ergebnis der historischen und genetischen Auslegung läßt sich somit feststellen:

---

101 So argumentiert denn auch *Maurer*, Festschrift für Eduard Kern, S. 275 ff. (280).

102 Stenoprot., S. 23/24.

103 Drucks. Nr. 244, S. 4.

104 Vgl. *von Doemming / Füsslein / Matz*, JöR (N.F.) Bd. 1 (1951), S. 183 ff.

105 Vgl. oben S. 91 f.

Die historische Interpretation führt gegenüber der vom Wortlaut gebotenen umfassenden Deutung des Begriffs „öffentliche Gewalt“ im Sinne des Art. 19 Abs. 4 GG nicht zwingend zu einer Einschränkung seines Anwendungsbereichs. — Soweit die dürftigen Materialien überhaupt einen halbwegs sicheren Schluß zulassen, führt die entstehungsgeschichtliche Exegese zu einer umfassenden Bedeutung des Begriffs „öffentliche Gewalt“, der die nicht zur Rechtsetzung gehörenden Akte der Legislative umfaßt.

4. Teleologische Auslegung

Zur teleologischen Interpretation allgemein[106] sei hier nur soviel gesagt, daß sie ein unselbständiges Konkretisierungselement darstellt, da sie von den übrigen Elementen abhängt, sich auf diese bezieht[107]. Sie muß von diesen ausgehen und wird gleichzeitig durch die mittels der anderen Auslegungselemente gewonnenen Erkenntnisse begrenzt. Das bedeutet, daß „Gesichtspunkte vom ‚Sinn und Zweck‘ der zu deutenden Vorschrift nur insoweit heranzuziehen sind, als sie mit Hilfe der anderen Elemente belegt werden können“[108]. Nur bei Beachtung dieses Charakters der teleologischen Auslegung als „Hilfselement“ beim Konkretisierungsvorgang können Ergebnisse vermieden werden, die mangels Normbezogenheit allein auf dem Verständnis des Auslegenden sowie auf dessen subjektiver Wertung beruhen[109]. Wenn man dies in Rechnung stellt, vermag die Ermittlung vom Sinn und Zweck der Verfassungsnorm des Art. 19 Abs. 4 GG, in die der Begriff „öffentliche Gewalt“ hineingestellt ist, zusätzliche Hinweise zu dessen Deutung (hier — problembezogen — auf die Frage konzentriert, ob der Begriff auch nicht zur Rechtsetzung gehörende Akte der Legislative umfaßt) zu geben.

Aus dem Wortlaut des Art. 19 Abs. 4 GG läßt sich unschwer entnehmen, daß der Zweck dieser Vorschrift darin besteht, dem einzelnen bei einer Verletzung seiner Rechte durch die öffentliche Gewalt die Mög-

---

106 Vgl. dazu statt vieler *Larenz*, Methodenlehre, S. 311 ff.

107 Ähnlich, wenn auch etwas allgemeiner, *Wolff / Bachof*, Verwaltungsrecht I, § 28 III c 7: „Schließlich ermittelt die wohl wichtigste, teleologische Interpretation unter Berücksichtigung des Rechtssystems, der Rechtsgeschichte, des Willens des Gesetzgebers und der — historisch oft gewandelten — sozialen Institution, auf die sich die Regelung bezieht, die in dem Rechtssatz zum Ausdruck gekommenen Bewertungen der beteiligten Interessen.“

108 *Friedrich Müller*, Methodik, S. 149.

109 Daß in der Praxis leider oft so verfahren wird, ließe sich an zahlreichen Beispielen nachweisen. So wird das Kriterium der „Natur der Sache“ im Rahmen der teleologischen Auslegung häufig nicht zur Auswahl alternativer Deutungsmöglichkeiten verwendet, sondern es werden die Ergebnisse der normbezogenen Auslegung unter Hinweis auf die „Natur der Sache“ zugunsten einer subjektiven Wertung beiseite geschoben. Zum Kriterium „Natur der Sache“ vgl. *Larenz*, Methodenlehre, S. 315 f. u. S. 388 ff.

lichkeit zu geben, den Rechtsweg zu beschreiten. Diese allgemeine Feststellung bedarf der Präzisierung. Wenn der Begriff „Rechtsweg“ im juristischen Sprachgebrauch auch zahlreiche Umschreibungen erfährt[110], z. B. „Weg zu den Gerichten“[111] oder „zu den verschiedenen Zweigen der Gerichtsbarkeit“[112], „Weg zu einem Gericht“[113] oder „Gerichtsweg“[114], um nur einige zu nennen, so besteht doch Einigkeit darüber, daß er gemäß der Terminologie des Grundgesetzes Weg zu den (staatlichen) Gerichten und dort zum Richter (Art. 92 i. V. m. Art. 97 GG)[115] bedeutet. Sinn und Zweck des Art. 19 Abs. 4 GG sind damit selbstverständlich nicht erschöpft, denn die Eröffnung des Rechtsweges im beschriebenen Sinn stellt keinen Selbstzweck, also nicht nur eine theoretische Möglichkeit dar[116]. Wie sich aus dem ersten Halbsatz des Art. 19 Abs. 4 GG ergibt, dient die Möglichkeit der Beschreitung des Rechtsweges der Abwehr von *Rechts*verletzungen durch die öffentliche Gewalt. Der Rechtsweg dient also der Erlangung des (staatlichen) *Rechtsschutzes*[117], so daß Art. 19 Abs. 4 GG nicht nur eine *Rechtsweg*-, sondern auch eine *Rechtsschutz*garantie beinhaltet[118]. — Die dem Wortlaut gemäß einschränkungslose Eröffnung des Rechtsweges läßt den Schluß zu, daß Art. 19 Abs. 4 GG auch lückenlosen Rechtsschutz garantiert[119]. Dies

---

110 Vgl. dazu mit umfangreichen Nachweisen, *Buermeyer*, Rechtsschutzgarantie, S. 12 ff.

111 BVerfGE Bd. 4, S. 74 ff. (94), 10, S. 264 ff. (267); BGH NJW 1959, S. 1230 ff. (1232); *Hummel*, Gerichtsschutz, S. 55.

112 *Wolff / Bachof*, Verwaltungsrecht I, § 19 VI b.

113 BVerfGE Bd. 4, S. 74 ff. (94); 10, S. 264 ff. (267); *Bettermann*, Grundrechte III/2, S. 779 ff. (799); ders.: AöR Bd. 96 (1971), S. 528 ff. (547), *von Mangoldt / Klein*, GG, Anm. III 5 zu Art. 19 (S. 574); *Menger*, System, S. 57.

114 *Arentz*, Diss., S. 101, *Bettermann*, Grundrechte III/2, S. 779 ff. (800); *Lerche*, Rechtsweg, S. 34 „Richtiger erscheint daher der Ausdruck ‚Gerichtsweg‘ (Weg zum Gericht = Weg zur richterlichen Entscheidung), der sich jedoch noch nicht recht eingebürgert hat“.

115 Also nicht zu einer sonstigen (abhängigen) Stelle der Justiz, sondern zum in Unabhängigkeit entscheidenden Richter.

116 „Art. 19 Abs. 4 GG garantiert nicht nur das formelle Recht und die theoretische Möglichkeit, die Gerichte anzurufen ...“ BVerfGE Bd. 35, S. 263 ff. (274); so auch im Beschluß vom 24. 4. 1974, BVerfGE Bd. 37, S. 150 ff. (153) = NJW 1974, S. 1079 f.

117 So ausdrücklich *Menger*, System, S. 57.

118 Allgemeine Meinung, z. B. BVerfGE Bd. 8, S. 174 ff. (181); 22, S. 49 ff. (82); 35, 65 ff. (72), 263 ff. (275); BVerwGE Bd. 8, S. 350 ff. (355); 16, S. 289 ff. (292); 17, S. 83 ff. (85); 35, S. 69 ff. (75); *Bettermann*, Grundrechte III/2, S. 779 ff. (783); *Dürig*, in: Maunz / Dürig / Herzog, GG, Art. 19 IV Rdnr. 1 u. 2; *Friesenhahn*, DV 1949, S. 478 ff. (481); *Jesch*, AöR Bd. 82 (1957), S. 163 ff. (236); *Lerche*, ZZP Bd. 78 (1965), S. 1 ff. (4, 16); *Lorenz*, Rechtsschutz, S. 13 f., 130; *Maurer*, Festschrift für Eduard Kern, S. 275 ff. (277); *von Mutius*, VerwArch. Bd. 63 (1972), S. 207 ff. (208); *Olschewski*, Wahlprüfung, S. 127; *Renck*, JuS 1966, S. 273 ff. (276); *Schmidt-Bleibtreu / Klein*, GG, Art. 19 Rdnr. 16; *Wolff*, Verwaltungsrecht III (2. Aufl.), § 168 II a.

119 Dies kann als absolut herrschende Meinung gelten. Nach anfänglich unterschiedlichem, teilweise zurückhaltendem, Sprachgebrauch, so z. B. in

ergibt sich insbesondere auch aus der subsidiären Eröffnung des ordentlichen Rechtsweges in Art. 19 Abs. 4 S. 2 GG, der verfahrensrechtliche Lücken durch diese „Reservezuständigkeit" schließt[120].

Sowohl die Rechtsprechung als auch die Rechtswissenschaft sehen in Art. 19 Abs. 4 GG außerdem eine Garantie umfassenden und effektiven Rechtsschutzes[121]. Die unterschiedlichen Attribute, die der Rechtsweggarantie beigegeben werden, überschneiden sich zwar teilweise, liegen jedoch auf zwei verschiedenen Ebenen. Das Postulat umfassenden und effektiven Rechtsschutzes betrifft die Intensität, also das „Wie" des Rechtsschutzes. Unter umfassendem Rechtsschutz wird weitgehend eine „vollständige Überprüfung in rechtlicher und tatsächlicher Hinsicht" verstanden[122]. Die Effektivität ist vorwiegend in der Rechtzeitigkeit zu sehen[123, 124].

BVerfGE Bd. 10, S. 264 ff. (267) („umfassender Rechtsschutz"); Bd. 8, S. 274 ff. (326), 13, 153 ff. (161), 25, S. 352 ff. (365) („möglichst lückenloser Rechtsschutz"); Bd. 22, S. 106 ff. (110) („Garantie eines Mindestmaßes an gerichtlichem Schutz"), hat das Bundesverfassungsgericht sich in neuerer Zeit die Formel vom lückenlosen Rechtsschutz (oftmals mit dem Zusatz „effektiv und umfassend") zu eigen gemacht, so z. B. in BVerfGE Bd. 35, S. 65 ff. (72); vgl. auch BVerfGE Bd. 30, S. 1 ff. (41-MV). Für die übrige Rechtsprechung vgl. BVerwGE Bd. 4, S. 73 ff. (75); 8, S. 350 (357); 17, S. 83 ff. (85); 35, S. 69 ff. (74); BGHZ Bd. 10, S. 295 ff. (297), OVG Münster OVGE Bd. 16, S. 236 ff. (237); OVG Lüneburg OVGE Bd. 11, S. 503 (505) u. DVBl. 1972, S. 189 f.; OVG Hamburg DVBl. 1967, S. 422 f. (423); OVG Mannheim, NJW 1973, S. 214; VG Hannover, NJW 1968, S. 254. Aus der Literatur seien beispielhaft genannt: *Bettermann*, Grundrechte III/2, S. 779 ff. (785); *Dürig*, in: Maunz / Dürig / Herzog, GG, Art. 19 IV Rdnr. 1 u. 9; *Klein*, VVDStRL Bd. 8 (1950), S. 67 ff. (78); *von Mangoldt / Klein*, GG, Anm. VII vor 1 zu Art. 19 (S. 568); *Wernicke*, BK 4 g u. e zu Art. 19; a. A., soweit ersichtlich nur *Oettl*, Grenzen, S. 84 ff., 91 u. passim; kritisch auch *Peters*, Entwicklung, S. 275 f., der allerdings im Ergebnis der herrschenden Meinung folgt, da diese inzwischen gewohnheitsrechtliche Qualität erlangt habe.

120 Diese subsidiäre Zuständigkeit läuft heute auf Grund der verwaltungsgerichtlichen Generalklausel weitgehend leer. So *Menger*, DÖV 1969, S. 153 ff. (155); *Vogel*, Rechtsschutz, S. 127 ff. (134); vgl. auch *Dienes*, Diss., S. 115 mit Beispielen von Entscheidungen auf Grund der Zuständigkeitsregelung des Art. 19 Abs. 4 S. 2 GG aus der älteren Rechtsprechung.

121 Vgl. die Nachweise in Fußnote 117. Das Bundesverfassungsgericht hat in neuerer Zeit die Effektivität des Rechtsschutzes hervorgehoben, so in BVerfGE Bd. 35, S. 263 ff. (274); 35, S. 382 ff. (401) (Betonung der Effektivität im Sinne von Rechtzeitigkeit bei Anfechtung einer Ausweisungsverfügung — Gefahr des fait accompli). Vgl. *Buermeyer*, mit umfangreichen Nachweisen zum „umfassenden" und „effektiven" Rechtsschutz (Rechtsschutzgarantie, S. 90 ff.).

122 So ausdrücklich BVerfGE Bd. 15, S. 275 (282); *Bachof*, JZ 1955, S. 97 ff. (99).

123 So vor allem *Lerche*, ZZP Bd. 78 (1965), S. 1 ff. (17, 19, 29). Art. 19 Abs. 4 GG verlangt vor allem repressiven Rechtsschutz; dies folgt aus dem Wortlaut „verletzt", also eine Verletzung bereits erfolgt ist. Wenn aber der Rechtsschutz wegen der Gefahr vollendeter Tatsachen leerliefe, ist auch präventiver Rechtsschutz geboten. Lerche (ebd., S. 17) bemerkt zu Recht: „Art. 19 Abs. 4 GG legt nicht nur einen repressiven, sondern im Zeichen der Effektivität einen präventiven Gürtel um sich." Vgl. auch *Olschewski*, Wahlprüfung, S. 128 ff. mit umfangreichen Nachweisen.

Demgegenüber berührt die Garantie (möglichst) lückenlosen Rechtsschutzes[125] (mehr) das „Ob" des Rechtsschutzes[126], nämlich: Eröffnung des Rechtsweges (und dort Erlangung von Rechtsschutz) gegenüber jeglichem rechtsverletzenden Akt der öffentlichen Gewalt, ungeachtet der Art des Eingriffsaktes und des jeweils handelnden Trägers öffentlicher Gewalt.

Der durch die sprachliche Sinndeutung ermittelte Zweck des Art. 19 Abs. 4 GG, lückenlosen Rechtsschutz im erläuterten Sinn zu gewähren, wird auch durch systematische Aspekte, insbesondere im Hinblick auf Art. 1 Abs. 1 GG, gestützt.

Um die Bedeutung des Bekenntnisses des Grundgesetzes zu den unverletzlichen und unveräußerlichen Menschenrechten in Art. 1 GG kurz zu skizzieren, sei daran erinnert, daß diese zentrale Verfassungsnorm alle Vorschriften des Grundgesetzes (wie auch der gesamten Rechtsordnung) beherrscht[127] und daher auch deren Auslegung beeinflußt[128]. Es ist anerkannt, daß der Mensch Leitbild und Maßstab der objektiven Rechtsordnung ist[129], und sich daraus als oberster Zweck aller Staatstätigkeit der Schutz von Freiheit und menschlicher Würde ergibt[130].

---

124 Der Sprachgebrauch ist allerdings nicht ganz einheitlich. So sieht z. B. *Ossenbühl* (50. DJT Bd. I, B 169) in der Effektivität des Rechtsschutzes einen Oberbegriff, der sowohl die zeitliche Dimension als auch den Umfang der richterlichen Kontrolle umfaßt.

125 Dabei ist das Wort „möglichst" nicht im Sinne einer Relativierung zu verstehen, sondern trägt der Tatsache Rechnung, daß sich einige Bereiche der Garantie des Art. 19 Abs. 4 GG zu entziehen scheinen, dem Rechtsschutz nur schwer zugänglich sind. Dies gilt u. a. für die besonderen Gewaltverhältnisse, die Leistungsverwaltung im gesetzesfreien Raum, Gnadenakte sowie auch für die hier zu untersuchenden Parlamentsakte. (Vgl. dazu *Evers*, Unantastbarkeit, S. 61; *Maurer*, Festschrift für Eduard Kern, S. 275; *Ossenbühl*, 50. DJT Bd. I, B 169 f. jeweils mit weiteren Beispielen.) Der Zusatz „möglichst" ist daher als Postulat zu verstehen; so ausdrücklich: BVerfGE Bd. 30, S. 1 ff. (41-MV); *Evers*, Unantastbarkeit, S. 62. Wenn demgegenüber *Dienes*, Diss., S. 159 die Formel vom „lückenlosen Rechtsschutz" als Tautologie bezeichnet, so ist das sprachlich gesehen zwar richtig, entspricht aber nicht der Verfassungswirklichkeit.

126 Eine Beschränkung des Normbereichs des Art. 19 Abs. 4 GG allein auf ein Recht auf Eröffnung des Rechtsweges widerspräche Sinn und Zweck, da er durch diese Reduzierung nur eine weitgehend sinnlose und leerlaufende Gerichtswegeröffnung bewirken würde. So aber *Hummel* (Gerichtsschutz, S. 58, 64), der die Frage der Rechtsschutzintensität allein unter dem Gesichtspunkt des rechtlichen Gehörs und des Gewaltenteilungsgrundsatzes sieht. Zur Kritik, vgl. *Bauer*, Gerichtsschutz, S. 47 f.

127 Vgl. etwa BVerfGE Bd. 6, S. 32 ff. (36); 30, S. 1 ff. (25 ff.) sowie *Dürig*, in: Maunz / Dürig / Herzog, GG, Art. 103 Abs. 1 Rdnr. 5; *Gallwas*, Beeinträchtigung, S. 55 ff. mit weiteren Nachweisen.

128 So ausdrücklich *Gallwas*, Beeinträchtigung, S. 57.

129 Vgl. *Jahrreiß*, Mensch und Staat, S. 4 ff., *Wertenbruch*, Festschrift für Jahrreiß, S. 487 ff.

130 So das Bundesverfassungsgericht in ständiger Rechtsprechung, BVerfGE Bd. 5, S. 85 ff. (204); 6, S. 32 ff. (42); 12, S. 45 ff. (51); 21, S. 62 ff. (372).

Wenn das Grundgesetz den einzelnen auch nicht als „selbstherrliches Individuum“ sieht, sondern ihn wegen der Gemeinschaftsbezogenheit und -bindung vielfältigen Pflichten und Einschränkungen seiner Freiheit unterworfen hat[131], so hat das Bundesverfassungsgericht[132] wiederholt ausgesprochen, Art. 1 GG verbiete, den Menschen zum Objekt staatlichen Handelns zu machen. Das Gericht hat diesen Grundsatz zwar nicht unmittelbar auf die Rechtsweggarantie angewandt[133], aber die Garantie rechtlichen Gehörs in Art. 103 Abs. 1 GG in diesem Zusammenhang gestellt[134]. Die Achtung der Würde der Person erfordere, „daß über ihre Rechte nicht kurzerhand von Obrigkeits wegen verfügt wird; der einzelne soll nicht Objekt der richterlichen Entscheidung, die seine Rechte betrifft, zu Wort kommen, um Einfluß auf das Verfahren und sein Ergebnis nehmen“[135]. Wenn man das Verhältnis von Art. 103 Abs. 1 und 19 Abs. 4 GG betrachtet, so erscheint auch die Forderung der Rechtsweggarantie nach möglichst lückenlosem Rechtsschutz durch Art. 1 Abs. 1 GG geboten. Wie bereits angedeutet[136], stellt Art. 19 Abs. 4 GG das „Zentrum der prozessualen Verfassungssicherungen für den Bürger“ *(Lerche)* dar, indem er über die Eröffnung des Rechtsweges entscheidet und darüber hinaus einen „etwas verborgenen Gehalt an Effektivität“[137] besitzt. Dieser Gedanke des effektiven Rechtsschutzes stellt die „entscheidende Verbindungslinie zwischen Art. 19 Abs. 4 und 103 Abs. 1 GG dar“[138].

Art. 103 Abs. 1 GG gewährleistet, „daß jeder seine Sache effektiv (also mit ausreichenden Einflußmöglichkeiten auf eine in vernünftiger Zeit erringbare gerichtliche Entscheidung) verfolgen, d. h. zu Gehör und

---

[131] BVerfGE Bd. 4, S. 7 ff. (15); 6, S. 32 ff. (40); 12, S. 45 ff. (51).

[132] BVerfGE Bd. 27, S. 1 ff. (6) unter Berufung auf BVerfGE Bd. 5, S. 85 ff. (204) und Bd. 7, S. 198 ff. (205). Die insoweit einschränkende Auslegung im Abhörurteil (BVerfGE Bd. 30, S. 1 ff. [25 f.]) ist überwiegend auf Kritik gestoßen, vgl. *Erichsen*, VerwArch. Bd. 62 (1971), S. 291 ff.; *Lorenz*, Rechtsschutz, S. 52, Fußnote 6 u. S. 147 ff., 172 f. jeweils mit weiteren Nachweisen.

[133] *Evers*, Unantastbarkeit, S. 50 macht darauf aufmerksam, daß das Bundesverfassungsgericht (BVerfGE Bd. 10, S. 264 ff. [267]) mittelbar den Bezug zum Grundsatz der Menschenwürde mit der Formel hergestellt habe, Art. 19 Abs. 4 GG beseitige die „Selbstherrlichkeit der vollziehenden Gewalt“ gegenüber dem Bürger. Das OVG Berlin dagegen (DÖV 1963, S. 587 ff. [589]) hat eine unmittelbare Beziehung zwischen Art. 1 Abs. 1 und Art. 19 Abs. 4 GG hergestellt mit den Worten: „Sinn und Wesen dieser Bestimmung des Grundgesetzes liegt in der Sicherung und Erhaltung der selbstverantwortlichen Persönlichkeitssphäre des einzelnen im Streit zwischen Individuum einerseits und Staat andererseits.“

[134] BVerfGE Bd. 9, S. 89 ff. unter Hinweis auf BVerfGE Bd. 7, S. 53 ff. (57); 7, S. 275 ff. (279); ähnlich auch BVerwGE Bd. 24, S. 265 ff. (266); 26, S. 161 ff. (168).

[135] BVerfGE Bd. 9, S. 89 ff. (95).

[136] Vgl. oben S. 72 u. 90.

[137] *Lerche*, ZZP Bd. 78 (1965), S. 1 ff. (20).

[138] So *Lerche*, ebd., S. 16; zustimmend *Lorenz*, Rechtsschutz, S. 238.

zu richterlichem Abschluß „bringen“ kann, sofern[139] ihm dafür der Rechtsweg eröffnet ist“[140].

Die prozessuale Garantiefunktion des Art. 103 Abs. 1 GG kann also im Bereich des Rechtsschutzes gegenüber Akten öffentlicher Gewalt nur dann wirksam werden, wenn gemäß Art. 19 Abs. 4 GG der Rechtsweg eröffnet ist, so daß eine lückenhafte Rechtswegeröffnung mittelbar das durch den Menschenwürdebezug gesicherte Recht auf rechtliches Gehör vereitelt würde. Da außerdem Art. 103 Abs. 1 GG (im Bereich des Rechtsschutzes gegen Akte öffentlicher Gewalt) nur einen Ausschnitt aus der umfassenden Garantie des Art. 19 Abs. 4 GG darstellt, der sowohl die Eröffnung als auch die Intensität des Rechtsschutzes berührt, kann das Prinzip möglichst lückenlosen Rechtsschutzes auch auf Art. 1 Abs. 1 GG zurückgeführt werden. Insoweit kann *Evers*[141] zugestimmt werden, der den in der erwähnten Entscheidung des Bundesverfassungsgerichts hergestellten Bezug der Menschenwürde zum Grundsatz des rechtlichen Gehörs mittels „Erst-recht-Schluß“ auf Art. 19 Abs. 4 GG erstreckt und das Prinzip möglichst lückenlosen Rechtsschutzes als durch Art. 1 Abs. 1 GG gestützt sieht.

Da lückenloser Rechtsschutz gegenüber der öffentlichen Gewalt nach Sinn und Zweck des Art. 19 Abs. 4 GG unter Beachtung der Ausstrahlungswirkung des Art. 1 Abs. 1 GG die Möglichkeit beinhaltet, grundsätzlich gegenüber jeglichem, Individualrechte verletzenden Akt der öffentlichen Gewalt den Rechtsweg zu beschreiten, ist der Begriff „öffentliche Gewalt“ im Sinne des Art. 19 Abs. 4 GG nicht auf Akte der vollziehenden Gewalt beschränkt, sondern umfaßt auch nicht zur Rechtsetzung gehörende Akte der Legislative.

Das Ergebnis dieser systematischen Sinndeutung mittels Art. 1 Abs. 1 GG wird auch durch das Rechtsstaatsprinzip bestätigt und bestärkt, wie im folgenden zu zeigen sein wird. Wenn auch die normativ gesicherte[142] Begründung des Rechtsstaatsprinzips auf unterschiedlichen Wegen gewonnen wird[143] und über Inhalt und Tragweite keine Übereinstim-

---

139 Hervorhebung im Original.

140 *Lerche*, ZZP Bd. 78 (1965), S. 19.

141 Unantastbarkeit, S. 51: „Daher gilt das für die Verfahrensregelung des Art. 103 Abs. 1 GG vom Bundesverfassungsgericht Erkannte erst recht für die Garantie des Rechtsweges selbst: auch das Prinzip möglichst lückenlosen Rechtsschutzes erhält seine letzte Rechtfertigung durch seinen Bezug zu Art. 1 Abs. 1 GG, da es den Menschen davor bewahrt, Objekt obrigkeitlicher Entscheidungen und Maßnahmen zu werden und ihn instandsetzt, selbst für die Wahrung seines Rechtes einzutreten.“

142 Daß die Notwendigkeit eines konkreten normativen Bezuges vor allem in der Rechtsprechung häufig außer acht gelassen wird, ist zu Recht auf Kritik gestoßen. Vgl. *Bauer*, Gerichtsschutz, S. 30 und *Goeckel*, Diss., S. 18 f. jeweils mit zahlreichen Beispielen aus der Rechtsprechung und Angaben weiterer kritischer Stimmen.

mung besteht[144], so ist es jedenfalls als durchgängiger Verfassungsgrundsatz des Grundgesetzes allgemein anerkannt[145, 146]. Einzelfragen können vorliegend weitgehend auf sich beruhen, da hier nur entscheidend ist, inwieweit das Prinzip lückenlosen Rechtsschutzes seine Rechtfertigung im Rechtsstaatsprinzip findet. Neben den verschiedenen Einzelausprägungen, die das Rechtsstaatsprinzip erfahren hat (z. B. die Grundsätze der materiellen Gerechtigkeit, der Rechtssicherheit, der Gewaltenteilung, der Gewährleistung individueller Grundrechte, der Bindung des Gesetzgebers an die verfassungsmäßige Ordnung, der Gesetzmäßigkeit der Verwaltung u. a. m.[147]), ist Art. 19 Abs. 4 GG nach allgemeiner Auffassung[148] ein (wesentlicher[149]) Bestandteil des grundgesetzlichen Rechtsstaats, „ein ganz konkret formulierter Ausschnitt des Rechtsstaatsprinzips“[150]. Die Formulierungen, mit denen Art. 19 Abs. 4 GG nach Inkrafttreten des Grundgesetzes gefeiert wurde, „Schlußstein“ im „Gewölbe des Rechtsstaates“[151], „Krönung des Rechtsstaa-

143 In der Regel wird angenommen, daß das nur in Art. 28 Abs. 1 GG ausdrücklich genannte Rechtsstaatsprinzip durch „Rückkopplung“ *(Evers)* (d. h. Verbindung mit Art. 20 GG) auf Grund des Homogenitätsgebots nicht nur die Länder, sondern auch den Bund bindet. So z. B. *Dütz*, Gerichtsschutz, S. 99; *Evers*, Unantastbarkeit, S. 54; *Hamann / Lenz*, GG, Anm. A 1 zu Art. 28, die allerdings diese Herleitung nicht für unbedingt erforderlich halten, da das Rechtsstaatsprinzip überpositiver Natur sei; vgl. Einf. I D 1 u. I D 2; *von Mangoldt / Klein*, GG, Anm. VI vor 1 zu Art. 20 (S. 600) u. Anm. II 2 a zu Art. 28 (S. 697); *Maunz*, in: Maunz / Dürig / Herzog, GG, Art. 28 Rdnr. 2 u. 34; *Menger*, Sozialer Rechtsstaat, S. 3, Fußnote 1.

144 *Menger*, Sozialer Rechtsstaat, S. 5.

145 Allgemein zum Rechtsstaatsprinzip, vgl. insbesondere die Berichte von *Forsthoff* und *Bachof*, VVDStRL Bd. 12 (1954), S. 8 ff. u. 37 ff.; *Böckenförde*, Festschrift für Adolf Arndt, S. 53 ff.; *Hesse*, Festschrift für Rudolf Smend II, S. 71 ff.; *Menger*, Sozialer Rechtsstaat, passim.; *Scheuner*, Festschrift 100 Jahre DJT, Bd. II, S. 229 ff.; zum Rechtsstaatsprinzip in der Rechtsprechung, vgl. *Goeckel*, Diss., passim.

146 *Maunz / Dürig*, in: Maunz / Dürig / Herzog, GG, Art. 20 vor Rdnr. 58 halten diese Meinung für so einhellig, daß sie nicht belegt zu werden brauche. — Es sei daran erinnert, daß das Bundesverfassungsgericht dies wiederholt ausgesprochen hat (BVerfGE Bd. 2, S. 380 ff. [403]; 7, S. 194 ff. [196] „Leitidee“; BVerfGE Bd. 3, S. 225 ff. [237] „Grundentscheidung“; BVerfGE Bd. 10, S. 354 [363] „elementarer Verfassungsgrundsatz“; BVerfGE Bd. 17, S. 306 ff. [313] „tragendes Grundprinzip der Verfassung“), aber gleichwohl in der bereits erwähnten Abhörentscheidung (BVerfGE Bd. 30, S. 1 ff. [24 f.]) davon ausging, das Rechtsstaatsprinzip als solches sei kein nach Art. 79 Abs. 3 GG zu schützendes Verfassungsprinzip.

147 Vgl. dazu *von Mangoldt / Klein*, GG, Anm. VI 2 zu Art. 20 (S. 601) und *Hummel*, Gerichtsschutz, S. 73 (mit umfangreichen Hinweisen auf die Rechtsprechung des Bundesverfassungsgerichts).

148 Vgl. etwa *Bauer*, Gerichtsschutz, S. 24 u. 45; *Bettermann*, Grundrechte III/2, S. 779 ff. (803); *Evers*, Unantastbarkeit, S. 59; *Hamann / Lenz*, GG, Einführung C, A 2; *Hesse*, Gerichtsschutz, S. 93; *von Mangoldt / Klein*, GG, Anm. VI vor 1 u. VI 2 zu Art. 20 (S. 600 f.); *Ossenbühl*, 50. DJT Bd. I, B 147.

149 *Hummel*, Gerichtsschutz, S. 73 ff., begreift im Gegensatz zur h. M. Art. 19 Abs. 4 GG nicht als „Verstärkung des Rechtsstaates“.

150 *Loschelder*, Diss., S. 42.

151 *Thoma*, Grundrechte, S. 9.

tes"[152] „vollendet ... den deutschen Rechtsstaat"[153], geben davon beredtes Zeugnis.

Damit ist aber noch nichts über mögliche Auswirkungen des allgemeinen Rechtsstaatsprinzips auf die Rechtsweggarantie gesagt. Wenn auch, wie erwähnt, über dessen Inhalt keine abschließende Klarheit besteht, so ist die allgemeine Aussage sicher richtig, daß es etwas über den Inhalt des Verhältnisses von Staat und Individuum aussagt[154]. *Scheuner*[155] wird zuzustimmen sein, wenn er, abgesehen von den verschiedenen Einzelausprägungen, Wesen und Begriff des Rechtsstaats, dessen Leitideen im „Schutz der persönlichen und politischen Freiheit des Bürgers und der Mäßigung und rechtlichen Bindung aller öffentlichen Machtausübung sieht. Es ist wiederholt betont worden[156], daß dieser Schutz des Individuums im modernen Rechtsstaat als Ausgleich „für das im Interesse des Rechtsfriedens erforderliche weitestgehende Verbot der Selbsthilfe"[157] in der Gewährung staatlichen Rechtsschutzes besteht. Gegenüber dem Staat kann dies nur wirksam durch Zurverfügungstellen unabhängiger staatlicher Institutionen, der Gerichte geschehen[158]. Die konkrete Ausgestaltung des Rechtsstaatsprinzips im Grundgesetz, ermittelt aus einer Gesamtschau verschiedener Verfassungsbestimmungen mit rechtsstaatlichem Inhalt, ergibt eine „Vorherrschaft des Rechts und eine Sicherung dieser Herrschaft durch verbindliche Rechtsentscheidung"[159], die gegenüber der öffentlichen Gewalt durch Gerichte erfolgt[160]. Um auf die Begriffsumschreibung Scheuners zurückzukommen, sei daran erinnert, daß dieser von der „Mäßigung und rechtlichen Bindung *aller*[161] öffentlichen Machtausübung" spricht. Und das mit Recht, da diese rechtsstaatliche Forderung nur voll wirksam werden kann, wenn sie jegliches Staatshandeln umfaßt, und der Rechtsschutz des Bürgers prinzipiell gegenüber aller öffentlichen Machtausübung gewährleistet ist. — Das Prinzip lückenlosen Rechts-

---

152 *Ebers*, Festschrift für Laforet, S. 271.

153 *Klein*, VVDStRL Bd. 8 (1950), S. 67 ff. (77/78).

154 *Menger*, Sozialer Rechtsstaat, S. 10 f., 18.

155 Festschrift 100 Jahre DJT, Bd. II, S. 229 ff. (233, 250).

156 So zuletzt *Lorenz*, Rechtsschutz, S. 12 unter Bezugnahme auf *Thoma*, HdBStR II, S. 108 ff. (130); *Menger*, System, S. 55; *Lerche*, ZZP Bd. 78 (1965), S. 8 Fußnote 10 u. a., vgl. *Lorenz*, ebd., Fußnote 2.

157 *Menger*, System, S. 55.

158 Für Rechtsstreitigkeiten unter Privaten muß es sich nicht unbedingt um *Gerichts*schutz handeln, vgl. BVerfGE Bd. 8, S. 174 ff. (181); *Lerche*, ZZP Bd. 78 (1965), S. 8 Fußnote 10; *Dütz*, Gerichtsschutz, S. 60 — vgl. aber demgegenüber S. 115: „Im Gegensatz zu früheren deutschen Verfassungen gewährleistet das GG für den Bereich des Privatrechts einen gegenständlich umfassenden gerichtlichen Rechtsschutz."

159 *Dütz*, Gerichtsschutz, S. 114.

160 Zum Verhältnis von Rechtsstaatsprinzip und Gerichtsschutz im Grundgesetz, vgl. noch *Dütz*, Gerichtsschutz, S. 99 ff. mit umfangreichen Nachweisen.

161 Hervorhebung vom Verf.

schutzes „erweist sich damit als schon im Rechtsstaatsprinzip angelegt“[162]. Dieses Postulat hat in Art. 19 Abs. 4 GG seine konkrete Ausformung in dem Sinn erfahren[163], als es sich gegen die öffentliche Gewalt schlechthin, also sowohl prinzipiell gegen jede Maßnahme eines Trägers öffentlicher Gewalt als auch gegen jeden Träger öffentlicher Gewalt richtet.

Wenn demgegenüber *Oettl*[164], unter irriger Berufung auf *Lerche*[165], behauptet, „daß dem Rechtsstaatsprinzip des Grundgesetzes ... ein Prinzip lückenlosen Rechtsschutzes nicht eignet“, so kann dem nicht zugestimmt werden. Die möglichen Einschränkungen, die Oettl in seiner Untersuchung nachzuweisen versucht, können über das Postulat an sich nichts aussagen, sondern nur im Einzelfall verfassungskräftig begründete Ausnahmen zulassen[166].

Wenn Oettl[167] außerdem meint, Wortlaut und Entstehungsgeschichte böten keinen Beleg dafür, der zu der sicheren Annahme führe, daß der Grundgesetzgeber mit Art. 19 Abs. 4 GG einen möglichst lückenlosen Rechtsschutz garantieren wolle, so kann dies ebenfalls nicht unwidersprochen bleiben. Die Entstehungsgeschichte bietet auf Grund der dürftigen Materialien gegenüber dem Wortlaut keinen Anhaltspunkt dafür, daß die Vorschrift nicht „allgemeine Verfolgbarkeit“ von rechtswidrigen Eingriffen der öffentlichen Gewalt gewährleisten wollte, also die Garantie lückenlosen Individualrechtsschutzes[168]. Der einschränkungslose Wortlaut spricht, wie bereits nachzuweisen versucht wurde, für

---

[162] *Lorenz*, Rechtsschutz, S. 12 mit weiteren Nachweisen; so auch BVerfGE Bd. 8, S. 274 ff. (326), 13, S. 153 ff. (161); 30, S. 1 ff. (25 u. 41-MV); 35, S. 382 ff. (401); *Evers*, Unantastbarkeit, S. 58 ff.; *Arentz*, Diss., S. 125 f.; *Ossenbühl*, 50. DJT Bd. I, B 147.

[163] Es kann hier dahinstehen, ob Art. 19 Abs. 4 GG eine (mehr) konstitutive (so *Lorenz*, Rechtsschutz, S. 13) oder (mehr) deklaratorische Bedeutung (so *Arentz*, Diss., S. 127 unter Berufung auf *Menger*, MDR 1955, S. 512) zukommt.

[164] Grenzen, S. 87.

[165] Lerche (ZZP Bd. 78 [1965], S. 1 ff. [20]) hat zwar ausgeführt, daß weder Art. 19 Abs. 4 GG noch sonst eine Vorschrift eine Garantie umfassender Gerichtsschutzgewähr biete. Er hat damit aber nur gemeint, daß sich Art. 19 Abs. 4 GG auf Akte öffentlicher Gewalt beschränkt (Lerche spricht insoweit von „ausgrenzender Entscheidung“), diesen gegenüber also sehr wohl das Prinzip lückenlosen Rechtsschutzes gilt; zumindest hat Lerche dies nicht ausgeschlossen. Daher besteht auch kein Widerspruch, wie Oettl meint, zu Lerches Äußerung an anderer Stelle (Ordentlicher Rechtsweg, S. 100). Lerche geht es in seiner Abhandlung nämlich neben dem Verhältnis von Art. 19 Abs. 4 und 103 Abs. 1 GG darum, Auswirkungen des Art. 19 Abs. 4 GG auf den „zivilen Bereich“ nachzuweisen, wo das Prinzip lückenlosen Rechtsschutzes bzw. die Garantie umfassender Gerichtsschutzgewähr bekanntlich umstritten ist (vgl. *Dütz*, Gerichtsschutz, passim).

[166] Ablehnend auch *Naumann*, DÖV 1973, S. 177 in einer Besprechung der Untersuchung *Oettls*.

[167] Grenzen, S. 85.

[168] So zutreffend *Olschewski*, Wahlprüfung, S. 103.

einen lückenlosen Rechtsschutz in dem Sinn, als er sich gegen jeden rechtsverletzenden Akt jedes Trägers öffentlicher Gewalt richtet. Diese Auslegungsergebnisse, die vielleicht unsicher sein mögen, wären zu widerlegen gewesen. Dem ist Oettl, der zumindestens auf Grund des Wortlauts des Art. 19 Abs. 4 GG beweispflichtig war, nicht überzeugend nachgekommen[169].

Zusammenfassend läßt sich feststellen, daß nach grammatischer und systematischer Sinndeutung des Art. 19 Abs. 4 GG diesem das Prinzip lückenlosen Rechtsschutzes eignet, und historische sowie genetische Sinndeutung dem zumindest nicht widersprechen. Das bedeutet die prinzipielle Rechtsschutzgewährleistung gegenüber jedem rechtsverletzenden Akt jeglichen Trägers öffentlicher Gewalt.

Als (Teil-)Ergebnis der teleologischen Auslegung ist somit festzuhalten,

> daß der Begriff „öffentliche Gewalt" in Art. 19 Abs. 4 GG unter Berücksichtigung von Sinn und Zweck dieser Verfassungsnorm grundsätzlich umfassend ist und daher auch die nicht zur Rechtsetzung gehörenden Akte der Legislative umfaßt.

b) Methodologische Elemente im weiteren Sinn

In den Anmerkungen zur Methode der Verfassungsinterpretation[170] wurde bereits angedeutet, daß methodologische Elemente im weiteren Sinn nur dann heranzuziehen sind, wenn das mittels der überkommenen Auslegungselemente erzielte Ergebnis unsicher erscheint oder alternative Lösungsmöglichkeiten offenstehen.

Das vorstehend gewonnene, im wesentlichen auf normbezogenen Elementen beruhende Ergebnis der Interpretation des Begriffs „öffentliche Gewalt" erscheint ausreichend gesichert, so daß es kaum durch die nicht unmittelbar normbezogenen methodologischen Elemente im

---

[169] Nachzutragen bleibt, daß der Versuch Oettls, den „königlichen Artikel" ein wenig seiner „königlichen Würde" zu entkleiden, durchaus zu begrüßen ist. „Zur ‚Heiligen Kuh' hochstilisiert war Art. 19 Abs. 4 GG zeitweilig sakrosankt geworden" (*Ossenbühl*, 50. DJT Bd. I, B 168) und ist es wohl auch noch heute, so daß eine vorurteilslose Beschäftigung mit dieser Verfassungsnorm kaum möglich erschien und wohl auch noch erscheint. Wenn Oettl (ebd., S. 85) allerdings die Bedeutung des Art. 19 Abs. 4 GG darauf reduzieren will, daß durch ihn lediglich an die Stelle des Enumerationsprinzips die Generalklausel rücken sollte und überhaupt eine verfassungsrechtlich verankerte Rechtsschutzgarantie geschaffen werden sollte, dann muß man sich allerdings fragen, ob die „königliche Würde" nicht weitgehend dahin ist, was der unbestritten überragenden Bedeutung des Art. 19 Abs. 4 GG sicher nicht entspricht. Denn, so muß man fragen, was soll eine Rechtsschutzgarantie ohne zumindest das Postulat der Wirksamkeit, das in dem Prinzip (möglichst) lückenlosen Rechtsschutzes zum Ausdruck kommt?

[170] Vgl. oben S. 74 ff.

weiteren Sinn umgestoßen werden kann. Ein möglicher Rechtsweg- bzw. Rechtsschutzausschluß oder eine Beschränkung gegenüber Parlamentsakten kann sich nicht aus dem Begriff „öffentliche Gewalt" im Sinne des Art. 19 Abs. 4 GG ergeben[171]. Dieser Begriff ist ungeeignet, bestimmte Hoheitsträger auszuschließen. „Darunter fallen alle Hoheitsträger, die im Einzelfall auf Grund öffentlichrechtlicher Befugnisse rechtsverletzend tätig geworden sind — ebenso die Träger verwaltungsrechtlicher, wie die Gewalthaber verfassungsrechtlicher Befugnisse"[172]. — Sehr deutlich wird die dahingehende Ungeeignetheit dieses Begriffs am Beispiel eines Theorie-Elements mit stark rechtsvergleichenden Bezügen, dem sogenannten gerichtsfreien Hoheitsakt. Diese Akte können, wenn überhaupt, nicht etwa deshalb als gerichtsfrei angesehen werden, weil sie keine Ausübung öffentlicher Gewalt im Sinne des Art. 19 Abs. 4 GG darstellen. Denn schon begrifflich wird man kaum umhin können, diese *Hoheitsakte* als eine Ausübung öffentlicher Gewalt anzusehen[173]. Ein unter Umständen mögliches Nichteingreifen der Rechtsweggarantie kann sich nur ergeben, weil es etwa an konkreten Rechtsverletzungen mangelt, also die Voraussetzungen für eine Eröffnung des Rechtsweges nicht vorliegen. Wenn sich auch im Bereich der Akte von Verfassungsorganen häufig wegen der weiten Ermessensgrenzen eine Rechtsverletzung nicht feststellen lassen wird, so berechtigt dies selbstverständlich nicht dazu, die Träger verfassungsrechtlicher Befugnisse von vornherein aus dem Kreis der Träger öffentlicher Gewalt im Sinne des Art. 19 Abs. 4 GG auszuschließen[174] und so Überlegungen über eine Rechtswegeröffnung und Rechtsschutzgewährung jegliche Grundlage zu entziehen. Darüber hinaus läßt sich eine Einschränkung der Rechtsweggarantie auf Grund der Lehre vom gerichtsfreien Hoheitsakt möglicherweise bei der in Art. 19 Abs. 4 GG angeordneten Rechtsfolge begründen: Trotz Erfüllung der Voraussetzungen des Art. 19 Abs. 4 GG könnte aus besonderen Gründen, die noch zu untersuchen sind, der Rechtsweg nicht eröffnet sein. Diese Möglichkeiten, die die Lehre vom gerichtsfreien Hoheitsakt unter Umständen eröffnet, werden bei der Erörterung der „Rechtsverletzung" und der „Rechtswegeröffnung" einer genaueren Überprüfung unterzogen. Jedenfalls ist der umfassende Begriff „öffentliche Gewalt" als Ansatzpunkt für mögliche Einschränkungen der Rechtsweggarantie gegenüber Parlamentsakten ungeeignet.

---

171 So für Rechtsprechungsakte, *Lorenz,* Rechtsschutz, S. 241.

172 *Olschewski,* Wahlprüfung, S. 103; ähnlich auch *Kassimatis,* Regierung, S. 215, der die Auffassung, daß Art. 19 Abs. 4 GG die verfassungsrechtlichen Akte nicht erfasse, eine unbegründbare und ungerechtfertigte Verengung der Rechtsweggarantie nennt. So aber *Klein,* VVDStRL Bd. 8 (1950), S. 67 ff. (107); *Obermayer,* Verwaltungsakt, S. 37.

173 Vgl. dazu die grammatische Auslegung, oben S. 79 ff.

174 So auch *Olschewski,* Wahlprüfung, S. 103, Fußnote 23.

c) Zusammenfassung

Der in Art. 19 Abs. 4 GG einschränkungslos gebrauchte Begriff „öffentliche Gewalt" bezieht sich seinem Wortlaut gemäß grundsätzlich auf alle drei Gewalten im Sinne der überkommenen Gewaltenteilungslehre.

Nach der grammatischen Auslegung ist dieser Begriff nicht auf die vollziehende Gewalt beschränkt und umfaßt (zumindest) die nicht zur Rechtsetzung gehörenden Akte der Legislative. Diese Deutung wird durch systematische und teleologische Auslegungselemente bestätigt und gestützt.

Die historische Auslegung läßt wegen der verfassungsgeschichtlichen Neuheit des Art. 19 Abs. 4 GG, die genetische Auslegung wegen der dürftigen Materialien keine gesicherten Erkenntnisse zu. Das mittels grammatischer, systematischer und teleologischer Auslegung gewonnene Ergebnis wird durch diese Elemente jedenfalls nicht widerlegt.

III. Der Begriff „jemand"

Bevor man sich einer Betrachtung des Begriffs „jemand" zuwendet, sollte man sich vergegenwärtigen, daß Art. 19 Abs. 4 GG diesem „jemand" den Rechtsweg nur dann garantiert, wenn er geltend machen kann, „in seinen Rechten verletzt" zu sein und zwar „durch die öffentliche Gewalt". Durch diese beiden Voraussetzungen erfährt der Begriff von vornherein eine doppelte Begrenzung. Zum einen ist nur dem der Rechtsweg eröffnet, der überhaupt Träger von Rechten im Sinne des Art. 19 Abs. 4 GG sein kann, zum anderen muß dieser „jemand" im Zeitpunkt der Verletzung seiner „Rechte" der „öffentlichen Gewalt" untergeordnet gewesen sein. Letzteres ergibt sich schon daraus, daß — abgesehen von dem Begriff „öffentliche Gewalt", der eine hoheitliche Tätigkeit voraussetzt[1] — Art. 19 Abs. 4 GG auf dem Subordinationsprinzip beruht[2].

Unter Berücksichtigung dieser systematisch bedingten Einschränkungen umfaßt der Begriff „jemand" zweifellos natürliche Personen. Er ist allerdings nicht auf diese beschränkt, wie *Friesenhahn*[3] kurz nach Insich um ein Menschenrecht handeln soll. Daß der Begriff „jemand" in

[1] Vgl. oben S. 81.

[2] Allgemeine Meinung, z. B. *Bachof*, Vornahmeklage, S. 13 f.; *Bettermann*, Grundrechte, III/2, S. 779 ff. (786); *Dürig*, in: Maunz / Dürig / Herzog, GG, Art. 19 Abs. 4 Rdnr. 22; *Friesenhahn*, DV 1949, S. 478 ff. (481); *Lorenz*, Rechtsschutz, S. 128; *Wernicke*, BK, Anm. II 4 c zu Art. 19.

[3] DV 1949, S. 478 ff. (481): „Indem als Subjekt dieses grundgesetzlich gesicherten Rechtsschutzanspruches ‚jemand' erscheint, wird klargestellt, daß es sich um ein Individualrecht, ein Menschenrecht handelt"; zustimmend, *Lerche*, Rechtsweg, S. 29, Fußnote 50.

krafttreten des Grundgesetzes vertreten hat, nach dessen Deutung es Art. 34 GG nur Individuen bezeichnet, steht dem nicht entgegen[4], da nur eine natürliche Person „in Ausübung eines ihr(em) anvertrauten öffentlichen Amtes die ihr(em) einem Dritten gegenüber obliegende Amtspflicht" verletzen kann[5]. Dagegen können auch juristische Personen Träger von Rechten im Sinne des Art. 19 Abs. 4 GG sein und insoweit „in ihren Rechten verletzt" werden. Nach weitaus herrschender Auffassung[6] umfaßt der Begriff „jemand" daher sowohl natürliche Personen (Inländer, Ausländer und Staatenlose[7]) sowie juristische Personen des Privatrechts, einschließlich teilrechtsfähiger Gemeinschaften und Personenverbände[8]. Weitgehend wird die Geltung des Begriffs „jemand" auch auf juristische Personen des öffentlichen Rechts erstreckt[9], einschließlich „teilrechtsfähiger Gebilde des öffentlichen Rechts"[10]. Da diese ihrerseits öffentliche Gewalt ausüben, erscheint dies auf den ersten Blick paradox. Die Träger außerstaatlicher öffentlicher Gewalt (öffentliche Körperschaften und Anstalten sowie sonstige Hoheitsträger) zumindest, zu denen die „privaten" Individuen in einem Subordinationsverhältnis stehen, können jedoch staatlicher Herrschaftsausübung unterstehen[11], soweit sie dem Staat als selbständige Rechts-

---

[4] So aber *Lerche*, Rechtsweg, S. 29, Fußnote 50.

[5] *Wernicke*, BK, Anm. II 4 a zu Art. 13.

[6] z. B. *Bachof*, Vornahmeklage, S. 13, 14 Fußnote 6; *Bettermann*, Grundrechte, III/2, S. 779 ff. (785 f.); *Brinkmann*, GG, Anm. 7 a zu Art. 19; *Giese / Schunck*, GG, Anm. 6 zu Art. 19; *Hesse*, Rechtsschutz, S. 98; *Klein*, VVDStRL Bd. 8 (1950), S. 67 ff. (102 f.); *von Mangoldt / Klein*, GG, Anm. VII 1 zu Art. 19 (S. 569); *Peters*, Entwicklung, S. 278 f. u. 287; *Ule*, EVStL, Stichwort: Rechtsweggarantie, Sp. 1777; *Wernicke*, Anm. II 4 a zu Art. 19.

[7] Vgl. *Giese / Schunck*, GG, Anm. 6 zu Art. 19; *von Mangoldt / Klein*, GG, Anm. VII 1 zu Art. 19 (S. 569); *Rittstieg*, JZ 1971, S. 113 ff. (114).

[8] So ausdrücklich: *Bettermann*, Grundrechte III/2, S. 779 ff. (786); *Brinkmann*, GG, Anm. 7 a zu Art. 19; *Dürig*, in: Maunz / Dürig / Herzog, GG, Art. 19 Abs. 4 Rdnr. 16; vgl. auch *Menger*, Grundrechte, III/2, S. 717 ff. (746).

[9] Vgl. die in Fußnote 6 genannten Autoren; nach *Hamann / Lenz*, GG, Anm. B 13 zu Art. 19, steht die Klagebefugnis aus Art. 19 Abs. 4 GG juristischen Personen des öffentlichen Rechts nur zu, wenn diese als Grundrechtsträger in Betracht kommen, da sie nur dann das formelle Grundrecht nach Art. 19 Abs. 4 GG in Anspruch nehmen können. Dies ist unrichtig, da es auf den Rechtscharakter des Art. 19 Abs. 4 GG hier nicht ankommt. Entscheidend ist, ob im Einzelfall Rechte (die nach gefestigter Auffassung nicht nur Grundrechte umfassen) verletzt sind, und ob dies in einem Subordinationsverhältnis geschehen ist.

[10] *Dürig*, in: Maunz / Dürig / Herzog, GG, Art. 19 Abs. 4 Rdnr. 16, dieser nennt Verwaltungsausschüsse und ähnliche Gremien, soweit sie dem Behördenapparat nicht eingegliedert, sondern nebengegliedert sind, und somit „Rechte" im Sinne des Art. 19 Abs. 4 GG besitzen können (Dürig, ebd., Fußnote 2). Zu den teilrechtsfähigen Verbänden des öffentlichen Rechts allgemein, vgl. *Bachof*, AöR Bd. 83 (1958), S. 208 ff. Im übrigen sei an Parteien (OVG Münster, OVGE Bd. 1, S. 86 ff. (89); *Menger*, AöR Bd. 78 (1953), S. 161 ff. und Fraktionen (*Achterberg*, Grundzüge, S. 39) erinnert.

[11] Vgl. dazu *Lorenz*, Rechtsschutz, S. 120 ff. mit weiteren Nachweisen.

träger gegenüberstehen[12]. In diesen Fällen haben in der Tat Träger öffentlicher Gewalt gegenüber anderen Trägern öffentlicher Gewalt bei Vorliegen der übrigen Voraussetzungen Anspruch auf gerichtlichen Rechtschutz gemäß Art. 19 Abs. 4 GG. Es kommt also nicht auf die Einordnung als juristische Person des öffentlichen Rechts, sondern auf die jeweilige Beziehung zwischen den Rechtssubjekten an[13]. Dabei ist im Einzelfall stets darauf zu achten, ob wirklich eine Verletzung von „Rechten" oder lediglich Kompetenzverstöße geltend gemacht werden[14]. Dies ist insbesondere dann von Bedeutung, wenn man noch weitergehend sogar eine Unterworfenheit der staatlichen öffentlichen Gewalt unter dieselbe für möglich hält[15]. Denn Art. 19 Abs. 4 GG stellt keine Rechtsweggarantie für sogenannte Insichprozesse[16, 17] dar; „die Rechtsweggarantie des Art. 19 Abs. 4 GG ist im Innenrechtsbereich nicht wirksam"[18].

Dies mag zur Skizzierung des Bedeutungsgehalts des Begriffs „jemand" in Art. 19 Abs. 4 GG genügen, da es hier in erster Linie zu untersuchen gilt, ob und wie Rechtsschutz gegen Parlamentsakte gewährt wird, und nicht so sehr, wer sich auf die Rechtsweggarantie berufen kann. Festzuhalten bleibt, daß der Begriff „jemand" im Sinne des Art. 19 Abs. 4 GG natürliche und juristische Personen des privaten wie des öffentlichen Rechts einschließlich teilrechtsfähiger Gebilde umfaßt.

---

12 Dies wird vor allem dann angenommen, wenn ein Träger öffentlicher Gewalt nicht als solcher, sondern als Vermögensträger, also im fiskalischen Bereich am Rechtsleben teilnimmt und dort in seinen Rechten verletzt wird, so z. B. *Bettermann*, Grundrechte III/2, S. 779 ff. (786); *Peters*, Grundfragen, S. 278; kritisch zur Aufspaltung des Staates als Fiskus und Hoheitsträger zur Begründung des Rechtsschutzanspruchs, *Lorenz*, Rechtsschutz, S. 89 ff.

13 So *Dürig*, in: Maunz / Dürig / Herzog, GG, Art. 19 Abs. 4 Rdnr. 16, *Lorenz*, Rechtsschutz, S. 121 unter Hinweis auf die ähnlich gelagerte Problematik im materiellen Bereich der Grundrechtsgeltung, mit weiteren Nachweisen; vgl. dazu *von Mutius*, BK, Art. 19 Abs. 3 (Zweitbearbeitung) Rdnr. 17 ff. u. passim.

14 So *Dürig*, in: Maunz / Dürig / Herzog, GG, Art. 19 Abs. 4, Rdnr. 16.

15 So z. B. *Bettermann*, Grundrechte, III/2, S. 779 ff. (786); ders., in: Festschrift für Hirsch, S. 1 ff. und in Anknüpfung an diesen Beitrag, in: NJW 1969, S. 1326 ff.

16 Vgl. dazu *Kisker*, Insichprozeß, passim; *Lorenz*, AöR Bd. 93 (1968), S. 308 ff.

17 „Für einen Behördenkrieg eröffnet Art. 19 IV keinen Kampfplatz, er verschließt ihn aber auch nicht" — so *Bettermann*, Grundrechte, III/2, S. 779 ff. (787); ähnlich auch *Hamann / Lenz*, GG, Anm. B 13 zu Art. 19.

18 So zu Recht, *Hoppe*, Organstreitigkeiten, S. 178, Fußnote 4 (u. S. 155) unter Hinweis auf *Kisker*, Insichprozeß, S. 44, Fußnote 110 und *Ule*, EvStL, Stichwort: Rechtsweggarantie, Sp. 1777; so auch *Bauer*, Gerichtsschutz, S. 71 mit weiteren Nachweisen in Fußnote 104.

IV. Das Merkmal „in seinen Rechten"

Wenn auch anfänglich vereinzelt aus der formalen Stellung des Art. 19 Abs. 4 GG im Abschnitt „Grundrechte" gefolgert wurde, die Rechtsweggarantie umfasse nur den Schutz von Grundrechten[1], so geht man inzwischen zu Recht allgemein davon aus, daß die Rechtsweggarantie sich nicht nur auf den Schutz von Grundrechten erstreckt[2, 3]. Dies ergibt sich schon aus dem Wortlaut der Bestimmung, in der nicht von „Grundrechten", sondern allgemein von „Rechten" die Rede ist[4]. Auch die systematische Stellung des Abs. 4 innerhalb des Art. 19 GG spricht für diese Deutung, da in diesen ersten drei Absätzen ausdrücklich nur Grundrechte einbezogen sind. Im übrigen würde eine Beschränkung auf den Grundrechtsschutz die Erreichung des Ziels des Rechtsstaatsprinzips, dessen Konkretisierung u. a. die Rechtsweggarantie enthält, die persönliche Würde des einzelnen und seine Freiheit zu schützen sowie staatlichem Machtmißbrauch vorzubeugen und zu begegnen, unangemessen erschweren oder gar partiell vereiteln[5]. Denn dem unterhalb der Grundrechtsebene in seinen Rechten verletzten Rechtsträger würde so die verfassungsrechtliche Rechtsweggarantie entzogen, auf einfaches Prozeßrecht verwiesen, welches zur Disposition des Gesetzgebers steht, und so möglicherweise rechtsschutzlos gestellt[6].

---

[1] So z. B. *Loening*, DÖV 1949, S. 325; *Peters*, Entwicklung, S. 276, der sich allerdings im Ergebnis der h. M. anschließt, da deren Auslegung inzwischen gewohnheitsrechtlicher Charakter beizumessen sei.

[2] Vgl. statt vieler: *Dürig*, in: Maunz / Dürig / Herzog, GG, Art. 19 Abs. 4 Rdnr. 33 und *von Mangoldt / Klein*, GG, Anm. VII 3 zu Art. 19 (S. 572 f.) jeweils mit weiteren Nachweisen.

[3] Nach *Menger* (System, S. 118 und Grundrechte III/2, S. 715 ff. [749]) sind die grundrechtlichen „klassischen" Freiheitsrechte selbst noch nicht „Rechte" im Sinne des Art. 19 Abs. 4 GG, da sie erst über den sog. „status negativus" oder „status libertatis" Rechtsstellungen einräumen. Trotz dieser dogmatisch unterschiedlichen Ausgangsposition bestehen im Ergebnis kaum Unterschiede zur h. M., da diese „Rechtsstellungen" bei Verletzungen durch die öffentliche Gewalt ebenfalls den Gewährleistungsanspruch des Art. 19 Abs. 4 GG auslösen.

[4] Demgegenüber verfängt der Hinweis auf die Entstehungsgeschichte nicht (so *Peters*, Entwicklung, S. 276, Fußnote 145). Die dürftigen Materialien sind auch hier unergiebig; sie vermögen weder die eine noch die andere Auffassung zu stärken. Die Empfehlung des Abgeordneten *Süsterhenn*, die Rechtsweggarantie an den Schluß des Grundrechtskataloges zu stellen, „um das Verfahren zu kennzeichnen, wodurch die materiellen Grundrechte verfahrensmäßig gesichert sind", läßt einen gesicherten Schluß auf eine Beschränkung auf den Grundrechtsschutz nicht zu (vgl. *von Doemming / Füsslein / Matz*, JöR [N.F.] Bd. 1 [1951], S. 185).

[5] So auch *Bauer*, Gerichtsschutz, S. 68.

[6] Wobei allerdings zu berücksichtigen ist, daß in Anbetracht der weiten Auslegung des „Hauptfreiheitsrechts" des Art. 2 Abs. 1 GG durch das Bundesverfassungsgericht (seit BVerfGE Bd. 6, S. 32 ff.), zu der hier nicht Stellung zu nehmen ist (kritisch dazu z. B. *Dürig*, in: Maunz / Dürig / Herzog, GG, Art. 2 Rdnr. 18; *Lerche*, AöR Bd. 90 [1965], S. 341 ff. [359 f.]), eine solche

Während in der Frage der Erstreckung der Rechtsweggarantie über die Grundrechte hinaus weitgehende Einigkeit besteht, ist umstritten, wieweit im einzelnen der Kreis der Rechte zu ziehen ist. Die Auffassungen reichen von den subjektiven öffentlichen Rechten (im engeren Sinn) über die rechtlich geschützten Interessen bis hin zu den Rechtsreflexen[7]. In Anknüpfung an die oben erwähnten rechtsstaatlichen Prinzipien, die eine Einbeziehung sonstiger Rechte (neben den Grundrechten) in die Rechtsweggarantie fordern, ist darüber hinaus die Annahme konsequent, daß eine Vermutung für das Vorliegen eines „Rechts" im Sinne des Art. 19 Abs. 4 GG spricht[8]. Wenn auch davon auszugehen ist, daß Art. 19 Abs. 4 GG als prozessuale Norm die zu schützenden Rechte voraussetzt und nicht selbst schafft[9, 10], ist dennoch *Bachof*[11] darin zu folgen, daß „aus der von Art. 19 Abs. 4 GG entscheidend mitgeprägten Gesamtsicht des Grundgesetzes vom Verhältnis des einzelnen zum Staat folgt, daß im Zweifel diejenige Interpretation eines Gesetzes den Vorzug verdient, die dem Bürger einen Rechtsanspruch einräumt"[12]. Die herrschende Meinung vertritt daher

---

Möglichkeit nahezu ausgeschlossen ist, da danach im Prinzip jede Beeinträchtigung durch einen Träger öffentlicher Gewalt als Verletzung des Art. 2 Abs. 1 GG gerügt werden kann.

7 Vgl. die Zusammenstellungen bei *Dall*, Diss., S. 11 ff.; *Dürig*, in: Maunz / Dürig / Herzog, GG, Art. 19 Abs. 4 Rdnr. 33 f.; *von Mangoldt / Klein*, GG, Anm. VII 3 zu Art. 19 (S. 572 ff.).

8 So BVerfGE Bd. 15, S. 275 ff. (281); 27, S. 297 ff. (307 f.); BVerwGE Bd. 1, S. 321 ff. (326); 2, S. 349 ff. (351); 3, S. 121 ff. (125) und S. 228 ff. (289); *Bachof*, Gedächtnisschrift für W. Jellinek, S. 287 ff. (296 f.) u. ders., Anm. zum Urteil des Bundesverwaltungsgerichts vom 18. 8. 1960 (BVerwGE Bd. 11, S. 95 ff.) DVBl. 1961, S. 128 ff. (131); *Bauer*, Gerichtsschutz, S. 51; *Forsthoff*, Verwaltungsrecht I, S. 187; *Menger / Erichsen*, VerwArch. Bd. 59 (1968), S. 177 u. Bd. 61 (1970), S. 289; *Rupp*, Grundfragen, S. 248; *Wolff / Bachof*, Verwaltungsrecht I, § 43 I b 2.

9 So die weitaus herrschende Meinung in Rechtsprechung und Literatur, z. B. BVerfGE Bd. 15, S. 275 ff. (281); BVerwGE Bd. 11, S. 95 ff. (97); OVG Münster, DVBl. 1968, S. 662 mit zustimmender Anm. von *Fromm; Bachof*, Vornahmeklage, S. 65; *Bettermann*, Grundrechte III/2, S. 779 ff. (802), ders., AöR Bd. 96 (1971), S. 528 ff. (543); *Dütz*, Gerichtsschutz, S. 125 ff.; *Forsthoff*, Verwaltungsrecht I, S. 187; *Hoppe*, Organstreitigkeiten, S. 148; *Wolff / Bachof*, Verwaltungsrecht I, § 43 I b 2; vgl. auch *Lorenz*, Rechtsschutz, S. 57 mit weiteren Nachweisen in Fußnote 14.

10 Daß die überkommene, vom aktionenrechtlichen Denken geprägte Auffassung, die das subjektive öffentliche Recht von dessen Klagbarkeit abhängig macht, seit langem überholt ist, sei der Vollständigkeit halber erwähnt, vgl. *Bettermann*, Grundrechte III/2, S. 779 ff. (803); *Forsthoff*, Verwaltungsrecht I, S. 185 ff.; *Menger / Erichsen*, VerwArch. Bd. 59 (1968), S. 177 („seit einigen Jahrzehnten überwunden").

11 DVBl. 1961, S. 128 ff. (131), *Bachof* ist mit dieser Auffassung überwiegend auf Zustimmung gestoßen, vgl. die Nachweise in Fußnote 8.

12 Eine Verneinung jeglichen Einflusses des Art. 19 Abs. 4 GG auf das materielle Recht, ist daher wohl kaum haltbar. So aber *Bettermann* (Grundrechte III/2, S. 779 ff. [802] u. ders., AöR Bd. 96 [1971], S. 528 ff. [543]), der Art. 19 Abs. 4 GG als „eine rein prozessuale Norm" ansieht. Die Negierung

zu Recht eine weite Auslegung des Begriffs „Rechte" im Sinne des Art. 19 Abs. 4 GG und versteht darunter subjektiv öffentliche Rechte im weiteren Sinn[13]. Ein solches soll dann vorliegen, wenn ein Satz des objektiven Rechts, der dem Interesse des einzelnen zumindest auch zu dienen bestimmt ist, diesem die Rechtsmacht verleiht, ein der gesetzlichen Verpflichtung entsprechendes Verhalten des Staates herbeiführen zu können[14]. Rechtlich geschützte Interessen werden in diesen weiten Begriff des subjektiv-öffentlichen Rechts einbezogen, wenn sie sich nicht lediglich reflexweise aus dem objektiven Recht ergeben. Eine weitergehende Erörterung des subjektiven öffentlichen Rechts soll hier zum einen angesichts der Komplexität des Begriffs unterbleiben[15], der „heute zu den im besonderen Maße umstrittenen Begriffen des Verwaltungsrechts" *(Forsthoff)* gehört. Zum anderen kann eine abstrakte Betrachtung den Begriff „Rechte" im Sinne des Art. 19 Abs. 4 GG nur bedingt erschließen, da sich dieser letztlich nach dem „Maß der in dem

---

jeglichen Einflusses ist auch angesichts des Postulats vom lückenlosen Rechtsschutz, von dem auch Bettermann ausgeht, kaum aufrechtzuerhalten, wenn man bedenkt, daß die noch vorhandenen Lücken des Rechtsschutzes zu einem nicht unerheblichen Teil auf dem materiellen Recht beruhen (darauf weisen hin z. B. *Evers,* Unantastbarkeit, S. 61; *Menger,* DÖV 1963, S. 726 ff. [729]; ders., DÖV 1969, S. 153 ff. [161]). Ob dieser Einfluß allerdings über die besagte Vermutung hinausgehen kann und sogar zu einer „Statuierung strikten Rechts" führt (so *Lorenz,* Rechtsschutz, S. 57 u. passim), erscheint angesichts des vorherrschend prozessualen Charakters des Art. 19 Abs. 4 GG zweifelhaft.

[13] So z. B. *Bachof,* Vornahmeklage, S. 84 ff.; ders., Gedächtnisschrift für W. Jellinek, S. 287 ff. (291); *Bettermann,* Grundrechte III/2, S. 779 ff. (785); *Brinkmann,* GG, Anm. I 7 c zu Art. 19; *Dall,* Diss., S. 114 ff.; *Dürig,* in: Maunz / Dürig / Herzog, GG, Art. 19 Rdnr. 34; *Hamann / Lenz,* GG, Anm. B 15 zu Art. 19; *Hesse,* Gerichtsschutz, S. 94 f.; *Klein,* VVDStRL Bd. 8 (1950), S. 67 ff. (111 ff.); *von Mangoldt / Klein,* GG, Anm. VII 3 zu Art. 19 (S. 572 f.); *Menger,* System, S. 118 u. ders. Grundrechte III/2, S. 717 ff. (748 f.) (dieser versteht unter Rechten in Anlehnung an *Hans J. Wolff,* die „Rechtsstellung des Betroffenen, d. h. der Inbegriff der aus dem objektiven Recht sich ergebenden Berechtigungen und Verpflichtungen"); *Wernicke,* BK, Anm. II 4 b zu Art. 19; *Wolff / Bachof,* Verwaltungsrecht I, § 43 I b u. c. („Es gibt also einen weiteren und einen engeren Begriff des subjektiven öffentlichen Rechts. Der weitere [Berechtigung, ‚Rechte' i. S. Art. 19 IV 1 GG] ist gemeint, . . ."). Die Terminologie ist allerdings nicht ganz einheitlich. Teilweise wird der Begriff im engeren Sinn gebraucht, und es werden darüber hinaus rechtlich geschützte Interessen und Rechtsreflexe gesondert in den Begriff „Rechte" im Sinne des Art. 19 Abs. 4 GG einbezogen, vgl. dazu *Dürig,* in: Maunz / Dürig / Herzog, GG, Art. 19 Abs. 4 Rdnr. 34. Vgl. auch *Eyermann / Fröhler,* VwGO, § 42 Rdnr. 96 zum Begriff „Rechte" im Sinne des § 42 Abs. 2 VwGO.

[14] Diese Definition geht zurück auf *Bühler,* Rechte, S. 42 ff. u. ders., Gedächtnisschrift für W. Jellinek, S. 269 ff. (274 f.).

[15] Vgl. dazu allgemein aus dem umfangreichen Schrifttum insbesondere: *Bachof,* Vornahmeklage, S. 62 ff.; ders., Gedächtnisschrift für W. Jellinek, S. 287 ff.; *Forsthoff,* Verwaltungsrecht I, S. 185 ff.; *Henke,* Das subjektive öffentliche Recht (1968), passim; *Huber,* Wirtschaftsverwaltungsrecht I, S. 676 ff.; *Menger,* System, S. 117 ff.; *Rupp,* Grundfragen, S. 154 ff.; *Wolff / Bachof,* Verwaltungsrecht I, § 43.

jeweils herangezogenen Sachgebiet anerkannten Rechte" bestimmt[16], freilich unter Berücksichtigung der zum subjektiven öffentlichen Recht entwickelten Prinzipien. Es ist insbesondere zu beachten, daß die Lehre vom subjektiven öffentlichen Recht speziell im Verwaltungsrecht, also gegenüber der Verwaltungstätigkeit der vollziehenden Gewalt entwickelt worden ist, wenn ihr auch prinzipiell allgemeine Geltung zukommen kann. Zwischen dem einzelnen und der Legislative (im Bereich der nicht rechtsetzenden Tätigkeit) fehlt es weitgehend an einer gesetzlichen Determiniertheit ihres Handelns. Daher wird das Verhältnis weitgehend vom Verfassungsrecht beherrscht[17], d. h. wenn überhaupt eine Rechtsbeeinträchtigung möglich ist, wird es in aller Regel um eine Grundrechtsverletzung handeln.

Nach Art. 19 Abs. 4 S. 1 1. Halbsatz GG steht der Rechtsweg nur offen, wenn jemand in *seinen* Rechten verletzt wird. Dadurch wird klargestellt, daß nur die Verletzung eigener Rechte gerügt werden kann[18]. Die weite Auslegung des Begriffs „Rechte" erhält so eine notwendige prozessuale Begrenzung im Bereich der Klagebefugnis. Die Verbindung mit dem Wort „ihm" im zweiten Halbsatz verdeutlicht, daß die Rechtsweggarantie weder Popularklagen noch Klagen von „bloß Interessierten" ermöglicht[19, 20].

V. Das Merkmal „verletzt"

a) Rechtsverletzung im Sinne des Art. 19 Abs. 4 GG

Wenn Art. 19 Abs. 4 GG für die Eröffnung des Rechtsweges (mißverständlich) voraussetzt, daß „jemand in seinen Rechten verletzt *wird*", so ist damit nicht das tatsächliche Vorliegen einer Rechtsverletzung gefordert[1]. Diese Frage soll gerade erst im Rechtsweg geklärt werden[2]. Der Betroffene muß allerdings geltend machen (substantiiert behaupten), in seinen Rechten verletzt zu sein[3].

---

16 *Loschelder*, Diss., S. 54.

17 So auch *Dienes*, Diss., S. 142 für die Legislative beim Erlaß von Rechtsnormen.

18 *Dürig*, in: Maunz / Dürig / Herzog, GG, Art. 19 Abs. 4 Rdnr. 38.

19 *Wernicke*, BK, Anm. II 4 c zu Art. 19.

20 Art. 19 Abs. 4 GG verbietet aber auch nicht die gesetzliche Erweiterung der Klagebefugnis, etwa durch die Einführung von Popularklagen. Vgl. Art. 98, S. 4 bay.Verf. i. V. m. Art. 53 bay.VerfGHG — Popularbeschwerde wegen verfassungswidriger Einschränkung von Grundrechten; ähnlich Art. 130 Abs. 3 hess.Verf. i. V. m. § 45 Abs. 2 hess.StGHG.

1 Allgemeine Meinung, z. B. *Bettermann*, Grundrechte III/2, S. 779 ff. (799); *Brinkmann*, GG, Anm. I 7 c γ zu Art. 19; *Dürig*, in: Maunz / Dürig / Herzog, GG, Art. 19 Abs. 4 Rdnr. 11 u. 39; *Lorenz*, Rechtsschutz, S. 133; *Wernicke*, BK, Anm. II 4 d vor zu Art. 19.

2 So *Bettermann*, AöR Bd. 96 (1971), S. 528 ff. (540).

Mit *Wernicke*[4] ist davon auszugehen, daß unter „Verletzung jeder objektiv rechtswidrige — d. h. das geltende Recht nicht oder nicht richtig anwendende — Eingriff" zu verstehen ist. Die Verknüpfung der objektiven Rechtswidrigkeit mit der subjektiven Rechtsverletzung ist notwendig[5], da zwar eine Verletzung objektiven Rechts ohne eine subjektive Rechtsverletzung möglich ist, aber eine solche nicht ohne eine Verletzung objektiven Rechts, das jenes subjektive Recht gewährt, denkbar ist[6]. *Bettermann*[7] weist zu Recht darauf hin, daß bloße Rechtsbeeinträchtigungen nicht genügen, die auch bei rechtmäßigem Verhalten (zulässige Enteignung, rechtmäßige Besteuerung) vorliegen können.

Art. 19 Abs. 4 GG differenziert nicht nach Eingriffsmodalitäten[8], so daß die Rechtsverletzung sowohl durch positives Tun als auch durch Unterlassen erfolgen kann[9], soweit eine Rechtspflicht der öffentlichen Gewalt zum Handeln besteht. Ebensowenig kommt es darauf an, ob die Rechtsverletzung auf den Betroffenen gezielt[10] oder der verletzende Akt an ihn adressiert war[11]; die Rechtsverletzung kann in einer Rechtshandlung oder einem Realakt bestehen[12]. Finalität des Handelns ist nicht

---

3 Wieweit diese Behauptung im einzelnen gehen muß, mag hier dahinstehen. Dies ist bekanntlich im Verwaltungsprozeßrecht umstritten, wo ebenfalls die Verletzung eigener Rechte bzw. deren Geltendmachung gefordert wird (vgl. § 42 Abs. 2 VwGO; § 40 Abs. 2 FGO; § 54 Abs. 1 SGG). Vgl. dazu *Eyermann / Fröhler*, VwGO, § 42 Rdnr. 84 ff.; *Ule*, Verwaltungsgerichtsbarkeit, Anm. III 1 zu § 42 und ders., Verwaltungsprozeßrecht § 33 II (S. 146 f.) jeweils mit weiteren Nachweisen.

4 BK, Anm. II 4 vor zu Art. 19; zustimmend: *Bettermann*, Grundrechte III/2, S. 779 ff. (785 u. 796); *Brinkmann*, GG, Anm. I 7 e β zu Art. 19; *Dürig*, in: Maunz / Dürig / Herzog, GG, Art. 19 Abs. 4 Rdnr. 29; *von Mangoldt / Klein*, GG, Anm. VII 4 zu Art. 19 (S. 573); *Lorenz*, Rechtsschutz, S. 134.

5 a. A. *Hamann / Lenz*, GG, Anm. B 16 zu Art. 19; zutreffend dagegen: *Brinkmann*, GG, Anm. I 7 e β zu Art. 19; *Lorenz*, Rechtsschutz, S. 134, Fußnote 4.

6 Auf die Notwendigkeit dieser Verknüpfung weisen auch die in Fußnote 4 genannten Autoren hin; ähnlich auch *Menger*, Grundrechte, III/2, S. 717 ff. (741 u. 746).

7 Grundrechte III/2, S. 779 ff. (796).

8 *Gallwas*, Beeinträchtigung, S. 140: „Die Formel von der ‚Verletzung durch die öffentliche Gewalt' kann wohl kaum so verstanden werden, als seien damit bestimmte Beeinträchtigungsmodalitäten gemeint."

9 Allgemeine Meinung, z. B. *Bettermann*, Grundrechte III/2, S. 779 ff. (797); *Brinkmann*, GG, Anm. I 7 e β zu Art. 19; *Dürig*, in: Maunz / Dürig / Herzog, GG, Art. 19 Abs. 4 Rdnr. 21 u. 29; *Hamann / Lenz*, GG, Anm. B 16 zu Art. 19; *Hesse*, Rechtsschutz, S. 99 f.; *Klein*, VVDStRL Bd. 8 (1950), S. 67 ff. (117); *von Mangoldt / Klein*, GG, Anm. VII 4 zu Art. 19 (S. 573); *Wernicke*, BK, Anm. II 4 d β zu Art. 19.

10 *Hamann / Lenz*, GG, Anm. B 16 zu Art. 19 mit weiteren Nachweisen.

11 So mit Recht *Dürig*, in: Maunz / Dürig / Herzog, GG, Art. 19 Abs. 4 Rdnr. 38 mit weiteren Nachweisen; vgl. auch württ.-bad.VGH, VerwRspr. Bd. 6 (1954), S. 609: „Nicht erforderlich ist allerdings, daß die behördliche Maßnahme sich unmittelbar gegen den Ankläger richtet; sie muß nur unmittelbar gegen ihn wirken."

12 So ausdrücklich *Bettermann*, Grundrechte III/2, S. 779 ff. (796).

insbesondere sogenannte faktische Beeinträchtigungen[13], Rechtsvererforderlich, so daß auch ungewollte Eingriffe in die Rechtspositionen, letzungen im Sinne des Art. 19 Abs. 4 GG darstellen können. *Lorenz*[14] macht zu Recht darauf aufmerksam, daß solche faktischen Beeinträchtigungen, „wie sie z. B. in bloßen ‚Meinungsäußerungen' und Stellungnahmen von Staatsorganen ohne Regelungscharakter enthalten sein können, einer Qualifizierung als Rechtsverletzung zugänglich sein können".

In Anknüpfung an die bei der Auslegung des Begriffs „öffentliche Gewalt" gewonnenen Erkenntnisse läßt sich feststellen, daß es weder darauf ankommt, wer im Einzelfall öffentliche Gewalt ausübt, noch wie oder in welcher Form der Eingriff erfolgt ist[15]. Es kann sich also sowohl um ein Tun oder Unterlassen, Verwaltungsrechtshandlung oder Verfassungsakt als auch um eine finale Handlung oder einen Realakt handeln. Entscheidend ist allein, daß eine Individualrechtsverletzung in Ausübung öffentlicher Gewalt vorliegt. „Denn für den Verletzten ist es schlechterdings irrelevant, *wer* ihn verletzt oder *was* ihn verletzt. Wichtig ist allein, *daß* er verletzt ist oder doch zu sein vorgibt[16]."

b) Mögliche Rechtsverletzungen durch nicht zur Rechtsetzung gehörende Akte der Legislative

1. Gesetzlich geregelte schlichte Parlamentsbeschlüsse

Soweit in der Literatur überhaupt Individualrechtsverletzungen durch schlichte Parlamentsbeschlüsse für möglich gehalten werden, wird zutreffend darauf hingewiesen, daß *in der Regel* Rechtsverletzungen mangels Individualbezug nicht möglich sind[17]. Diese Feststellung ist sicher ebenso richtig, wie es falsch ist, daraus den Schluß zu ziehen, bei diesen Akten handele es sich (generell) um sogenannte gerichtsfreie Hoheitsakte[18, 19]. Abgesehen von der das Regel-Ausnahmeverhältnis mißachtenden Unlogik eines solchen Schlusses, erscheint es außerdem unzweckmäßig, Akte öffentlicher Gewalt ohne Individualbezug überhaupt mit dem Begriff des „gerichtsfreien Hoheitsaktes" in

---

13 Vgl. dazu *Gallwas*, Beeinträchtigung, S. 51 ff., 125 ff. u. insbesondere S. 139 f.

14 Rechtsschutz, S. 135.

15 So auch *Olschewski*, Wahlprüfung, S. 102 f. mit weiteren Nachweisen.

16 *Olschewski*, Wahlprüfung, S. 103 (Hervorhebungen im Original).

17 Vgl. oben S. 65 ff.

18 So aber anscheinend *Loening*, DVBl. 1951, S. 233 f. (234) für Regierungsakte.

19 Wie hier: *Bettermann*, Grundrechte III/2, S. 779 ff. (788 f.); *Kassimatis*, Regierung, S. 215; *Lenz*, Diss., S. 35; ähnlich auch *Kindermann*, Anfechtung, S. 62 im Rahmen der Prüfung der Frage der Justiziabilität kreditpolitischer Beschlüsse der Bundesbank.

Verbindung zu bringen[20]. Denn eine Eröffnung des Rechtsweges bei bloßen Verletzungen objektiven Rechts ist nicht durch Art. 19 Abs. 4 GG zwingend gefordert, sondern dem Ermessen des (einfachen) Gesetzgebers überlassen.

Ohne die kritische Betrachtung der Lehre vom gerichtsfreien Hoheitsakt, die im Rahmen der Frage der Rechtswegeröffnung erfolgen soll, hier vorwegzunehmen, sei soviel gesagt: Der Begriff hat nur dann eine Daseinsberechtigung, wenn er (verfassungsrechtlich sanktionierte) Ausnahmen von der Rechtsweggarantie bezeichnet[21], wenn also trotz Vorliegens der Voraussetzungen des Art. 19 Abs. 4 GG der Rechtsweg nicht eröffnet ist. Selbst wenn man die potentielle Kollisionsunfähigkeit gegenüber Individualrechten als ausreichendes Kriterium für die Annahme eines gerichtsfreien Hoheitsaktes ansieht, mangelt es den schlichten Parlamentsbeschlüssen, wie gesagt, an dieser — generellen — potentiellen Kollisionsunfähigkeit, die den generellen Schluß auf ihre Gerichtsfreiheit zulassen würde. Daß die nicht zur Rechtsetzung gehörenden Akte der Legislative, deren Wirkungen in der Regel im innerparlamentarischen Bereich bleiben und dann dort nur den verfassungsrechtlichen Status der am Verfassungsleben Beteiligten berühren können[22], entgegen anderer Ansicht[23] in Ausnahmefällen Außenwirkung entfalten und Rechte im Sinne des Art. 19 Abs. 4 GG verletzen können[24], sei an einigen Beispielen demonstriert:

aa) Seit dem Beschluß des Bundesverfassungsgerichts vom 22. 4. 1953[25] zum *Petitionsrecht* besteht Einigkeit darüber, daß Petitionen von der „Volksvertretung" bzw. von den „zuständigen Stellen" (Art. 17 GG) entgegengenommen, sachlich geprüft und beschieden[26] werden müssen[27].

---

20 Das gleiche gilt für „rechtsfreie" Akte von Hoheitsträgern im tatsächlichen Bereich, wie etwa der (traditionelle) Neujahrsempfang des Bundespräsidenten, die Gewährung von Interviews (so ausdrücklich hess.VGH, DÖV 1968, S. 574 ff.), das Abhalten von Pressekonferenzen etc., vgl. *Bauer*, Gerichtsschutz, S. 104 f.; *Wolff / Bachof*, Verwaltungsrecht I, § 46 III b 2.

21 So auch *Bauer*, Gerichtsschutz, S. 142; *Lenz*, Diss., S. 27 (unter Hinweis auf *H. Schneider*, Hoheitsakte, S. 45 f.): „Ein als rechtswidrig erkannter Staatsakt darf nicht als rechtswidrig festgestellt werden."

22 So z. B. die Wahl von Organwaltern eigener und fremder (Unter-) Organe; Beschlüsse über die Ausübung des Interpellationsrechts etc.

23 Vgl. die oben, S. 66 f., angegebenen, insoweit negativen Stimmen aus der Literatur.

24 Vgl. die oben S. 67 f. angegebenen positiven Stimmen.

25 BVerfGE Bd. 2, S. 225 ff.

26 d. h. zumindestens die Mitteilung der Kenntnisnahme vom Inhalt der Petition und der Art ihrer Erledigung, BVerfGE Bd. 2, S. 225 ff. (230); so auch BVerfGE Bd. 13, S. 54 ff. (90); BVerwGE Bd. 7, S. 180 ff. (187); OVG Hamburg DVBl. 1967, S. 86 f.; bay.VGHE (N.F.) Bd. 10, S. 20 ff. (29). *Dagtoglou*, BK, Art. 17 (Zweitbearbeitung) Rdnr. 100 und *Hoffmann* (Diss., S. 37) nehmen darüber hinaus eine Begründungspflicht an, die übrigens als Sollvorschrift in den meisten Parlamentsgeschäftsordnungen enthalten ist, so

Obwohl Art. 17 GG nach seinem Wortlaut dem Petenten nur die Befugnis gibt, sich „mit Bitten und Beschwerden an die zuständigen Stellen und an die Volksvertretung zu wenden", ist diese Erweiterung über den Wortlaut hinaus nach Sinn und Zweck gerechtfertigt, da sonst das Petitionsrecht zu einem „Scheinrecht" degradiert würde[28]. Der objektiven Verpflichtung des Petitionsadressaten im genannten Sinn zu verfahren, entspricht eine subjektive Berechtigung, ein Anspruch des Petenten auf Einhaltung dieser (Minimal-)Erfordernisse des Petitionsverfahrens. (Hervorzuheben ist, daß kein Anspruch auf Gewährung der mit der Petition angestrebten materiellen Rechtsposition besteht.) Dieses Recht des Petenten stellt ein subjektiv öffentliches Recht dar[29], freilich nur ein formelles Recht auf sachbezogenen, informatorischen Bescheid. Ein Petitionsbescheid, der diesen Kriterien nicht genügt, oder gar dessen Unterlassung, des Bundestages (der Länderparlamente wie der „zuständigen Stellen"), des ständigen Ausschusses[30] oder des (eines) Petitionsausschusses[31] verletzt daher den Petenten in „seinen Rechten" im Sinne des Art. 19 Abs. 4 GG[32].

---

z. B. in § 113 Abs. 4, S. 1 GeschOBT; a. A. die herrschende Meinung, vgl. die Nachweise bei *Dagtoglou*, ebd., Rdnr. 99.

27 Vgl. statt vieler *Dagtoglou*, BK, Art. 17 (Zweitbearbeitung) Rdnr. 89; *Dürig*, in: Maunz / Dürig / Herzog, GG, Art. 17 Rdnr. 6 - 8; *Hamann / Lenz*, GG, Anm. A 2 zu Art. 17; *Mattern*, Grundrechte II, S. 623 ff. sowie die Untersuchungen von *Eitel*, Diss., S. 82 ff. und *Hoffmann*, Diss., S. 33 ff. Dem tragen die Geschäftsordnungen im allgemeinen Rechnung, so z. B. § 113 Abs. 4 GeschOBT.

28 So BVerfGE Bd. 2, S. 225 ff. (230).

29 So ausdrücklich *Dagtoglou*, BK, Art. 17 (Zweitbearbeitung) Rdnr. 23; *Dürig*, in: Maunz / Dürig / Herzog, GG, Art. 17 Rdnr. 2; *Hamann / Lenz*, GG, Anm. A 1 zu Art. 17; ob das Petitionsrecht dem status negativus, positivus oder activus zuzurechnen ist oder Doppelcharakter hat, sei hier dahingestellt; vgl. dazu *Dagtoglou*, ebd., Rdnr. 24 - 30 (status positivus); *Eitel*, Diss., S. 76 ff. (Doppelcharakter) jeweils mit weiteren Nachweisen.

30 Dieser ist befugt, Petitionen (die nicht dem Prinzip der sachlichen Diskontinuität unterliegen) abschließend zu behandeln. Vgl. *Pietzner*, Petitionsausschuß, S. 95 ff. mit weiteren Nachweisen in Fußnote 1, S. 95.

31 Der Bundestag beschließt in aller Regel ohne Aussprache über die vom Petitionsausschuß oder den zuständigen Fachausschüssen vorgelegenen sog. Sammelübersichten (vgl. § 113 Abs. 1 u. 2 GeschOBT). Der Petitionsausschuß beherrscht zwar nicht rechtlich aber faktisch sowohl das Überprüfungs- als auch das Beschlußverfahren. In den Ländern sind teilweise (so in Bayern, §§ 99 - 102 GeschO Bay.LT; Nordrhein-Westfalen, §§ 99 - 102 GeschO N.W.LT; Schleswig-Holstein, § 36 GeschO Schl.-Holst.LT) die Zuständigkeiten in Petitionssachen für den Regelfall auf die Ausschüsse übertragen, vgl. dazu, zu den Reformbestrebungen und zum Problem der Delegation von Plenarzuständigkeiten in diesem Bereich, *Pietzner*, Petitionsausschuß, S. 17 ff. und passim.

32 a. A. *Seuffert*, Festschrift für Gebhard Müller, S. 491 ff. (497) mit der unzutreffenden Behauptung, das Bundesverfassungsgericht habe die Petitionsentscheidung als gerichtsfreien Hoheitsakt angesehen. Es hat gerade (in BVerfGE Bd. 2, S. 225 ff.) ein Recht des Petenten auf Entgegennahme, Prüfung und Bescheidung angenommen, dessen Verletzung und gerichtliche

bb) Eine Rechtsverletzung im Sinne des Art. 19 Abs. 4 GG ist im *Wahlprüfungsverfahren* gem. Art. 41 GG denkbar. Gegenstand der Wahlprüfung ist nach allgemeiner Auffassung zwar nicht die Überprüfung der Verletzung subjektiver Rechte, sondern die Gültigkeit der Wahl, d. h. die Rechtmäßigkeit der parlamentarischen Mandatsverteilung[33]. Die Mandatserwerbsprüfung kann nur der Anlaß einer Inzidentprüfung der Verletzung subjektiver Rechte sein. Ein Wahlprüfungsbeschluß des Bundestages kann aber, wenn durch ihn der ordnungsgemäße Einspruch eines Wahlberechtigten ohne die nach dem Wahlprüfungsgesetz vorgesehene sachliche Prüfung zurückgewiesen oder ein solcher Beschluß überhaupt gänzlich verweigert wird, Rechte im Sinne des Art. 19 Abs. 4 GG verletzen. In einem solchen Fall wäre das formelle Recht des Wahlberechtigten aus Art. 41 GG in Verbindung mit dem Wahlprüfungsgesetz auf Einspruch gegen die Wahl und Bescheidung durch den Bundestag verletzt.

cc) Durch einen *Beschluß eines Untersuchungsausschusses* sind Verletzungen subjektiver Rechte möglich, wie sich auch aus der Regelung des Art. 44 Abs. 4 GG ergibt. Dort ist allerdings der Rechtsweg auch dann ausgeschlossen, wenn durch die „öffentliche Gewalt" in Gestalt des Untersuchungsausschusses „jemand in seinen Rechten verletzt wird"[34].

Wenn der hessische Staatsgerichtshof in seinem Beschluß vom 9. Februar 1972[35] ausführt, daß in der Regel durch den *Einsetzungsbeschluß* Rechte des Bürgers nicht verletzt werden können, so ist dem zuzustimmen. In Anlehnung an die Erwägungen in diesem Beschluß ist

Überprüfung möglich ist. Ein Recht auf positiven Bescheid ist damit allerdings nicht begründet. Auch die Auffassung *Bauers* (Gerichtsschutz, S. 146), Art. 17 GG enthalte kein Recht im Sinne des Art. 19 Abs. 4 GG beruht anscheinend auf einem Mißverständnis. Sicher ist es richtig, daß Art. 17 GG neben der Rechtsweggarantie steht und das Petitionsrecht kein Rechtsweg im Sinne des Art. 19 Abs. 4 GG ist. Aber eine Verletzung der formellen Rechtsposition des Petenten stellt die Verletzung eines Rechts im Sinne des Art. 19 Abs. 4 GG dar.

[33] So das Bundesverfassungsgericht in ständiger Rechtsprechung, seit BVerfGE Bd. 1, S. 430 ff. Dem ist das Schrifttum allgemein gefolgt, vgl. die Nachweise bei *Olschewski*, Wahlprüfung, S. 43 ff. insbes. Fußnote 5, S. 44. Aber gerade wegen dieser Beschränkung der Wahlprüfung auf die Mandatserwerbsprüfung, kann — entgegen der herrschenden Meinung in Rechtsprechung und Literatur — Art. 41 GG die subjektive Rechte schützende Rechtsweggarantie nicht verdrängen. Dies hat *Olschewski*, Wahlprüfung, passim, überzeugend nachgewiesen; zustimmend, *Bettermann*, AöR Bd. 96 (1971), S. 528 ff. (543 ff., insbes. 546).

[34] Vgl. *Maunz*, in: Maunz / Dürig / Herzog, GG, Art. 44 Rdnr. 65.

[35] DÖV 1972, S. 56 ff., vgl. dazu oben S. 62 f. Vgl. auch das Urteil des hess. Staatsgerichtshofs vom 24. 11. 1966 (DÖV 1967, S. 51 ff.), in welchem mit der herrschenden Lehre festgestellt wird, daß mit dem Untersuchungsgegenstand der verfassungsmäßige Aufgabenkreis des Parlaments nicht verlassen werden darf (sog. „Korollartheorie", vgl. dazu *Maunz*, in: Maunz / Dürig / Herzog, GG, Art. 44 Rdnr. 15, mit weiteren Nachweisen in Fußnote 5).

aber davon auszugehen, daß in Ausnahmefällen eine Rechtsverletzung denkbar ist, wenn einem Untersuchungsausschuß (entgegen Art. 44 Abs. 1 S. 1 GG) ein über die Beweiserhebung hinausgehender Auftrag, etwa die Verurteilung eines festgestellten Verhaltens mit unmittelbaren Folgen für den Bürger oder die Entziehung des gesetzlichen Richters, übertragen würde.

dd) Wie bereits erwähnt[36], geht die weitaus herrschende Meinung[37] zu Recht davon aus, daß die *Immunitäts*normen des Art. 46 Abs. 2 - 4 GG weder dem Abgeordneten noch dem antragstellenden Bürger einen Anspruch auf Aufrechterhaltung oder Aufhebung der Immunität geben; denn die Immunität des Abgeordneten stellt ein Parlamentsprivileg dar, welches die Arbeitsfähigkeit des Parlaments sichern soll[38]. Von diesem materiellen Anspruch ist das inzwischen überwiegend anerkannte[39] subjektive Recht auf fehlerfreien Ermessensgebrauch zu trennen. Wenn diese Doktrin auch im Bereich des Verwaltungshandelns entwickelt worden ist, so hindert dies jedoch nicht daran, auch das Parlament beim Erlaß schlichter Parlamentsbeschlüsse „gleich jedem anderen Staatsorgan ... an die Verfassung und vor allem an die unübersteigbaren Schranken ..., die durch die elementaren Grundrechte ... der öffentlichen Gewalt gezogen sind“, und zu denen „besonders das Willkürverbot“ gehört, für gebunden zu halten[40]. *Dürig*[41] führt in diesem Zusammenhang zutreffend aus: „Es ist nicht richtig, wenn man etwa wegen einer Kategorie ‚Gestaltungsfreiheit des Gesetzgebers‘ oder einer Kategorie ‚Ermessensfreiheit der Verwaltung‘ von Art. 3 I grundrechtlich freigestellte Befugnisse anerkennt, oder Sachbereiche annimmt ..., in die Art. 3 I rechtlich nicht hineinreicht (‚ein bißchen Willkür‘ gestattet ist)[42].“ Der dem Bundestag „eingeräumte Ermessenspielraum

[36] Vgl. oben S. 63 f.

[37] Vgl. die obigen Nachweise in Fußnote 16, S. 63.

[38] Dabei ist allerdings zu beachten, daß in der parlamentarischen Demokratie der ursprüngliche Sinn der Immunitätsregelung, das Parlament vor Übergriffen durch die Exekutive (Krone) zu schützen, beträchtlich an Gewicht verloren hat, vgl. bay.VerfGHE (N.F.), Bd. 19, S. 1 ff. (3) mit weiteren Nachweisen.

[39] So z. B. BVerfGE Bd. 27, S. 29 ff. (305 f.); BVerwGE Bd. 19, S. 149 ff. (152); *Hoffmann-Becking*, DVBl. 1970, S. 850 ff.; *Martens*, JuS 1962, S. 248, jeweils mit weiteren Nachweisen; kritisch z. B. *Peters*, Entwicklung, S. 277 f.

[40] Bay.VerfGE (N.F.) Bd. 19, S. 1 ff. (3) für Immunitätsbeschlüsse; so auch im Bereich des Gnadenwesens, bay.VerfGHE (N.F.) Bd. 18, S. 140 (147); ders.: Bay.VBl. 1970, S. 175; vgl. auch BVerfGE Bd. 25, S. 352 ff. (364-MV).

[41] In: Maunz / Dürig / Herzog, GG, Art. 3 Rdnr. 293.

[42] So aber im Gnadenwesen BVerfGE Bd. 25, S. 352 ff.; zustimmend *Seuffert*, Festschrift für Gebhard Müller, S. 491 ff.; ablehnend *Menger / Erichsen*, VerwArch. Bd. 61 (1970), S. 168 ff.; *Erichsen* (VerwArch. Bd. 62 [1971], S. 408 f.) kritisiert zu Recht die spätere Entscheidung (BVerfGE Bd. 30, S. 103 ff.), in der ein Widerruf einer Gnadenentscheidung für justiziabel angesehen wird, als widersprüchlich; vgl. dazu *Lorenz*, Rechtsschutz, S. 44 ff. mit umfangreichen Nachweisen.

ist weit bemessen, aber nicht schrankenlos"[43], „denn es gibt in einem Rechtsstaat kein unbegrenztes Ermessen und jedes Ermessen kann mißbraucht werden"[44]. Dabei sei allerdings daran erinnert, daß das „Ermessen" der Legislative nur bedingt mit dem der Verwaltung vergleichbar ist. Während sich dieses als ein *gesetzlich* gebundenes Ermessen darstellt, handelt es sich bei dem „Ermessen" des Parlaments um eine Gestaltungsfreiheit, die ihre Grenzen in der Verfassung findet. Soweit diese Grenzen überschritten werden, sind wie beim Ermessen im üblichen Sinn (Verwaltungsermessen) Individualrechtsverletzungen möglich. *Scheuner*[45] weist in diesem Zusammenhang zutreffend darauf hin, daß es „hier um partielle Eingrenzungen, nicht um durchgehende inhaltliche Bindung" geht.

Dem einzelnen steht gegenüber dem Immunitätsbeschluß des Bundestages ein formelles subjektives Recht auf fehlerfreie Ermessensentscheidung zu[46]. Dem Erfordernis der Geltendmachung *eigener* Rechte wird durch den Antrag des Bürgers auf Aufhebung der Immunität genügt, durch den der Bezug zu den eigenen Angelegenheiten hergestellt ist[47]. Konkrete Rechtsverletzungen sind etwa durch Nichtbeachtung des, letztlich aus Art. 3 Abs. 1 GG ableitbaren, Willkürverbotes möglich[48, 49].

2. Gesetzlich nicht geregelte schlichte Parlamentsbeschlüsse

Auch für gesetzlich nicht geregelte schlichte Parlamentsbeschlüsse (adressierte wie nicht adressierte) ist davon auszugehen, daß sie im Regelfall keine (unmittelbaren) Rechtswirkungen im Außenverhältnis entfalten. Sie berühren normalerweise nur das Verhältnis zwischen

---

[43] Bay.VerfGHE (N.F.) Bd. 19, S. 1 ff. (3), für das dem bay. Landtag für seine Immunitätsentscheidungen gem. Art. 28 bay.Verf. eingeräumte Ermessen, a. A. *Kratzer*, Bay.VBl. 1966, S. 365 ff. (368).

[44] *Bettermann*, AöR Bd. 96 (1971), S. 528 ff. (539).

[45] Festschrift für R. Smend, S. 253 ff. (282); ähnlich auch *H. Schneider*, Hoheitsakte, S. 41.

[46] So auch *Maunz*, in: Maunz / Dürig / Herzog, Art. 46 Rdnr. 71.

[47] Vgl. dazu *Lorenz*, Rechtsschutz, S. 67, mit weiteren Nachweisen in Fußnote 70.

[48] So auch bay.VerfGHE (N.F.) Bd. 9, S. 1 ff. (3); *Maunz*, in: Maunz / Dürig / Herzog, GG, Art. 46 Rdnr. 71.

[49] Daß die Gefahr willkürlicher Immunitätsentscheidungen gering ist, mag sein, berechtigt aber nicht dazu, dem Betroffenen die Geltendmachung seines formellen subjektiven Rechts von vornherein zu verweigern. So auch bay.VerfGH (N.F.) Bd. 9, S. 4. Im übrigen ist die Mißbrauchsgefahr durchaus existent. Es erscheint nicht unrealistisch anzunehmen, daß dieses Parlamentsprivileg zum politischen Kampf mißbraucht werden kann, wenn z. B. bei gleicher Sachlage nur die Immunität von Abgeordneten bestimmter (Minderheits-)Parteien aufgehoben wird, um parlamentarische Mehrheitsverhältnisse zu manipulieren. Ähnliche Erwägungen stellt auch *Moller*, DVBl. 1966, S. 881 f. an.

Parlament und Exekutive[50]. Ohne die im staatsrechtlichen Schrifttum umstrittene Frage der Bindung der Exekutive an (adressierte) schlichte Parlamentsbeschlüsse hier erschöpfend behandeln zu können, sei zu diesem Problemkreis, soweit er für den Individualrechtsschutz Bedeutung erlangen kann, folgendes bemerkt: Während die generelle Befugnis des Parlaments zum Erlaß solcher Beschlüsse fast einhellig bejaht wird[51], hält sie die herrschende Meinung jedoch für die Exekutive für nicht verbindlich[52]. Es wird ihnen lediglich politische Bedeutung beigemessen, da die Regierung allenfalls ein Mißtrauensvotum befürchten müsse, wenn sie wiederholt solchen, zumindest verbindlich gewollten Beschlüssen zuwiderhandele. Die Unverbindlichkeit wird etwa mit dem Gewaltenteilungsgrundsatz, dem Rechtsstaats- und Gesetzmäßigkeitsprinzip, der Gleichrangigkeit von Legislative und Exekutive oder der Richtlinienkompetenz des Bundeskanzlers begründet. Von einer Verbindlichkeit gewisser gesetzlich nicht geregelter adressierter schlichter Parlamentsbeschlüsse gehen lediglich *Friesenhahn*[53], *Ipsen*[54], *Menzel*[55] und *Sellmann*[56] aus. Andere melden Zweifel an der Unverbindlichkeit an[57]. Mit der herrschenden Meinung ist davon auszugehen, daß für eine verfassungsrechtliche Bindung der Bundesregierung bzw. der Exekutive an solche Beschlüsse des Parlaments die verfassungsrechtliche Grundlage fehlt[58]. Die erhebliche politische Bedeutung, die diesen Beschlüssen zukommt[59], ändert daran nichts. Falls das Parlament seinen Beschlüssen

---

50 So auch *Sellmann*, Parlamentsbeschluß, S. 143.

51 Bedenken sind ausgesprochen worden z. B. von *Friesenhahn*, VVDStRL Bd. 16 (1958), S. 9 ff. (36 ff., Fußnote 70); *Leibholz*, Strukturprobleme, S. 166, Fußnoten 16 f.; *Münch*, Bundesregierung, S. 178 ff., 187.

52 So z. B. BVerwGE Bd. 12, S. 16 ff., bay.VerfGHE (N.F.) Bd. 12. S. 119 ff. (122, 125); *Hamann / Lenz*, GG, Anm. B 2 zu Art. 42; *Klein*, JuS 1964, S. 181 ff. (189); *Lerche*, NJW 1961, S. 1758 ff.; *Nawiaski*, Festschrift für Apelt, S. 137 ff. (142); *Obermayer*, Verwaltungsakt, S. 65; *Ossenbühl*, 50. DJT Bd. I, B 86; *Steiger*, Instrumentarium, S. 153 f. (mit rechtspolitischen[!] Erwägungen zur Einführung verbindlicher Parlamentsentscheidungen außerhalb des Gesetzgebungsverfahrens, vor allem im Bereich der Planung); weitere Nachweise bei *Sellmann*, Parlamentsbeschluß, S. 24 - 27.

53 VVDStRL Bd. 16 (1958), S. 9 ff. (36 f. Fußnote 70); dieser relativiert allerdings seine Ansicht durch die Feststellung, daß diese Weisungen „keine verfassungsrechtliche, justiziable Pflicht zur Befolgung durch die Regierung auslösen".

54 Subventionierung, S. 41 f.

55 VVDStRL Bd. 12 (1954), S. 179 ff. (194 f.).

56 Parlamentsbeschluß, S. 69, 76, 132 u. passim; *Sellmann* unterscheidet allerdings nach dem jeweiligen Gegenstand des Beschlusses. So hält er z. B. Beschlüsse, die einen Gesetzesvollzug durch den Erlaß von Einzelakten darstellen oder solche, die zur Vornahme von Verwaltungsakten bindend veranlassen sollen, für rechtswidrig und rechtlich unwirksam.

57 So z. B. *Ellwein*, Parlament und Verwaltung, S. 248, *Jesch*, Gesetz, S. 95, Fußnote 107.

58 So auch *Hamann / Lenz*, GG, Anm. B 2 zu Art. 42; *Lerche*, NJW 1961, S. 1758.

Verbindlichkeit verleihen will, muß es nach der geltenden Verfassungsordnung die Gesetzesform wählen[60]. Verfassungspolitisch mag eine Verbindlichkeit in Einzelbereichen (etwa in der Planung) wegen der Langwierigkeit des Gesetzgebungsverfahrens durchaus erwägenswert sein[61]; dieses Ziel kann allerdings nur durch eine Ergänzung des Grundgesetzes erreicht werden[62]. Für den einzelnen Rechtsträger bedeutet dieser Mangel rechtlicher Bindung im Innenverhältnis, daß für ihn im Außenverhältnis erst recht keine Rechtspflichten begründet werden können, oder durch Gestaltungsakt seine Rechtsstellung verändert werden kann[63, 64].

Dies schließt freilich nicht aus, daß solche Beschlüsse im tatsächlichen Bereich Auswirkungen haben, die sich zu Rechtsverletzungen verdichten können. Wie bereits ausgeführt[65], ist Finalität des Handelns nicht erforderlich, so daß auch faktische Beeinträchtigungen durch Handlungen ohne Regelungscharakter einer Qualifizierung als Rechtsverletzung zugänglich sind. Dies ist für behördliche Äußerungen, Gutachten, Untersuchungsberichte und ähnliches seit langem anerkannt[66]. Im parlamentarischen Bereich hat das OVG Münster[67] in einer Entscheidung aus dem Jahre 1966 entgegen dem erstinstanzlichen Urteil des VG Köln[68] eine

---

[59] Darüber hinaus kann ein anläßlich der Verabschiedung eines Gesetzes gefaßter schlichter Parlamentsbeschluß u. U. als Auslegungsbehelf verwertet werden. So BVerwGE Bd. 16, S. 12 ff. (das Bundesverwaltungsgericht hat den *nach* Verabschiedung des Gesetzes gefaßten Beschluß insoweit als unerheblich angesehen). Vgl. dazu *Sellmann*, Parlamentsbeschluß, S. 112 ff.

[60] So auch *Wolff / Bachof*, Verwaltungsrecht I, § 18 III b.

[61] So *Ossenbühl*, 50. DJT, Bd. I, B 86 unter ausdrücklicher Ablehnung der Konzeption *Sellmanns; Steiger*, Instrumentarium, S. 153 f.

[62] So für Alternativplanungen, Art. Z des Vorschlages der Enquête-Kommission für Verfassungsreform (BT-Drucksache VI/3829, S. 46).

[63] So auch *Sellmann*, Parlamentsbeschluß, S. 143.

[64] Etwas anderes ist es allerdings, darauf weist *Sellmann* (Parlamentsbeschluß, S. 144) hin, wenn die Exekutive etwa einen Verwaltungsakt erläßt und sich dabei allein auf einen schlichten Parlamentsbeschluß stützt. Der Betroffene könnte im Verwaltungsrechtsweg mit Erfolg die Rechtswidrigkeit des Verwaltungsakts rügen, da ein gesetzlich nicht geregelter schlichter Parlamentsbeschluß keine ausreichende Rechtsgrundlage, zumindest im Bereich der Eingriffsverwaltung, darstellt (vgl. *Sellmann*, ebd., S. 112 f., 121). Die Rechtsverletzung wäre aber in einem solchen Fall nur mittelbar durch den schlichten Parlamentsbeschluß verursacht und dieser auch nur inzidenter überprüfbar.

[65] Vgl. oben S. 116 f.

[66] So z. B. BVerwGE Bd. 14, S. 323 ff. (328); OVG Münster DVBl. 1967, S. 51 ff., *Schick*, JZ 1970, S. 139; vgl. dazu allgemein: *Weyreuther*, 47. DJT, Bd. I, B 73 ff.; *Erichsen / Hoffmann-Becking*, JuS 1971, S. 144 jeweils mit weiteren Nachweisen.

[67] Urteil vom 4. 10. 1966, DVBl. 1967, S. 51 ff.

[68] Urteil vom 24. 9. 1964, DVBl. 1965, S. 882 ff. mit ablehnender Anmerkung von *Bettermann*, DVBl. 1965, S. 886 ff. und *A. Arndt*, DVBl. 1967, S. 954 f., der allerdings dem VG Köln im Ergebnis zustimmt, da ein Rechtsweg auf Grund der Redefreiheit im Parlament nicht eröffnet sei.

Rechtsverletzung durch eine beleidigende Äußerung eines Staatssekretärs angenommen, der in Vertretung des Bundesministers für Verteidigung eine parlamentarische Anfrage beantwortet hatte. Das erstinstanzliche Urteil dagegen wertet die umstrittene Antwort des Staatssekretärs als parlamentsinternen Vorgang, der rechtliche „Wirkung nur im Verhältnis von Exekutive und Legislative" entfalten, für Unbeteiligte nur tatsächliche Auswirkungen haben könne. Daß diese Auffassung unhaltbar ist, hat bereits *Bettermann*[69] in einer scharfen Kritik dieses Urteils nachgewiesen. Eine generelle Negierung jeglicher Rechtswirkung parlamentarischer Erklärungen im außerparlamentarischen Bereich ist unrichtig, wie schon ein Blick auf die Indemnitätsvorschrift des Art. 46 Abs. 1 GG zeigt. Faktische Beeinträchtigungen Außenstehender, die als Rechtsverletzungen qualifiziert werden können, sind vor allem in Form von Ehrverletzungen denkbar und möglich. Das Verwaltungsgericht beruft sich zu Unrecht auf eine Entscheidung des Bundesverfassungsgerichts[70], welches ausgeführt hat, daß „die Beantwortung der Frage eines Abgeordneten durch den zuständigen Minister ein parlamentarischer Vorgang" sei, „der sich *in der Regel*[71] in der Äußerung einer Meinung erschöpft und eine rechtliche Außenwirkung nicht erzeugt". Aber gerade um einen solchen Regelfall ging es nicht. Der Betroffene machte eine Ehrverletzung geltend und verlangte überdies die Unterlassung der „ehrenrührigen und wahrheitswidrigen, bewußt unwahren" Behauptungen des Staatssekretärs. Daß damit eine „Rechtsverletzung" behauptet wird, kann wohl kaum ernsthaft in Abrede gestellt werden[72]. Eine andere Frage ist es, ob gegen eine solche Rechtsverletzung der Rechtsweg eröffnet ist und gegebenenfalls welcher. Diese Bedenken[73] haben das Verwaltungs-

---

69 DVBl. 1965, S. 886 ff.

70 Vom 18. 7. 1961, BVerfGE Bd. 13, S. 123 ff. Dort ging es um eine Äußerung des Bundesministers des Inneren, der in einer Fragestunde des Bundestages behauptet hatte, die Deutsche Friedensunion (DFU) sei kommunistisch unterwandert. Abgesehen davon, daß das Gericht parlamentarische Äußerungen nur in der Regel als parlamentsinternen Vorgang bezeichnet hat, handelte es sich um eine Organklage nach Art. 93 Abs. 1 Nr. 1 GG auf Feststellung, daß der Minister gegen Art. 21 GG verstoßen habe. Es wurde also nicht die Verletzung subjektiver Rechte, sondern verfassungsrechtlicher Positionen der DFU als Partei geltend gemacht (vgl. §§ 63, 64 Abs. 1 BVerfGG). So auch *Bettermann*, DVBl. 1965, S. 886 ff. (887). Das Bundesverfassungsgericht hat festgestellt, daß die Äußerung nicht rechtserheblich gewesen sei, da verfassungsmäßige Rechte und Pflichten der Antragstellerin nicht verletzt worden seien.

71 Hervorhebung vom Verfasser.

72 So auch *Bettermann*, DVBl. 1965, S. 886 ff. (887).

73 „Die Durchsetzung des klägerischen Anspruchs scheitert an der Rechtsmacht der Verwaltungsgerichte und würde von seiner Konsequenz her verfassungswidrig sein", VG Köln, ebd., S. 884; dagegen OVG Münster, ebd. und *Bettermann*, ebd.

gericht zu dem unrichtigen Schluß verleitet, schon die Möglichkeit einer Verletzung der Rechte des Klägers zu leugnen.

Es mag hier dahinstehen, ob das Rederecht eines Regierungsmitglieds vor dem Parlament nach Art. 43 Abs. 2 in Verbindung mit Art. 46 Abs. 1 GG — wie *A. Arndt*[74] meint — eine Verantwortlichkeit ausschließt, oder ob nicht richtiger mit der herrschenden Meinung davon auszugehen ist, daß ein Schutz nur bei Äußerungen von Regierungsmitgliedern in ihrer Eigenschaft als Abgeordnete besteht[75]. Jedenfalls können Bedenken und Probleme, die sich aus der Frage der Rechtswegeröffnung gegenüber parlamentarischen Äußerungen ergeben, nicht dazu führen, von vornherein verletzungsfähige Rechtspositionen Außenstehender zu verneinen.

Ähnliches gilt auch für gesetzlich nicht geregelte schlichte Parlamentsbeschlüsse, die in der Regel rechtliche Außenwirkung nicht erzeugen, in Ausnahmefällen wegen ihres Inhalts — vor allem im Bereich des Persönlichkeitsrechts — Rechtsverletzungen auslösen können. Dazu einige Beispiele:

Der Bundestag faßt einen Beschluß, der die Aufforderung an die Bundesregierung bzw. an einen bestimmten Minister enthält, einen namentlich genannten Unternehmer wegen dessen betrügerischer Manipulationen bei der Vergabe von Aufträgen nicht zu berücksichtigen[76]. Der in dem Beschluß enthaltene unwahre Vorwurf beinhaltet eine Ehrverletzung sowie eine Verletzung des Rechts am eingerichteten und ausgeübten Gewerbebetrieb und damit am Eigentum im Sinne des Art. 14 Abs. 1 GG[77]. Der Bundestag faßt einen, nicht adressierten schlichten Parlamentsbeschluß mit folgendem Inhalt: „Auf Grund der fortlaufend unwahren und verleumderischen, gegen die freiheitliche demokratische Grundordnung gerichtete Berichterstattung des Redakteurs A der X-Zeitung hat dieser seine Rechte aus Art. 5 Abs. 1 GG

[74] DVBl. 1967, S. 954 f.; zustimmend *Bauer*, Gerichtsschutz, S. 150, der allerdings ausdrücklich die verleumderische Beleidigung entsprechend Art. 46 Abs. 1, S. 2 GG ausnimmt.

[75] So z. B. *Hamann / Lenz*, GG, Anm. B 1 zu Art. 46; *Maunz*, in: Maunz / Dürig / Herzog, GG, Art. 46 Rdnr. 8 und Art. 43 Rdnr. 23; OVG Münster, ebd. Vgl. dazu noch den unlängst erschienenen Beitrag von *Witte-Wegmann:* Parlamentarische Redefreiheit auch für Regierungsmitglieder? DVBl. 1974, S. 866 ff.

[76] Vgl. die ähnliche Fallgestaltung im Bereich des Verwaltungshandelns bei *Erichsen / Hoffmann-Becking*, JuS 1971, S. 144 (Warnung einer Industrie- und Handelskammer vor der Vergabe von Bauaufträgen an einen bestimmten Unternehmer wegen dessen unseriöser Geschäftsmethoden).

[77] Nach allgemeiner Meinung zählt das Recht am eingerichteten und ausgeübten Gewerbebetrieb zu der von Art. 14 Abs. 1 GG öffentlich-rechtlich geschützten Rechtspositionen des Bürgers, vgl. statt vieler *Wolff / Bachof*, Verwaltungsrecht I, § 62 III a 3 mit weiteren Nachweisen.

verwirkt[78]." Es mag dahinstehen, ob in der unwahren Behauptung bereits eine Verletzung des Rechts aus Art. 5 Abs. 1 GG zu sehen ist; jedenfalls enthält dieser Beschluß Ehrkränkungen.

Diese Beispiele zeigen, daß gesetzlich nicht geregelte schlichte Parlamentsbeschlüsse faktische Beeinträchtigungen enthalten können, die, freilich in Ausnahmefällen, als Rechtsverletzungen im Sinne des Art. 19 Abs. 4 GG qualifiziert werden können[79].

VI. Die Rechtsfolgeanordnung des Art. 19 Abs. 4 Satz 1, 2. Halbsatz GG: „So steht ihm der Rechtsweg offen"

a) Rechtsschutz durch, nicht gegen das Parlament?

Ähnlich wie zur Rechtsschutzgewährung durch Art. 19 Abs. 4 GG gegenüber richterlichen Akten argumentiert wird[1], könnte dem Betroffenen gegenüber individualrechtsverletzenden Akten der Legislative die Rechtsfolge der Eröffnung des Rechtsweges mit dem Hinweis verweigert werden, Rechtsschutz sei *durch*, nicht *gegen* das Parlament zu erlangen. Der bis in die Weimarer Zeit hineinreichende Streit um die gerichtliche Prüfungsbefugnis parlamentarischer Gesetzgebung wurde unter diesem Generalthema geführt[2]. In der historischen verfassungsrechtlichen Situation, die „durch reale politische Gegensätze echter politischer Gewalten"[3] gekennzeichnet war, kam dem Parlament durchaus eine Rechtsschutzfunktion als wesentliches Element zu, die eine solche Argumentation rechtfertigte. In der Verfassungs- und Staatsordnung der Bundesrepublik unter der Geltung des Grundgesetzes, wie im übrigen auch schon unter der Weimarer Reichsverfassung, ist diese Grundlage entfallen. *Lorenz*[4] führt in diesem Zusammenhang zutref-

78 Solche Beschlüsse mögen zwar nicht sehr wahrscheinlich sein. Aber bereits das zweite Beispiel zeigt, daß solche Einschüchterungsversuche bei bestimmten politischen Konstellationen nicht gänzlich unrealistisch sind. Der Bundestag scheut einen Antrag beim Bundesverfassungsgericht (vgl. Art. 18 GG i. V. m. §§ 36 ff. BVerfGG) mangels Erfolgsaussicht, versucht aber auf dem Weg eines schlichten Beschlusses, versehen mit der Autorität des Parlaments, sein Ziel („bundestagsmehrheits-" bzw. regierungskonformes Verhalten) durch Einschüchterung zu erreichen.

79 Wenn *Sellmann*, Parlamentsbeschluß, S. 143 und *Obermeier*, Diss., S. 161 generell Individualrechtsverletzungen durch schlichte Parlamentsbeschlüsse in Abrede stellen, so ist dies wohl darauf zurückzuführen, daß beide die Möglichkeit von Rechtsverletzungen durch faktische Beeinträchtigungen nicht in ihre Überlegungen einbezogen haben.

1 Vgl. dazu oben S. 83 ff.

2 Vgl. dazu *Ernst von Hippel*, HdbDStR II, S. 546 ff. (552 ff.).

3 *Scheuner*, Festschrift für Rudolf Smend, S. 253 ff. (280 f.); zu diesem ursprünglichen Sinn der Gewaltenteilung vgl. auch unten S. 144 ff.

4 Rechtsschutz, S. 164, mit weiteren Nachweisen.

fend aus: „Mit dessen Einbeziehung (scil. — des Parlaments) in den demokratischen Staat ist die Grundlage seiner Schutzwirkung, die mit der Aufteilung der Handhabung staatlicher Gewalt auf verschiedene *reale*[5] Machtträger verbunden war, entfallen. Als Teil der Herrschaftsorganisation des Staates ist das Parlament mit diesem in Gegensatz zum Individuum getreten und erscheint so als möglicher Bedroher von dessen Freiheit und Rechten." Dies gilt sowohl für rechtsetzende als auch für nichtrechtsetzende Parlamentsakte, wie im vorhergehenden Abschnitt nachzuweisen versucht wurde. Im übrigen weist Lorenz auf die sattsam bekannte und hinlänglich beschriebene institutionelle Verflochtenheit von Parlament bzw. Mehrheitspartei (-koalition) und Regierung bzw. vollziehender Gewalt[6] sowie auf den Einfluß „gesellschaftlicher Gruppen", der sogenannten Interessenverbände hin. Diese Erscheinungen in der neueren Entwicklung des parlamentarischen Systems machen den Hinweis auf die Rechtsschutzfunktion des Parlaments zur Begründung einer Versagung der Rechtsfolge aus Art. 19 Abs. 4 GG gegenüber Parlamentsakten vollends gegenstandslos.

Das Parlament besitzt zwar vielfältige Kontrollmöglichkeiten, die es insbesondere durch das Enquête- und Interpellationsrecht[7], sowie durch parlamentarische Unterorgane in bestimmten Sachbereichen, z. B. im Wehrwesen (Art. 45 a, 45 b GG), oder im Bereich des Brief-, Post- und Fernmeldegeheimnisses (Art. 10 Abs. 2 Satz 2 GG; § 9 des Gesetzes zu Art. 10) ausübt. Es handelt sich aber dabei primär um (politische) Kontrollbefugnisse, durch die nur reflexweise, mittelbar Rechtsschutzbegehren des einzelnen befriedigt werden können[8]. So hat der Petent nach Art. 17 GG nur die Möglichkeit, sich mit Bitten und Beschwerden an das Parlament zu wenden. Die Petition kann zwar zur Beseitigung der Rechtsverletzung führen; da der Verletzte aber nur einen bloßen Bescheidungsanspruch besitzt, kann er seinen materiellen Anspruch nicht durchsetzen[9]. Ähnliches gilt für den Wehrbeauftragten nach Art. 45 b GG, der nach zutreffender Ansicht kein selbständiges Organ zum Individualschutzrecht im Grundrechtsbereich ist, sondern ausschließlich parlamentarische Kontrollfunktionen wahrnimmt[10]. Desgleichen

---

[5] Hervorhebung im Original.

[6] Vgl. dazu die jüngst veröffentlichten Referate von *Oppermann* (VVDStRL Bd. 33 [1975], S. 7 ff.) und *Hans Meyer* (ebd., S. 69 ff.) mit dem Thema „Das parlamentarische Regierungssystem des Grundgesetzes" der Bielefelder Staatsrechtslehrertagung von 1974. Aus dem politikwissenschaftlichen Schrifttum, in dem dieses Phänomen ausführlich untersucht wurde, vgl. statt vieler *Ellwein,* Regierungssystem, S. 281 ff.

[7] Vgl. dazu *Wolff,* Verwaltungsrecht I, S. 166 V b.

[8] So auch *Lorenz,* Rechtsschutz, S. 169 f.

[9] Vgl. dazu oben S. 118 f.

[10] Vgl. dazu oben S. 37.

dient das Wahlprüfungsverfahren gemäß Art. 41 GG nicht dem Individualrechtsschutz[11], sondern zur Überprüfung der ordnungsgemäßen Zusammensetzung des Bundestages[12]. Wenn auch der einzelne die parlamentarischen Kontrolltätigkeiten (zum Teil) in Gang setzen kann, so verbietet die lediglich reflexweise Möglichkeit, materielle Begehren befriedigt zu erhalten, diese Wege als Rechtswege zu bezeichnen. Nicht zuletzt ist aus diesem Grund die Einschränkung des Art. 19 Abs. 4 GG im Bereich des Brief-, Post- und Fernmeldegeheimnisses durch die Ersetzung richterlicher Kontrolle durch eine parlamentarische Nachprüfung auf Kritik gestoßen[13]. Zur Geeignetheit bzw. Ungeeignetheit des Parlaments zur Rechtsschutzgewährung führt Lorenz[14] treffend aus: „Denn das Parlament ist weder seiner Arbeitsweise noch seiner Zusammensetzung nach auf die Konkretisierung von Rechtsnormen ausgerichtet; seinen Mitgliedern als den für die Gestaltung der politischen Grundfragen lediglich an das Allgemeinwohl nach dem Maßstab ihres Gewissens gebundenen Abgeordneten fehlt die dem Richter als Typus eigene Rechtsbindung und Verantwortung gegenüber dem Recht, die jenen zum berufenen Rechtswahrer macht. Das läßt das Parlament zur Gewährung von Rechtsschutz i. e. S. als schlechthin ungeeignet erscheinen."

b) Grundsätzliche Einschränkungslosigkeit der Rechtsfolgeanordnung

Die Eröffnung des Rechtsweges bedeutet, wie bereits erörtert[15], Zugang zu den (staatlichen[16]) Gerichten des Bundes und der Länder und dort zum Richter (Art. 92, 97 GG). Die Rechtsweggarantie macht (primär) keine Aussage über die Art des Rechtsweges, d. h. über den zuständigen Zweig der Gerichtsbarkeit (vgl. Art. 95 Abs. 1 GG)[17]. Dies geht auch deutlich aus der Regelung der Reservezuständigkeit des Art. 19 Abs. 4 Satz 2 GG hervor, wo der Zugang zum „ordentlichen Rechtsweg" eröffnet ist, im Gegensatz zur allgemeinen Formulierung „Rechtsweg" in Satz 1. Nur Satz 2 begründet die Zuständigkeit eines bestimmten Zweiges der Gerichtsbarkeit. Die Frage, welcher (primäre) Rechtsweg im Einzelfall eröffnet ist, wird durch einfaches Prozeßrecht

---

11 *Olschewski*, Wahlprüfung, S. 76 ff. mit weiteren Nachweisen.

12 Zum vorstehenden insgesamt vgl. *Lorenz*, Rechtsschutz, S. 170 ff.

13 Vgl. oben S. 102 Fußnote 132.

14 Rechtsschutz, S. 172 f.

15 Vgl. oben S. 99.

16 Zur Frage der Gleichwertigkeit kirchlicher Gerichte vgl. *Hesse*, Rechtsschutz, S. 119 ff.; *Mann*, DVBl. 1962, S. 249 ff.

17 h. M. z. B. *Bachof*, Vornahmeklage, S. 13; *Bettermann*, Grundrechte III/2, S. 779 ff. (800); *Hamann / Lenz*, GG, Anm. B 17 zu Art. 19; *von Mangoldt / Klein*, Anm. VII 5 b zu Art. 19 (S. 574); *Wernicke*, BK, Anm. II 4 f α zu Art. 19.

entschieden[18], (und ist daher nicht im verfassungsrechtlichen, sondern prozessualen Teil dieser Untersuchungen zu beantworten)[19].

Art. 19 Abs. 4 GG eröffnet den Rechtsweg vorbehaltlos ohne Einschränkungen[20]. Die Tendenz, daß Art. 19 Abs. 4 GG auf lückenlose Rechtswegeröffnung und damit auch lückenlose Rechtsschutzgewährleistung[21] angelegt ist, wird noch durch die Subsidiaritätsklausel des Art. 19 Abs. 4 Satz 2 GG verstärkt. Dabei ist freilich zu berücksichtigen, daß der Normbereich der Rechtsweggarantie durch normimmanente Schranken[22], die sich aus den Voraussetzungen des Art. 19 Abs. 4 GG selbst ergeben. beschränkt wird. Der Rechtsweg ist nur dann eröffnet, wenn *„jemand“ „durch die öffentliche Gewalt“ „in seinen Rechten“ „verletzt wird“*. So garantiert Art. 19 Abs. 4 GG beispielsweise nicht den Rechtsweg gegenüber Rechtsverletzungen durch Private oder in jeder privatrechtlichen Angelegenheit[23]. Abgesehen von diesen normimmanenten Schranken ist der Rechtsweg — bei Vorliegen der Voraussetzungen des Art. 19 Abs. 4 GG — grundsätzlich vorbehaltlos eröffnet.

c) Mögliche Schranken der Rechtswegeröffnung

1. Zu den sogenannten „immanenten Grundrechtsschranken“

Wenn auch zunächst offengelassen wurde, ob der Rechtsweggarantie Grundrechtscharakter beizumessen ist, so bedarf diese Frage hier der Entscheidung, da sich danach die Zulässigkeit bzw. die Voraussetzungen möglicher Einschränkungen richten. Die formale Stellung des Art. 19 Abs. 4 GG im ersten Abschnitt des Grundgesetzes unter der Überschrift „Grundrechte“ ist zugegebenermaßen nur ein schwaches Indiz für dessen Grundrechtscharakter, zumal dem Art. 142 GG entgegensteht, der nur die Art. 1 bis 18 GG als Grundrechte bezeichnet. Aber Art. 19 Abs. 4 GG dient vorrangig dem Schutz der Freiheits- und Persönlichkeitssphäre des einzelnen; insoweit entspricht die Garantie prozessualen Schutzes gegenüber rechtsverletzenden Akten der öffentlichen Gewalt dem umfassenden materiellen Individualfreiheitsrecht des Art. 2 Abs. 1 GG. Die Rechtsweggarantie erfüllt die Voraussetzungen, die allgemein[24] für ein subjektives öffentliches Recht gefordert werden.

---

18 So ausdrücklich *Hamann / Lenz*, GG, Anm. B 17 zu Art. 19.

19 Vgl. III. Kapitel, unten S. 154 ff.

20 *Bettermann*, Grundrechte III/2, S. 779 ff. (811): „Art. 19 IV enthält und verträgt *keinen Gesetzesvorbehalt*“ (Hervorhebung im Original).

21 Vgl. oben S. 99 f.

22 Zum Begriff vgl. *Hesse*, Verfassungsrecht, § 10 II 1; *Friedrich Müller*, Positivität, S. 55 f.

23 So *Dütz*, Gerichtsschutz, S. 71 f. mit weiteren Nachweisen.

24 Vgl. z. B. *Bachof*, Vornahmeklage, S. 84.

(1) Sie stellt eine zwingende Norm dar.

(2) Die Rechtsweggarantie will (vor allem) den Interessen des einzelnen dienen; ihm soll bei Vorliegen der Voraussetzungen der Rechtsweg eröffnet sein und dort möglichst lückenloser und effektiver Rechtsschutz gewährt werden[25]. (3) Auch dem dritten Erfordernis, der Rechtsmacht, entspricht Art. 19 Abs. 4 GG. Dem einzelnen ist die Befugnis eingeräumt, die Verletzung eigener Rechte durch die öffentliche Gewalt zu rügen. Der Staat stellt zur Durchsetzung eigene Organe, die Gerichte, zur Verfügung, gewährt also Rechtsschutz gegen sich selbst[26]. Es erübrigt sich, weitere Einzelheiten darzulegen, da die weitaus herrschende Meinung in Rechtsprechung[27] und Literatur[28] zutreffend davon ausgeht, daß Art. 19 Abs. 4 GG ein subjektives öffentliches Recht, speziell ein Grundrecht auf Rechtsschutzgewährung darstellt. Verbreitet ist die auf *Friedrich Klein*[29] zurückgehende Formulierung vom „formellen Hauptgrundrecht".

Da das Grundrecht des Art. 19 Abs. 4 GG vorbehaltlos gewährt ist, erhebt sich die Frage, ob es abgesehen von den erwähnten norm-

---

25 Vgl. dazu oben S. 99 ff.

26 Essentielle Voraussetzung für eine solche Möglichkeit ist eine Staatsordnung, die vom Prinzip der Gewaltenteilung geprägt ist und die Institution unabhängiger Gerichte besitzt.

27 Das Bundesverfassungsgericht hat zwar anfänglich (in BVerfGE Bd. 1, S. 264 ff. [280]) ausgeführt, daß Art. 19 Abs. 4 GG „kein selbständiges materielles Grundrecht, sondern eine Reihe von Vorschriften, die dem Schutz der Grundrechte dienen" enthalte (dem folgen *Giese / Schunck*, GG, Anm. II 1 zu Art. 19), aber später (z. B. in BVerfGE Bd. 15, S. 275; 22, S. 49 ff. [82 f.]) ausdrücklich die Grundrechtsqualität anerkannt, so zuletzt in BVerfGE Bd. 35, S. 264 ff. (274) „Verfahrensgrundrecht". Aus der Rechtsprechung im übrigen vgl. z. B. BVerwG DÖV 1959, S. 542 ff. (543); OVG Münster, MDR 1954, S. 765; NJW 1961, S. 1643; OLG Hamburg, DVBl. 1955, S. 62 ff.; OVG Lüneburg, VerwRspr. Bd. 9 (1957), S. 881.

28 z. B. *Bachof*, Vornahmeklage, S. 13 f., 84; *Bauer*, Gerichtsschutz, S. 103 ff.; *Bettermann*, Grundrechte III/2, S. 779 ff. (783); *Brinkmann*, GG, Anm. II d zu Art. 19; *Dürig*, in: Maunz / Dürig / Herzog, GG, Art. 19 Abs. 4 Rdnr. 2; *Forsthoff*, Verwaltungsrecht I, S. 190; *Hamann / Lenz*, GG, Anm. B 12 zu Art. 19; *Klein*, VVDStRL Bd. 8 (1950), S. 67 ff. (88); *Lerche*, Rechtsweg, S. 28; ders.: ZZP Bd. 78 (1965), S. 1 ff. (24, Fußnote 58); *Menger*, Grundrechte III/2, S. 717 ff. (733); ders.: Sozialer Rechtsstaat, S. 18, 58; *Ule*, EvStL (Stichwort: Rechtsweggarantie), Sp. 1776; weitere Nachweise bei *Bauer*, Gerichtsschutz, S. 21, Fußnote 4 und *Arentz*, Diss., S. 1, Fußnote 1 ff. Demgegenüber sind Gegenstimmen vereinzelt geblieben, z. B. *Arentz*, Diss., S. 130 ff., 175 (objektiver Rechtssatz im Sinne einer institutionellen Garantie); *Eschenburg*, Staat und Gesellschaft, S. 476 (nur „institutionelle Gewährleistung" des gerichtlichen Rechtsschutzes — nach h. M. steht dies neben dem Grundrechtscharakter); *Giese / Schunck*, GG, Anm. II 1 zu Art. 19 (ohne Begründung unter Berufung auf BVerfGE Bd. 1, S. 264 ff. [280]); *von Mangoldt / Klein*, GG, Anm. II 2 c zu Art. 19 (S. 542) („Grundsatznorm für die gesamte Rechtsordnung"); vgl. demgegenüber Vorbemerkungen B XIII 2 (S. 116) („formellrechtlich-prozessuales Grundrecht des Rechtsweges").

29 VVDStRL Bd. 8 (1950), S. 67 ff. (88), der diese Meinung in *von Mangoldt / Klein*, GG, Anm. II c zu Art. 19 (S. 542) aufgegeben hat.

immanenten Schranken weiteren Beschränkungen unterliegen kann, also sogenannte „immanente Grundrechtsschranken“[30] bestehen. Nach weitaus herrschender Auffassung[31] unterliegen auch vorbehaltlos gewährte Grundrechte gewissen Schranken[32], wenn auch über Ausmaß und Voraussetzungen in den verschiedenen Immanenzlehren keine Übereinstimmung herrscht. Während das Bundesverwaltungsgericht[33] zur Begründung auf die sogenannte Gemeinwohlklausel („andere Grundrechte oder die für den Bestand der Gemeinschaft notwendigen Rechtsgüter“) verweist, stützen sich andere mittelbar[34] oder unmittelbar[35] auf die Schranken des Art. 2 Abs. 1 GG oder auf den Grundsatz der sogenannten praktischen Konkordanz[36].

Ohne dem hier im einzelnen weiter nachgehen zu können, sei grundsätzlich angemerkt, daß bei der Annahme immanenter Grundrechtsschranken äußerste Vorsicht geboten ist[37]. Eine zu weitgehende und großzügige Schrankenbestimmung würde zu einer mit dem Grundrechtssystem des Grundgesetzes unvereinbaren Relativierung führen und einen Rückschritt auf den Stand der Weimarer Reichsverfassung bedeuten, in welcher die Grundrechte zur Disposition des einfachen Gesetzgebers gestellt waren. Die sehr weitgehende Auffassung in der älteren Rechtsprechung des Bundesverwaltungsgerichts[38], die die bloße Behauptung, der Schutz eines „höherrangigen Gemeinschaftsgutes“ erfordere die Begrenzung, ausreichen ließ, ist daher zu Recht auf allge-

---

[30] Dieser Begriff taucht erstmals in einer Entscheidung des Bundesverwaltungsgerichts vom 3. 11. 1950 (BVerwGE Bd. 2, S. 295 ff. [300]) auf.

[31] a. A. z. B. *Hamann / Lenz*, GG, Vorbemerkung 8 zu Art. 1, die nur dann eine Einschränkung zulassen, wenn dies der „Schutz überragender Gemeinschaftsgüter zwingend erfordert“ (BVerfGE Bd. 7, S. 405). Dies setze voraus, daß eine Konfliktsituation zwischen dem betreffenden Grundrecht und der Rechtsordnung denkbar sei, was nicht bei allen Grundrechten der Fall sei. Im übrigen lehnen sie „imminente Schranken“ der Grundrechte ab.

[32] Zu den „Immanenzlehren“ vgl. z. B. *Bettermann*, Grenzen, S. 3 ff.; *Dürig*, in: Maunz / Dürig / Herzog, GG, Art. 2 Rdnr. 69 ff.; *Hesse*, Verfassungsrecht, § 10 II; *Knies*, Kunstfreiheit, S. 93 ff.; *Lerche*, Übermaß, S. 125 ff.; *Friedrich Müller*, Positivität, S. 11 ff.; allgemein zu den „Schranken der Grundrechte“ vgl. den Beitrag von *Maunz* in der Festschrift für Hans Schäfer, S. 7 ff.

[33] Grundlegend BVerwGE Bd. 1, S. 48 ff. (52 ff.).

[34] So z. B. *Dürig*, in: Maunz / Dürig / Herzog, GG, Art. 2 Rdnr. 70; kritisch zu dieser Konzeption *Friedrich Müller*, Positivität, S. 14 ff. mit weiteren kritischen Hinweisen in Fußnote 14.

[35] So z. B. *von Mangoldt / Klein*, GG, Vorbemerkung B XV 3 a vor Art. 1 (S. 130); wohl auch *Giese / Schunck*, GG, Anm. II 5 zu Art. 2; gegen jeden unmittelbaren Rückgriff auf die Schranken des Art. 2 Abs. 1 GG; *Böckenförde / Greiffenhagen*, JuS 1966, S. 359 ff. (362 Anm. 21).

[36] *Hesse*, Verfassungsrecht, § 10 II 2 a, d. h. „verhältnismäßige Zuordnung von Grundrechten und grundrechtsbegrenzenden Rechtsgütern“.

[37] So auch *Hesse*, Verfassungsrecht, § 10 II vor 1.

[38] BVerwGE Bd. 1, S. 48 ff. (52); 2, S. 89 ff. (93 f.); 2, S. 295 ff. (300) und in ständiger Rechtsprechung bis Bd. 5, S. 153 ff. (158).

meine Kritik gestoßen[39]. Wenn man überhaupt immanente Grundrechtsschranken anerkennt, so bedarf eine Beschränkung angesichts der Positivität der Grundrechte und der im übrigen speziell normierten Vorbehalte, „des Nachweises, daß es sich um Begrenzungen ungeschriebenen *Verfassungsrechts* handelt“[40]. Unter diesem Tenor steht die enge, aber nichtsdestoweniger dem System der grundgesetzlichen Grundrechtsgewährleistungen entsprechende Rechtsprechung des Bundesverfassungsgerichts zu den immanenten Schranken der Grundrechte. Es läßt Beschränkungen an sich unbeschränkt gewährleisteter Grundrechte nur dann zu, wenn sie sich aus anderen Verfassungsgehalten ergeben, d. h. ihre Grenzen sind nur aus der Verfassung selbst zu bestimmen[41]. In der sogenannten Mephisto-Entscheidung vom 24. 2. 1971[42] zu Art. 5 Abs. 3 GG lehnt es das Bundesverfassungsgericht zunächst ab, daß die Freiheit der Kunst gemäß Art. 2 Abs. 1 2. Halbsatz GG beschränkt sei, da dies nicht dem Verhältnis der Subsidiarität des Art. 2 Abs. 1 GG zur Spezialität der Freiheitsrechte entspreche[43]. Dann führt das Gericht aus, daß eine Relativierung weder durch die allgemeine Rechtsordnung noch durch eine unbestimmte Klausel erfolgen dürfe, welche ohne verfassungsrechtlichen Ansatzpunkt und ohne ausreichende rechtsstaatliche Sicherung auf eine Gefährdung der für den Bestand der staatlichen Gemeinschaft notwendigen Güter abhebe. Ein Konflikt sei „nach Maßgabe der grundgesetzlichen Wertordnung unter Berücksichtigung der Einheit dieses grundlegenden Wertsystems durch Verfassungsauslegung zu lösen“[44]. Kurz, das Bundesverfassungsgericht läßt Schranken bei vorbehaltslos gewährten Grundrechten nur zu, wenn sie mit Grundrechten Dritter oder sonstigen Verfassungsprinzipien kollidieren oder verfassungskräftig abgesicherte Gemeinschaftsinteressen der Grundrechtsausübung entgegenstehen.

Unter Berücksichtigung dieser Grundsätze soll die Möglichkeit von Beschränkungen des Geltungsbereichs der an sich vorbehaltlos gewährleisteten Rechtsweggarantie des Art. 19 Abs. 4 GG überprüft werden.

---

[39] So z. B. BVerfGE Bd. 7, S. 377 ff. (441); *Dürig*, in: Maunz / Dürig / Herzog, GG, Art. 2 Rdnr. 70; *Hesse*, Verfassungsrecht, § 10 II vor 1 und dort Fußnote 6; *Knies*, Kunstfreiheit, S. 93 f.; *Friedrich Müller*, Positivität, S. 13 f. mit weiteren Nachweisen in Fußnote 7.

[40] So *Hesse*, Verfassungsrecht, § 10 II vor 1 (Hervorhebung im Original); zustimmend *Friedrich Müller*, Positivität, S. 14.

[41] So z. B. BVerfGE Bd. 28, S. 243 ff. (260 f.); Bd. 32, S. 98 ff. (108).

[42] BVerfGE Bd. 30, S. 173 ff. (192).

[43] Unter Hinweis auf die ständige Rechtsprechung in BVerfGE Bd. 6, S. 32 ff. (63 ff.); 9, S. 63 ff. (73); 9, S. 73 ff. (77); 9, S. 338 ff. (343) u. a. m.

[44] Ebd., S. 193; so auch BVerfGE Bd. 32, S. 98 ff. (108) im Bereich der Glaubensfreiheit.

2. Die Lehre vom sogenannten gerichtsfreien Hoheitsakt und der Rechtsschutz gegen Parlamentsakte

aa) Allgemeines und zum Begriff

Der Lehre vom sogenannten gerichtsfreien Hoheitsakt[45] liegt (teilweise unausgesprochen) der Versuch zugrunde, Kollisionen des individuellen Rechtsschutzanspruchs mit Gemeinschaftsinteressen in dem Sinn einer Lösung zuzuführen, daß das Individualinteresse einem übergeordneten Staatsinteresse zu weichen habe[46]. Bezogen auf den Untersuchungsgegenstand würde die Unterstellung der schlichten Parlamentsbeschlüsse unter den Begriff des gerichtsfreien Hoheitsaktes bedeuten[47], daß diesen gegenüber trotz Vorliegens der Voraussetzungen des Art. 19 Abs. 4 GG der Rechtsweg nicht eröffnet wäre[48]. Eine solche Beschränkung des „formellen Hauptgrundrechts" kann nur aus der Verfassung selbst abgeleitet werden, und zwar unter Berücksichtigung der Lehre von den immanenten Grundrechtsschranken im dargelegten Sinn. Insoweit ist *Bauer*[49] zuzustimmen, der zutreffend bemerkt, daß es methodisch unrichtig sei, das Problem des gerichtsfreien Hoheitsaktes auf einer „schmalen prozessualen Grundlage" lösen zu wollen, wie es teilweise geschieht[50]. Daher sei nochmals hervorgehoben[51], daß die

---

[45] Vgl. dazu die grundlegenden Untersuchungen von *Ipsen*, Politik und Justiz, Hamburg 1937, *Hans Schneider*, Gerichtsfreie Hoheitsakte, Tübingen 1951; sowie *Mohrs*, Diss., Mainz 1953 und *Brands*, Diss., Köln 1955. Diese und andere (positive) Stimmen zum gerichtsfreien Hoheitsakt sollen im folgenden nicht allgemein, sondern nur anhand ihrer teilweise voneinander abweichenden Begründung im Hinblick auf den Rechtsschutz gegenüber schlichten Parlamentsbeschlüssen einer kritischen Prüfung unterzogen werden. Eine Zusammenfassung des aktuellen Streit- und Meinungsstandes findet sich bei *Schomburg*, Diss., S. 40 - 45 und *Schilling*, Regierungsentscheidungen, S. 97 - 102.

[46] So z. B. *Sczostak*, JR 1958, S. 445: „Der Problematik der gerichtsfreien Hoheitsakte liegt die Frage zugrunde, ob das Rechtsschutzbedürfnis des einzelnen Staatsbürgers unter bestimmten Voraussetzungen einem überwiegenden Staatsinteresse zu weichen habe, d. h. ob es Entscheidungen des Staates gibt, die einer richterlichen Nachprüfung entzogen sind."

[47] Vgl. dazu oben S. 118.

[48] In dem umfassenden, von *H. Schneider* (Hoheitsakte, S. 43 ff.) entwickelten Sinn, daß der Begriff des gerichtsfreien Hoheitsakts (zumindestens auch) solche Akte umfaßt, die an sich die Voraussetzungen des Art. 19 Abs. 4 GG erfüllen, wird er auch verstanden von *Forsthoff*, Verwaltungsrecht I (8. Aufl.), S. 466 ff.; *Loening*, DVBl. 1951, S. 233 ff.; *Schomburg*, Diss., S. 45. Dazu, daß nur ein so verstandener Begriff überhaupt einen Sinn hat, siehe oben S. 118.

[49] Gerichtsschutz, S. 143, ähnlich auch *Kassimatis*, Regierung, S. 215.

[50] So z. B. *Lenz*, Diss., S. 45, der bei Vorliegen einer verfassungsgerichtlichen Prüfungskompetenz, Art. 19 Abs. 4 GG als Rechtswegeröffnungsnorm zur Anfechtung von Regierungsakten entfallen läßt; ähnlich *Bachof*, Vornahmeklage, S. 25 f.; *van Husen*, DVBl. 1953, S. 70 ff.; dagegen *Kassimatis*, Regierung, S. 215.

[51] Siehe dazu schon oben S. 72 ff. mit Nachweisen.

grundsätzliche Frage, ob gegenüber bestimmten Akten öffentlicher Gewalt der Rechtsweg eröffnet ist, durch Art. 19 Abs. 4 GG beantwortet wird. Da die Rechtsweggarantie, wie erläutert, abgesehen von der Subsidiaritätsklausel des Satzes 2 keine Zuständigkeitsregelung enthält, ist das nachrangige Problem des „Wie" des Rechtsschutzes dem Gesetzgeber zur Regelung durch einfaches Prozeßrecht überlassen[52]. Läßt sich etwa für einen Akt öffentlicher Gewalt eine verwaltungsgerichtliche Prüfungszuständigkeit nicht nachweisen, so handelt es sich mitnichten schon um einen gerichtsfreien Hoheitsakt. Abgesehen von der Verfassungsbeschwerde, deren Eigenschaft als Rechtsweg im Sinne des Art. 19 Abs. 4 GG allerdings umstritten ist, was noch zu erörtern sein wird, ist in einem solchen Fall die Subsidiaritätsklausel des Satzes 2 des Art. 19 Abs. 4 GG zu beachten. Von einem gerichtsfreien Hoheitsakt im erläuterten umfassenden Sinn kann also nur dann gesprochen werden, wenn *jegliche* gerichtliche Nachprüfung ausgeschlossen ist[53].

bb) Keine allgemeine Begründung durch Ausnahmevorschriften des Grundgesetzes

Da das Grundgesetz eine Reihe von Ausnahmen von der Rechtsweggarantie enthält, ist es naheliegend zu versuchen, aus diesen Ausnahmeregelungen gemeinsame Merkmale zu abstrahieren und zu einem verfassungskräftig abgesicherten Begriff des gerichtsfreien Hoheitsaktes zu verbinden[54].

(1) Art. 10 Abs. 2 Satz 2 und Art. 19 Abs. 4 Satz 3 GG in Verbindung mit dem Gesetz zur Beschränkung des Brief-, Post- und Fernmeldegeheimnisses vom 13. 8. 1968 (BGBl. I S. 949)[55] enthalten eine Ausnahme von der Rechtsweggarantie des Art. 19 Abs. 4 GG, da dadurch trotz möglicher Rechtsverletzungen der Weg zu den Gerichten ausgeschlossen ist[56].

---

[52] Deshalb konnte der oben (S. 39 ff.) unter Rechtsschutzgesichtspunkten unternommene Versuch einer Zuordnung der schlichten Parlamentsbeschlüsse zu sonstigen insoweit unproblematischen Handlungsformen der öffentlichen Gewalt nur als (streng methodisch unkorrekte) „Vorklärung" erfolgen.

[53] So auch *Schomburg*, Diss., S. 52 Fußnote 1 unter Hinweis auf *Steinberger*, DVBl. 1963, S. 729 ff. (730).

[54] Diesen (freilich ebenfalls negativen) Versuch unternimmt auch *Schomburg*, Diss., S. 46 ff.

[55] Das sog. Abhörurteil des Bundesverfassungsgerichts vom 15. 12. 1970 (BVerfGE Bd. 30, S. 1 ff.) hat diese Beschränkung im Rahmen der sog. Notstandsgesetze für verfassungsmäßig erklärt und ist auf starke Kritik gestoßen. Vgl. z. B. *Erichsen*, VerwArch. Bd. 62 (1971), 296 f.; *Häberle*, JZ 1971, S. 145 ff.; a. A. auch das Minderheitenvotum, BVerfGE ebd., S. 33 ff.; vgl. zur Problematik die von *Dürig* und *Evers* erstatteten Gutachten „Zur verfassungsändernden Beschränkung des Post-, Telefon- und Fernmeldegeheimnisses".

(2) Eine weitere Ausnahme stellt Art. 44 Abs. 4 Satz 1 GG dar, der die Beschlüsse der Untersuchungsausschüsse richterlicher Erörterung entzieht[57].

(3) Art. 131 GG, der die Rechtsverhältnisse der aus dem öffentlichen Dienst nach dem 8. Mai 1945 ausgeschlossenen Personen regelt, bestimmt in Satz 3: „Bis zum Inkrafttreten des Bundesgesetzes können vorbehaltlich anderweitiger landesrechtlicher Regelung Rechtsansprüche nicht geltend gemacht werden." Abgesehen von der zeitlich befristeten Geltung des Art. 131 GG[58], wird diese Vorschrift zutreffend als eine vorübergehende materiell-rechtliche Suspension bestehender Ansprüche angesehen, und nicht als eine rein prozessuale Regelung im Sinne eines Ausschlusses des Rechtsweges[59]. Art. 131 GG enthält daher strenggenommen keine Ausnahme von Art. 19 Abs. 4 GG[60].

(4) Nach Art. 139 GG werden die zur „Befreiung des deutschen Volkes vom Nationalsozialismus und Militarismus" erlassenen Rechtsvorschriften von den Bestimmungen des Grundgesetzes nicht berührt. Das bedeutet, daß insoweit auch die Rechtsweggarantie nicht gilt, Art. 139 GG als Ausnahme von der Rechtsweggarantie anzusehen ist[61].

Diese erschöpfende Aufzählung zeigt, daß das Grundgesetz zwar vereinzelt „gerichtsfreie Hoheitsakte" der öffentlichen Gewalt aner-

---

[56] Die durch Art. 10 Abs. 2 Satz 2 GG ermöglichte und in dem ausführenden Gesetz angeordnete Kontrolle durch ein parlamentirisches Gremium stellt keinen Rechtsweg i. S. d. Art. 19 Abs. 4 GG dar. So auch *Dürig*, Verfassungswidrigkeit, S. 17 ff. und *Evers*, Unantastbarkeit, S. 74 ff., ähnlich auch *Lorenz*, Rechtsschutz, S. 147 f., *Dürig*, ebd., S. 21 f., führt zutreffend aus, daß die theoretisch bestehen gebliebene Möglichkeit der Verfassungsbeschwerde wegen der Geheimhaltung der Überwachungsmaßnahmen zu einem Scheinrechtsweg denaturiert sei.

[57] a. A. *Evers*, Unantastbarkeit, S. 60, der die politische Verantwortung der in die Untersuchung einbezogenen Personen hervorhebt und darauf hinweist, daß Art. 44 Abs. 4 Satz 2 GG ausdrücklich den Gerichten die Würdigung und Beurteilung des Sachverhalts freihalte. Dem ist entgegenzuhalten, daß der Betroffene an den Beschluß selbst nicht „herankommt" (so zutreffend *Dürig*, in: Maunz / Dürig / Herzog, GG, Art. 17 Rdnr. 81). Darin ist die Ausnahme von Art. 19 Abs. 4 GG zu sehen. Vgl. dazu auch oben S. 91 f.

[58] Zur Regelung der Rechtsverhältnisse des unter Art. 131 GG fallenden Personenkreises ist ein entsprechendes Gesetz am 11. 5. 1951 (BGBl. I, S. 307) ergangen.

[59] So z. B. *Holtkotten*, BK, Art. 131, Zusatz 3, Anm. 2; *Mohrs*, Diss., S. 30, zustimmend *Schomburg*, Diss., S. 47.

[60] a. A. *Evers*, Unantastbarkeit, S. 60, welcher der (vertretbaren) Ansicht ist, daß Art. 131 GG (vorübergehend) den Rechtsweg ausgeschlossen habe und daher als Ausnahme von Art. 19 IV GG anzusehen sei.

[61] So auch *Evers*, ebd., S. 60; *Mohrs*, Diss., S. 30; *H. Schneider*, Hoheitsakte, S. 36; *Schomburg*, Diss., S. 47 f., vgl. auch den Beschluß des Bundesverfassungsgerichts vom 27. 9. 1951 (BVerfGE Bd. 1, S. 5 ff.): „Entscheidungen, die aufgrund der Rechtsvorschriften zur Befreiung des deutschen Volkes vom Nationalsozialismus und Militarismus ergehen, können mit der Verfassungsbeschwerde nicht angefochten werden" (Leitsatz).

kennt, denen es aber auf Grund ihrer Heterogenität an gemeinsamen Merkmalen mangelt, so daß sie für eine verfassungsrechtlich abgesicherte Begriffsbildung nicht herangezogen werden können[62]. Der Vollständigkeit halber sei darauf hingewiesen, daß vereinzelte Rechtsweg- oder Haftungsausschlüsse in einfachen Gesetzen[63] (deren Verfassungsmäßigkeit hier dahingestellt sei), oder dortige Hinweise auf die Existenz gerichtsfreier Hoheitsakte[64] wegen ihres unterverfassungsrechtlichen Ranges für eine verfassungskräftig abgesicherte Begriffsbildung nichts hergeben bzw. nichts über die Verfassungsmäßigkeit gerichtsfreier Hoheitsakte, gemessen an Art. 19 Abs. 4 GG aussagen können.

cc) Zur Berufung auf das Prinzip der Gewaltenteilung insbesondere im Rahmen der Lehre vom (gerichtsfreien) Regierungsakt

Die verschiedenen Begründungsversuche für die Existenz gerichtsfreier Hoheitsakte und damit für ein einschränkendes Verständnis der Rechtsweggarantie stützen sich vor allem auf das Prinzip der Gewaltenteilung, wenn dies auch nicht immer expressis verbis zum Ausdruck kommt[65], sondern ein mehr oder weniger scharf artikuliertes Unbe-

---

[62] So auch übereinstimmend *Mohrs*, Diss., S. 30 und *Schomburg*, Diss., S. 48.

[63] Nach § 5 RBHG von 1910 (RGBl. I, S. 433) z. B. ist die Haftung des Staates ausgeschlossen „soweit es sich um das Verhalten eines mit Angelegenheiten des auswärtigen Dienstes befaßten Beamten handelt und dieses Verhalten nach einer amtlichen Erklärung des Reichskanzlers (scil. — nunmehr nach Art. 129 Abs. 1 GG des Bundeskanzlers) politischen oder internationalen Rücksichten entsprochen hat". Nach *Dagtoglou*, Ersatzpflicht, S. 50 ff., enthält diese Regelung einen gerichtsfreien Hoheitsakt in der Form eines Regierungsakts. „Der Regierungsakt überhaupt soll frei von gerichtlicher Kontrolle und Ersatzfolgen sein" (ebd., S. 53). Insoweit zurückhaltender, ders., in: BK, Art. 34 (Zweitbearbeitung) Rdnr. 323. Abgesehen von dem Problem der Weitergeltung der Vorschrift wird auch deren von der h. M. bejahte Verfassungsmäßigkeit in Zweifel gezogen. Vgl. dazu insgesamt *Dagtoglou*, Ersatzpflicht, S. 50 ff.; ders., in: BK, Art. 34 (Zweitbearbeitung) Rdnr. 322 - 326; *Dürig*, in: Maunz / Dürig / Herzog, GG, Art. 34 Rdnr. 34; *Schomburg*, Diss., S. 115 ff. jeweils mit weiteren Nachweisen.

[64] Ein solcher Hinweis könnte z. B. in § 93 Abs. 2 BVerfGG gesehen werden, wo von einer „Verfassungsbeschwerde gegen ein Gesetz oder gegen einen sonstigen Hoheitsakt, gegen den ein Rechtsweg nicht offensteht" die Rede ist. Selbst wenn man dies annimmt (vgl. z. B. die unterschiedlichen Auffassungen von *Geiger*, BVerfGG, Anm. 5 zu § 93 „gedacht war an ‚justizfreie Regierungsakte' "; *Schmidt-Bleibtreu*, in: Maunz / Sigloch u. a., BVerfGG, Anm. zu Abs. 2 des § 93 („In Betracht kommen vor allem generelle Normen ohne Gesetzesrang, insbesondere Rechtsverordnungen"), sagt § 93 Abs. 2 BVerfGG selbst nichts über das Wesen gerichtsfreier Hoheitsakte aus und läßt offen, welche Akte dazu zu rechnen sind. Schon aus diesem Grund läßt sich daraus nichts zur Lösung des Problems — schlichte Parlamentsbeschlüsse und gerichtsfreie Hoheitsakte — gewinnen.

[65] So aber z. B. bei *Loening*, DVBl. 1951, S. 233 ff. (237); *Scheuner*, Festschrift für Rudolf Smend, S. 253 ff. (300), allerdings lediglich im Hinblick auf die Kompetenz der Verwaltungsgerichtsbarkeit für „Staatshandlungen jenseits des Bereichs der Verwaltung".

hagen gegenüber der Gerichtsbarkeit im „politischen Bereich" zum Ausdruck gebracht wird[66]. Dabei lassen sich im wesentlichen zwei Argumentationsgruppen unterscheiden, die sich zwar beide auf das Gewaltenteilungsprinzip zurückführen lassen, aber die Akzente in der Begründung unterschiedlich setzen. Zum einen wird behauptet, bestimmte Akte entzögen sich wegen ihrer Natur gerichtlicher Prüfung, zum anderen soll sich die gerichtliche Unüberprüfbarkeit aus dem Wesen der Justiz ergeben.

Beide Gruppen sind eng mit der Lehre vom Regierungsakt[67] verknüpft, wobei auf Grund eines materiellen Regierungsaktbegriffs auch „parlamentarische Entscheidungen" den Regierungsakten zugerechnet werden[68]. Die staats- und verfassungstheoretische Frage der Berechtigung, Zweckmäßigkeit oder gar der Notwendigkeit der Abgrenzung eines „Bereichs der Regierung" im überkommenen System der Dreiteilung der Gewalten[69] und Schaffung einer besonderen Kategorie von Staatsakten kann offenbleiben. Entscheidend und hier von Bedeutung ist, daß ein Großteil der Vertreter der Lehre vom Regierungsakt diese Kategorie von Staatsakten gerichtsfrei stellen will, ja den *Begriff* ungeachtet der rechtlichen Bindung aller Staatsgewalt und des „formellen Hauptgrundrechts" des Art. 19 Abs. 4 GG als Vehikel zur Begründung der Gerichtsfreiheit benutzt; dies geschieht ungeachtet der Tatsache, daß bisher eine befriedigende, klar abgegrenzte inhaltliche[70] Definition

---

66 Vgl. dazu *Schomburg*, Diss., S. 52.

67 Neben den oben (Fußnote 45) angegebenen grundlegenden Untersuchungen vgl. *Forsthoff*, Verwaltungsrecht I (8. Aufl.), S. 466 ff.; *van Husen*, DVBl. 1953, S. 70 ff.; *H. Krüger*, DÖV 1950, S. 536 ff.; *Loening*, DVBl. 1951, S. 233 ff.; *von Mangoldt / Klein*, GG, Anm. VII 6 b zu Art. 19 (S. 576 ff.); *Middelhaufe*, DöD 1952, S. 185 ff.; *Obermayer*, Bay.VBl. 1955, S. 129 ff. und S. 173 ff.; *Peters*, Entwicklung, S. 282 f.; *Scheuner*, Festschrift für Rudolf Smend, S. 253 ff.; *Sczostak*, JR 1958, S. 445 ff.; *Steinberger*, DVBl. 1963, S. 729 ff.; weitere Nachweise bei *Kassimatis*, Regierung, S. 85 ff. und passim sowie bei *Lenz*, Diss., S. 25 Fußnote 35. Vgl. dazu noch *Werner Forsthoff*, Regierung und Rechtsbegriff, Berlin 1975.

68 So z. B. *H. Schneider*, Hoheitsakte, S. 47. „Dabei versteht es sich, daß nicht nur Regierungsakte im engeren Sinn, also Akte der Staatsführung, die gerade von der Regierung vorgenommen oder sanktioniert werden, der richterlichen Kontrolle entzogen sein können, sondern auch die von anderen Verfassungsorganen getroffenen Führungsentscheidungen." Zum materiellen Regierungsaktbegriff siehe auch oben S. 59 f.

69 Vgl. dazu allgemein *Kassimatis*, Regierung, S. 62 ff. u. passim; *Scheuner*, Festschrift für Rudolf Smend, S. 253 ff.; *Wolff / Bachof*, Verwaltungsrecht I, § 18; sowie die oben auf S. 59, Fußnote 74 f. angegebenen kritischen Stimmen, insbesondere zum *Begriff* des Regierungsakts.

70 Die Versuche, den Regierungsakt nach dem Aktautor zu bestimmen (vgl. dazu *Ipsen*, Politik und Justiz, S. 103 ff.) oder in die allgemeine Kategorie der Ermessensakte einzuordnen (so *R. Laun*, Das freie Ermessen und seine Grenzen, und ders., in: Annuaire 1931, S. 85 ff.; kritisch dazu *Ipsen*, ebd., S. 86 ff., 136 ff.; *Kassimatis*, Regierung, S. 74 f. u. S. 82; *H. Schneider*, Hoheitsakte, S. 39 f.), haben keine allgemeine Anerkennung gefunden.

nicht gelungen ist[71]. Gleichwohl läßt sich eine Übereinstimmung der verschiedenen Begründungsversuche insoweit feststellen, als sie im allgemeinen den staatsleitenden und richtunggebenden Charakter, verbunden mit der politischen Natur[72] als Wesensmerkmal der Regierungsakte zur Unterscheidung von sonstigen Staatsakten, insbesondere den Administrativakten hervorheben[73].

(1) Ein Teil der Autoren, welche an diese Voraussetzungen die Rechtsfolge der Gerichtsfreiheit knüpfen, leiten eine „ungeschriebene Unzuständigkeit der Gerichte"[74] insbesondere aus der politischen Natur der Regierungsakte her. So will beispielsweise *H. Schneider* „unbeschadet aller äußeren gesetzlichen Zuständigkeitsschranken"[75] die Gerichtsfreiheit aus der „wesenhaft politischen Funktion" rechtfertigen[76]. Die der politischen Führung entsprechende Kontrolle sei die politische. Der Richter solle sich auf die Prüfung der Zuständigkeitsfrage beschränken[77]. Abgesehen von der Schwierigkeit, das Politische inhaltlich zu bestimmen[78] und es nur eine „Färbung"[79], kaum ein juri-

---

[71] So auch *Dürig*, in: Maunz / Dürig / Herzog, GG, Art. 19 Abs. 4 Rdnr. 24; *Münch*, in: Wörterbuch des Völkerrechts, 3. Bd., Stichwort: Regierungsakt, S. 780; *Wolff / Bachof*, Verwaltungsrecht I, § 46 III b 1. Diese Schwierigkeit scheint in der französischen „théorie des actes de gouvernement" dazu geführt zu haben, daß die herrschende Lehre eine Enumerationsmethode zur Abgrenzung der Regierungsakte verwendet. Der einzige Grund für die Zugehörigkeit eines Staatsaktes zu den gerichtsfreien Hoheitsakten wird darin gesehen, daß er vom Conseil d'Etat, dem Tribunal des conflits oder dem Cour de cassation als gerichtsfrei angesehen wird. Vgl. dazu *Ipsen*, Politik und Justiz, S. 101 ff.; *Kassimatis*, Regierung, S. 70 ff. (75 f.).

[72] So ausdrücklich *Wolff / Bachof*, Verwaltungsrecht I, § 18 I b 3 „Regierungstätigkeit ist die eigentlich politische Tätigkeit"; ähnlich auch *Loening*, DVBl. 1951, S. 233 ff. (234). „Bei den meisten ist für den Regierungsakt irgendwie das ‚Politische' das entscheidende Kriterium."

[73] So z. B. *Kassimatis*, Regierung, S. 54 („die leitende, das Interesse des Staatsganzen berücksichtigende Ermessenstätigkeit"); *Ipsen*, DV 1949, S. 486 ff. (489) „politischer Hoheitsakte" und ders., in: Politik und Justiz, S. 88 und passim; *H. Krüger*, DÖV 1950, S. 536 ff.; *Mohrs*, Diss., S. 37 ff. (43) „staatsleitende Akte", *H. Schneider*, Hoheitsakte, S. 42: „Regierungsakte sind daher alle zur Bestimmung und Behauptung der staatlichen Einheit vorgenommenen Entscheidungen"; *Wolff / Bachof*, Verwaltungsrecht I, § 18 I 2, „Leitung und Führung des Staatsganzen".

[74] *H. Krüger*, DÖV 1950, S. 536 ff. (537).

[75] Hoheitsakte, S. 80.

[76] Ebd., S. 42; ähnlich auch *Ipsen*, DV 1949, S. 486 ff. (488), ders.: VVDStRL Bd. 8 (1950), S. 158 (Diskussionsbeitrag); *Loening*, DVBl. 1950, S. 233 ff., der zur Begründung auf den von ihm angenommenen Vorrang der Gewaltenteilung vor Art. 19 Abs. 4 GG verweist (S. 237); *Rumpf*, Regierungsakte, S. 94 f.

[77] *H. Schneider*, Hoheitsakte, S. 42 f.

[78] Vgl. zum Begriff des Politischen allgemein sowie im Hinblick auf den Regierungsakt *Kassimatis*, Regierung, S. 47 ff.; *Schuppert*, Kontrolle, S. 117 ff.; *Zeitler*, Verfassungsgericht, S. 153 ff. jeweils mit weiteren Nachweisen.

[79] So die vielzitierte Umschreibung *Ipsens*, Politik und Justiz, S. 169: „. . ., daß das Politische kein Sachbereich, sondern objektlos, nicht restriktiv, sondern alles durchdringend, nicht Stoff, sondern Färbung ist", siehe auch S. 239 f.

stisch verwertbares Kriterium darstellt, hat sich im Anschluß an die Lehre *Triepels*[80] die Erkenntnis durchgesetzt, daß sich rechtliche und politische Fragen nicht gegenseitig ausschließen[81]. Daran anknüpfend weist *Scheuner*[82] zutreffend darauf hin, daß die politische Natur eines Aktes seine rechtliche Formung nicht ausschließe. Der zur Entscheidung von *Rechts*streitigkeiten berufene Richter kann über politische Fragen urteilen, soweit diese an Rechtsnormen meßbar sind. Die Möglichkeit politischer Kontrolle, die H. Schneider einzig als gegeben ansieht, wird davon nicht berührt. Diese Auffassung beruht auf einer Verkennung des Verhältnisses der Verwaltungs- und Verfassungsgerichte zu Parlament und Regierung. So läßt etwa die parlamentarische (politische) Verantwortung der Regierung deren rechtliche Verantwortung gänzlich unberührt[83]. Auch für staatsleitende, „hochpolitische"[84] Akte kann nicht zweifelhaft sein, daß sie von Rechts wegen ergehen, in der Verfassung ihre Grundlage und gleichzeitige Begrenzung finden, so wie jede Emanation der Staatsgewalt an die Verfassung gebunden ist.

Für die Parlamentsakte haben wir nachzuweisen versucht[85], daß sie trotz der Gestaltungsfreiheit der Legislative Rechtsbindungen unterliegen, freilich nur in der Form partieller Beschränkungen, nicht im Sinne einer durchgehenden inhaltlichen Bindung. Falls die Überschreitung der insoweit durch Art. 1 Abs. 3 und 20 Abs. 3 GG auch dem Parlament gesetzten Rechtsgrenzen[86] zu einer „Verletzung eigener

---

80 Festschrift für Wilhelm Kahl, S. 17 ff.

81 Aus der schier unübersehbaren Literatur zum Verhältnis Politik — Gerichtsbarkeit vgl. *F. Klein*, Bundesverfassungsgericht und richterliche Beurteilung politischer Fragen, Rektoratsrede 1966; *Krüger*, Allgemeine Staatslehre, S. 677 ff.; *Rumpf*, Regierungsakte, S. 19 ff.; *Roellecke*, Politik und Verfassungsgerichtsbarkeit, Heidelberg 1961; *Triepel*, Staatsrecht und Politik.

82 Festschrift für Rudolf Smend, S. 253 ff. (295); zustimmend *Evers*, Unantastbarkeit, S. 95; *Mohrs*, Diss., S. 54 ff.; *Obermayer*, Verwaltungsakt, S. 97; *Schomburg*, Diss., S. 52 ff.; vgl. auch jüngst *Friesenhahn*, ZRP 1974, S. 188 ff. (192) im Zusammenhang mit der verfassungsrechtlichen Beurteilung des sog. Grundvertrages Bundesrepublik-DDR.

83 So zutreffend *Bettermann* (DVBl. 1965, S. 886) in Anmerkung zum Urteil des VG Köln vom 24. 9. 1964 (DVBl. 1965, S. 882 ff.), in welchem unzutreffend der Widerrufsanspruch gegenüber einer beleidigenden Äußerung eines Staatssekretärs im Rahmen einer parlamentarischen Anfrage u. a. unter Hinweis auf dessen politische Verantwortung versagt wurde.

84 So präzisiert *Loening*, DVBl. 1951, S. 233 ff. (236) den „politischen" Charakter der Regierungsakte. „Wenn für den Regierungsakt das ‚Politische' kennzeichnend ist, so kann dieser Begriff nur im Sinne von *Staatspolitik*, nämlich der höchsten, geradezu das Leben, die Integration des Staates, ausmachenden Funktion verstanden werden" (Hervorhebung im Original).

85 Vgl. oben S. 121 f.

86 Diese jeder Emanation der Staatsgewalt gesetzten Rechtsgrenzen verkennt *Oettl* (Grenzen, S. 18 f.), wenn er unter Hinweis auf ein Beispiel *Ehmkes* (VVDStRL Bd. 20 [1963], S. 53 ff. [76]) bemerkt, daß eine außenpolitische Maßnahme der Regierung (Abbruch diplomatischer Beziehungen)

Rechte" führt, greift Art. 19 Abs. 4 GG mit der bekannten Rechtsfolge ein. Wie schon bei der Überprüfung der Voraussetzungen des Art. 19 Abs. 4 GG dargelegt, differenziert die Rechtsweggarantie weder nach Aktautor noch nach dem Rechtscharakter des verletzenden Aktes. Dasselbe muß mangels entgegenstehenden Hinweises auch für die Rechtsfolge gelten. Die Berufung auf den „staatsleitenden, politischen Charakter" oder gar die „politische Bedeutung" des Hoheitsaktes kann demgegenüber nicht verfangen[87]. Dies auch deshalb nicht, da letztlich jeder Hoheitsakt politische Bedeutung haben oder durch die Umstände erlangen kann[88].

(2) Ähnlich wie Schneider erkennt auch *Forsthoff* gerichtsfreie Hoheits- bzw. Regierungsakte an. Wenn sich beide Auffassungen auch nach Inhalt und Begründung teilweise überschneiden, so sieht dieser die Rechtfertigung des Ausschlusses gerichtlicher Kontrolle nicht in der Natur des Aktes oder im Anschluß an den Begriff der Regierung, sondern im Wesen der Justiz. Forsthoff[89] bemerkt dazu: „Die Rechtfertigung des Ausschlusses bestimmter Hoheitsakte von der gerichtlichen Überprüfung kann nur in dem Wesen der Justiz gefunden werden. Es gibt hochpolitische Akte, deren Vollzug zu hemmen ein größeres Unheil wäre als der Vollzug selbst." Zur Begründung führt er an: „Es kann nicht die Aufgabe der Justiz sein, politische Entscheidungen zu treffen, welche die staatliche Gesamtordnung in Gefahr bringen. Letzten Endes würde die Justiz sich dadurch selbst gefährden, da auch sie ein Teil dieser Gesamtordnung ist. Vor allem ist auf den gefährlichen Widerspruch hinzuweisen, der darin bestehen würde, daß ein unabhängiges, das heißt politisch nicht verantwortliches Gericht ausgesprochen politische Entscheidung fällt[90]." Die von Forsthoff angebotene Lösung stößt schon deshalb auf Bedenken, weil er zwar vorgibt, die Gerichtsfreiheit *nur* auf dem Wesen der Justiz zu begründen, aber dann doch an die „hochpolitische" Natur des Entscheidungsgegenstandes an-

---

nicht den Maßstäben des Rechts, sondern denen der Politik unterworfen und mithin nicht justiziabel sei. Ehmke hatte die Gerichtsfreiheit mancher außenpolitischer Maßnahme damit zu begründen versucht, daß sie nicht durch ein Gerichtsurteil rückgängig gemacht werden könne. Demgegenüber weist *Zeitler* (Verfassungsgericht, S. 138 f.) zutreffend darauf hin, daß auch ein Feststellungsurteil für die Zukunft wegweisende Bedeutung haben könne; die analoge Problematik sei im Verwaltungsrecht längst durch § 113 Abs. 1 Satz 4 VwGO bewältigt.

87 So ausdrücklich *Lorenz*, S. 158.

88 *Achterberg*, DVBl. 1967, S. 214; *Bettermann*, Grundrechte III/2, S. 779 ff. (788 f.); *Forsthoff*, Verwaltungsrecht I (8. Aufl.), S. 467; *Lorenz*, Rechtsschutz, S. 159; *Schomburg*, Diss., S. 53.

89 Verwaltungsrecht I (8. Aufl.), S. 467, zustimmend *Dagtoglou*, Ersatzpflicht, S. 48 f.; *Eyermann / Fröhler*, VwGO, § 42 Rdnr. 36; ähnlich auch *Oettl*, Grenzen, S. 15 ff.

90 *Forsthoff*, Verwaltungsrecht I, S. 468.

knüpft, obwohl er das Politische zunächst (zur Bestimmung des Regierungsakts) als ungeeignetes Kriterium ausschließt[91]. *Lenz*[92] stellt in diesem Zusammenhang unter Ablehnung der These Forsthoffs von der wesenhaft unpolitischen Aufgabe der Justiz zutreffend fest, daß gerichtliche Entscheidungsgrenzen nicht ohne Bezug auf den zu entscheidenden Sachverhalt gezogen werden können. Daß dessen politische oder hochpolitische Natur eine gerichtliche Nachprüfung nicht ausschließen kann, wurde bereits erörtert. Dies gilt um so mehr, als in der Verfassungsordnung des Grundgesetzes vor allem die Verfassungsgerichtsbarkeit zeigt, daß „hochpolitische" Fragen nicht nur normativer Regelung fähig, sondern auch gerichtlicher Überprüfung zugänglich sind[93]. Die Befürchtungen Forsthoffs, die im wesentlichen rechtspolitischer Natur sind[94], greifen demgegenüber nicht durch. Der Belastung der Justiz bei Entscheidung „politischer Rechtsstreitigkeiten" hat das Grundgesetz durch die Garantie der richterlichen Unabhängigkeit unter ausschließlicher Bindung an das Gesetz (Art. 92, 97, 101 Abs. 1 Satz 2 GG) Rechnung getragen[95]. Abgesehen von inhaltlichen Schranken gerichtlicher Überprüfung, die sich aus der Respektierung eines Bereichs materiellrechtlich zugelassener Gestaltungsfreiheit ergeben, in welchem mangels rechtlicher Determiniertheit eine Rechtsbindung und daher Kontrolle ausscheidet, ist eine Verweisung auf das „Wesen der Justiz" zur Begründung der Gerichtsfreiheit verfehlt[96]. Hinzuzufügen ist, daß beide Auffassungen, also sowohl die Begründung der Gerichtsfreiheit aus der „hochpolitischen Natur" der Akte als auch aus dem „Wesen der Justiz", das Problem des sogenannten „Qualifikationsträgers" *(Ipsen)* nicht befriedigend zu lösen vermögen. Schon Ipsen[97] hat in seiner grundlegenden Untersuchung über die „justizlosen Hoheitsakte" aus dem Jahre 1937 festgestellt, daß die Instanz, welche über die politische Natur entscheidet, also die notwendige Qualifikation vornimmt, erst über die Gerichtsfreiheit entscheidet. Sowohl Schneider als auch Forst-

---

[91] Ebd., S. 467 „Eine Umreißung der Qualität des Regierungsakts als eines in besonderem Maße politischen Staatsakts kann darum nicht gelingen, weil das Politische kein Sachgebiet sui generis ist, sondern eine Eigenschaft, die sich jedem Staatsakt, je nach den Verhältnissen wechselnd, in geringerer oder stärkerer Intensität anheften kann und in der Regel auch anheftet". Diese Schwäche der Argumentation *Forsthoffs* zeigt auch *Zeitler*, Verfassungsgericht, S. 137, auf.

[92] Diss., S. 29 ff.

[93] *Schomburg*, Diss., S. 53.

[94] Darauf weist *Scheuner*, Festschrift für Rudolf Smend, S. 253 ff. (291, Fußnote 103) hin: „... im Kern rechtspolitischer Natur, kann aber auch rechtlich in gewissem Umfang aus der Gewaltenteilung gestützt werden."

[95] So auch *Schomburg*, Diss., S. 53.

[96] So auch *Lenz*, Diss., S. 29 ff.; *Schomburg*, Diss., S. 52 ff.; *Zeitler*, Verfassungsgericht, S. 129 ff. und 136 f.

[97] Politik und Justiz, S. 239 f., sowie allgemein zur „Qualifikation" (S. 275 ff.) und zum „Qualifikationsträger" (S. 285 ff.).

hoff ist der Vorwurf nicht zu ersparen, daß ihre Argumentation widersprüchlich ist[98]. Beide wollen die Justiz von einer Belastung durch die Entscheidung „politischer Fragen" bewahren, können aber aus rechtsstaatlichen Gründen nicht umhin, dieser die Entscheidung darüber aufzubürden, ob es sich um einen „hochpolitischen" Akt handelt und sich „aus dem Wesen der Justiz" ein Judizieren verbietet[99]. Ipsen[100] hat dazu in Anlehnung an *Carl Schmitt* treffend bemerkt, „daß die Entscheidung über das Ob des Politischen selbst eine wesenhaft politische Entscheidung darstellt". Dieses Ergebnis widerspricht gerade der von Forsthoff und Schneider sowie den ihnen zustimmenden Autoren gegebenen Begründung, die für die Existenz gerichtsfreier Hoheitsakte im „politischen Bereich" herangezogen wird[101]. Demgegenüber stehen einer Übertragung der „Qualifikationsentscheidung" auf den Aktautor selbst[102] oder auf einen „hierarchisch möglichst hochrangigen Qualifikationsträger"[103] schon grundsätzliche rechtsstaatliche Bedenken gegenüber. Im grundgesetzlichen Rechtsstaat, der in Art. 19 Abs. 4 GG eine seiner Ausprägungen erfahren hat, ist die Korrektur rechtswidriger individualrechtsverletzender Staatsakte den *unabhängigen* Gerichten übertragen. Ob eine solche Korrektur vorgenommen werden kann, ist nicht von Fall zu Fall durch eine „Qualifikation" anderer Staatsorgane vorab zu entscheiden[104]. Um mit *Thoma*[105] zu sprechen, dessen Definition

---

98 So auch *Lenz*, Diss., S. 31.

99 *Forsthoff*, Verwaltungsrecht I (8. Auflage), S. 468; *H. Schneider*, Hoheitsakt, S. 46 und 80.

100 Politik und Justiz, S. 88.

101 So auch *Schomburg*, Diss., S. 54; ähnlich auch *Lenz*, Diss., S. 31.

102 Wie etwa die Regelung in § 5 Abs. 2 RBHG von 1910, siehe dazu oben Fußnote 63.

103 *Ipsen*, Politik und Justiz, S. 300. Wenn es auch *H. Schneider* (Hoheitsakt, S. 14) unternommen hat, dieser Lösung nachträglich den „rechtsstaatlichen Segen" zu erteilen, so mußte dieser Versuch erfolglos bleiben. Dies insbesondere deshalb, da Ipsen sowohl die Existenz gerichtsfreier Hoheitsakte (ebd., S. 210, 214 f., 239) als auch die Legitimität des „justizfremden Qualifikationsträgers" von der nationalsozialistischen „Rechts"-Ordnung her begründet, also letztlich auf das sogenannte „Führerprinzip" zurückführt. So auf S. 301: „Die Legitimität des justizfremden Qualifikationsträgers ergibt sich vielmehr daraus, daß der Primat jeder hoheitlichen Äußerung dem Träger der unteilbaren Hoheitsgewalt zusteht. Das aber ist nicht die Justiz, sondern die Führung als Träger der höchsten politischen Gewalt in Staat und Partei oder ihr Delegatar." Ipsen selbst hat nach dem Krieg erkennen müssen (in: Festschrift für R. Laun, S. 69 ff. [95 f.]), daß es in einem „totalen Staat" zwangsläufig für den einzelnen nur einen unvollkommenen Rechtsschutz geben konnte. Sein Appell an die „freiwillige Bindung der Macht" mochte Gehör finden, „solange Hoffnung auf Rechtsstaatlichkeit trotz Preisgabe der Gewaltenteilung bestand; er mußte ungehört verhallen, als Einheit der Staatsgewalt zur Despotie wurde".

104 *Middelhaufe* (DöD 1952, S. 185 ff. [187]) und *van Husen* (DVBl. 1953, S. 70 ff. [72]) erwägen eine Lösung durch den Gesetzgeber im Wege einer Enumeration gerichtsfreier Hoheitsakte. Bei individualrechtsverletzenden Hoheitsakten wäre dies nur durch verfassungsänderndes Gesetz möglich (so

des Rechtsstaats[106] aus dem Jahre 1932 noch heute Geltung beanspruchen kann: „*Ein Staat ... ist Rechtsstaat in dem Maße, in dem seine Rechtsordnung* die Bahnen und Grenzen der öffentlichen Gewalt *normalisiert* und durch unabhängige Gerichte, deren Autorität respektiert wird, *kontrolliert*[107]."

Abgesehen von diesen speziellen Begründungsversuchen, die sich freilich auf das Gewaltenteilungsprinzip zurückführen lassen, bietet dieser Grundsatz in seiner allgemeinen Bedeutung keine Handhabe, gegenüber individualrechtsverletzenden Parlamentsakten die in Art. 19 Abs. 4 GG angeordnete Rechtsfolge zu versagen[108]. Ungeachtet der Meinungsunterschiede über den Inhalt des Gewaltenteilungsprinzips in der Verfassungsordnung des Grundgesetzes, denen hier nicht im einzelnen nachzugehen ist[109], wird darunter — grob betrachtet — zum einen die Unterscheidung der durch Art. 20 Abs. 2 Satz 2 GG vorgesehenen Funktionen, deren Zuweisung an besondere Organe, das Verbot, andere Gewalten zugewiesene Funktionen wahrzunehmen, verstanden (Gewalten- oder Funktionentrennung). Zum anderen erblickt man darin eine gegenseitige Kontrolle und Hemmung der Gewalten (Gewaltenbalancierung), die als Mittel der Teilung und Mäßigung der Staatsmacht gleichzeitig dem Freiheitsschutz des einzelnen[110] dient[111]. Da die Gewaltenteilung des Grundgesetzes nicht mehr im ursprünglichen historischen Sinn durch „reale politische Gegensätze echter politischer

---

auch *van Husen*, ebd.), wie bei der Beschränkung des Post-, Telefon- und Fernmeldegeheimnisses geschehen.

105 HdbDStR II, S. 221 ff. (233).

106 Wobei *Thoma* zutreffend darauf hinweist, daß diese Definition nicht erschöpfend sei, da der Begriff noch anderes in sich schließe. Vgl. dazu auch oben S. 103 ff.

107 Hervorhebungen im Original.

108 So aber *van Husen*, DVBl. 1953, S. 70 ff. 71); *Loening*, DVBl. 1951, S. 233 ff. (237 f.: „Vorrang der Gewaltenteilung vor dem Art. 19 Abs. 4 GG"); *Rumpf*, VVDStRL Bd. 14 (1956), S. 136 ff. (170 f.); *Scheuner*, Festschrift für Rudolf Smend, S. 253 ff. (299 f.). Dabei ist allerdings zu beachten, daß diese Autoren teilweise im Gegensatz zur hier vertretenen Auffassung, den Begriff „öffentliche Gewalt" mit Verwaltung gleichsetzen und mit Gerichtsfreiheit die verwaltungsgerichtliche Unüberprüfbarkeit meinen.

109 Vgl. z. B. BVerfGE Bd. 5, S. 85 ff. (199); 9, S. 268 ff. (273) mit weiteren Nachweisen, aus der umfangreichen Literatur seien beispielhaft erwähnt: *Achterberg*, Funktionenlehre, S. 178 ff. u. passim; *Böckenförde*, Organisationsgewalt, S. 78 ff.; *Forsthoff*, EvStL, Stichwort: Gewaltenteilung, Sp. 655 ff.; Hesse, Verfassungsrecht, § 13; *Krüger*, Staatslehre, § 37; *Kimminich*, VVDStRL Bd. 25 (1967), S. 2 ff. (25 ff.); *Leisner*, DÖV 1969, S. 405 ff.; *Menger*, VVDStRL Bd. 15 (1957), S. 3 ff. (24 ff.); *Wolff / Bachof*, Verwaltungsrecht I, § 16 mit umfangreichen Nachweisen vor I.

110 Vgl. *Hesse*, Verfassungsrecht, § 13 I 1.

111 Vgl. zu diesem ursprünglichen Sinn der Gewaltenteilung *Scheuner*, Festschrift für Rudolf Smend, S. 253 ff. (280 f.); *W. Weber*, Spannungen, S. 155 f.

„Gewalten“ geprägt ist, sondern „als ein politisches Prinzip der Verteilung und Mäßigung staatlicher Entscheidungsbefugnis keine strengen Ansätze zu einer starren Funktionsteilung enthält“[112], also eine „Gewaltenverschränkung“ beinhaltet, wird das Gewaltenteilungsprinzip zu Recht als ungeeignet angesehen, zur Begründung der Freistellung bestimmter Staatsakte von gerichtlicher Überprüfung zu dienen[113].

Das Grundgesetz hat gerade die „verbindliche Korrektur normwidriger Herrschaftsakte“ *(Jahrreiß)* sowohl der Exekutive als auch der Legislative auf die Gerichtsbarkeit übertragen. Das umfassende System gerichtlicher Kontrollkompetenzen gegenüber der öffentlichen Gewalt, welches in der Rechtsweggarantie des Art. 19 Abs. 4 GG sowie in Art. 93 GG (in Art. 19 Abs. 4 und Art. 93 Abs. 1 Nr. 4 a GG zum Individualrechtsschutz) seine Ausprägung findet, läßt es sogar gerechtfertigt erscheinen, im Hinblick auf das Gewaltenteilungsprinzip von einer „völlig neuen Überhöhung der dritten Gewalt“ zu sprechen[114].

Sicher ist eine solche Ausbreitung der Justiz auf alle Bereiche staatlicher Tätigkeit nicht unproblematisch, da sie staatliche Aktivitäten bremsen, im Extremfall sogar lähmen kann. Es wundert daher nicht, daß *Werner Weber* schon bald nach Inkrafttreten des Grundgesetzes vor der „doppelt(n) Gefahr einer Juridifizierung der Politik und der Politisierung der Justiz“[115] gewarnt hat. Diese Befürchtungen haben

---

112 *Scheuner*, AöR Bd. 95 (1970), S. 353 ff. (380); ähnlich ders., in: Festschrift für Rudolf Smend, S. 253 ff. (267).

113 So für den Bereich der Regierungsakte *Bauer*, Gerichtsschutz, S. 148 f.; *Dürig*, in: Maunz / Dürig / Herzog, GG, Art. 19 Abs. 4 Rdnr. 24; *Kassimatis*, Regierung, S. 173; *Lenz*, Diss., S. 27 f.; *Mohrs*, Diss., S. 49 ff.; *Schomburg*, Diss., S. 52 ff.; *Zeitler*, Verfassungsgericht, S. 152, so auch schon *Ipsen*, Politik und Justiz, S. 153: „Unter einem als Kontrollsystem entwickelten Gewaltenteilungsgrundsatz ist eine Rechtfertigung des (scil. — gerichtsfreien) Regierungsakts nicht zu entnehmen.“

114 So *Dürig*, in: Maunz / Dürig / Herzog, GG, Art. 19 Abs. 4 Rdnr. 24; dagegen *Seuffert*, Festschrift für Gebhardt Müller, S. 491 ff. (493, Fußnote 1) unter Hinweis auf die Natur der Verfassungsgerichtsbarkeit, die nicht einfach Teil der Rechtsprechung sei; im Ergebnis ähnlich wie Dürig, auch *Menger* (VVDStRL Bd. 15 [1957], S. 3 ff. [27]), der bemerkt, daß das Grundgesetz insofern „dualistische Züge“ aufweise, „als es dem demokratischen Prinzip der Volkssouveränität das materiell-rechtsstaatliche Prinzip der ‚Souveränität‘ des Rechts gegenüberstellt“, sich im Grundgesetz also zwei Formen von Gewaltentrennung überschneiden.

115 Spannungen, S. 29; diese Warnungen sprach er zuerst in seiner Göttinger Antrittsvorlesung im Jahre 1949 aus (Weimarer Verfassung und Bonner Grundgesetz, Göttingen 1949); so auch schon *C. Schmitt*, Hüter, S. 22 ff.; *Weber* (ebd.) bemerkt in polemischer Überspitzung: „Und doch ist es nicht der Richterspruch, der dem Volk Arbeit, Brot, Kleidung und Wohnung gibt und es vor dem Feinde schützt.“ *Kassimatis* (Regierung, S. 178) hält dem nicht ganz zu Unrecht folgende — vereinfachende — Überlegung entgegen: „Aus der politischen Willkür kann eine Katastrophe entspringen, während aus der Juridifizierung der Politik nur eine schädliche Zurückhaltung bei der Regierungsaktivität folgen kann. Ferner führt eine Willkür der Regierung zur Diktatur — nicht aber eine Juridifizierung der Politik.“

jedoch lediglich den Rang eines verfassungspolitischen Arguments[116], welches gegen die dieses Risiko (bewußt[117]) in Kauf nehmende Verfassungsordnung des Grundgesetzes steht[118].

dd) Rechtstradition und Rechtsvergleichung

(1) Historische Aspekte[119] sind kaum geeignet, eine tragfähige Begründung für die Gerichtsfreiheit individualrechtsverletzender schlichter Parlamentsbeschlüsse zu geben[120]. Dies wird auch allgemein für die Existenz gerichtsfreier Hoheitsakte gelten müssen. Zum einen stellt die Rechtsweggarantie ein Novum in der deutschen Verfassungsrechtsgeschichte dar. Zum anderen war die Verfassungsgerichtsbarkeit eine Staatsgerichtsbarkeit, also ohne das Institut der Verfassungsbeschwerde oder vergleichbarer, (auch) dem Individualrechtsschutz dienender prozessualer Möglichkeiten; auf Grund des für die Verwaltungsgerichtsbarkeit geltenden Enumerationsprinzips war eine Gerichtsfreiheit bestimmter nicht vom Zuständigkeitskatalog befaßter Hoheitsakte durchaus möglich und systemgerecht[121], da Art. 107 WRV keinen lückenlosen Rechtsschutz gegenüber der öffentlichen Gewalt postulierte.

Dem nationalsozialistischen „Führerstaat" war eine Kontrolle der öffentlichen Gewalt durch unabhängige Gerichte wesensmäßig fremd, da dessen Staatstheorie in Abkehr vom Gewaltenteilungsprinzip des liberalen Verfassungsstaates eine Konzentration aller Staatsgewalt bei „Führung" und Partei vorsah und dann auch nach und nach in die Tat umsetzte. Demgemäß wurde bereits 1933 damit begonnen, bestimmte Staatsakte mit politischer Bedeutung von gerichtlicher Überprüfung auszunehmen, so durch Entzug der verwaltungsgerichtlichen Kompetenz für staatspolitische Maßnahmen[122]. Dem folgte eine Vielzahl ähnlicher

---

[116] Das gleiche gilt für die Begründungsversuche *Forsthoffs*, *Schneiders* u. a., die im Kern verfassungspolitischer nicht verfassungsrechtlicher Natur sind.

[117] Dies kommt in der Äußerung des Abgeordneten *Süsterhenn* als Generalberichterstatter der CDU in der 2. Plenarsitzung des Parlamentarischen Rates am 8. 9. 1948 zum Ausdruck: „Wir haben keine Angst vor der von dem mit zwei t geschriebenen Namensvetter des Kollegen Carlo Schmidt an die Wand gemalten Gefahr einer sog. justizförmigen Politik." (Stenograph. Berichte S. 25 — zitiert nach *H. Schneider*, Hoheitsakt, S. 29, Fußnote 38.)

[118] So zutreffend *Lorenz*, Rechtsschutz, S. 160.

[119] Vgl. dazu oben S. 92 ff.

[120] Zur Geschichte des gerichtsfreien Hoheitsakts in Deutschland vgl. *Ipsen*, Politik und Justiz, S. 53 ff.; zur Rechtsprechung des Reichsgerichts zu den gerichtsfreien Hoheitsakten vgl. *Brands*, Diss., S. 91 ff.

[121] Hinzuzufügen ist, daß auch für die Staatsgerichtsbarkeit die Justiziabilitätsfrage auf der gesetzlichen Prüfungszuständigkeit (diese ergab sich aus Art. 15 Abs. 3, 18, Abs. 7, 19, 59, 90, 170 Abs. 2 und 171 Abs. 2 WRV) und nicht auf der Natur des (Regierungs-)Aktes beruhte. Die Staatsgerichtsbarkeit war gerade eine Justiz für Regierungsakte. So wörtlich *Ipsen*, Politik und Justiz, S. 79; vgl. dazu *Kassimatis*, Regierung, S. 171 f.

gesetzgeberischer Regelungen[123]. Daß diese, letztlich zur Willkürherrschaft führenden Praktiken des nationalsozialistischen Regimes nicht zur Begründung gerichtsfreier Hoheitsakte unter der Geltung des Grundgesetzes beitragen können, erscheint selbstverständlich. Gerade unter dem frischen Eindruck der Exzesse einer „entfesselten", verbrecherisch ausgeübten Staatsgewalt wurde die Rechtsweggarantie des Art. 19 Abs. 4 GG mit dem Postulat lückenlosen Individualrechtsschutzes geschaffen. Es erscheint daher richtig, den Unrechtsstaat des „Dritten Reiches" als „dialektische Voraussetzung der extremen Rechtsweggarantie des Art. 19 Abs. 4 GG"[124] anzusehen, die nicht an den in der Weimarer Republik bestehenden Stand des Bürgerschutzes (Enumerationsprinzip) anknüpft, sondern darüber hinausgeht. Darum besteht aus historischer Sicht (zumindest) eine Vermutung gegen die Existenz gerichtsfreier Hoheitsakte[125].

(2) Die Diskussion um die Existenz gerichtsfreier Hoheitsakte in der Verfassungsordnung des Grundgesetzes ist weitgehend von rechtsvergleichenden Überlegungen bestimmt[126]. In der Tat wird in einigen westeuropäischen Staaten das Bestreben einer besonderen Gruppe von Staatsakten („völkerrechtliche Souveränitätsakte, Parlamentsakte, Regierungsakte, Kommandoakte")[127], die sich von den Verwaltungsakten unterscheiden, anerkannt und deren gerichtliche Nachprüfung abgelehnt. Dabei ist insbesondere die französische Theorie von den „actes de gouvernement"[128] zu nennen, die nicht nur die rechtswissenschaftliche Theoriebildung in Deutschland, sondern die kontinentaleuropäische Rechtsentwicklung[129] überhaupt beeinflußt hat. Eine den „actes

---

122 Preuß. Gesetz über die Geheime Staatspolizei vom 30. 11. 1933 (GS S. 431) und vom 10. 2. 1936 (GS S. 21).

123 Vgl. dazu *Ipsen*, Politik und Justiz, S. 219 ff.; *H. Schneider*, Hoheitsakt, S. 9 ff.; *Schomburg*, Diss., S. 49 f. Zur Verfassungsentwicklung in dieser Zeit vgl. *Menger*, Verfassungsgeschichte, S. 181 ff.

124 So *Schomburg*, Diss., S. 49.

125 Wenn *F. Klein* (VVDStRL Bd. 8 [1950], S. 67 ff.) auch mit *Ipsen* davon ausgeht, daß nicht alle „Regierungs- oder politischen Hoheitsakte durch Art. 19 Abs. 4 GG ‚justiziabel' gemacht worden sind" (S. 111), so gesteht er doch zu, daß „in einem Rechtsstaat und zwar gleichgültig welcher Spielart, ... die Justizlosigkeit bestimmter Hoheitsakte etwas Exzeptionelles, Normwidriges, Anti-Rechtsstaatliches" sei (S. 109).

126 So besonders deutlich bei *H. Schneider*, Hoheitsakte, S. 47 ff. u. passim.

127 *H. Schneider*, ebd., S. 79.

128 Zu deren Entwicklung vgl. insbesondere *Eisenmann*, JöR (N.F.) Bd. 2 (1953), S. 1 ff.; *Ipsen*, Politik und Justiz, S. 17 ff.; *Mohrs*, Diss., S. 4 ff.; *Rumpf*, Regierungsakte, S. 40 ff.; *Scheuner*, Festschrift für Rudolf Smend, S. 253 ff. (297 f.); *H. Schneider*, Hoheitsakte, S. 47 ff.; sowie *Kassimatis*, Regierung, S. 70 ff. unter Einbeziehung der aktuellen Situation in Frankreich, jeweils mit weiteren Nachweisen.

129 Zum Einfluß der „théorie des actes de gouvernement" auf die (Vorkriegs-)Entwicklung in Italien, Spanien und Rumänien vgl. *Rumpf*, Re-

de gouvernement" vergleichbare Gruppe gerichtsfreier Hoheitsakte findet sich in Großbritannien in den sogenannten „acts of state"[130] sowie in den Vereinigten Staaten von Amerika in der Doktrin von den „political questions"[131]. Ähnlich wie in Frankreich[132] fehlt auch in Großbritannien und in den Vereinigten Staaten eine befriedigende dogmatische Begründung[133], sondern die Bejahung der Gerichtsfreiheit in der Theorie und die Entscheidungsverweigerung in der gerichtlichen Praxis beruht auf mehr oder weniger deutlich empfundenen Bedenken gegenüber der gerichtlichen Kontrolle politisch gefärbter Staatsakte. Ohne dem hier im einzelnen weiter nachgehen zu können, kann gesagt werden, daß es sich mehr um „eine politische Zweckmäßigkeits- oder Kunstlehre" *(Zuck)* handelt, die in Frankreich bezeichnenderweise in der (herrschenden) Lehre der Existenz gerichtsfreier Akte aus Gründen „d'opportunité politique"[134] ihren Ausdruck findet.

Schon deshalb stößt eine Übernahme in das deutsche Verfassungsrecht auf Bedenken[135]. Damit soll die Rechtsvergleichung nicht generell als Mittel der Rechtserkenntnis aus dem Bereich des Verfassungsrechts verwiesen werden[136]. Im Bereich der Theorie von den gerichtsfreien Hoheitsakten ist allerdings darauf zu achten, wie bereits *Ipsen*[137] zutreffend bemerkt hat, daß deren Anerkennung von der jeweiligen verfassungsrechtlichen Situation abhängt. Diese ist in der Bundesrepublik Deutschland auf der einen Seite dadurch gekennzeichnet, daß das Grund-

gierungsakte, S. 92; zur Situation in der Schweiz vgl. *M. Schilling,* Unterstellung, S. 112 und passim, sowie *H. Schneider,* Hoheitsakte, S. 76 ff.

130 Vgl. dazu *Mohrs,* Diss., S. 13 ff.; *Rumpf,* Regierungsakte, S. 96 ff.; *Scheuner,* Festschrift für Rudolf Smend, S. 253 ff. (298 f.); *H. Schneider,* Hoheitsakt, S. 49 ff.; *Zeitler,* Verfassungsgericht, S. 51 ff.; insbes. S. 56 ff.; jeweils mit weiteren Nachweisen.

131 Vgl. dazu *Mohrs,* Diss., S. 8 ff.; *H. Schneider,* Hoheitsakte, S. 60 ff.; *Scheuner,* Festschrift für Rudolf Smend, S. 299; *Zeitler,* Verfassungsgericht, S. 85 ff. (97 f.); *Zuck,* JZ 1974, S. 361 ff. (362 f.).

132 Siehe dazu Fußnote 71.

133 So *H. Schneider,* Hoheitsakte, S. 79; für die USA vgl. *Zeitler,* Verfassungsgericht, S. 117; *Zuck,* JZ 1974, S. 361 ff. (364): „Das Sammeletikett ‚Political Question' überdeckt, daß es eine Doktrin mit verbindlichem Inhalt nicht gibt ..."

134 Vgl. dazu *Kassimatis,* Regierung, S. 75 f.

135 So auch *Zeitler,* Verfassungsgerichtsbarkeit, S. 117.

136 Vgl. zu diesem Problem allgemein *Mössner,* AöR Bd. 99 (1974), S. 193 ff. mit umfangreichen Nachweisen. — Wie in den Anmerkungen zur Methode der Verfassungsauslegung dargelegt, hat die Rechtsvergleichung sehr wohl im Rahmen der methodologischen Elemente im weiteren Sinn ihren Platz, und zwar insoweit als die vorrangigen „klassischen Auslegungselemente" alternative Lösungsmöglichkeiten offenlassen. Abgesehen davon hat die Rechtsvergleichung ihre unbestrittene Bedeutung insbesondere auf dem Gebiet der Rechtspolitik.

137 Politik und Justiz, S. 17 ff.; so auch *Bauer,* Gerichtsschutz, S. 144. Dem scheint insbesondere *H. Schneider* (Hoheitsakte, passim, wie auch die ihm folgenden Autoren nicht genügend Rechnung zu tragen.

gesetz in Art. 20 Abs. 3 für die Ausübung jeglicher Staatsgewalt rechtliche Bindungen statuiert. Auf der anderen Seite werden diese Bindungen durch einen umfassenden gerichtlichen Rechtsschutz (durch die Rechtsweggarantie, die verwaltungsgerichtliche Generalklausel sowie die Verfassungsbeschwerde) und eine weit ausgedehnte Zuständigkeit der Verfassungsgerichtsbarkeit aktualisiert. Insoweit ist einer auf Rechtsvergleichung gestützten Argumentation der Boden entzogen[138], da sich die spezifische, auf eine „Überhöhung der Dritten Gewalt" hin angelegte verfassungsrechtliche Situation in Deutschland entschieden von den ausländischen Verfassungsordnungen unterscheidet[139].

Wenn auch demgegenüber neben der Lehre von den „actes de gouvernement" vereinzelt eine Übertragung der „political question doctrine" auf das deutsche Rechtssystem gefordert wird[140], so hat das Bundesverfassungsgericht in einer sehr frühen Entscheidung[141] deren Anwendung zu Recht (implizite) abgelehnt; dem ist die Lehre im wesentlichen gefolgt[142]. Denn das Bundesverfassungsgericht verfügt — im Gegensatz zum amerikanischen Supreme Court[143] — über fest umrissene Kompetenzvorschriften, so daß bei gegebener Zuständigkeit „nur die Wahl zwischen einer materiell-rechtlichen Bestätigung oder der Verurteilung eines Aktes" besteht; es hat nicht die Möglichkeit, sich über eine „political question doctrine" bzw. eine Berufung auf die (dogmatisch

---

138 So auch *Schomburg*, Diss., S. 51.

139 Dies betont *Zuck*, JZ 1974, S. 361 ff. (363 f.) für eine Übertragung der Praxis des Supreme Court im Bereich der „political question doctrine".

140 So z. B. *Ehmke*, VVDStRL Bd. 20 (1963), S. 53 ff. (75 f.); ihm folgend *Ipsen*, VVDStRL Bd. 20 (1963), S. 120 und *Dolzer*, Stellung des Bundesverfassungsgerichts, S. 109; dagegen: *Draht*, VVDStRL Bd. 20 (1963), S. 127; *Leibholz*, VVDStRL Bd. 20 (1963), S. 118, da die Übernahme die Unterscheidung der „politischen Rechtsstreitigkeiten" von den „politischen Streitigkeiten" übergehe; *Friesenhahn*, VVDStRL Bd. 20 (1963), S. 121; und ders., in: ZRP 1973, S. 188 ff. (191 f.); *Zeitler*, Verfassungsgericht, S. 117 ff.; *Zuck*, JZ 1974, S. 361 ff. (363 f.).

141 Urteil vom 8. 12. 1952, BVerfGE Bd. 2, S. 79 ff. (96): „Das Gericht hat von der gegebenen Zuständigkeitsordnung auszugehen und nicht darüber zu befinden, ob es verfassungspolitisch zweckmäßig ist, die Zuständigkeit eines Verfassungsgerichts in einer Weise zu gestalten, daß die Entscheidung über Lebensfragen der Nation im Ergebnis davon abhängen kann, wie das Gericht eine verfassungsrechtliche Frage beurteilt." — „Ansatzpunkte für die Entwicklung einer political-question-Doktrin" will *Tomuschat* (DÖV 1973, S. 801 ff. [807]) im Urteil des BVerfG vom 18. 6. 1973 (BVerfGE Bd. 35, S. 257 ff.) zum sog. Grundlagenvertrag zwischen der Bundesrepublik und der DDR erkennen.

142 Vgl. die Nachweise in Fußnote 140.

143 „Hat dort der S.C. (scil. — Supreme Court) keine fest umschriebene Position im Spannungsfeld des politischen Prozesses, sondern muß er sie sich selbst bestimmen, so verfügt das BVerfG über klare Kompetenzvorschriften, hat sich der S.C. seine Normenprüfungsbefugnis ‚usurpiert', so ist das BVerfG durch seine Absicherung im GG von diesem Konflikt entlastet; ..." *Zeitler*, Verfassungsgericht, S. 176 und S. 177 ff.; vgl. auch *Zuck*, JZ 1974, S. 361 ff. (363 f.).

nicht gesicherte) Rechtsfigur des gerichtsfreien Hoheitsakts der Verantwortung zu entziehen[144], indem es eine Entscheidung verweigert.

Ähnliche Bedenken bestehen gegen eine leichtfertige Übernahme des ebenfalls aus dem amerikanischen Verfassungsrecht entlehnten Prinzips des sogenannten „judicial self-restraint“[145], welches das Bundesverfassungsgericht in den Entscheidungen zum sogenannten Grundlagenvertrag zwischen der Bundesrepublik und der DDR[146] erstmals (ausdrücklich) erwähnt und verwendet hat. Wenn dieser Grundsatz auch — im Gegensatz zur „political question doctrine“ — keinen Verzicht auf gerichtliche Streitaustragung überhaupt bedeutet, sondern eine spezielle Form richterlicher Zurückhaltung darstellt, so kann ein weites Verständnis im Ergebnis zu demselben Effekt führen, nämlich der Gerichtsfreiheit eines Hoheitsaktes.

Darum sei zum „judicial self-restraint“ kurz folgendes bemerkt: Dieser Grundsatz kann in der Verfassungsordnung des Grundgesetzes nur dann Geltung beanspruchen, wenn er verfassungsrechtlich legitimiert ist. Als reine „Tugendlehre“ ohne normativen Bezug ist er unakzeptabel, da so richterlicher Beliebigkeit Tür und Tor geöffnet wäre[147]. Als Ansatzpunkt bietet sich die Bindung des Richters an Gesetz und Recht (Art. 20 Abs. 3 GG) an, welche die Methode der Entscheidungsfindung beeinflußt. Entsprechend dem hier vertretenen methododischen Ansatz drückt sich dies im Primat der Normbindung und in dem Verzicht auf normgelöste (möglicherweise „politische“) Zweckmäßigkeitsentscheidungen aus. Außerdem beinhaltet der Gewaltenteilungsgrundsatz eine Beschränkung richterlicher Entscheidungsmöglichkeit, als er zur Respektierung der grundgesetzlichen Funktionenordnung zwingt, d. h. insbesondere Beachtung einer Gestaltungsfreiheit der Legislative und der Regierung[148, 149]. Dabei bleibt der Richter be-

---

144 So auch *Zeitler*, Verfassungsgericht, S. 176 f.

145 Zum Begriff vgl. *Schuppert*, Kontrolle, S. 160 f.; *Tomuschat*, DÖV 1973, S. 801 ff. mit weiteren Nachweisen in Fußnote 5; *Zeitler*, Verfassungsgericht, S. 176; *Zuck*, JZ 1974, S. 361 ff. (365 f.).

146 NJW 1973, S. 1272 u. 1540.

147 So Zuck, JZ 1974, S. 361 ff. (366), *Zeitler*, Verfassungsgericht, S. 176 ff. scheint einer „Tugendlehre“ zuzuneigen, stützt sich aber dann doch bei seinem „Ausrufezeichen für den Verfassungsrichter“ im wesentlichen auf normative Elemente (ebd., S. 178).

148 Ob darüber hinaus das „demokratische Prinzip“ eine Selbstbeschränkung indiziert, erscheint zweifelhaft. So aber *Zuck*, JZ 1974, S. 368; ähnlich *Schuppert*, Kontrolle, S. 159 ff. und S. 217; dagegen *Zeitler*, Verfassungsgericht, S. 178.

149 Der Grundsatz des „judicial self-restraint“ im hier akzeptierten Sinn umfaßt stenggenommen kein „*self*-restraint“, da verfassungsrechtlich zwingende Normen bzw. normative Grundsätze ohnehin Überprüfungsschranken setzen. (Vgl. *Zeitler*, Verfassungsgericht, S. 177, Fußnote 130 und *Zuck*, JZ 1974, S. 368.) Im übrigen erscheinen — ähnlich wie bei der „political question

rufen, ja gezwungen, bei Überschreitung der Rechtsgrenzen zu judizieren, ohne die Möglichkeit, sich einen „judicial self-restraint" aufzuerlegen, und ohne Rücksicht auf die politische Bedeutung des Aktes oder gar die politischen Motive des Antragstellers[150].

ee) *Abwägung Individualinteresse - Staatsinteresse*

Wie bereits betont bedeutet die Anerkennung gerichtsfreier Hoheitsakte im Bereich individualrechtsverletzender Akte öffentlicher Gewalt und damit auch der Parlamentsakte im Ergebnis, daß im Konfliktsfall Individualinteressen gegenüber Gemeinschaftsinteressen hintanstehen müssen, also dem Staatsinteresse der Vorzug zu geben ist. Das Grundgesetz sieht den einzelnen zwar nicht als „selbstherrliches Individuum", sondern bezieht, wenn man die gegensätzlichen staatstheoretischen Möglichkeiten Individualismus - Kollektivismus zum Vergleich heranzieht, eine vermittelnde Position[151]. Wenn auch das Individuum im Mittelpunkt der Staats- und Verfassungsordnung steht, so unterwirft das Grundgesetz den einzelnen vielfältigen Bindungen, wie aus den gemeinschaftsbezogenen Einschränkungen der Grundrechte, insbesondere der Gemeinwohlklausel des Art. 2 Abs. 1 GG ersichtlich ist.

Die Abwägung zwischen Gemeinschafts- und Einzelinteresse erfolgt materiell vorrangig durch die Gesetze unter Berücksichtigung der grundrechtlichen Gewährleistung und formell durch Art. 19 Abs. 4 GG[152]. Das Grundgesetz hat den Konfliktsfall im Bereich des gerichtlichen Rechtsschutzes gegenüber rechtsverletzenden Akten öffentlicher Gewalt nicht im Sinne der Lehre vom gerichtsfreien Hoheitsakt zugunsten der Staatsraison entschieden, sondern durch die einschränkungslose Eröffnung des Rechtsweges und Gewährung gerichtlichen Rechtsschutzes in Art. 19 Abs. 4 GG zugunsten des Individualinteresses gelöst. Demgegenüber kann die bloße Berufung auf die Staatsraison als ein angeblich „höherrangiges Gemeinschaftsgut" (so die Begründung

doctrine" — Zweifel angebracht, ob es überhaupt sinnvoll ist, diesen Begriff, über den in der deutschen verfassungsrechtlichen Diskussion erhebliche Unsicherheit herrscht (vgl. *Zeitler*, ebd., S. 177), aus einer fremden Verfassungsordnung mit einer unvergleichbaren Verfassungstradition zu rezipieren.

[150] So hatte etwa der Streit um den Grundlagenvertrag in erster Linie innenpolitische Gründe. Die Antragsteller rechneten selbst kaum mit einem Erfolg; ihnen nahestehende Politiker äußerten, daß sie das Thema in der öffentlichen Diskussion halten und durch „authentische Interpretation" in den Urteilsgründen den politischen Handlungsspielraum der Regierung beschränken wollten. (Vgl. *Zuck*, JZ 1974, S. 366, unter Hinweis auf eine Äußerung des CSU-Vorsitzenden *Strauß* im Handelsblatt Nr. 103 vom 29. 5. 1973.)

[151] Siehe dazu oben S. 102.

[152] So auch *Schomburg*, Diss., S. 54 f.

von Grundrechtsschranken in der älteren Rechtsprechung des Bundesverwaltungsgerichts[153]) nicht zu einer Einschränkung des „formellen Hauptgrundrechts“ führen. Dies entspricht nicht den strengen Voraussetzungen immanenter Grundrechtsschranken im dargelegten Sinn. Im übrigen muß auch die angebliche Antinomie zwischen Individualinteresse und Staatsraison in diesem Zusammenhang mit Fragezeichen versehen werden. Neben der Art. 19 Abs. 4 GG eigenen Rechtsschutzfunktion hat die Rechtsweggarantie als Kontrollnorm der öffentlichen Gewalt auch objektive Funktionen, indem sie die „Korrektur normwidriger Herrschaftsakte“ bewirkt. Insoweit stellt sie eine integrierende Funktion im Staatsleben dar, an welcher ein vitales Interesse der Allgemeinheit besteht[154]. Die Staatsorgane werden durch die generelle Möglichkeit gerichtlicher Überprüfung individualrechtsverletzender Akte zu rechtmäßigem Handeln angehalten. Dies gilt sowohl für den Bereich der Exekutive als auch der Legislative, also auch für die schlichten Parlamentsbeschlüsse. *Dürig*[155] stellt daher zutreffend fest: „In unserem Staat sind ‚Staatsraison‘ und Freiheitssphäre des Bürgers letztlich *keine*[156] konstitutionellen Gegenpole.“

d) Zusammenfassung

Zu den Einschränkungsversuchen der Rechtsfolgeanordnung des Art. 19 Abs. 4 GG gegenüber nicht rechtsetzenden Parlamentsakten läßt sich abschließend feststellen, daß sie allesamt nicht zu überzeugen vermögen. Die Maßstäbe zur Beantwortung der Frage der Eröffnung des Rechtsweges gegenüber schlichten Parlamentsbeschlüssen „sind nicht aus verfassungstheoretischen, außergrundgesetzlichen Standorten zu beziehen“[157], wie dies etwa bei den Begründungsversuchen mittels Rechtsvergleichung geschieht. Soweit verfassungsrechtlich abgesicherte Prinzipien ins Feld geführt werden (z. B bei der Berufung auf den Gewaltenteilungsgrundsatz), läßt sich eine Vorrangstellung nicht dergestalt begründen, daß dadurch die Rechtsweggarantie eingeschränkt werden könnte. Das „formelle Hauptgrundrecht“ ist infolge seiner einschränkungslosen Rechtsfolgeanordnung allenfalls mittels der Lehre von den immanenten Grundrechtsschranken beschränkbar; deren strenge Voraussetzungen (Kollision mit Grundrechten Dritter, sonstigen Verfassungsprinzipien oder verfassungskräftig abgesicherten Gemeinschaftsinteressen) vermögen die einschränkenden Auffassungen nicht zu erfüllen.

---

[153] Siehe dazu Fußnote 38.

[154] In diesem Sinne auch *Schomburg*, Diss., S. 55.

[155] Verfassungswidrigkeit des Art. 19 Abs. 2 GG, S. 11.

[156] Hervorhebung im Original.

[157] So zutreffend *Bauer*, Gerichtsschutz, S. 144.

Insgesamt herrscht der Eindruck vor, daß staatstheoretische, rechtsvergleichende und verfassungspolitische Argumente die Diskussion beherrschen, und demgegenüber die zwingende Verfassungsnorm des Art. 19 Abs. 4 GG unzulässigerweise — mehr oder weniger — als „quantité négligeable" betrachtet wird. Im übrigen scheint die Behauptung der Gerichtsfreiheit nicht zur Rechtsetzung gehörenden Akte der Legislative teilweise „auf einer Verwechslung zwischen der *Zulässigkeit* gerichtlicher Kontrolle und ihrer *Intensität*"[158] zu beruhen[159].

---

158 *Wolff / Bachof,* Verwaltungsrecht I, § 46 III b 4 (Hervorhebungen im Original); ähnlich auch schon *Wolff,* Verwaltungsrecht I, § 46 III b 2.

159 Diese kann — wie dargelegt — auf Grund der eingeräumten parlamentarischen Gestaltungsfreiheit nicht sehr groß sein. Gleichwohl ist auch das Parlament an die von der Verfassung abgesteckten Rechtsgrenzen gebunden, über deren Einhaltung die Gerichte u. a. durch Art. 19 Abs. 4 GG zu wachen berufen sind, soweit Individualrechte verletzt worden sind bzw. deren Verletzung geltend gemacht wird.

Drittes Kapitel

Prozessuale Ausgestaltung des Rechtsschutzes gegen nicht zur Rechtsetzung gehörende Akte der Legislative

A. Vorbemerkungen

Da schlichte Parlamentsbeschlüsse und Akte parlamentarischer Unterorgane eine Ausübung öffentlicher Gewalt darstellen, durch sie Individualrechtsverletzungen möglich sind, und die Rechtsfolgeanordnung des Art. 19 Abs. 4 GG insoweit keinen Beschränkungen unterliegt, sind die Weichen gestellt, d. h. es muß prozessual ein Weg gefunden werden, um der unbedingten Rechtsweggarantie Geltung zu verschaffen. Falls die Prozeßordnungen keine tragfähige Grundlage zur Beschreitung eines bestimmten Rechtsweges bieten, steht dem durch einen Parlamentsakt in seinen Rechten verletzten einzelnen der ordentliche Rechtsweg offen. Art. 19 Abs. 4 Satz 2 GG begründet im Gegensatz zu Satz 1, der insoweit keine verfahrensrechtliche Regelung enthält, subsidiär unmittelbar die Zuständigkeit der ordentlichen Gerichte.

B. Verwaltungsgerichtsbarkeit und Parlamentsakte

I. § 40 VwGO: Zuständigkeit der Verwaltungsgerichtsbarkeit für „öffentlich-rechtliche Streitigkeiten nichtverfassungsrechtlicher Art"

Die Zuständigkeit[1] der Verwaltungsgerichtsbarkeit ist gemäß § 40 Abs. 1 VwGO „in allen öffentlich-rechtlichen Streitigkeiten nichtverfassungsrechtlicher Art gegeben, soweit die Streitigkeiten nicht durch

[1] *Menger / Erichsen,* VerwArch. Bd. 57 (1966), S. 71 f. weisen zutreffend darauf hin, daß es sich trotz der unkorrekten Terminologie in der Überschrift des § 40 VwGO („Zulässigkeit des Verwaltungsrechtsweges") wie in § 41 VwGO um eine Regelung der Zuständigkeit der Gerichtsbarkeit, nicht der Gerichte handelt. Bei dem mißverständlichen gesetzgeberischen Sprachgebrauch muß man sich vergegenwärtigen, „daß es sich immer um die Zulässigkeit des Rechtsweges zu einem bestimmten Gerichtszweig, also um die sachliche Zuständigkeit der Gerichtsbarkeit, nicht dagegen um die Frage handelt, ob für die Entscheidung einer Streitigkeit überhaupt ein Rechtsweg eröffnet ist" *(Menger / Erichsen,* ebd., S. 72).

Bundesgesetz einem anderen Gericht ausdrücklich zugewiesen sind". Hinsichtlich der positiven Abgrenzung durch das Kriterium „öffentlich-rechtliche Streitigkeiten" bestehen keine Bedenken, daß Streitigkeiten, welche schlichte Parlamentsbeschlüsse oder Akte parlamentarischer Unterorgane zum Gegenstand haben, öffentlich-rechtlicher Natur sind. Denn gleichgültig ob man den Parlamentsakten im Einzelfall verfassungs- oder verwaltungsrechtlichen Charakter beimißt (eine Zuordnung zum Zivilrecht scheidet aus), stellt eine sich daraus ergebende Streitigkeit eine unmittelbare Rechtsfolge des öffentlichen Rechts dar[2].

Zweifel hinsichtlich der Zuständigkeit der Verwaltungsgerichtsbarkeit ergeben sich dagegen aus der negativen Abgrenzung durch das Kriterium „Streitigkeiten nichtverfassungsrechtlicher Art". Nach der hier vertretenen Auffassung stellen Parlamentsakte, von einigen wenigen Ausnahmen abgesehen[3], Handlungen auf dem Gebiet des Verfassungsrechts dar[4]. Bei den daraus infolge von Individualrechtsverletzungen resultierenden Streitigkeiten könnte es sich daher um solche verfassungsrechtlicher Art handeln, die auf Grund der negativen Abgrenzung des § 40 Abs. 1 VwGO nicht zum Kompetenzbereich der Verwaltungsgerichte gehören würden. Darum gilt es im folgenden zu ermitteln, welche Streitigkeiten von § 40 VwGO als solche „verfassungsrechtlicher Art" angesehen werden.

II. Zum Begriff der verfassungsrechtlichen Streitigkeit in Rechtsprechung und Literatur

a) Die verfassungsrechtliche Streitigkeit im formellen Sinn

Vereinzelt wird die Auffassung vertreten, als verfassungsrechtliche Streitigkeiten seien nur solche anzusehen, welche durch das Grundgesetz, die Landesverfassungen und verfassungsrechtliche Sondergesetze den Verfassungsgerichten zugewiesen sind[1]. *Wertenbruch* formu-

---

[2] Vgl. dazu *Köhler*, VerwArch. Bd. 64 (1963), S. 262 ff. (272).

[3] Wie z. B. Akte des Bundestagspräsidenten in Ausübung der Polizeigewalt gem. Art. 40 Abs. 2 GG, welche verwaltungsrechtlicher Natur sind, und daher ohne Frage in den Zuständigkeitsbereich der Verwaltungsgerichte fallen. Siehe dazu oben S. 56 f.

[4] Vgl. oben S. 50 ff.

[1] Diese Auffassung wird bzw. wurde von *Schunck / de Clerck*, VwGO (1. Auflage), Anm. 2 a) aa) zu § 40 (die allerdings in der 2. Auflage ausdrücklich ihre Auffassung aufgeben — Anm. 2 a) aa) zu § 40) und *Wertenbruch*, DÖV 1959, S. 506 f. (507) vertreten. *Schunck / de Clerck*, ebd., berufen sich u. a. auf die amtliche Begründung zum Entwurf einer Verwaltungsgerichtsordnung, welche die formelle Betrachtungsweise zu stützen scheint. Dort heißt es nämlich in der Begründung zu § 38 des Entwurfs: „Der § 38 nimmt von der verwaltungsgerichtlichen Zuständigkeit aber die Verfassungsstreitigkeiten

liert seine Ansicht in einer Anmerkung zu dem Urteil des Bundesgerichtshofs vom 19. 1. 1959[2] im sogenannten Tonbandstreit *Dehler-Adenauer* folgendermaßen: „Es kommt also gar nicht darauf an, ob der Streit materiell dem verfassungsrechtlichen Bereich angehört, d. h. ob z. B. für die Streitentscheidung Verfassungsnormen eine Rolle spielen, sondern es ist nur zu prüfen, ob *formell*[3] (der gesetzlichen Zuweisung nach) eine Verfassungsstreitigkeit vorliegt[4].“ Grundlage dieses *formellen* Verständnisses des Begriffs der verfassungsrechtlichen Streitigkeit ist die Befürchtung, daß bei einer *materiellen* Abgrenzung gegebenenfalls öffentlich-rechtliche Streitigkeiten injustiziabel bleiben könnten[5], da die verfassungsgerichtlichen Zuständigkeiten nur enumerativ bestimmt sind.

b) Die verfassungsrechtlichen Streitigkeiten im materiellen Sinn

Demgegenüber wird der Begriff der verfassungsrechtlichen Streitigkeit heute ganz überwiegend im materiellen Sinn verstanden[6], wenn auch eine ausreichende und restlos befriedigende systematische Klärung bisher nicht gelungen zu sein scheint[7]. So stellt das Bundesverwaltungs-

---

aus, da diese meist besonderen Gerichten (Bundesverfassungsgericht oder Staatsgerichtshof der Länder) übertragen sind“ (BT-Drucksache I Nr. 42 78, S. 33). So wohl auch das Bundesverwaltungsgericht in einem Beschluß vom 8. 12. 1955 (BVerwGE Bd. 3, S. 30 ff. [33]). Die in einem obiter dictum enthaltene Auffassung hat das Gericht nicht wieder vertreten. Anzumerken ist, daß sowohl das Bundesverwaltungsgericht als auch Wertenbruch zum Begriff der „Verfassungsstreitigkeit“ im Sinne des § 22 Abs. 1 MRVO Nr. 165 Stellung genommen haben.

[2] DÖV 1959, S. 505 ff. = JZ 1959, S. 449 ff. mit Anmerkung von *Ule*.

[3] Hervorhebung im Original.

[4] DÖV 1959, S. 506 f. (507). *Wertenbruch* bezeichnet den Versuch des Bundesgerichtshofs, den Begriff der Verfassungstreitigkeit materiell zu bestimmen, schlicht als abwegig, „denn unter ‚Verfassungsstreitigkeiten‘ im Sinne des § 22 Abs. 1 MRVO ist lediglich das den Verfassungsgerichten *enumerativ Zugewiesene* zu verstehen“.

[5] So *Schunck / de Clerck*, VwGO (1. Aufl.), Anm. 2 a) aa) zu § 40.

[6] Vgl. z. B. *Eyermann / Fröhler*, VwGO, § 40 Rdnr. 63; *Geiger*, BVerfGG, Anm. 4 zu § 13; *Kopp*, VwGO, Anm. 4 zu § 40; *Lerche*, Staatsbürger und Staatsgewalt II, S. 59 ff. (68); *Maunz*, in: Maunz / Sigloch, BVerfGG, Vorbem. Rdnr. 4; *Maurer*, JZ 1963, S. 27 ff. (29); *Menger*, VerwArch. Bd. 66 (1975), S. 169 ff. (172); *Redeker / von Oertzen*, VwGO, § 40 Rdnr. 3; *Rupp*, AöR Bd. 85 (1960), S. 149 ff. (156 f.); *H. Schäfer*, Staatsbürger und Staatsgewalt I, S. 159 ff. (165); *Schunck / de Clerck*, Anm. 2 a) aa) zu § 40; *Stern*, JuS 1965, S. 355 ff. (357); *Tschira / Schmitt Glaeser*, Verwaltungsprozeßrecht, S. 37 f.; *Ule*, Verwaltungsprozeßrecht, § 7 (S. 39); ders.: VwGO, Anm. 3 zu § 40; ders.: JZ 1959, S. 501 ff.; *Ule / Laubinger*, DVBl. 1970, S. 760 ff. (763).

[7] Vgl. *Rupp*, AöR Bd. 85 (1960), S. 148 ff. (156), in einem Beitrag „Zur neuen Verwaltungsgerichtsordnung“, der bemerkt, daß trotz ähnlicher Auslegung durch das bisherige Verwaltungsprozeßrecht (z. B. § 22 Abs. 1 MRVO Nr. 165) noch weitgehend unklar sei, was unter verfassungsrechtlicher Streitigkeit in diesem Zusammenhang zu verstehen sei. — Obwohl sich inzwischen eine

gericht[8] ausdrücklich fest: „Was eine öffentlich-rechtliche Streitigkeit nichtverfassungsrechtlicher Art ist, läßt sich nicht ganz eindeutig abgrenzen." Die Schwierigkeit rührt daher, daß notwendiger Ausgangspunkt eines materiellen Verständnisses des Begriffs der verfassungsrechtlichen Streitigkeit ein materieller Begriff der Verfassung sein muß[9], dessen Bestimmung, wie wir gesehen haben[10], erhebliche Probleme aufwirft. Gleichwohl hat sich eine gefestigte Auffassung gebildet, die allerdings zur Bestimmung der materiellen verfassungsrechtlichen Streitigkeiten von *Gegenstand und Parteien* ausgeht. So umschreiben z. B. *Eyermann / Fröhler*[11] verfassungsrechtliche Streitigkeiten im Sinne des § 40 VwGO folgendermaßen: „*Verfassungsstreitigkeiten* im eigentlichen Sinn betreffen Fragen *politischer*, das Staatsganze als solches berührender Art von rechtlicher Bedeutung, über *Auslegung und Anwendung der Verfassung* (dabei ist es gleichgültig, ob es sich um einen in der Verfassungsurkunde oder in einem sonstigen Verfassungsgesetz stehenden Satz oder um eine ungeschriebene Norm des Verfassungsrechts handelt, (vgl. *Anschütz*, 12. Auflage, Art. 19 Anm. 2) nicht zwischen Einzelpersonen und Behörden, sondern *zwischen den obersten Staatsorganen* oder in der Verfassung mit eigenen Rechten ausgestatteten *Teilen* eines obersten Staatsorgans (sog. verfassungsgerichtliche Organstreitigkeiten ...)[12]." Die Theorie, daß zur Bestimmung des Begriffs der verfassungsrechtlichen Streitigkeit gleichermaßen Gegenstand und Parteien maßgebend seien, läßt sich bis in die Weimarer Zeit zurückverfolgen. Schon *Thoma*[13] bemerkte: „Nicht jeder Streit über den Sinn eines Verfassungsartikels ist ein Verfassungsstreit[14]. Es kommt auf die streitenden Subjekte an." Übereinstimmend stellte *Friesenhahn*[15] fest: „Der Begriff der Verfassungsstreitigkeit ist ... durch Gegenstand und Partei bestimmt." Demgegenüber ging z. B. *Anschütz*[16] in Übereinstimmung mit der ständigen Rechtsprechung des Reichsstaatsgerichtshofs[17] nur von der „Eigenart des Streit*gegenstandes*" aus.

---

gefestigte Auffassung gebildet hat, läßt die systematische Durchdringung und dogmatisch befriedigende Absicherung auch heute noch zu wünschen übrig. So auch *Loschelder*, Diss., S. 87.

8 Urteil vom 6. 7. 1966, BVerwGE Bd. 24, S. 272 ff. (279).

9 So ausdrücklich *Ule*, Verwaltungsprozeßrecht, § 7, S. 39.

10 Siehe oben S. 53 ff.

11 VwGO, § 40 Rdnr. 63.

12 Hervorhebung im Original.

13 AöR (N.F.) Bd. 4 (1922), S. 283.

14 Dieser Ausdruck geht auf Art. 76 Abs. 1 und 2 der Reichsverfassung von 1871 und Art. 19 Abs. 1 WRV zurück.

15 HdbDStR II, S. 523 ff. (534) mit weiteren Nachweisen in Fußnote 46.

16 WRV, Anm. 2 zu Art. 19.

17 Vgl. dazu *Friesenhahn*, HdbDStR II, S. 534, Fußnote 46.

In Anknüpfung an die in der Weimarer Zeit im Schrifttum herrschende Meinung stellt die überwiegende Auffassung heute auf Gegenstand *und* Parteien ab[18]. Unter Bezugnahme auf *Thoma*[19] und *Jerusalem*[20] und den von diesen vertretenen eingeschränkten Begriff der „materieller Verfassungsgerichtsbarkeit" hat das Bundesverfassungsgericht im Urteil vom 5. 4. 1952[21] den Begriff der „eigentlichen Verfassungsstreitigkeiten" entwickelt. Diese könnten nur dann vorliegen, wenn sie ein „verfassungsrechtliches Rechtsverhältnis" zum Gegenstand hätten, welches nur zwischen „am Verfassungsleben beteiligten Faktoren" bestehen könne[22].

Neben den wenigen kritischen Stimmen in der Literatur[23] versucht das Bundesverwaltungsgericht[24] eine mehr praktische, topische Be-

---

18 Siehe dazu die oben (Fußnote 6) genannten Autoren, mit Ausnahme von *Redeker / von Oertzen*, VwGO, § 40 Rdnr. 3, die nur auf den Gegenstand abstellen („Verfassungsrechtlich ist *jede Streitigkeit, deren Gegenstand materiell dem Bundes- oder Landesverfassungsrecht zuzurechnen ist*"), zumindest die Streitparteien nicht erwähnen. Differenzierend auch *Lerche*, Staatsbürger und Staatsgewalt II; nicht ganz eindeutig, *Maunz*, in: Maunz / Sigloch, BVerfGG, Vorbem. Rdnr. 4. Auch *H. Schäfer*, Staatsbürger und Staatsgewalt I, erwähnt die Streitparteien nicht. *Menger* läßt diese Frage in VerwArch. Bd. 66 (1975), S. 169 ff. (172) im Gegensatz zu früheren Äußerungen (*Menger / Erichsen*, VerwArch. Bd. 57 [1966], S. 384; VerwArch. Bd. 59 [1968], S. 174 f.) offen.

19 AöR (N.F.) Bd. 4 (1922), S. 283.

20 Die Staatsgerichtsbarkeit, S. 116 f.

21 BVerfGE Bd. 1, S. 208 ff. (221); 2, S. 143 ff. (151) und seitdem in ständiger Rechtsprechung, vgl. etwa BVerfGE Bd. 21, S. 312 ff. (319); Bd. 24, S. 184 ff. (194); Bd. 27, S. 152 ff. (157).

22 Dabei ist allerdings zu beachten, daß das Bundesverfassungsgericht in den grundlegenden Entscheidungen den Begriff anhand des alten Art. 93 GG entwickelt hat, also ohne Einbeziehung der noch nicht verfassungsrechtlich gewährleisteten Verfassungsbeschwerde.

Das BVerwG stellt jetzt offenbar — trotz der zurückhaltenden Formulierung in BVerwGE Bd. 24, S. 272 ff. (279) — letztlich auch die Streitparteien ab; so im Urteil vom 28. 11. 1975 (NJW 1976, S. 637 f. unter ausdrücklicher Bestätigung von BVerwGE Bd. 36, S. 218/227 f.). Im übrigen verwendet das BVerwG nun auch den Begriff der „eigentlichen Verfassungsstreitigkeiten".

23 So insbesondere *Kassimatis*, Regierung, S. 181 ff.; *Lerche*, Staatsbürger und Staatsgewalt II, S. 59 ff. (68 f.); ähnlich auch *Maunz* (in: Maunz / Dürig / Herzog, GG, Art. 93 Rdnr. 4), nach dessen Auffassung nur auf „*einer* Streitseite ein verfassungsrechtlich qualifizierter Rechtsträger" auftreten muß; nicht eindeutig dagegen ders., in: Maunz / Sigloch u. a., BVerfGG, Vorbem. Rdnr. 4.

24 BVerwGE Bd. 24, S. 272 ff. (279); kritisch dazu *Menger / Erichsen*, VerwArch. Bd. 59 (1968) S. 174 f.; so auch schon im Ergebnis das Urteil vom 8. 3. 1962 (Ablehnung eines Gnadengesuches durch einen Ministerpräsidenten nicht Verwaltungs-, sondern Verfassungsakt) **JZ 1963, S. 26 ff.** mit ablehnender Anm. von *Maurer;* so jetzt auch OVG Münster in einer Entscheidung zum Volksbegehrengesetz NW, NJW 1974, S. 1671 ff. = NJW 1975, S. 77 (Leitsätze) mit Anm. von *Bethge*, vgl. zu dieser Entscheidung sowie zu Parallelverfahren vor dem OVG Münster sowie dem Verfassungsgerichtshof NW *Menger*, VerwArch. Bd. 76 (1975), S. 169 ff.

stimmung des Bedeutungsgehalts. Es hat „als entscheidendes Kriterium die Frage angesehen, ob das streitige Rechtsverhältnis entscheidend vom Verfassungsrecht geformt ist"[25].

Dies ist — in groben Zügen — der derzeitige Streit und Meinungsstand zum Begriff der verfassungsrechtlichen Streitigkeit. Nachzutragen bleibt, daß angesichts der allgemein vorgenommenen materiellen Abgrenzung heute unbestritten unter verfassungsrechtlichen Streitigkeiten auch solche verstanden werden, bei denen es nicht um Verfassungsrecht im materiellen *und* formellen, sondern nur im materiellen Sinn geht, nachdem bereits der Reichsstaatsgerichtshof[26] den Begriff der „Verfassungsstreitigkeit" in diesem umfassenden Sinn verstanden hatte[27].

III. Würdigung der herrschenden Auffassung und eigene Stellungnahme zum Begriff der (nicht-)verfassungsrechtlichen Streitigkeit im Sinne des § 40 VwGO

Die Auffassung, welche den Begriff der verfassungsrechtlichen Streitigkeit im formellen Sinn versteht, ist zu Recht auf allgemeine Ablehnung gestoßen[1], da sie fälschlicherweise die verfassungs*rechtlichen* mit den verfassungs*gerichtlichen* Streitigkeiten identifiziert[2]. Denn das formale Kriterium der gesetzlichen Zuweisung ist schon in dem „Soweit-"Satz enthalten. Für die ausdrücklich den Verfassungsgerichten zugewiesenen Streitigkeiten wären die Verwaltungsgerichte ohnehin nach § 40 Abs. 1 letzter Halbsatz VwGO unzuständig, so daß nach dieser Ansicht die Aufnahme des Begriffs „nichtverfassungsrechtliche Streitigkeiten" überflüssig wäre[3]. Im übrigen ist die von *Schunck / de Clerk*[4] gegebene Begründung, daß bei einem materiellen Verständnis des Begriffs der verfassungsrechtlichen Streitigkeit gegebenenfalls öffentlich-rechtliche injustiziabel bleiben könnten, (zumindest für individualrechtsverletzende Hoheitsakte) nicht tragfähig; denn soweit es um Individualrechtsverletzungen geht, bietet Art. 19 Abs. 4 GG Gewähr dafür, daß dem „durch die öffentliche Gewalt in seinen Rechten Verletzten" der Rechtsweg eröffnet ist, notfalls der ordentliche Rechtsweg gemäß Art. 19 Abs. 4 Satz 2 GG[5].

---

25 Ebd., S. 279. Vgl. auch BVerwGE Bd. 36, S. 218 ff. (227 f.).

26 RGZ Bd. 132, Anhang S. 1 ff. (8).

27 So *Ule*, JZ 1959, S. 501 unter Hinweis auf *Draht*, VVDStRL Bd. 9 (1951), S. 17 ff. (53 f.) und *Geiger*, BVerfGG, Anm. 4 zu § 13.

1 Vgl. die oben S. 156 Fußnote 6 angegebenen Hinweise.

2 So *Rupp*, AöR Bd. 85 (1960), S. 149 ff. (156 f.).

3 So z. B. *Kassimatis*, Regierung, S. 181; *Rupp*, ebd.

4 VwGO (1. Auflage), Anm. 2 a) aa) zu § 40.

5 Sofern es nicht um Individualrechtsverletzungen geht, sind dem Gesetzgeber nicht durch Art. 19 Abs. 4 GG die Hände gebunden, sondern er ist in der Schaffung prozessualer Wege frei.

Daher ist davon auszugehen, daß der Begriff der verfassungsrechtlichen Streitigkeit im Sinne des § 40 VwGO im materiellen Sinn zu verstehen ist. Im übrigen kann dieser Begriff nach juristischem Sprachgebrauch nur materielle Bedeutung haben[6]. Wenn man allerdings mit der herrschenden Meinung zur Begriffsbestimmung Gegenstand *und* Partei heranzieht, so würde dies bedeuten, daß für individualrechtsverletzende Parlamentsakte, da nur einer der Streitbeteiligten Verfassungsorganqualität besitzt, der Verwaltungsrechtsweg eröffnet wäre, sofern sie nicht von dem „Soweit-"Satz des § 40 Abs. 1 2. Halbsatz VwGO erfaßt werden. Dies gälte für alle Parlamentsakte ungeachtet ihrer Rechtsnatur, also sowohl für den Regelfall der verfassungsrechtlichen als auch (erst recht) für den Ausnahmefall der verwaltungsrechtlichen Rechtsnatur.

Es ist allerdings zweifelhaft, ob es sinnvoll oder gar zwingend ist, zur Bestimmung des Begriffs der verfassungsrechtlichen Streitigkeit Gegenstand *und* Parteien heranzuziehen. Die oben geschilderte Lehre der Weimarer Zeit ging in Anknüpfung an den materiellen, auf Gegenstand und Parteien abstellenden Begriff der Verfassungsstreitigkeit davon aus, daß das Wesensmerkmal der Staatsgerichtsbarkeit die „rechtsstaatliche Kontrolle der inneren Staatswillensbildung" sei, während die Verwaltungsgerichtsbarkeit der „Kontrolle der Handhabung der Staatsgewalt gegen Außenstehende" diene[7]. Darin ist gleichzeitig die Aussage enthalten, daß sich die Verfassungsgerichtsbarkeit auf Gleichordnungsverhältnisse erstrecke, die Verwaltungsgerichtsbarkeit dagegen auf Subordinationsverhältnisse. Bei der Beurteilung der in dieser Tradition stehenden heute herrschenden Meinung ist zunächst zu berücksichtigen, worauf bereits hingewiesen wurde[8], daß die überkommene Lehre nicht unumstritten war, und insbesondere der Reichsstaatsgerichtshof nicht mit ihr übereinstimmte[9]. Entscheidend ist allerdings, worauf *Kassimatis*[10] zutreffend hinweist, daß mit der Einführung der auf Subordinationsverhältnissen beruhenden Verfassungsbeschwerde durch das Bundesverfassungsgerichtsgesetz im Jahre 1951 (§ 90 BVerfGG) sowie deren später (1969) erfolgte verfassungsrechtliche Absicherung in Art. 93 Abs. 1 Nr. 4 a GG ein wesentliches Element der Begründung entfallen ist. Seitdem lassen sich Verfassungs- und Ver-

---

[6] So zu Recht *Kassimatis*, Regierung, S. 181.

[7] *Thoma*, Reichsgerichtsfestschrift I, S. 179 ff. (184); ähnlich auch *Jerusalem*, Staatsgerichtsbarkeit, S. 51; kritisch dazu *Lechner*, BVerfGG, Einleitung 1.c), der darauf hinweist, daß auch die Verwaltungsgerichtsbarkeit den staatlichen Willensbildungsprozeß kontrolliere, wenn auch bei der letzten Konkretisierung der Norm.

[8] Siehe oben S. 157.

[9] Vgl. dazu *Friesenhahn*, HdbStR II, S. 523 ff. (525 Fußnote 3 und S. 534 Fußnote 46).

[10] Regierung, S. 182.

waltungsgerichtsbarkeit und damit verbunden materiell verfassungsrechtliche Streitigkeiten und solche nichtverfassungsrechtlicher Art kaum noch einfach nach den Kriterien Gleichordnung und Subordination abgrenzen[11]. Dies kann nicht damit abgetan werden, daß die Verfassungsbeschwerde als materielle Verwaltungsgerichtsbarkeit bezeichnet wird, die nur funktionell von den Verfassungsgerichten ausgeübt werde[12]. Sie erfüllt zwar teilweise der Verwaltungsgerichtsbarkeit ähnliche Funktionen, ist aber in einem nicht unerheblichen Teil ihres Anwendungsbereichs als materielle Verfassungsgerichtsbarkeit anzusehen[13] (z. B. bei der konkreten Normenkontrolle). Denn die Verfassungsbeschwerde dient zwar dem subjektiven Rechtsschutz, gleichwohl liegt ihre eigentliche Bedeutung in ihrer „Funktion in der objektiven Rechtsordnung"[14], so daß sie sich den „Streitigkeiten zwischen Beteiligten des Verfassungslebens nähert"[15]. *Lerche*[16] weist zutreffend darauf hin, daß die Verfassungsbeschwerde nicht notwendig nur ein Rechtsbehelf gegen die Verletzung verfassungsmäßig bloß „geschützter"[17] Rechte, d. h. zunächst verwaltungsrechtlich gewährter subjektiver Rechte sei; sie könne sich auch auf Rechte beziehen, die nur und ursprünglich das Verfassungsrecht gewähre.

Angesichts dieser Aspekte muß die herrschende, auf Gegenstand und Parteien abstellende Lehre vom Begriff der verfassungsrechtlichen Streitigkeit zumindest als revisibel angesehen werden. In diesem Sinne stellt Lerche[18] die herrschende Auffassung in Frage, indem er bemerkt: „Man kann heute nicht mehr reinen Gewissens den Kreis der („eigentlichen") Verfassungsstreitigkeiten auf den Kreis der sog. Organstreitigkeiten und verwandter Streitsachen beschränken."

Die moderne Rechtslehre ist daher, worauf *Lechner*[19] hinweist, in Erkenntnis der Unzulänglichkeit eines engen Begriffs der Verfassungsgerichtsbarkeit (wie auch des Begriffs der verfassungsrechtlichen Streitigkeit) von dem Bestreben gekennzeichnet, einen umfassenden materiellen Begriff der Verfassungsgerichtsbarkeit zu entwickeln[20]. Insbe-

[11] So weist z. B. *Maunz* (Maunz / Dürig / Herzog, GG, Art. 93 Rdnr. 4) ausdrücklich darauf hin, daß es unzutreffend sei, daß Verfassungstreitigkeiten nur auf der Ebene der Gleichordnung entstehen könnten, wie die Verfassungsbeschwerde zeige.

[12] So aber *Apelt*, NJW 1952, S. 1 ff.; *Friesenhahn*, Festschrift für Richard Thoma, S. 21 ff. (49) — so auch schon ders., in: HdbDStR II, S. 523 ff. (527); *Lenz*, Diss., S. 47 f.

[13] So z. B. *Lechner*, BVerfGG, Anm. 3 zu § 90; *Schmidt-Bleibtreu*, in: Maunz / Sigloch u. a., BVerfGG, § 90 Rdnr. 17.

[14] *Lechner*, BVerfGG, Anm. 3 zu § 90.

[15] So *Scheuner*, DVBl. 1952, S. 293 ff. (297).

[16] Staatsbürger und Staatsgewalt II, S. 59 ff. (68 f.).

[17] So aber *Eyermann / Fröhler*, VwGO, § 40 Rdnr. 65.

[18] Ebd., S. 68.

[19] BVerfGG, Einleitung 1. c; vgl. auch *Kassimatis*, Regierung, S. 183 f.

sondere *Scheuner*[21] steht den vor allem von *Friesenhahn*[22] zur Begründung des engen Begriffs herangezogenen Kriterien des „Rechtsstreits", des „Rechtsverhältnisses" und der „subjektiven Rechte der verfassungsrechtlich qualifizierten Parteien" skeptisch gegenüber, da sie der zivilistischen Dogmatik entlehnt seien[23]. Scheuner (ebd.) begreift die Verfassungsgerichtsbarkeit als „Rechtsprechung im Bereiche des Verfassungslebens" und nähert sich mit dieser, von „gemischt juristisch-soziologischen"[24] Merkmalen beherrschten umfassenden Begriffsbestimmung der Definition *Triepels*[25] an, der die Verfassungsgerichtsbarkeit als „Gerichtsbarkeit in Sachen der materiellen Verfassung" begriff.

Ob in Anknüpfung an diesen weiten materiellen Begriff der Verfassungsgerichtsbarkeit der Begriff der verfassungsrechtlichen Streitigkeit ebenso weit auszulegen ist, oder ob er eng unter Einbeziehung von Gegenstand und Parteien zu bestimmen ist, hängt vom Sinn und Zweck der negativen Abgrenzung durch das Kriterium „Streitigkeiten nichtverfassungsrechtlicher Art" in § 40 Abs. 1 VwGO ab. Dadurch sollen „offenbar ... Streitigkeiten, die unmittelbar verfassungsrechtliche Rechte und Pflichten von Trägern verfassungsrechtlicher Positionen zum Gegenstand haben, aus der Kompetenz der Verwaltungsgerichte ausgeklammert bleiben, gleichgültig, ob eine verfassungsgerichtliche Zuständigkeit begründet ist oder nicht"[26], m. a. W. „Staatshandlungen jenseits des Bereichs der Verwaltung" sollen der verwaltungsgerichtlichen Zuständigkeit entzogen sein[27]. „Akte hinter denen die Autorität des Parlaments steht" (oder eines sonstigen Verfassungsorgans) sollen tunlichst, d. h. zumindestens dann, wenn sie materiell verfassungsrechtlicher Natur sind, „nicht der Überprüfung jedweden Gerichts überlassen bleiben dürfen"[28]. Dieses Ziel strebt die negative Abgrenzung des § 40 VwG an, indem sie den materiellen Bereich des Verwaltungsrechts von dem des Verfassungsrechts justizmäßig abschichtet, in

---

20 So z. B. *Draht*, VVDStRL Bd. 9 (1952), S. 17 ff. (20 f.); *Jahrreiß*, RStW Bd. 4 (1953), S. 203 ff. (223 f.); *Scheuner*, DVBl. 1952, S. 292 ff.

21 Ebd., S. 296; vgl. auch ders., in: Festschrift für Rudolf Smend, S. 253 ff. (278 f.).

22 HdbDStR II, S. 523 ff. (534).

23 *Scheuner* weist zutreffend darauf hin, daß z. B. der Begriff des Rechtsstreits den Bereich der Rechtsprechung nicht decke; vgl. dazu *Menger*, System, S. 40 ff., der nachweist, daß es für einen umfassenden und praktikablen Begriff der Rechtsprechung auf die Streitentscheidung nicht ankommen kann.

24 *Lechner*, BVerfGG, Einleitung 1 c.

25 VVDStRL Bd. 5 (1929), S. 2 ff. (5).

26 *Rupp*, AöR Bd. 85 (1960), S. 149 ff. (157).

27 So *Scheuner*, Festschrift für Rudolf Smend, S. 253 ff. (300); ähnlich ders., DVBl. 1952, S. 293 ff. (296 f.).

28 So *Ossenbühl* (DÖV 1969, S. 548 ff. [551]) zu „Maßnahmen im Gesetzgebungsverfahren" im Rahmen von Eingemeindungsverfahren.

Übereinstimmung mit dem mehrgleisigen Rechtswegsystem des Grundgesetzes, welches jedem Gerichtszweig einen bestimmten Bereich nach materiell-rechtlichen Gesichtspunkten zuweist[29]. Der enge materielle Begriff der verfassungsrechtlichen Streitigkeit der herrschenden Meinung wird dem in der Regel gerecht. In Ausnahmefällen dagegen ist es möglich, daß eine verfassungsrechtliche Streitigkeit im Sinne des § 40 VwGO auch dann vorliegt, wenn nur auf einer Seite ein verfassungsrechtlich qualifizierter Rechtsträger steht. Die Richtigkeit dieser Hypothese wird der nächste Abschnitt über die Frage des Rechtscharakters der Streitigkeiten über individualrechtsverletzende Parlamentsakte erweisen.

Maunz[30] führt in diesem Zusammenhang zu Recht aus, daß es sich bei einer *materiellen Verfassungsstreitigkeit* stets um eine Auslegung der Verfassung im materiellen Sinn handeln müsse, „bei der *mindestens auf einer Streitseite ein verfassungsrechtlich qualifizierter Rechtsträger* auftritt“[31]. Da die herrschende Meinung mit ihrer Forderung nach verfassungsrechtlich qualifizierten Beteiligten auf beiden Seiten Sinn und Zweck des § 40 VwGO, Staatshandlungen jenseits des Bereichs der Verwaltung (d. h. hier materiell verfassungsrechtliche Akte) von der Kompetenz der Verwaltungsgerichtsbarkeit fernzuhalten, nicht durchgehend entsprechen kann, halten wir sie für nicht gerechtfertigt. Ausgehend von dem durchaus zutreffenden Normalfall, *identifiziert die herrschende Meinung* ohne Beachtung der Ausnahmefälle *unzulässigerweise den Begriff der verfassungsrechtlichen Streitigkeit mit dem der Organstreitigkeit*[32].

In Anlehnung an den weiten Begriff der Verfassungsgerichtsbarkeit im Sinne *Scheuners* und *Triepels* ist der *Begriff der verfassungsrechtlichen Streitigkeit gem. § 40 VwGO materiell ohne Einbeziehung der Streitparteien zu bestimmen.* Eine verfassungsrechtliche Streitigkeit liegt dann vor, wenn sich diese auf „den Bereich des Verfassungslebens“ erstreckt, d. h. der zur Entscheidung unterbreitete Sachverhalt überwiegend[33] vom Verfassungsrecht geprägt ist, oder — um mit *Triepel* zu sprechen — die begehrte Entscheidung „in Sachen der materiellen Verfassung“ ergeht.

---

[29] So auch *Kassimatis*, Regierung, S. 185; ähnlich auch *Lerche*, Staatsbürger und Staatsgewalt II, S. 59 ff. (69).

[30] *Maunz / Dürig / Herzog*, GG, Art. 93 Rdn. 4.

[31] Hervorhebung vom Verfasser.

[32] So ausdrücklich z. B. *Eyermann / Fröhler*, VwGO, § 40 Rdnr. 63.

[33] Wir vermögen der gegenteiligen Auffassung *Lerches* (Staatsbürger und Staatsgewalt II, S. 59 ff. [69]) nicht zu folgen, der (ohne Begründung) eine *ausschließlich* materiell verfassungsrechtliche Natur fordert. Denn dies widerspricht der üblichen Methode, die Rechtsnatur eines Aktes oder einer Streitigkeit nach überwiegenden Merkmalen zu bestimmen. Daß § 40 VwGO davon eine Ausnahme macht, ist nicht ersichtlich.

Auch das Bundesverwaltungsgericht scheint dieser weiten Auffassung zuzuneigen, wenn es zur Bestimmung des Begriffs der verfassungsrechtlichen Streitigkeit im Sinne des § 40 VwGO die Parteien unerwähnt läßt und als entscheidend ansieht, „ob das streitige Rechtsverhältnis entscheidend vom Verfassungsrecht geformt ist“[34].

Wir sind uns dessen bewußt, daß diese Abkehr von der weitaus herrschenden Auffassung Unsicherheiten schafft, die sich vor allem daraus ergeben, daß sich die Abgrenzung *allein* auf den relativ ungesicherten Begriff der materiellen Verfassung stützen muß. Diese Schattenseiten erwachsen aber aus der als Faktum vorgegebenen Aufgliederung der Rechtswege[35] nach materiellen Rechtsbereichen, zu deren Bestimmung die Streitbeteiligten nicht herangezogen werden können.

IV. Streitigkeiten um individualrechtsverletzende Parlamentsakte als verfassungsrechtliche Streitigkeiten

Schlichte Parlamentsbeschlüsse und Akte parlamentarischer Unterorgane sind materiell verfassungsrechtliche Akte (von den erwähnten Ausnahmen einmal abgesehen), da sie — in Anlehnung an die von *Forsthoff* gegebene Definition der Verfassung im materiellen Sinn — die „Organisation und Funktion der obersten Staatsgewalt“ betreffen[1]. Wenn nun solche Verfassungsakte gerichtlicher Entscheidung unterbreitet werden, so handelt es sich um „Streitigkeiten, die unmittelbar verfassungsrechtliche Rechte und Pflichten von Trägern verfassungsrechtlicher Positionen zum Gegenstand haben“ (*Rupp*) und nach Sinn und Zweck der Zuständigkeitsregelung des § 40 VwGO verwaltungsgerichtlicher Entscheidung vorenthalten bleiben sollen. Dabei ist es gleichgültig, ob ein einzelner die Verletzung seiner Rechte geltend macht, oder ein verfassungsrechtlich qualifizierter Rechtsträger einen Rechtsverstoß rügt. In jedem Fall steht der angegriffene Verfassungsakt zur Disposition; es wird die Rechtswidrigkeit des Verfassungsakts mit dem Ziel seiner Beseitigung geltend gemacht und bildet den Streit-

---

[34] BVerfGE Bd. 24, S. 272 ff. (279); *Menger / Erichsen* (VerwArch. Bd. 59 [1968], S. 174 f.) zeigen zwar in einer Besprechung dieser Entscheidung Verständnis dafür, daß das Gericht „nunmehr eine topische Bestimmung des Bedeutungsinhalts versucht“. Vor allem auf Grund einer etwas unglücklichen Formulierung des Gerichts, in der sich die Gefahr einer uferlosen Ausdehnung des Begriffs andeutete, meinen *Menger* und *Erichsen* aber gezwungen zu sein, sich im Ergebnis der herrschenden Auffassungen anschließen zu müssen.

In einer Entscheidung aus neuerer Zeit hat das BVerwG allerdings ausdrücklich auf die Streitparteien abgestellt (Urt. vom 28. 11. 1975 — NJW 1976, S. 637 f. unter Bestätigung von BVerwGE Bd. 36, S. 218 ff. [227 f.]).

[35] So auch *Lerche*, Staatsbürger und Staatsgewalt II, S. 59 ff. (69).

[1] Siehe oben S. 53.

gegenstand, der (zumindest überwiegend) vom Verfassungsrecht geprägt ist.

Der oft wiederholte Hinweis, es handele sich um „Streitigkeiten aus dem Subordinationsverhältnis Staat-Bürger", die „gerade ... die typischen Fälle der Verwaltungsgerichtsbarkeit" seien (so *Maurer*[2] in Übereinstimmung mit der herrschenden Auffassung), greift demgegenüber nicht durch. Wie bereits dargelegt, lassen sich weder Verfassungs- und Verwaltungsgerichtsbarkeit noch verfassungsrechtliche und verwaltungsrechtliche Streitigkeiten abschließend nach diesem Typenschema abgrenzen. Die Ungeeignetheit dieser Grobeinteilung der herrschenden Auffassung zur Begründung oder Versagung der verwaltungsgerichtlichen Zuständigkeit im Bereich verfassungsrechtlicher Streitigkeiten wird auch aus einer Äußerung Maurers an anderer Stelle[3] deutlich, wo er (zu Recht) wie selbstverständlich davon ausgeht, daß „die direkte Prüfung von formellen Gesetzen als Verfassungsgerichtsbarkeit anzusehen ist", wobei die Untersuchung Maurers ausdrücklich den Individualrechtsschutz und nicht etwa sogenannte „eigentliche Verfassungsstreitigkeiten" im Sinne des Bundesverfassungsgerichts (also zwischen verfassungsrechtlich qualifizierten Rechtsträgern) zum Gegenstand hat. Die verwaltungsgerichtliche Zuständigkeit wird zutreffend verneint, obwohl es sich bei der Geltendmachung der Verfassungswidrigkeit eines Gesetzes durch einen einzelnen um eine „Streitigkeit aus dem Subordinationsverhältnis Staat-Bürger" handelt. Hier wird nochmals deutlich, daß sich die herrschende Meinung durch die Einbeziehung der Streitbeteiligten in Widersprüchen verstrickt, die durch eine konsequent materielle Deutung unter Beschränkung auf den Streitgegenstand vermieden werden könnten.

Soweit, wie bei Parlamentsakten, materiell verfassungsrechtliche Akte im Streit stehen, handelt es sich auch bei Anfechtung durch einen einzelnen, also verfassungsrechtlich nicht qualifizierten Rechtsträger, um verfassungsrechtliche Streitigkeiten im Sinne des § 40 VwGO, so daß eine Zuständigkeit der Verwaltungsgerichtsbarkeit nicht gegeben ist[4, 5].

---

[2] JZ 1963, S. 27 ff. (29).

[3] Festschrift für Eduard Kern, S. 275 ff. (307, Fußnote 106).

[4] So auch *van Husen*, DVBl. 1953, S. 70 ff. (71 f.) und *Obermayer*, Verwaltungsakt, S. 90 f., die übereinstimmend verfassungsrechtliche Hoheitsakte von verwaltungsgerichtlicher Überprüfung ausnehmen; ähnlich auch *Scheuner*, Festschrift für Rudolf Smend, S. 253 ff. (300); ders., DVBl. 1952, 291 ff. (296 f.); *Kassimatis*, Regierung, S. 184 ff.

[5] Hinzuzufügen ist, daß *alle* mit den Parlamentsakten verbundenen Rechtsfragen verfassungsrechtlicher Natur sind. *Kassimatis* (Regierung, S. 186) weist in diesem Zusammenhang zutreffend auf folgendes hin: „Denn eine Rechtsfrage erhält ihre rechtliche Eigenschaft nicht von der Art des anzuwendenden Rechtssatzes, sondern von der rechtlichen Eigenschaft des Sachverhalts, die nichts anderes ist als die Zugehörigkeit der Materie — je nach ihrer gegenständlichen Art und Kategorie — zu einem materiell-

Zur Stützung dieser These sei aus den vielfältigen Erscheinungsformen der schlichten Parlamentsbeschlüsse und der Akte parlamentarischer Unterorgane die Immunitätsentscheidung (Art. 46 Abs. 2 - 4 GG) als Beispiel herausgegriffen. Die Immunität des Abgeordneten stellt ein Privileg des Parlaments dar, welches die Arbeitsfähigkeit dieses Verfassungsorgans sichern soll. Die Entscheidung über Aufhebung oder Aufrechterhaltung der Immunität ist der oben[6] beschriebenen Gruppe von Parlamentsakten zuzurechnen, welche die Tätigkeit des Parlaments berühren, und zwar ist dieser Bezug bei den Immunitätsentscheidungen nur ein mittelbarer. Gleichwohl betreffen Immunitätsentscheidungen — wie die unmittelbar die parlamentarische Tätigkeit berührende Akte, z. B. sitzungsleitende Anordnungen — die „Funktion der obersten Staatsgewalt" (*Forsthoff*), beruhen daher auf materiellem Verfassungsrecht und sind selbst als Verfassungsakte anzusehen. Wenn auch der Abgeordnete oder der einzelne Bürger nach zutreffender Auffassung keinen Anspruch auf Aufhebung oder Aufrechterhaltung der Immunität besitzt (Parlamentsprivileg), so sind, wie erläutert[7], Individualrechtsverletzungen etwa durch Verstöße gegen das Willkürverbot denkbar. Die Anfechtung eines Immunitätsbeschlusses durch einen einzelnen löst eine verfassungsrechtliche Streitigkeit aus, da sie „unmittelbar verfassungsrechtliche Rechte und Pflichten eines Trägers verfassungsrechtlicher Positionen" zum Gegenstand hat, sich auf einen spezifischen „Bereich des Verfassungslebens" erstreckt. Daher versagt der Verwaltungsrechtsweg gemäß § 40 Abs. 1 Satz 1 VwGO[8]. Eine Differenzierung zwischen der Anfechtung durch einen Bürger und der durch einen Abgeordneten vorzunehmen (wie es die herrschende Meinung tun müßte), erscheint nicht sachgerecht. Wenn ein Abgeordneter die Anfechtung eines Immunitätsbeschlusses mit einem Verstoß gegen das Willkürverbot begründet, so mag man die individualrechtliche Konstruktion einer Verfassungsbeschwerde (über Art. 3, 19 Abs. 4 GG, 93 Abs. 1 Nr. 4 a GG, § 90 BVerfGG) ablehnen, da es „in Art. 46 ... nicht um den Abgeordneten als Bürger, sondern um seine organähnliche Beteiligung am Verfassungsleben" geht[9]. Aber in beiden Fällen wird die Rechtswidrigkeit eines Verfassungsaktes mit dem Ziel seiner Beseitigung geltend gemacht,

rechtlichen Rechtskreis." Zur Unterstützung seiner Argumentation verweist Kassimatis auf die Ermessensakte. Daraus entstehende Rechtsfragen werden dem Bereich zugeordnet zu dem der Akt sachlich gehört, und nicht etwa zum Verfassungsbereich, weil etwa der Gleichheitssatz verletzt ist.

[6] S. 54.

[7] Siehe oben S. 120 ff.; vgl. auch die Rechtsprechung zu den Immunitätsbeschlüssen, oben S. 63 f.

[8] So wohl auch *Maunz* (Maunz / Dürig / Herzog, GG, Art. 46 Rdnr. 71), der dies zwar nur für die Anfechtung durch einen Abgeordneten ausdrücklich sagt, aber für den Bürger die Verfassungsbeschwerde für gegeben hält, ohne den Verwaltungsrechtsweg zu erwähnen.

[9] So *Maunz*, ebd., Art. 46 Rdnr. 71.

so daß es sich um eine verfassungsrechtliche Streitigkeit handelt. Die Sinnwidrigkeit einer unterschiedlichen Qualifizierung der Streitigkeit, die ein Immunitätsbeschluß auslösen kann, wird besonders deutlich, wenn man bedenkt, daß im Ausnahmefall[10] der Anfechtung ein und desselben Immunitätsbeschlusses für die Klage des Bürgers die Verwaltungsgerichtsbarkeit zuständig wäre, während es sich bei der Klage des Abgeordneten um eine der Verwaltungsgerichtsbarkeit entzogene verfassungsrechtliche Streitigkeit handeln würde. Nach der hier vertretenen Konzeption handelt es sich in beiden Fällen um eine der Verwaltungsgerichtsbarkeit entzogene verfassungsrechtliche Streitigkeit, wobei die Klage des Bürgers auf Grund des § 40 Abs. 1, erster Halbsatz VwGO („Streitigkeit nichtverfassungsrechtlicher Art"), die des Abgeordneten sowohl auf Grund dessen als auch wegen der formellen Zuweisung in Art. 93 Abs. 1 Nr. 1 GG der Verwaltungsgerichtsbarkeit entzogen ist.

C. Verfassungsgerichtsbarkeit und Parlamentsakte

I. Die Verfassungsbeschwerde als Rechtsweg im Sinne des Art. 19 Abs. 4 Satz 1 GG

Nachdem wir davon ausgegangen sind, daß dem durch einen Parlamentsakt in seinen Rechten Verletzten (von Ausnahmefällen abgesehen) wegen des verfassungsrechtlichen Charakters der sich daraus ergebenden Streitigkeit der Verwaltungsrechtsweg nicht offensteht, ist es naheliegend, eine mögliche Zuständigkeit der Verfassungsgerichtsbarkeit zu überprüfen, Was den Begriff des Rechtsweges im Sinne des Art. 19 Abs. 4 Satz 1 GG anbetrifft, so sei hier wiederholt[1], daß darunter „Gerichtsweg" zu verstehen ist, d. h. der Weg zu den (staatlichen) Gerichten und dort zum Richter (Art. 97 GG). Das Bundesverfassungsgericht ist zwar ein oberstes Verfassungsorgan, aber gleichzeitig, wie sich aus § 1 BVerfGG und Art. 92 GG ergibt, ein selbständiger Gerichtshof, der mit allen Garantien richterlicher Unabhängigkeit ausgestattet ist und rechtsprechende Tätigkeit ausübt[2]. Dem Weg zum Bundesverfassungsgericht kann daher zumindest nicht mangels Gerichtsqualität

[10] In der Regel wird sich das Interesse des Abgeordneten auf Aufrechterhaltung, das des Bürgers auf Aufhebung der Immunität richten. Es ist allerdings denkbar, daß auch der Abgeordnete (wie der von diesem geschädigte Bürger) entgegen dem Parlament eine Aufhebung anstrebt, die angeblich willkürlich verweigert wird.

[1] Vgl. oben S. 99.

[2] So die allgemeine Auffassung; vgl. dazu insbesondere *Leibholz*, Bundesverfassungsgericht 1951 - 1971, S. 31 ff. sowie das Material zum Status des Bundesverfassungsgerichts, in: JöR (N.F.) Bd. 6 (1957), S. 109 ff. u. *Dolzer*, Bundesverfassungsgericht, passim.

des Bundesverfassungsgerichts die Eignung als „Rechtsweg“ im Sinne des Art. 19 Abs. 4 Satz 1 GG abgesprochen werden.

Nach einer verbreiteten Auffassung kommen für den „Rechtsweg“ im Sinne des Art. 19 Abs. 4 Satz 1 GG die Verfassungsgerichte nicht in Betracht[3]. *F. Klein*[4], ein Hauptvertreter jener Ansicht, versucht diese damit zu begründen, daß Verfassungsgerichte für Streitigkeiten zuständig seien, „die in der spezifischen Verfassungsrechtssphäre liegen und in den Bereich der Staatsgerichtsbarkeit fallen“. Art. 19 Abs. 4 GG erfasse hingegen nur einen bestimmten Ausschnitt der verwaltungsrechtlichen Streitigkeiten. Daß letzteres nicht zutrifft, da weder der Begriff „öffentliche Gewalt“ noch Sinn und Zweck der Rechtsweggarantie eine solche Beschränkung zulassen, haben wir bereits nachzuweisen versucht[5]. Im übrigen ist in Art. 19 Abs. 4 Satz 1 GG nur ausgesagt, daß *ein* nicht aber *welcher* Rechtsweg offensteht. Die Bestimmung der Art des Rechtsweges (d. h. des Zweiges der Gerichtsbarkeit) ist Sache des zuständigen Gesetzgebers[6]. Daher ist *Wernicke*[7] zuzustimmen, der in diesem Zusammenhang ausführt, daß nicht einzusehen sei, warum der Gesetzgeber gehindert sein sollte, für bestimmte, unter den Halbsatz 1 des Art. 19 Abs. 4 GG fallende Tatbestände den Rechtsweg zum Verfassungsgericht zu eröffnen[8]. Auch bei den Beratungen über Art. 19 Abs. 4 GG wurde der Verfassungsrechtsweg miteinbezogen, wie eine Äußerung des Abgeordneten *von Brentano* in einer Sitzung des Hauptausschusses des Parlamentarischen Rates zeigt[9].

Wenn somit auch dem Weg zu den Verfassungsgerichten nicht von vornherein abgesprochen werden kann, einen Rechtsweg im Sinne des Art. 19 Abs. 4 Satz 1 GG darzustellen, so kann die Verfassungsgerichtsbarkeit jedoch nur dann mit der Rechtsweggarantie in Zusammenhang gebracht werden, wenn dort Verfahren bereitgestellt sind, die in Voraussetzung und Zielbereich dem Art. 19 Abs. 4 GG entsprechen, d. h. Individualrechtsschutz gegenüber rechtsverletzenden Akten der öffentlichen Gewalt gewährleisten. Abgesehen von der Verfassungsbe-

---

[3] So z. B. BVerfGE Bd. 1, S. 332 ff. (344 f.); *Friesenhahn*, DV 1949, S. 478 ff. (483 f.); *Klein*, VVDStRL Bd. 8 (1950), S. 67 ff. (93); *von Mangoldt / Klein*, GG, Anm. VII 5 b zu Art. 19 (S. 574); *Leibold*, Diss., S. 43.

[4] Ebd., S. 93, Fußnote 57.

[5] Vgl. oben S. 79 ff.

[6] Vgl. dazu oben S. 129 f.

[7] BK, Anm. II 4 f β zu Art. 19.

[8] Ähnlich auch *Bachof*, SJZ 1950, Sp. 163; *Jahrreiß*, RStW Bd. II, S. 271; *Laforet*, DÖV 1949, S. 221; sowie aus dem neueren Schrifttum *Arentz*, Diss., S. 133; *von Bally*, Diss., S. 47 f.; *Bettermann*, Grundrechte III/2, S. 779 ff. (823); *Brinkmann*, GG, Anm. I 8 a ε zu Art. 19 Abs. 4; *Dürig*, in: Maunz / Dürig / Herzog, GG, Art. 19 Abs. 4 Rdnr. 54; *Kassimatis*, Regierung, S. 220; *Lenz*, Diss., S. 36, 88; *Lorenz*, Rechtsschutz, S. 252.

[9] 44. Sitzung am 19. 1. 1949, JöR (N.F.) Bd. 1 (1951), S. 183 ff. (185).

schwerde, von der noch die Rede sein wird, sind die übrigen, in Art. 93 GG und § 13 BVerfGG aufgezählten Arten der Bundesverfassungsgerichtsbarkeit dem Bereich der eigentlichen Staatsgerichtsbarkeit zuzuordnen. Sie beruhen im Gegensatz zu Art. 19 Abs. 4 GG auf dem Gleichordnungsprinzip und dienen nicht wie die Rechtsweggarantie dem Individualrechtsschutz[10]. Diese Arten verfassungsgerichtlicher Verfahren können daher nicht als „Rechtsweg" im Sinne des Art. 19 Abs. 4 Satz 1 GG angesehen werden[11].

Etwas anderes gilt für die Verfassungsbeschwerde, die bundesrechtlich[12] in § 90 BVerfGG geregelt ist und durch das „Neunzehnte Gesetz zur Änderung des Grundgesetzes" vom 29. 1. 1969 (BGBl. I S. 97) in Art. 93 Abs. 1 Nr. 4 a GG verfassungsrechtlich verankert wurde. Dieser kommt neben einer starken objektiven Zielsetzung unbestritten die Aufgabe zu, dem Individualrechtsschutz zu dienen[13]. Sowohl die Zulässigkeitsvoraussetzungen, die allerdings teils weiter teils enger sind[14], wie das auch bei der Verfassungsbeschwerde erforderliche Über/Unterordnungsverhältnis zwischen „Verletzten" und „öffentlicher Gewalt" als auch der Individualrechtsschutzzweck dieses Verfahrens entsprechen

---

[10] Insoweit sind Einschränkungen allenfalls hinsichtlich der konkreten Normenkontrolle nach Art. 100 GG, § 13 Nr. 11 bis 14 BVerfGG zu machen. Neben ihrer vorherrschenden Funktion im Bereich der objektiven Rechtsordnung, die besonders in § 31 Abs. 2 BVerfGG zum Ausdruck kommt, sind zwar subjektive Bezüge vorhanden, da Ausgangspunkt der verfassungsgerichtlichen Prüfung ein konkreter Rechtsstreit ist (vgl. dazu *Lechner*, Grundrechte III/2, S. 658 ff. [660 f.]). Entscheidend ist allerdings, daß dieses Verfahren dem einzelnen nicht offensteht, sondern dieser Weg nur auf Initiative des im konkreten Rechtsstreit angerufenen Gerichts beschritten werden kann. Da dieser Weg dem „jemand" des Art. 19 Abs. 4 GG also nicht offensteht, kann die konkrete Normenkontrolle nach Art. 100 GG, § 13 Nr. 11 bis 14 BVerfGG nicht zur Rechtsweggarantie in Beziehung gebracht werden.

[11] So auch *Kassimatis*, Regierung, S. 220 f.

[12] Zu den landesrechtlichen Regelungen der Verfassungsbeschwerde vgl. *Dürig*, in: Maunz / Dürig / Herzog, GG, Art. 19 Abs. 4 Rdnr. 54 sowie *Schmidt-Bleibtreu*, in: Maunz / Sigloch u. a., BVerfGG, Anm. III zu § 90 Abs. 1 Rdnr. 9 ff.

[13] Vgl. dazu *Schumann*, Verfassungsbeschwerde, S. 99 ff. (zum subjektiven Zweck) mit umfangreichen Nachweisen; zu diesem „Doppelcharakter" der Verfassungsbeschwerde aus rechtsvergleichender Sicht (Schweiz, Bundesrepublik und Österreich) vgl. *Schuler*, Verfassungsbeschwerde, S. 37 ff.

[14] Im Gegensatz zu Art. 19 Abs. 4 GG ist für die Verfassungsbeschwerde unbestritten, daß unter den Begriff „öffentliche Gewalt" im Sinne des Art. 93 Abs. 1 Nr. 4 a GG und des § 90 Abs. 1 BVerfGG Akte aller drei Staatsgewalten fallen (vgl. *Schmidt-Bleibtreu*, in: Maunz / Sigloch u. a., BVerfGG § 90 Abs. 1 Rdnr. 67 ff. mit weiteren Nachweisen), die Voraussetzungen der Verfassungsbeschwerde also weiter sind. Demgegenüber sind die Voraussetzungen enger, was die Art der verletzten Rechte anbetrifft. Die Verfassungsbeschwerde kann nur mit der Behauptung einer Grundrechtsverletzung oder der Verletzung der in den Art. 20 Abs. 4; 33; 38; 101; 103 und 104 enthaltenen Rechte erhoben werden (zum Begriff der Rechte im Sinne des Art. 19 Abs. 4 GG vgl. oben **S. 112 ff.**)

der Rechtsweggarantie des Art. 19 Abs. 4 GG[15]. *Lorenz*[16] bemerkt in diesem Zusammenhang treffend, daß „objektiv eine den Zielbereich des Art. 19 Abs. 4 ausfüllende Gerichtsschutzmöglichkeit" bestehe, sobald der Gesetzgeber zum Schutz des einzelnen ein Gericht einsetze, was mit der Einführung der Verfassungsbeschwerde geschehen sei[17]. Die Auffassung, daß als Rechtsweg im Sinne des Art. 19 Abs. 4 Satz 1 GG nicht der Weg zum Verfassungsgericht angesehen werden könne, sei nur ihrer ursprünglichen Tendenz nach zutreffend, als Art. 19 Abs. 4 GG nicht den Weg gerade zum Verfassungsgericht eröffnen sollte, sondern zunächst der an sich subsidiäre Weg des Satzes 2 des Art. 19 Abs. 4 GG zum Zuge kommen sollte. Dem ist hinzuzufügen, daß *Klein*, auf den sich die Vertreter dieser Auffassung allenthalben berufen, seine Ansicht auf der Heidelberger Staatsrechtslehrertagung im Jahre 1949 geäußert hat[18], also vor der bundesgesetzlichen Einführung der Verfassungsbeschwerde durch das Bundesverfassungsgerichtsgesetz im Jahre 1951. Klein ging davon aus, daß sich die Zuständigkeit der Verfassungsgerichte auf den Bereich der eigentlichen Staatsgerichtsbarkeit (also der rein objektiven Verfahren) beschränke. Da diese Prämisse durch die Einführung der Verfassungsbeschwerde entfallen ist, muß diese Auffassung als revisibel angesehen werden[19].

Nach alledem ist davon auszugehen, daß der Weg zum Verfassungsgericht mittels Verfassungsbeschwerde nach Art. 93 Abs. 1 Nr. 4 a GG, § 90 BVerfGG grundsätzlich als ein Rechtsweg im Sinne des Art. 19 Abs. 4 Satz 1 GG angesehen werden kann, da er „objektiv eine den Zielbereich des Art. 19 Abs. 4 ausfüllende Gerichtsschutzmöglichkeit"[20] darstellt.

II. Keine Subsidiarität der Verfassungsbeschwerde gegenüber der Reservezuständigkeit der ordentlichen Gerichtsbarkeit gemäß Art. 19 Abs. 4 Satz 2 GG bei der Anfechtung von Parlamentsakten

Abgesehen von der grundsätzlichen Feststellung, daß die Verfassungsbeschwerde nach Art. 93 Abs. 1 Nr. 4 a GG, § 90 BVerfGG einen

[15] So auch *Kassimatis*, Regierung, S. 221.

[16] Rechtsschutz, S. 252.

[17] So auch *Schmidt-Bleibtreu*, in: Maunz / Sigloch u. a., BVerfGG, § 90, Rdnr. 38: „Mit der Verfassungsbeschwerde wird für den Bereich der Grundrechte und der grundgesetzlich geschützten subjektiven Verfassungsrechte dasselbe Ziel verfolgt wie mit Art. 19 Abs. 4 GG."

[18] VVDStRL Bd. 8 (1950), S. 67 ff. (93 mit Fußnote 57).

[19] *Klein* hat allerdings später, nach Inkraftsetzen des Bundesverfassungsgerichtsgesetzes seine Auffassung in der Bearbeitung des von *Mangoldt*schen Kommentars wiederholt (*von Mangoldt / Klein*, GG, Anm. VII 5 b zu Art. 19 [S. 574]), leider ohne die durch die Einführung der Verfassungsbeschwerde veränderte Situation zu berücksichtigen.

[20] *Lorenz*, Rechtsschutz, S. 252.

Rechtsweg im Sinne des Art. 19 Abs. 4 Satz 1 GG darzustellen vermag, kann sie bezüglich der nicht zur Rechtsetzung gehörenden Akte der Legislative (als Primärzuständigkeit) nur dann in Betracht kommen, wenn insoweit einerseits die Voraussetzungen vorliegen, und andererseits die Verfassungsbeschwerde eine „andere Zuständigkeit" im Sinne des Art. 19 Abs. 4 Satz 2 GG[1] darstellt und so möglicherweise den subsidiären Weg zum ordentlichen Gericht ausschaltet, sowie gleichzeitig die Subsidiaritätsklausel des § 90 Abs. 2 Satz 1 BVerfGG[2] nicht eingreift.

Was die Voraussetzungen anbetrifft, so kann die Verfassungsbeschwerde zum Bundesverfassungsgericht von „jedermann" mit der Behauptung erhoben werden, „durch die öffentliche Gewalt in einem seiner in Artikel 20 Abs. 4, 33, 38, 101, 103 und 104 des Grundgesetzes enthaltenen Rechte verletzt zu sein" (Art. 93 Abs. 1 Nr. 4 a GG, § 90 Abs. 1 BVerfGG). Das die Antrags- bzw. Beschwerdebefugnis bezeichnende Kriterium „jedermann" ist nahezu gleichlautend mit der entsprechenden Wendung in Art. 19 Abs. 4 Satz 1 GG, wo von „jemand" die Rede ist. Auch inhaltlich besteht insoweit Übereinstimmung, als dem „jemand" des Art. 19 Abs. 4 GG der Rechtsweg offensteht, soweit er Inhaber der dort angesprochenen „Rechte" sein kann[3], und Verfassungsbeschwerde „jedermann" erheben kann, „wer Träger der angeblich verletzten Grundrechte oder grundrechtsvergleichenden Rechte sein und daher die Verletzung dieser Rechte durch die öffentliche Gewalt rügen"[4] kann. Im Gegensatz zu dem insoweit gleichlautenden Art. 19 Abs. 4 GG ist für den Begriff „öffentliche Gewalt" im Sinne von Art. 93 Abs. 1 Nr. 4 a, § 90 Abs. 1 BVerfGG unbestritten[5], daß er jede Emanation der Staatsgewalt erfaßt, also Akte der Legislative, Exekutive und Judikative, oder wie es das Bundesverfassungsgericht[6] formuliert

---

1 „Soweit eine andere Zuständigkeit nicht begründet ist, ist der ordentliche Rechtsweg gegeben."

2 „Ist gegen die Verletzung der Rechtsweg zulässig, so kann die Verfassungsbeschwerde erst nach Erschöpfung des Rechtsweges erhoben werden." — Eine verfassungsrechtliche Absicherung dieses Vorbehalts ist nach überwiegender Auffassung nicht erforderlich (*Maunz*, in: Maunz / Dürig / Herzog, GG, Art. 94 Rdnr. 34). Trotzdem ist die Regelung des Art. 90 Abs. 2 BVerfGG sowie die Möglichkeit eines Annahmeverfahrens) durch das „Neunzehnte Gesetz zur Änderung des Grundgesetzes vom 29. 1. 1969" in das Grundgesetz aufgenommen worden (Art. 94 Abs. 2 Satz 2). Wie Maunz auch der Bayerische Verfassungsgerichtshof in seiner Entscheidung vom 23. 1. 1975, Bay.VBl. 1975, S. 528 ff.

3 Vgl. dazu schon oben S. 112 ff.

4 BVerfGE Bd. 21, S. 362 (367) unter Hinweis auf BVerfGE Bd. 3, S. 383 ff. (391 f.); Bd. 6, S. 273 ff. (277); Bd. 12, S. 6 ff. (8). So auch *Geiger*, BVerfGG, Anm. 1 zu § 90; *Lechner*, BVerfGG, Anm. zu § 90 Abs. 1; *Schmidt-Bleibtreu*, in: Maunz / Sigloch u. a., BVerfGG, § 90 Rdnr. 20.

5 Vgl. z. B. *Geiger*, BVerfGG, Anm. 3 zu § 90; *Lechner*, Anm. 2 zu § 90 Abs. 1; *Schmidt-Bleibtreu*, in: Maunz / Sigloch u. a., BVerfGG, § 90 Rdnr. 20, § 90 Rdnr. 67 ff. mit umfangreichen Nachweisen.

hat, darunter „der Staat in seiner Einheit, repräsentiert durch irgendein Organ“ zu verstehen ist. Damit stellen die nicht zur Rechtsetzung gehörenden Akte der Legislative eine Ausübung öffentlicher Gewalt im Sinne von Art. 93 Abs. 1 Nr. 4 a GG, § 90 Abs. 1 BVerfGG dar. Soweit jemand geltend machen kann, durch einen solchen Akt in einem Grundrecht oder in einem der aufgeführten „grundrechtsgleichen“ Rechte verletzt zu sein (die Voraussetzungen der Verfassungsbeschwerde sind insoweit also enger als die der Rechtsweggarantie, welche nur eine *Rechts*verletzung fordert), liegen die Voraussetzungen der Verfassungsbeschwerde vor.

Die Frage, ob der Weg zu den Verfassungsgerichten eine „andere Zuständigkeit“ im Sinne des Art. 19 Abs. 4 Satz 2 GG darstellt, ist bereits negativ beantwortet, wenn man — wie es teilweise geschieht[7] — von vornherein der Verfassungsgerichtsbarkeit abspricht, für einen „Rechtsweg“ im Sinne des Art. 19 Abs. 4 Satz 1 GG in Betracht zu kommen. So führt das Bundesverfassungsgericht[8] denn auch aus: „Wenn Art. 19 Ab. 4 GG den ordentlichen Rechtsweg nur insoweit eröffnet, als nicht ‚eine andere Zuständigkeit‘ begründet ist, so ist hierbei nicht an die Verfassungsgerichtsbarkeit gedacht“. Gegen diese Auffassung wendet sich *Bettermann*[9], da sie weder im Wortlaut noch im Sinne des Art. 19 Abs. 4 GG eine Stütze finde. Gleichwohl sieht er in Übereinstimmung mit dem Bundesverfassungsgericht[10] die Zuständigkeit zur Entscheidung über Verfassungsbeschwerden nicht als „andere Zuständigkeit“ im Sinne des Art. 19 Abs. 4 Satz 2 an[11]. Zu dieser Differenzierung ist anzu-

---

[6] E Bd. 4, S. 27 ff. (3 a); zur insoweit ständigen Rechtsprechung des Bundesverfassungsgerichts vgl. die Nachweise bei *Leibholz / Rupprecht*, BVerfGG, § 90 Rdnr. 24 ff.

[7] Vgl. die Nachweise in Fußnote 3 des vorhergehenden Abschnittes.

[8] BVerfGE Bd. 1, S. 332 ff. (344) unter Berufung auf *Klein* (VVDStRL Bd. 8 [1950]), S. 67 ff. (S. 93 Anm. 57, S. 94) und *Friesenhahn* (DV 1949, S. 483).

[9] Grundrechte III/2, S. 779 ff. (823); so auch *Brinkmann*, GG, Anm. 10 b zu Art. 19; *Dürig*, in: Maunz / Dürig / Herzog, GG, Art. 19 Abs. 4 Rdnr. 54; *Wernicke*, BK, Anm. II f β zu Art. 19.

[10] Das Gericht (BVerfGE Bd. 1, S. 332 ff. [344]) begründet seine Auffassung folgendermaßen: „Vielmehr will Art. 19 Abs. 4 GG grundsätzlich schon dann den ordentlichen Rechtsweg eröffnen, wenn ein ihm oder dem Verwaltungsrechtsweg etwa entsprechender anderer Rechtsweg nicht gegeben ist. Die Verfassungsbeschwerde ist jedoch kein solcher Rechtsweg. Sie ist vielmehr gemäß § 90 Abs. 2 BVerfGG ein letzter, nur auf den Schutz der Grundrechte beschränkter verfassungsmäßiger Rechtsbehelf, der nur dann gegeben ist, wenn alle sonstigen Möglichkeiten zu allgemeiner richterlicher Nachprüfung erschöpft sind.“

[11] So auch OLG Köln JZ 1972, S. 221 ff. (222) mit insoweit zustimmender Anm. von *Walz* (S. 224); bay.VerfGH, VGHE (N.F.) Bd. 12, S. 73 ff. (77); *Leibholz / Rinck*, GG, Art. 19 Rdnr. 11; *Leibholz / Rupprecht*, BVerfGG, § 90 Rdnr. 79; *Leibold*, Diss., S. 43; *Lerche*, Rechtsweg, S. 93; *Maunz*, in: Maunz / Dürig / Herzog, GG, Art. 19 Abs. 4 Rdnr. 54; *Pfeiffer*, Verfassungsbeschwerde, S. 30; *Schmidt-Bleibtreu*, in: Maunz / Sigloch u. a., GG, § 90 Rdnr. 190; *Zweigert*, JZ 1952, S. 321 ff.

merken, daß die (Bundes-)Verfassungsgerichtsbarkeit, wenn überhaupt, nur über die Zuständigkeit zur Entscheidung über Verfassungsbeschwerden nach Art. 93 Abs. 1 Nr. 4 a GG, § 90 BVerfGG als „andere Zuständigkeit" in Betracht kommen kann. Denn nur dort gewährt das Bundesverfassungsgericht (primär) Individualrechtsschutz und steht dem „jemand" des Art. 19 Abs. 4 GG offen. Aus diesem Grund ist der Kritik beizupflichten, die Bettermann zu Recht fragt, wie er sich die Verfassungsgerichtsbarkeit außerhalb des Verfassungsbeschwerdeverfahrens als „andere Zuständigkeit" im Sinne des Art. 19 Abs. 4 Satz 2 GG vorstelle[12].

Was nun die Eignung der Verfassungsbeschwerde anbetrifft, eine „andere Zuständigkeit" darzustellen, so kann weitgehend auf die Überlegungen im vorhergehenden Abschnitt verwiesen werden, die dazu geführt haben, die Verfassungsbeschwerde als Rechtsweg im Sinne des Art. 19 Abs. 4 Satz 1 GG anzusehen. Die Formulierung „*andere* Zuständigkeit" deutet darauf hin, daß zwischen dem Rechtsschutz, den der betreffende Rechtsweg bietet und dem (primären) Rechtsweg, den Art. 19 Abs. 4 GG fordert und eröffnet, Parallelität bestehen muß[13]. Insoweit entspricht die Verfassungsbeschwerde, wie erörtert, den Erfordernissen der Rechtsweggarantie, als sie ein Über-/Unterordnungsverhältnis voraussetzt, dem Individualrechtsschutz zu dienen bestimmt ist und dem „jemand" des Art. 19 Abs. 4 GG offensteht. Darüber hinaus ist zu berücksichtigen, daß kein Grund ersichtlich ist, der den Gesetzgeber daran hindern sollte, für bestimmte unter den Halbsatz 1 des Art. 19 Abs. 4 GG fallende Tatbestände den Rechtsweg zum Verfassungsgericht zu eröffnen[14]. Nach alledem ergeben sich — zumindest bei isolierter Betrachtung der Rechtsweggarantie — keine Bedenken, den Rechtsweg zum Bundesverfassungsgericht mittels Verfassungsbeschwerde als „eine andere Zuständigkeit" im Sinne des Art. 19 Abs. 4 Satz 2 GG anzusehen.

Schwierigkeiten entstehen erst aus dem Zusammenspiel des Art. 19 Abs. 4 Satz 2 GG und § 90 Abs. 2 Satz 1 BVerfGG. Während nämlich

---

[12] So *Kassimatis*, Regierung, S. 221 Fußnote 53. Wenn *Kassimatis* dort auch *Wernicke* (BK, Anm. II 4 f β zu Art. 19) und *Lenz* (Diss., S. 36) rügt, so sind deren Äußerungen wohl nur mißverständlich. Der gleichen Kritik an *Dürig* (Maunz / Dürig / Herzog, GG, Art. 19 Abs. 4 Rdnr. 54) kann allerdings nicht zugestimmt werden, da dieser die Verfassungsgerichte ausdrücklich nur dann mit der „anderen Zuständigkeit" des Art. 19 Abs. 4 Satz 2 GG in Zusammenhang bringt, wenn sie „Individualrechtsschutz" gewähren.

[13] So insbesondere *Kassimatis*, Regierung, S. 221.

[14] So vor allem *Wernicke*, BK, Anm. II 4 f β zu Art. 19; vgl. dazu auch die oben auf S. 168 Fußnote 8 angegebenen Nachweise. Zur Stützung dieser Auffassung kann auch auf Art. 93 Abs. 2 GG verwiesen werden, wo bestimmt ist, daß das Bundesverfassungsgericht (neben den in Art. 93 Abs. 1 GG aufgeführten Zuständigkeiten) „ferner in den ihm durch Bundesgesetz zugewiesenen Fällen tätig" wird. Diese Regelung galt im übrigen schon vor der verfassungsrechtlichen Absicherung der Verfassungsbeschwerde.

auf der einen Seite der ordentliche Rechtsweg gegenüber „einer anderen Zuständigkeit" subsidiär ist, ist die Verfassungsbeschwerde ebenfalls in dem Sinne subsidiär[15], als § 90 Abs. 2 BVerfGG vor deren Erhebung die „Erschöpfung des Rechtsweges" verlangt. *Lerche*[16] nennt die „Zwangsehe" des Art. 19 Abs. 4 Satz 2 GG mit dem § 90 Abs. 2 Satz 1 BVerfGG einen „Gipfel an Unsachgemäßheit und Komplizierung". Daß diese Feststellung nicht unberechtigt ist, verdeutlicht die Möglichkeit einer doppelten negtiven Verweisung[17]. Wenn man nämlich die Verfassungsbeschwerde als „eine andere Zuständigkeit" ansieht, was angesichts der Parallelität dieses Verfahrens gegenüber dem von der Rechtsweggarantie geforderten Rechtsweg nicht unberechtigt erscheint, so geht die Verfassungsbeschwerde der subsidiären Zuständigkeit der ordentlichen Gerichte aus Art. 19 Abs. 4 Satz 2 GG vor. Dem steht wiederum die Regelung des § 90 Abs. 2 Satz 1 BVerfGG gegenüber, wonach die Verfassungsbeschwerde erst „nach Erschöpfung des Rechtsweges" zulässig ist. Dazu muß grundsätzlich auch der subsidiäre ordentliche Rechtsweg gerechnet werden, da Art. 19 Abs. 4 Satz 2 GG eine Rechtswegbestimmung ist. Damit wäre weder eine Erstzuständigkeit des Bundesverfassungsgerichts noch der ordentlichen Gerichtsbarkeit begründet, die Verfassungsbeschwerde wäre ebensowenig zulässig wie der ordentliche Rechtsweg des Art. 19 Abs. 4 Satz 2 GG. Es träte gerade das ein, was die Regelung des Art. 19 Abs. 4 Satz 2 GG verhindern soll, nämlich ein negativer Kompetenzkonflikt[18]. Diese Schwierigkeit entsteht freilich dann nicht, wenn man die Verfassungsgerichtsbarkeit nicht als Rechtsweg im Sinne des Art. 19 Abs. 4 Satz 1 GG und (oder zumindest) die Verfassungsbeschwerde nicht als „eine andere Zuständigkeit" im Sinne des Art. 19 Abs. 4 Satz 2 GG ansieht. In diesem Fall ist eine Zuständigkeit der ordentlichen Gerichtsbarkeit nach Art. 19 Abs. 4 Satz 2 GG begründet, da dieser Weg als Rechtsweg gemäß § 90 Abs. 2 Satz 1 BVerfGG zu betrachten ist und vor Erhebung der Verfassungsbeschwerde zu erschöpfen ist[19]. Aber auch die Mindermeinung, welche

---

[15] Zum Begriff der — relativen — Subsidiarität im Hinblick auf die Verfassungsbeschwerde und die Regelung des § 90 Abs. 2 BVerfGG vgl. *Leibold*, Diss., S. 28 ff. mit weiteren Nachweisen.

[16] Rechtsweg, S. 93.

[17] Auf diese Möglichkeit mit dem Ergebnis eines „negativen Kompetenzkonflikts" weisen *Leibold*, Diss., S. 43 und *Lenz*, Diss., S. 87 f. hin.

[18] Zu diesem Sinn des Art. 19 Abs. 4 Satz 2 GG vgl. *Klein*, VVDStRL Bd. 8 (1950), S. 67 ff. (95 ff.) und *Wernicke*, BK, Anm. II 4 i zu Art. 19.

[19] Eine Erstzuständigkeit des Bundesverfassungsgerichts kann nach dieser Auffassung nur in Ausnahmefällen bestehen, nämlich dann wenn die Voraussetzungen des § 90 Abs. 2 Satz 2 BVerfGG vorliegen. Danach kann von dem Erfordernis der Erschöpfung des Rechtsweges abgesehen werden, wenn die Verfassungsbeschwerde „von allgemeiner Bedeutung" ist, oder dem Beschwerdeführer durch die vorherige Beschreitung und Erschöpfung des Rechtsweges „ein schwerer und unabwendbarer Nachteil entstünde".

die Verfassungsbeschwerde als „andere Zuständigkeit" ansieht[20], sucht einen Ausweg aus dem Dilemma eines negativen Kompetenzkonflikts. Die nach § 90 Abs. 2 BVerfGG grundsätzlich geforderte Subsidiarität der Verfassungsbeschwerde soll nach dieser Auffassung allen Rechtswegen, nicht jedoch dem ordentlichen Rechtsweg des Art. 19 Abs. 4 Satz 2 GG gegenüber gelten, da die Verfassungsbeschwerde im System des Rechtsschutzes nach Art. 19 Abs. 4 GG auf Grund ihrer „Parallelität" nicht als „bloßer Rechtsbehelf" betrachtet werden könne[21]. Es wäre also eine Erstzuständigkeit des Bundesverfassungsgerichts über die Verfassungsbeschwerde gegeben.

Da die Auffassung, die Verfassungsgerichtsbarkeit komme schon nicht als Rechtsweg im Sinne des Art. 19 Abs. 4 Satz 1 GG in Betracht, wie dargelegt, kaum haltbar ist, läßt sich daraus auch nicht der Schluß ziehen, die Verfassungsbeschwerde könne keine andere Zuständigkeit im Sinne des Art. 19 Abs. 4 Satz 2 GG darstellen. Für die verbleibenden Standpunkte zu diesem Problemkreis ist von Bedeutung, daß die Vertreter der beiden gegensätzlichen Auffassungen trotz ihrer generell scheinenden Äußerungen (zumindest teilweise) das Problem sehr wohl differenziert betrachten.

So scheint z. B. *Bettermann*[22] der Verfassungsbeschwerde generell die Fähigkeit abzusprechen, „eine andere Zuständigkeit" im Sinne des Art. 19 Abs. 4 Satz 2 GG darstellen zu können. Aus einer (späteren) Stellungnahme an anderer Stelle[23] ergibt sich jedoch, daß er die Verfassungsbeschwerde gegen Rechtsetzungsakte als eine „andere Zuständigkeit" ansieht. Sie schließe die subsidiäre Zuständigkeit der ordentlichen Gerichte nach Art. 19 Abs. 4 Satz 2 GG aus, da eine Erschöpfung des Rechtsweges nach § 90 Abs. 2 BVerfGG in diesem Fall nicht gefordert werden könne und müsse.

Aber auch diejenigen, welche auf Grund ihrer einschränkungslosen Äußerungen die Verfassungsbeschwerde generell als „andere Zuständigkeit" anzusehen scheinen und von einer Erstzuständigkeit des Bun-

[20] *Hoffmann*, Diss., S. 66 f.; *Kassimatis*, Regierung, S. 221; *Lenz*, Diss., S. 88; *Wolff*, Verwaltungsrecht I, § 46 III 2; so jetzt auch *Wolff / Bachof*, Verwaltungsrecht I, § 46 III b 4.

[21] So ausdrücklich *Kassimatis*, Regierung, S. 221; im Ergebnis und teilweise auch in der Begründung übereinstimmend, *Lenz*, Diss., S. 88.

[22] Grundrechte III/2, S. 779 ff. (823, 828).

[23] AöR Bd. 86 (1961), S. 129 ff. (185 f.). Er bemerkt dort, daß für die Verfassungsbeschwerde gegen Rechtsetzungsakte die Verfassungsbeschwerde zum Bundes- oder Landesverfassungsgericht ein Rechtsweg im Sinne des Art. 19 Abs. 4 Satz 1 GG, und die Zuständigkeit des Verfassungsgerichts „eine andere Zuständigkeit" im Sinne des Satzes 2 sei. Zustimmend z. B. *von Bally*, Diss., S. 47 f.; *Maunz*, Staatsrecht, § 31 IV 4 a; *Schumann*, Verfassungsbeschwerde, S. 35 Fußnote 5; *Seiwerth*, Verfassungsbeschwerde, S. 34; so wohl auch *Dürig*, in: Maunz / Dürig / Herzog, Art. 19 Abs. 4 Rdnr. 54.

desverfassungsgerichts ausgehen, machen ihre Aussage nur für einen speziellen Bereich, nämlich in der Regel für die Verfassungsbeschwerde gegen Regierungsakte[24]. Eine differenzierende Betrachtungsweise erscheint deshalb sinnvoll, da auf der einen Seite die Forderung nach einer uneingeschränkten Erschöpfung des Rechtsweges unter genereller Einbeziehung der subsidiären Zuständigkeit der ordentlichen Gerichtsbarkeit dem Postulat einer „sachgerechten Rechtsschutzform“ in bestimmten Fällen nicht zu entsprechen vermag[25]. Auf der anderen Seite kollidiert die Auffassung, welche die Verfassungsbeschwerde generell als „andere Zuständigkeit“ ansieht, mit dem Wesen der Verfassungsbeschwerde als grundsätzlich subsidiärer Rechtsbehelf[26]. Die Frage der Eignung der Verfassungsbeschwerde als „andere Zuständigkeit“ im Sinne des Art. 19 Abs. 4 Satz 2 GG kann daher sinnvoll nicht generell beantwortet werden, sondern es bedarf genauer Prüfung, welcher spezielle Akt mit der Verfassungsbeschwerde angegriffen wird[27], und ob es im Einzelfall tatsächlich gerechtfertigt ist, die Erschöpfung auch des ordentlichen Rechtsweges nach Art. 19 Abs. 4 Satz 2 GG zu verlangen.

Bei der Anfechtung eines zur Rechtsetzung gehörenden Aktes der Legislative steht ein Akt öffentlicher Gewalt im Streit, der (von den Ausnahmen abgesehen) materiell verfassungsrechtlicher Natur ist. Wie sich bei der Prüfung einer möglichen Zuständigkeit der Verwaltungsgerichtsbarkeit und dort insbesondere des Kriteriums „Streitigkeit nichtverfassungsrechtlicher Art“ nach § 40 Abs. 1 Satz 1 VWGO herausgestellt hat, handelt es sich (auch) bei der Anfechtung individualrechtsverletzender Parlamentsakte um verfassungsrechtliche Streitigkeiten[28], so daß der Weg zum Verwaltungsgericht versperrt ist. Dies u. a. deshalb, da es sich um Streitigkeiten handelt, die „unmittelbar verfassungsrechtliche Rechte und Pflichten von Trägern verfassungsrechtlicher Positionen zum Gegenstand haben“[29], welche nach Sinn und Zweck der Zuständigkeitsregelung des § 40 VwGO aus der Kompetenz der Verwaltungsgerichte ausgeklammert bleiben sollen. Deren Zuständigkeit

---

[24] Vgl. die Nachweise in Fußnote 20. *Hoffmann* (Diss., S. 66 f.) macht seine diesbezügliche Aussage nur für den Rechtsschutz gegen (parlamentarische) Petitionsbescheide.

[25] So insbesondere *Bettermann*, AöR Bd. 86 (1961), S. 129 ff. (186), für die Rechtssatz-Verfassungsbeschwerde.

[26] Dieser Charakter der Verfassungsbeschwerde ist in Rechtsprechung (ständige Rspr. des BVerfG, z. B. BVerfGE Bd. 22, S. 287 ff. [290]) und Schrifttum unbestritten. Vgl. dazu statt vieler *Schmidt-Bleibtreu*, in: Maunz / Sigloch u. a., BVerfGG, § 90 Rdnr. 18 u. 188 mit weiteren Nachweisen.

[27] m. a. W. ob es sich um eine Urteils-, Rechtssatz-, Verwaltungsakts- bzw. Einzelaktsverfassungsbeschwerde handelt. Vgl. zu diesen Begriffen eingehend *Schumann*, Verfassungsbeschwerde, S. 35 f. u. S. 118 ff.

[28] Siehe oben S. 164 ff.

[29] *Rupp*, AöR Bd. 85 (1960), S. 149 ff. (157).

soll auf den eigentlichen Bereich der Verwaltung bzw. auf die Entscheidung über Verwaltungstätigkeit beschränkt bleiben[30]. Demgegenüber kann die Verfassungsgerichtsbarkeit unter Zugrundelegung eines umfassenden Begriffs derselben als „Rechtsprechung im Bereich des Verfassungslebens" *(Scheuner)* angesehen werden[31]. Da die nicht rechtsetzenden Parlamentsakte materiell verfassungsrechtlicher Rechtsnatur, und die sich daraus ergebenden Streitigkeiten verfassungsrechtlicher Art sind, gehören sie zum Kompetenzbereich der Verfassungsgerichte[32]. Diese Feststellung ist unabhängig davon, ob im Einzelfall eine verfassungsgerechtliche Zuständigkeit gegeben ist. Wie wir gesehen haben, besteht eine solche für Parlamentsakte in Form der Verfassungsbeschwerde, sofern der einzelne eine Verletzung von Grundrechten oder in Art. 93 Abs. 1 Nr. 4 a GG, § 90 Abs. 1 BVerfGG gleichgestellten Rechten geltend machen kann.

Sowohl die besagte „Parallelität" der Verfassungsbeschwerde im Hinblick auf die Erfordernisse der Rechtsweggarantie, als auch die Kompetenz der Verfassungsgerichtsbarkeit zur Entscheidung im „Bereich des Verfassungslebens", lassen es gerechtfertigt erscheinen, die Verfassungsbeschwerde, soweit nicht zur Rechtsetzung gehörende Akte der Legislative angegriffen werden, als „andere Zuständigkeit" im Sinne des Art. 19 Abs. 4 Satz 2 GG anzusehen. Damit ist die subsidiäre Zuständigkeit der ordentlichen Gerichtsbarkeit nach Art. 19 Abs. 4 Satz 2 2. Halbsatz GG ausgeschaltet; die Subsidiaritätsklausel des § 90 Abs. 2 Satz 1 BVerfGG läuft insoweit leer bzw. verweist auf sich selbst[33].

Dieses Ergebnis erscheint auch deshalb sachgerecht, da eine verbreitete Auffassung zutreffend davon ausgeht, daß vor dem Rückgriff auf die subsidiäre Zuständigkeit der ordentlichen Gerichtsbarkeit „erst die Kompetenzen der jeweils sachlich zuständigen Gerichtsbarkeit gerade im Hinblick auf Art. 19 IV völlig auszuschöpfen" sind[34]. Wenn dabei auch mehr an die Zuständigkeit der verschiedenen Zweige der Verwaltungsgerichtsbarkeit gedacht worden sein dürfte, so läßt sich dieser Grundsatz zumindest im vorliegenden Fall auch auf die Verfassungsgerichtsbarkeit anwenden. Soweit deren Zuständigkeit sich nicht in einer formellen erschöpft, sondern auch materiell Verfassungsgerichtsbarkeit darstellt, ist diese „völlig auszuschöpfen", bis hin zur (ausnahmsweisen)

30 Siehe dazu oben S. 162.

31 Vgl. oben S. 161 ff.

32 So auch *Kassimatis*, Regierung, S. 200 und 189 ff. für Regierungsakte mit ähnlicher Begründung.

33 So ausdrücklich *von Bally*, Diss., S. 48 Fußnote 74 (allerdings für Rechtssatz-Verfassungsbeschwerden). Dieser faßt § 93 Abs. 2 BVerfGG als eine „dahingehende Klarstellung" auf.

34 *Dürig*, in: Maunz / Dürig / Herzog, GG, Art. 19 Abs. 4 Rdnr. 60 f. mit weiteren Nachweisen.

Annahme einer „anderen Zuständigkeit“ im Sinne des Art. 19 Abs. 4 Satz 2 GG, wie geschehen. Ein „Umweg“ über die subsidiäre Zuständigkeit der ordentlichen Gerichtsbarkeit entspräche nicht der Forderung des Art. 19 Abs. 4 GG nach effektivem Rechtsschutz[35]. Darüber hinaus ist zu bedenken, daß die erfolgte Verweisung der Parlamentsakte aus dem Verwaltungsrechtsweg auf Grund der verfassungsrechtlichen Natur der daraus entstehenden Streitigkeit konsequenterweise zu einer Ausschöpfung der vorhandenen Zuständigkeiten der Verfassungsgerichtsbarkeit führen muß. Anderenfalls würde der für die Anfechtung von Parlamentsakten inadäquate Weg zu den Verwaltungsgerichten (generell) durch das noch „weniger adäquate(s) Verfahren vor den ordentlichen Gerichten“[36] ersetzt, was — zumindest bei Geltendmachung der Verletzung von Grundrechten und „grundrechtsgleichen“ Rechten — angesichts der Verfassungsbeschwerde vermieden werden kann.

Zusammenfassend läßt sich somit feststellen, daß für individualrechtsverletzende nicht zur Rechtsetzung gehörende Akte der Legislative eine Erstzuständigkeit des Bundesverfassungsgerichts durch die Verfassungsbeschwerde besteht, soweit der Betroffene geltend machen kann, „in einem seiner Grundrechte oder in einem seiner in Art. 20 Abs. 4, 33, 48, 101, 103 und 104 des Grundgesetzes enthaltenen Rechte verletzt zu sein“ (Art. 93 Abs. 1 Nr. 4 a GG, § 90 Abs. 1 BVerfGG)[37]. Dies deshalb, da die Verfassungsbeschwerde insoweit „eine andere Zuständigkeit“ im Sinne des Art. 19 Abs. 4 Satz 2 1. Halbsatz GG darstellt, damit die Reservezuständigkeit der ordentlichen Gerichtsbarkeit nach Art. 19 Abs. 4 Satz 2 2. Halbsatz GG ausschaltet, und die Subsidiaritätsklausel des § 90 Abs. 2 Satz 1 BVerfGG leerläuft.

---

[35] Ähnliche Erwägungen stellt auch *Lerche* (Rechtsweg, S. 93) an, hält aber trotz Bedenken gegen den Umweg über die ordentliche Gerichtsbarkeit die Annahme des Verfassungsrechtsweges als „andere Zuständigkeit“ nur de lege ferenda für möglich.

[36] Das Bundesverfassungsgericht führt dies im sog. AKU-Urteil (BVerfGE Bd. 24, S. 33 ff. [49]) zur Begründung dafür aus, daß der nach seiner Ansicht zulässige Ausschluß der Verfassungsbeschwerde gegen ein Vertragsgesetz zugleich die subsidiäre Zuständigkeit der ordentlichen Gerichtsbarkeit ausschließe. Diese Erwägungen sind mit der einschränkungslosen Forderung nach Erschöpfung des subsidiären Rechtsweges zu den ordentlichen Gerichten gemäß Art. 19 Abs. 4 Satz 2 GG im ersten Band (BVerfGE Bd. 1, S. 332 ff. [344]) nicht recht in Einklang zu bringen, da dort von einer möglichen Inadäquatheit des subsidiären Weges zu den ordentlichen Gerichten nicht die Rede ist.

[37] Von einer Erstzuständigkeit des Bundesverfassungsgerichts in bestimmten Fällen trotz der Subsidiaritätsklausel des § 90 Abs. 2 Satz 1 BVerfGG gehen z. B. auch aus: *Kassimatis*, Regierung, S. 221; *Lenz*, Diss., S. 88 f.; *Wolff / Bachof*, Verwaltungsrecht I, § 46 III b 4 (für Regierungsakte). *Hoffmann*, Diss., S. 66 f.; *Maunz*, Staatsrecht, § 16 III; *Wolff*, Verwaltungsrecht III (2. Aufl.), § 166 IV (für [Parlaments-]Petitionen). *Maunz*, in: Maunz / Dürig / Herzog, GG, Art. 46 Rdnr. 71 (für Immunitätsbeschlüsse). Zur Erstzuständigkeit des Bundesverfassungsgerichts bei Rechtssatz-Verfassungsbeschwerden vgl. die Nachweise in Fußnote 23.

D. Ordentlicher Rechtsweg gemäß Art. 19 Abs. 4 Satz 2 GG und Parlamentsakte

Die (Primär-)Zuständigkeit des Bundesverfassungsgerichts zur Entscheidung über nicht zur Rechtsetzung gehörende Akte der Legislative kann keine abschließende sein[1], da die Verfassungsbeschwerde nach Art. 93 Abs. 1 Nr. 4 a GG, § 90 BVerfGG nur die Verletzung von Grundrechten und diesen gleichgestellten Rechten erfaßt. Dagegen erstreckt sich der gegenüber den Parlamentsakten zu gewährende Rechtsschutz auch auf die Verletzung von Rechten unterhalb dieser Ebene. Denn diese Akte stellen, wie dargelegt[2], eine Ausübung öffentlicher Gewalt im Sinne des Art. 19 Abs. 4 GG dar und werden damit von der Rechtsweggarantie erfaßt. Durch diese ist Rechtsschutz nicht nur gegenüber Grundrechten, sondern allen sonstigen Rechten[3] garantiert. — Wenn also jemand geltend machen kann, durch einen nicht zur Rechtsetzung gehörenden Akt der Legislative in seinen Rechten unterhalb der Grundrechtsebene verletzt zu sein, steht der ordentliche Rechtsweg des Art. 19 Abs. 4 Satz 2 GG offen, da insoweit „eine andere Zuständigkeit" der Verfassungsgerichtsbarkeit nicht gegeben ist (eine Zuständigkeit der Verwaltungsgerichtsbarkeit entfällt wegen des verfassungsrechtlichen Charakters der Streitigkeit). Die Verfassungsbeschwerde und der ordentliche Rechtsweg nach Art. 19 Abs. 4 Satz 2 GG ergänzen also einander, decken den Schutzbereich der Rechtsweggarantie voll ab und erfüllen damit das Postulat lückenlosen Rechtsschutzes. Eine Einschränkung jener Zuständigkeit des Bundesverfassungsgerichts würde daher zwingend zu einer Erweiterung der Zuständigkeit der ordentlichen Gerichte führen; mit anderen Worten, die Summe der Zuständigkeiten des Bundesverfassungsgerichts über die Verfassungsbeschwerde und der ordentlichen Gerichtsbarkeit nach Art. 19 Abs. 4 Satz 2 GG ist nicht beschränkbar, eine Konsequenz aus der insoweit uneingeschränkten Rechtsweggarantie des Art. 19 Abs. 4 GG[4].

---

[1] So aber ausdrücklich *Lenz*, Diss., S. 88 (für Regierungsakte); richtig dagegen *Kassimatis*, Regierung, S. 222 ff.; auch *Hoffmann* (Diss., S. 67) und *Wolff* (Verwaltungsrecht III, 2. Aufl., § 166 III f.) sehen die Verfassungsbeschwerde gegen (Parlaments-)Petitionen als abschließende Zuständigkeit an.

[2] Vgl. oben S. 79 ff.

[3] Zum Begriff der Rechte i. S. d. Art. 19 Abs. 4 GG siehe oben S. 112 ff.

[4] So auch *von Bally*, Diss., S. 48 f. Eine solche Einschränkung könnte etwa in dem Annahmeverfahren des § 93 a BVerfGG (nunmehr verfassungsrechtlich abgesichert durch Art. 94 Abs. 2 Satz 2 GG) gesehen werden, wenn dort (Abs. 4) vorgesehen ist, daß die Entscheidung abgelehnt werden kann, wenn davon keine „Klärung einer verfassungsrechtlichen Frage zu erwarten ist, oder dem Beschwerdeführer durch die Versagung ein schwerer und unabwendbarer Nachteil entsteht". Wenn eine so begründete Ablehnung gegenüber einem angegriffenen Parlamentsakt erfolgt, ist dem Betroffenen der Rechtsweg des Art. 19 Abs. 4 GG nicht eröffnet und er kann den Reserverechtsweg zu den ordentlichen Gerichten beschreiten, da „eine andere

Nachzutragen und gleichzeitig zu zerstreuen bleiben Bedenken gegen eine Zuständigkeit der ordentlichen Gerichtsbarkeit nach Art. 19 Abs. 4 Satz 2 GG zur Entscheidung über nicht zur Rechtsetzung gehörende Akte der Legislative, soweit es um Rechtsverletzungen unterhalb der Grundrechtsebene geht. Sicher ist eine Überprüfung durch die ordentlichen Gerichte dem Gegenstand, nämlich Verfassungsakten, nicht adäquat. Dies scheint allerdings tolerierbar, da die praktische Bedeutung dieser Zuständigkeit äußerst gering ist. Denn zum einen wird dem Betroffenen in der Regel dann, wenn er nicht die Verletzung eines speziellen Grundrechts geltend machen kann, eine Berufung auf Art. 2 Abs. 1 GG möglich bleiben (dies gilt insbesondere dann, wenn man die weite Rechtsprechung des Bundesverfassungsgerichts zu Art. 2 Abs. 1 GG in Betracht zieht)[5], so daß die Verfassungsbeschwerde die möglichen Konfliktsfälle weitgehend erfaßt. Zum anderen werden Individualrechtsverletzungen durch nicht zur Rechtsetzung gehörende Akte der Legislative ohnehin nur in Ausnahmefällen eintreten und dann in aller Regel Grundrechtsverletzungen beinhalten[6]. Eine möglicherweise dennoch theoretisch in der Zuständigkeit der ordentlichen Gerichtsbarkeit verbleibender Rest von Streitigkeiten kann als hinzunehmende Unzulänglichkeit angesehen werden, die aus der Regelung einer Reserve- oder Auffangzuständigkeit zur Erzielung möglichst lückenlosen Rechtsschutzes naturgemäß folgt. Jedenfalls vermag dieser „Schönheitsfehler" das hier vertretene Konzept einer Verneinung der verwaltungsgerichtlichen Zuständigkeit zur Entscheidung über nicht zur Rechtsetzung gehörende Akte der Legislative und Annahme einer (Erst-)Zuständigkeit des Bundesverfassungsgerichts zur Entscheidung über diese individualrechtsverletzenden Verfassungsakte unter Ausschöpfung der in der Verfassungsbeschwerde liegenden Möglichkeiten nicht entscheidend zu stören.

Zuständigkeit" nicht gegeben ist. Zur grundsätzlichen verfassungsrechtlichen Problematik des Annahmeverfahrens nach § 93 a BVerfGG vgl. *von Bally,* Diss., S. 155 ff. und passim.

[5] Seit dem sog. Elfes-Urteil vom 16. 1. 1957 (BVerfGE Bd. 6, S. 32 ff.); vgl. dazu den eingehenden jüngst erschienenen Beitrag von *Scholz,* AöR Bd. 100 (1975), S. 80 ff. u. 265 ff. mit umfangreichen Nachweisen auch zum Schrifttum zu Art. 2 Abs. 1 GG.

[6] Letzteres vor allem deshalb, da es für die Legislative im Bereich der nicht rechtsetzenden Tätigkeit an einer gesetzlichen Determiniertheit weitgehend fehlt und deren Grenzen vorwiegend durch die Grundrechte abgesteckt sind. Vgl. dazu auch schon oben S. 115.

Zusammenfassung der wesentlichen Ergebnisse der Untersuchung

I. Die nicht zur Rechtsetzung gehörenden Akte der Legislative (Parlamentsakte) umfassen schlichte Parlamentsbeschlüsse und Akte parlamentarischer Unterorgane.

II. In der Regel sind Parlamentsakte materiell verfassungsrechtlicher Rechtsnatur, sind also als Verfassungsakte zu qualifizieren.

a) Nur in Ausnahmefällen (z. B. bei der Ausübung der Polizeigewalt durch den Parlamentspräsidenten) sind Parlamentsakte als verwaltungsrechtliche Rechtshandlungen zu qualifizieren,

b) gegenüber denen Rechtsschutz vor den (allgemeinen) Verwaltungsgerichten nach den Regeln der Verwaltungsgerichtsordnung zu erlangen ist.

III. Durch die Rechtsweggarantie des Art. 19 Abs. 4 GG ist Rechtsschutz gegenüber individualrechtsverletzenden Parlamentsakten verfassungsrechtlich gewährleistet, da

a) der umfassende Begriff „öffentliche Gewalt" im Sinne des Art. 19 Abs. 4 GG sich auf schlichte Parlamentsbeschlüsse und Akte parlamentarischer Unterorgane erstreckt, weil er weder nach dem Rechtscharakter des Aktes noch nach dem Aktautor differenziert,

b) durch Parlamentsakte „jemand" „in seinen Rechten" „verletzt" werden kann,

c) die Rechtsfolgeanordnung des Art. 19 Abs. 4 GG („so steht ihm der Rechtsweg offen") keinen Einschränkungen im Hinblick auf Parlamentsakte unterliegt, weder allgemein sogenannte „immanente Grundrechtsschranken" noch speziell die Lehre vom gerichtsfreien Hoheitsakt eine Beschränkung zu rechtfertigen vermögen.

IV. Die Verwaltungsgerichtsbarkeit ist zur Entscheidung über individualrechtsverletzende Parlamentsakte (im Regelfall ihrer verfassungsrechtlichen Rechtsnatur) unzuständig, da

a) der Begriff der verfassungsrechtlichen Streitigkeit im Sinne des § 40 Abs. 1, erster Halbsatz VwGO ohne Einbeziehung der

Streitbeteiligten nur vom (Streit-)Gegenstand her zu bestimmen ist, und

b) deren Anfechtung eine materiell verfassungsrechtliche Streitigkeit, also nicht eine solche „nichtverfassungsrechtlicher Art" darstellt.

V. Das Bundesverfassungsgericht ist für die Anfechtung von Parlamentsakten (Bundestagsbeschlüssen) bei Verletzung von Grundrechten und grundrechtsähnlichen Rechten durch die Verfassungbeschwerde (Art. 93 Abs. 1 Nr. 4 a GG, § 90 BVerfGG) primär zuständig, da

a) die Verfassungsbeschwerde einen Rechtsweg im Sinne des Art. 19 Abs. 4 Satz 1 GG darstellt, und

b) diese insoweit nicht subsidiär (§ 90 Abs. 2 BVerfGG) gegenüber der Reservezuständigkeit der ordentlichen Gerichtsbarkeit gemäß Art. 19 Abs. 4 Satz 2 GG ist.

VI. Die ordentliche Gerichtsbarkeit ist gemäß Art. 19 Abs. 4 Satz 2 GG für Streitigkeiten aus der Verletzung von Rechten unterhalb der Grundrechtsebene durch Parlamentsakte zuständig.

Literaturverzeichnis

Selbständige Schriften werden mit dem ersten oder mit dem das Werk kennzeichnenden Hauptwort zitiert. Ausnahmen hiervon sind besonders angegeben.

Abelein, Manfred: Die Abgrenzung Verwaltungsakt - Verordnung, in: Recht und Staat. Festschrift für Günther Küchenhoff zum 65. Geburtstag. Herausgegeben von Hans Hablitzel und Michael Wollenschläger. Berlin 1972. Bd. 2, S. 419 - 432.

Achterberg, Norbert: Die Entscheidung über das Bedürfnis für die Bundesgesetzgebung (Art. 72 Abs. 2 GG). DVBl. 1967, S. 212 - 220.

— Probleme der Funktionenlehre. München 1970.

— Grundzüge des Parlamentsrechts. München 1971.

— Das Parlament im modernen Staat. DVBl. 1974, S. 693 - 707.

Altmann, Rüdiger: Zum Rechtscharakter der Geschäftsordnung des Bundestages. DÖV 1956, S. 751 - 753.

Anschütz, Gerhard: Die Verfassung des Deutschen Reichs vom 11. August 1919. Ein Kommentar für Wissenschaft und Praxis. Nachdruck der 14. Auflage von 1933. Bad Homburg v. d. H. 1960.
(zit.: WRV)

Apelt, Willibalt: Erstreckt sich das richterliche Prüfungsrecht auf Verfassungsnormen? NJW 1952, S. 1 - 3.

Arendt, Karlheinz: Der parlamentarische Vorbehalt in der Praxis des Wirtschaftsrates. Ein Beitrag zur Frage des schlichten Parlamentsbeschlusses. DRZ 1949, S. 29 - 32.

Arentz, Günther: Der Rechtscharakter des Art. 19 Abs. 4 des Grundgesetzes. Diss. jur. Köln 1963.

Arndt, Adolf: Anmerkung zum Urteil des Verwaltungsgerichts Köln vom 24. 9. 1964 (DVBl. 1965, S. 882 ff.). DVBl. 1965, S. 954 f.

Arndt, Klaus Friedrich: Parlamentarische Geschäftsordnungsautonomie und autonomes Parlamentsrecht. Berlin 1966.

Bachof, Otto: Verwaltungsakt und innerdienstliche Weisung, in: Verfassung und Verwaltung in Theorie und Wirklichkeit. Festschrift für Wilhelm Laforet anläßlich seines 75. Geburtstages. München 1952, S. 285 - 316.

— Begriff und Wesen des sozialen Rechtsstaates. VVDStRL Bd. 12 (1954), S. 37 - 84.

— Reflexwirkungen und subjektive Rechte im öffentlichen Recht, in: Forschungen und Berichte aus dem öffentlichen Recht. Gedächtnisschrift für Walter Jellinek. Herausgegeben von Otto Bachof, Martin Draht, Otto Gönnenwein, Ernst Walz. München 1955, S. 287 - 307.

— Beurteilungsspielraum und unbestimmter Rechtsbegriff im Verwaltungsrecht. JZ 1955, S. 97 - 102.

Bachof, Otto: Teilrechtsfähige Verbände des öffentlichen Rechts (Die Rechtsnatur der technischen Ausschüsse des § 24 der Gewerbeordnung). AöR Bd. 83 (1958), S. 208 - 279.

— Anmerkung zum Urteil des Bundesverwaltungsgerichts vom 18. 8. 1960. DVBl. 1961, S. 128 - 132.

— Die Rechtsprechung des Bundesverwaltungsgerichts (BVerwGE Bd. 4 - 12). JZ 1962, S. 350 ff., 667 ff., 707 ff.

— Verfassungsrecht, Verwaltungsrecht, Verfahrensrecht in der Rechtsprechung des Bundesverwaltungsgerichts. Band II — BVerwGE 13 - 19. Ergänzte Ausgabe des Rechtsprechungsberichts aus der Juristenzeitung 1966. Tübingen 1967.
(zit.: Verfassungsrecht II)

— Die verwaltungsgerichtliche Klage auf Vornahme einer Amtshandlung. Zugleich eine Untersuchung über den öffentlich-rechtlichen Folgenbeseitigungsanspruch nach Aufhebung eines rechtswidrigen Verwaltungsaktes. 2. Auflage, Tübingen 1968.
(zit.: Vornahmeklage)

— Satzungsgenehmigung und Satzungsoktroi: Verwaltungsakte mit Doppelwirkung?, in: Im Dienst an Recht und Staat. Festschrift für Werner Weber zum 70. Geburtstag. Herausgegeben von Hans Schneider und Volkmar Götz. Berlin 1974, S. 515 - 526.

von *Bally*, Karl-Michael: Verfassungsbeschwerde und Annahmeverfahren unter Berücksichtigung der Aufnahme der Verfassungsbeschwerde in das Grundgesetz. Diss. jur. München 1972.

Bauer, Horst: Gerichtsschutz als Verfassungsgarantie. Zur Auslegung des Art. 19 Abs. 4 GG. Berlin 1973.

Baur, Fritz: Der Anspruch auf rechtliches Gehör. AcP Bd. 153 (1954), S. 393 bis 412.

Bethge, Herbert: Anmerkung zum Beschluß des Oberverwaltungsgerichts Münster vom 20. 2. 1974. NJW 1975, S. 77 f.

Bettermann, Karl August: Die freiwillige Gerichtsbarkeit im Spannungsfeld zwischen Verwaltung und Rechtsprechung, in: Festschrift für Friedrich Lent zum 75. Geburtstag. Herausgegeben von Leo Rosenberg und Karl Heinz Schwab. Berlin 1957, S. 17 - 42.

— Der Schutz der Grundrechte in der ordentlichen Gerichtsbarkeit, in: Grundrechte III/2. Berlin 1959, S. 779 - 908.

— Zur Verfassungsbeschwerde gegen Gesetze und zum Rechtsschutz des Bürgers gegen Rechtsetzungsakte der öffentlichen Gewalt. Beiträge zu Art. 19 IV, 93, 100 des Grundgesetzes, §§ 90 - 95 des Bundesverfassungsgerichtsgesetzes und § 47 der Verwaltungsgerichtsordnung. AöR Bd. 86 (1961), S. 129 - 186.

— Rechtsetzungsakt, Rechtssatz und Verwaltungsakt. Satzungsgenehmigung und Allgemeinverbindlicherklärung, in: Festschrift für Hans Carl Nipperdey zum 70. Geburtstag. Herausgegeben von Rolf Dietz und Heinz Hübner. München und Berlin 1965, Band 2, S. 723 - 743.

— Anmerkung zum Urteil des Verwaltungsgerichts Köln vom 24. 9. 1964 (DVBl. 1965, S. 882 ff.), DVBl. 1965, S. 886 - 888.

— Gewerbefreiheit der öffentlichen Hand, in: Berliner Festschrift für Ernst E. Hirsch zum 65. Geburtstag. Berlin 1968, S. 1 - 24.

— Grenzen der Grundrechte. Berlin 1968.

Bettermann, Karl August: Juristische Personen des öffentlichen Rechts als Grundrechtsträger. NJW 1969, S. 1321 - 1328.

— Die Rechtsweggarantie des Art. 19 Abs. 4 GG in der Rechtsprechung des Bundesverfassungsgerichts. AöR Bd. 36 (1971), S. 528 - 567.

Böckenförde, Ernst-Wolfgang: Gesetz und gesetzgebende Gewalt. Berlin 1958.

— Die Organisationsgewalt im Bereich der Regierung. Berlin 1964.

— Der Honnef-Fall. JuS 1968, S. 375 - 380.

— Entstehung und Wandel des Rechtsstaatsbegriffs, in: Festschrift für Adolf Arndt zum 65. Geburtstag. Herausgegeben von Horst Ehmke, Carlo Schmid, Hans Scharoun. Frankfurt 1969, S. 53 - 76.

— Organ, Organisation, Juristische Person. Kritische Überlegungen zu den Grundbegriffen und der Konstruktionsbasis des staatlichen Organisationsrechts, in: Fortschritte des Verwaltungsrechts. Festschrift für Hans J. Wolff zum 75. Geburtstag. Im Namen seiner Schüler herausgegeben von Christian-Friedrich Menger. München 1973, S. 269 - 306.

— Grundrechtstheorie und Grundrechtsinterpretation. NJW 1974, S. 1529 bis 1538.

Böckenförde, Ernst-Wolfgang / *Greiffenhagen*, Gottfried: Der Stellvertreter-Fall. JuS 1966, S. 359 - 367.

Bockeloh, Arno: Der Beitrag der Topik zur Rechtsgewinnung. Diss. jur. Göttingen 1973.

Brands, Elmar: Der justizlose Hoheitsakt. Diss. jur. Köln 1955.

Brinkmann, Ernst: Grundrechts-Kommentar zum Grundgesetz. Bonn 1967 ff. (zit.: GG)

Brohm, Winfried: Die Dogmatik des Verwaltungsrechts vor den Gegenwartsaufgaben der Verwaltung. VVDStRL Bd. 30 (1972), S. 245 - 312.

Brox, Hans: Der Schutz der Rechte Dritter bei zivilgerichtlichen Gestaltungsurteilen. FamRZ 1963, S. 392 - 398.

von Brünneck, Wiltraut: Die Verfassung des Landes Hessen vom 1. Dezember 1946. JöR (N.F.) Bd. 3 (1954), S. 213 - 270.

Bühler, Ottmar: Die subjektiven öffentlichen Rechte und ihr Schutz in der deutschen Verwaltungsrechtsprechung. Berlin—Stuttgart 1914.
(zit.: Rechte).

— Altes und Neues über Begriff und Bedeutung der subjektiven öffentlichen Rechte, in: Forschungen und Berichte aus dem öffentlichen Recht. Gedächtnisschrift für Walter Jellinek. Herausgegeben von Otto Bachof, Martin Draht, Otto Gönnenwein, Ernst Walz. München 1955, S. 269 - 286.

Buermeyer, Volker: Rechtsschutzgarantie und Gerichtsverfahrensrecht. Zur Vereinbarkeit rechtlicher und faktischer Erschwernisse in den verwaltungsgerichtlichen Verfahrensordnungen mit Art. 19 Abs. 4 Satz 1 GG. Köln/Berlin/Bonn/München 1975.

Busch, Eckart: Das Amt des Wehrbeauftragten des Deutschen Bundestages. Bonn 1969.
(zit.: Wehrbeauftragter)

Canaris, Claus-Wilhelm: Systemdenken und Systembegriff in der Jurisprudenz, entwickelt am Beispiel des deutschen Privatrechts. Berlin 1969.

Crigee, Jürgen: Ersuchen des Parlaments an die Regierung. Grundlagen im Verfassungsrecht, Zulässigkeit und Verbindlichkeit. Diss. jur. Marburg 1965.

Czermak, Fritz: Anmerkung zum Urteil des Bundesverwaltungsgerichts vom 12. 10. 1962 (BVerwGE Bd. 15, S. 63 ff.). DÖV 1963, S. 235 - 237.

Dagtoglou, Prodomos: Ersatzpflicht des Staates bei legislativem Unrecht? Tübingen 1963.

Dall, Werner: Der Begriff der Rechte in Art. 19 Abs. 4 Satz 1 des Bonner Grundgesetzes. Diss. jur. Münster 1957.

Diederichsen, Uwe: Topisches und systematisches Denken in der Jurisprudenz. NJW 1966, S. 697 - 705.

Dienes, Karsten: Die europäische Integration und die Rechtsweggarantie (Art. 19 Abs. 4 GG). Zur Aussage- und Geltungskraft einer Verfassungsnorm und zum Rechtsschutzniveau in der Europäischen Gemeinschaft. Diss. jur. Münster 1975.

von Doemming, Klaus Berto / *Füsslein*, Rudolf Werner / *Matz*, Werner: Entstehungsgeschichte der Artikel des Grundgesetzes. JöR (N.F.) Bd. 1 (1951), S. 1 - 941.

Dolzer, Rudolf: Die staatstheoretische und staatsrechtliche Stellung des Bundesverfassungsgerichts. Berlin 1972.
(zit.: Stellung des Bundesverfassungsgerichts)

Draht, Martin: Die Grenzen der Verfassungsgerichtsbarkeit. VVDStRL Bd. 9 (1952), S. 17 - 116.

— Diskussionsbeitrag. VVDStRL Bd. 20 (1963), S. 127.

Dürig, Günter: Verfassungswidrigkeit des Art. 10 Abs. II Satz 2 GG n. F. und der darauf gestützten Vorschriften des Ausführungsgesetzes zu Art. 10 GG, in: Zur verfassungsändernden Beschränkung des Post-, Telefon- u. Fernmeldegeheimnisses — Zwei Rechtsgutachten — erstattet von Günter Dürig und Hans-Ulrich Evers. Bad Homburg v. d. H., Berlin, Zürich 1969.
(zit.: Verfassungswidrigkeit)

Dütz, Wilhelm: Rechtsstaatlicher Gerichtsschutz im Privatrecht. Zum sachlichen Umfang der Zivilgerichtsbarkeit. Bad Homburg v. d. H., Berlin, Zürich 1970.

Ebers, Godehard Jos.: Die Verwaltungs- und Verfassungsgerichtsbarkeit in Österreich, in: Verfassung und Verwaltung in Theorie und Wirklichkeit. Festschrift für Wilhelm Laforet anläßlich seines 75. Geburtstages. München 1952, S. 269 - 284.

Ehmke, Horst: Prinzipien der Verfassungsinterpretation. VVDStRL Bd. 20 (1963), S. 53 - 102.

Eisenmann, Charles: Gerichtsfreie Hoheitsakte im heutigen französischen Recht. JöR (N.F.) Bd. 2 (1953), S. 1 - 34.

Eitel, Walter: Das Grundrecht der Petition gemäß Art. 17 des Grundgesetzes. Diss. jur. Tübingen 1960.

Ellwein, Thomas / *Görlitz*, Axel in Zusammenarbeit mit Andreas *Schröder*: Politik. Regierung. Verwaltung. Untersuchungen zum Regierungsprozeß in der Bundesrepublik Deutschland. Band 2, 1. Teil: Parlament und Verwaltung, Gesetzgebung und politische Kontrolle. Stuttgart, Berlin, Köln, Mainz 1967.
(zit.: Ellwein, Parlament und Verwaltung)

Ellwein, Thomas / *Görlitz*, Axel in Zusammenarbeit mit Andreas *Schröder:* Das Regierungssystem der Bundesrepublik Deutschland. 3. Auflage. Opladen 1973.

von Engelhardt, Olaf-Roman Baron: Der Rechtsschutz gegen Rechtsnormen. Eine konkurrenzdogmatische Untersuchung aus der Sicht des Verhältnisses von Anfechtungsklage (§§ 42, 113 VwGO) und verwaltungsgerichtlicher prinzipaler Normenkontrolle (§ 47 VwGO). Berlin 1971.

Erichsen, Hans-Uwe: Verfassungs- und verwaltungsgeschichtliche Grundlagen der Lehre vom fehlerhaften belastenden Verwaltungsakt und seiner Aufhebung im Prozeß — ein dogmengeschichtlicher Beitrag zur Rechtsbindung, Rechtswidrigkeit und Rechtsschutz im Bereich staatlicher Eingriffsverwaltung. Frankfurt (Main) 1971.

— Zu den Grenzen der Verfassungsänderungen nach dem Grundgesetz. VerwArch. Bd. 62 (1971), S. 291 - 300.

— Zur Rechtsqualität und Justiziabilität von Gnadenentscheidungen. Verw Arch. Bd. 62 (1971), S. 409 f.

— Besprechung von Eyermann / Fröhler. Verwaltungsgerichtsordnung, 6. Auflage 1974. DÖV 1974, S. 864.

Erichsen, Hans-Uwe / *Hoffmann Becking*, Michael: Öffentliches Recht: Das Handelskammerrundschreiben. JuS 1971, S. 144 - 150.

Erler, Georg: Das Grundgesetz und die öffentliche Gewalt internationaler Staatengemeinschaften. VVDStRL Bd. 18 (1960), S. 7 - 49.

Eschenburg, Theodor: Staat und Gesellschaft in Deutschland. Stuttgart 1956.

Evers, Hans-Ulrich: Anmerkung zum Urteil des BVerwG vom 9. 2. 1966 (DVBl. 1966, S. 601 f.), DVBl. 1966, S. 602.

— Zur Unantastbarkeit des Prinzips möglichst lückenlosen Rechtsschutzes, Art. 19 IV, 79 III Grundgesetz, in: Günter Dürig und Hans-Ulrich Evers, Zur verfassungsändernden Beschränkung des Post-, Telefon- und Fernmeldegeheimnisses. Zwei Rechtsgutachten. Bad Homburg v. d. H., Berlin, Zürich 1969, S. 29 - 120.
(zit.: Unantastbarkeit)

Esser, Josef: Grundsatz und Norm in der richterlichen Fortbildung des Privatrechts. 2. Auflage. Tübingen 1964.
(zit.: Grundsatz und Norm)

— Vorverständnis und Methodenwahl in der Rechtsfindung. Frankfurt a. M. 1972.

Eyermann, Erich: Recht, Politik, Gerichte. Plädoyer für einen kraftvollen Rechtsstaat. Die Verwaltung, Bd. 8 (1975), S. 7 - 21.

Eyermann, Erich / *Fröhler*, Ludwig: Verwaltungsgerichtsordnung. Kommentar. 6. Auflage. München 1974.
(zit.: VwGO)

Flume, Werner: Richter und Recht. München und Berlin 1967.

Forsthoff, Ernst: Begriff und Wesen des sozialen Rechtsstaates. VVDStRL Bd. 12 (1954), S. 113 - 36.

— Norm und Verwaltungsakt im geltenden und künftigen Baurecht. DVBl. 1957, S. 113 - 118.

— Die Umbrechung des Verfassungsgesetzes, in: Festschrift für Carl Schmitt zum 70. Geburtstag. Herausgegeben von Hans Barion, Ernst Forsthoff, Werner Weber. Berlin 1959.

Forsthoff, Ernst: Zur Problematik der Verfassungsauslegung. Stuttgart 1961.

— Rechtsstaat im Wandel. Stuttgart 1964.

— Stichwort: Gewaltenteilung. EvStL Sp. 655 - 660.

— Lehrbuch des Verwaltungsrechts. Erster Band, Allgemeiner Teil. 8. Auflage. München und Berlin 1961. 10. Auflage. München 1973.
(zit.: Verwaltungsrecht I)

Friesenhahn, Ernst: Die Staatsgerichtsbarkeit. HdbDStR Bd. 2, S. 523 - 545.

— Der Rechtsschutz im öffentlichen Recht nach dem Bonner Grundgesetz. DV 1948/1949, S. 478/485.

— Die rechtsstaatlichen Grundlagen des Verwaltungsrechts. RStW Bd. 2 (1950), S. 239 - 281.

— Über Begriff und Arten der Rechtssprechung unter besonderer Berücksichtigung der Staatsgerichtsbarkeit nach dem Grundgesetz und den westdeutschen Landesverfassungen, in: Festschrift für Richard Thoma zum 76. Geburtstag. Tübingen 1950, S. 21 - 69.

— Parlament und Regierung im modernen Staat. VVDStRL Bd. 16 (1958), S. 9 - 73.

— Hüter der Verfassung? Randglossen zum Verfahren des Bundesverfassungsgerichts in Sachen der von der Bayerischen Staatsregierung beantragten einstweiligen Anordnungen im Normenkontrollverfahren betr. den Grundlagenvertrag mit der DDR. ZRP 1973, S. 188 - 193.

Fromm, Günter: Anmerkung zum Urteil des Oberverwaltungsgerichts Münster vom 27. 3. 1968. DVBl. 1968, S. 662 f.

Frost, Herbert: Die Parlamentsausschüsse, ihre Rechtsgestalt und ihre Funktionen, dargestellt an den Ausschüssen des Deutschen Bundestages. AöR Bd. 35 (1970), S. 38 - 85.

Frotscher, Werner: Regierung als Rechtsbegriff. Verfassungsrechtliche und staatstheoretische Grundlagen unter Berücksichtigung der englischen und französischen Rechtsentwicklung. Berlin 1975.

Frowein, Jochen Abr.: Besprechung von Dieter Lorenz, Der Rechtsschutz des Bürgers und die Rechtsweggarantie. Der Staat Bd. 13 (1964), S. 128.

Geiger, Willi: Gesetz über das Bundesverfassungsgericht vom 12. März 1951. Kommentar. Berlin und Frankfurt a. M. 1952.
(zit.: BVerfGG)

Gallwas, Hans-Ullrich: Faktische Beeinträchtigungen im Bereich der Grundrechte. Ein Beitrag zum Begriff der Nebenwirkungen. Berlin 1970.

Giese, Friedrich: Die Verfassung des Deutschen Reiches vom 11. August 1919. 8. Auflage. Berlin 1931.
(zit.: WRV)

— Grundgesetz für die Bundesrepublik Deutschland vom 23. Mai 1949. 4. Auflage. Frankfurt a. M. 1955.
(zit.: GG)

Giese, Friedrich / *Schunck*, Egon: Grundgesetz für die Bundesrepublik Deutschland vom 23. Mai 1949. 8. Auflage. Frankfurt a. M. 1970.
(zit.: GG)

Giesing, Hans-Horst: „Kleine Reform" im Deutschen Bundestag. DÖV 1970, S. 124 f.

Goeckel, Klaus: Die Grundsätze des Rechtsstaats in der höchstrichterlichen Rechtsprechung der Bundesrepublik Deutschland. Diss. jur. Tübingen 1965.

Goerlich, Helmut: Wertordnung und Grundgesetz. Baden-Baden 1973.

Götze, Alfred (Hrsg.): Trübners Deutsches Wörterbuch. Im Auftrag der Arbeitsgemeinschaft für deutsche Wortforschung. Herausgegeben von Alfred Götze. 3. Band G - H. Berlin 1939. Stichwort Gewalt, S. 160 f.
(zit.: Trübners Wörterbuch)

von der Groeben, Klaus / *Knack*, Joachim: Allgemeines Verwaltungsgesetz für das Land Schleswig-Holstein (Landesverwaltungsgesetz). Kommentar. Köln, Berlin, Bonn, München 1968.
(zit.: Landesverwaltungsgesetz SchlHst)

Gross, Werner: Die Entwicklung des öffentlichen Rechts. Betrachtungen. DVBl. 1954, S. 422 f.; 1955, S. 79 - 81; 1957, S. 342 - 344.

Häberle, Peter: Die Abhörentscheidung des Bundesverfassungsgerichts vom 15. 12. 1970. Analyse und Kritik des Urteils sowie des Minderheitenvotums vom 4. Januar 1971. JZ 1971, S. 145 - 156.

Hamann, Andreas / *Lenz*, Helmut: Das Grundgesetz für die Bundesrepublik Deutschland vom 23. Mai 1949. Kommentar. 3. Auflage. Neuwied und Berlin 1970.
(zit.: GG)

Hatschek, Julius: Deutsches und Preußisches Staatsrecht. 2 Bände. Berlin 1922/1923.

— Das Parlamentsrecht des Deutschen Reiches. Teil 1. Berlin, Leipzig 1915.

Henke, Wilhelm: Das subjektive öffentliche Recht. Tübingen 1968.

— Anmerkung zum Urteil des Bundesverfassungsgerichts vom 25. 6. 1968 (BVerfGE Bd. 24, S. 33 ff.). JZ 1969, S. 145 - 148.

Hesse, Konrad: Der Rechtsschutz durch staatliche Gerichte im kirchlichen Bereich. Göttingen 1956.

— Der Rechtsstaat im Verfassungssystem des Grundgesetzes, in: Staatsverfassung und Kirchenordnung. Festgabe für Rudolf Smend zum 80. Geburtstag am 15. 1. 1962, herausgegeben von Konrad Hesse, Siegfried Reiche und Ulrich Scheuner. Tübingen 1962, S. 71 - 96.

— Grundzüge des Verfassungsrechts der Bundesrepublik Deutschland. 8. Auflage. Karlsruhe 1975.

von der Heydte, August Freiherr: Diskussionsbeitrag. VVDStRL Bd. 8 (1950), S. 162 f.

von Hippel, Ernst: Das richterliche Prüfungsrecht HdbDStR II, S. 546 - 563.

Hoffmann, Dieter: Das Petitionsrecht. Diss. jur. Frankfurt a. M. 1959.

Hoffmann Becking, Michael: Zum Stand der Lehre vom Recht auf fehlerfreien Ermessensgebrauch. DVBl. 1970, S. 850 - 857.

Hoppe, Werner: Organstreitigkeiten vor den Verwaltungs- und Sozialgerichten. Siegburg 1970.

Huber, Hans: Über die Konkretisierung der Grundrechte, in: Der Staat als Aufgabe. Gedenkschrift für Max Imboden. Herausgegeben von Peter Saladin und Luzius Wildhaber. Basel und Stuttgart 1972, S. 191 - 209.

Huber, Rudolf: Wirtschaftsverwaltungsrecht. Band 1, 2. Auflage. Tübingen 1953.

Hummel, Hermann: Gerichtsschutz gegen Prüfungsbewertungen. Rechtsweggarantie — Rechtliches Gehör — Beurteilungsspielraum. Berlin 1969.

Hummer, Rüdiger: Justizgewährung und Verweigerung in verfassungsrechtlicher Sicht. Diss. jur. Marburg 1972.

van Husen, Paul: Gibt es in der Verwaltungsgerichtsbarkeit justizfreie Regierungsakte? DVBl. 1953, S. 70 - 73.

Ipsen, Hans Peter: Politik und Justiz. Das Problem der justizlosen Hoheitsakte. Hamburg 1937.

— Deutsche Gerichtsbarkeit unter Besatzungshoheit. (Einwirkungen der Besatzung auf den gerichtlichen Rechtsschutz gegen deutsche Hoheitsakte in der britischen Besatzungszone), in: Festschrift zu Ehren von Rudolf Laun, Rektor der Universität Hamburg, anläßlich der Vollendung seines 65. Lebensjahres. Hamburg 1948, S. 68 - 96.

— Grundgesetz und richterliche Prüfungszuständigkeit. DV 1948/1949, S. 486 bis 492.

— Diskusionsbeitrag. VVDStRL Bd. 8 (1950), S. 157 f.

— Öffentliche Subventionierung Privater. Köln, Berlin 1956 bzw. DVBl. 1956, S. 461 - 469 und S. 498 - 505.

Jaeger, Richard: Der Staatsbürger in Uniform, in: Staat und Bürger. Festschrift für Willibalt Apelt zum 80. Geburtstag. Herausgegeben von Theodor Maunz, Hans Nawiasky, Johannes Heckel. München und Berlin 1958, S. 121 - 135.

Jahrreiß, Hermann: Verfassungsrechtsprechung und Verfassungsgericht. RStW Bd. 4 (1953), S. 203 - 226.

— Mensch und Staat. Köln—Berlin 1957.

Jellinek, Georg: System der subjektiven öffentlichen Rechte. 2. Auflage. Tübingen 1905.

— Allgemeine Staatslehre. 3. Auflage. Berlin 1914.

Jellinek, Walter: Verwaltungsrecht. Unveränderter Neudruck der 3. Auflage (Berlin 1931) mit Nachtrag von 1950 und Vorwort von Otto Bachof. Bad Homburg v. d. H., Berlin, Zürich 1966.

— Diskussionsbeitrag. VVDStRL Bd. 8 (1950), S. 159 - 161.

Jerusalem, Franz W.: Die Staatsgerichtsbarkeit. Tübingen 1930.

Joachim, Hans G.: Der gesetzliche Richter. DRiZ 1965, S. 181 - 188.

Kägi, Werner: Die Verfassung als rechtliche Grundordnung des Staates. Zürich 1945.
(zit.: Grundordnung)

Kassimatis, Georg: Der Bereich der Regierung. Berlin 1967.

Kelsen, Hans: Hauptprobleme der Staatsrechtslehre. 2. Auflage, Tübingen 1923.

— Allgemeine Staatslehre. Berlin 1925.

Kern, Eduard: Bundestag und Bundesregierung. MDR 1950, S. 655 - 657.

Kimminich, Otto: Das Staatsoberhaupt in der parlamentarischen Demokratie. VVDStRL Bd. 25 (1967), S. 2 - 94.

Kipp, Heinrich: Entstehung, Aufgaben und Rechtsstellung von Hilfseinrichtungen von Regierung und Parlament. DÖV 1957, S. 513 - 521.

Kirch, Volker: Das subjektive öffentliche Recht auf Anrufung der staatlichen Gerichte.. Diss. jur. Würzburg 1967.

Kindermann, Elmar: Die Anfechtung von kreditpolitischen Beschlüssen der Bundesbank. Zur Frage der Zulässigkeit einer Anfechtungsklage von Kreditinstituten gegen kontraktive kreditpolitische Beschlüsse der Bundesbank. §§ 40, 42 VwGO. Berlin 1974.

Kisker, Gunter: Insichprozeß und Einheit der Verwaltung. Baden-Baden 1968.

Klein, Friedrich: Tragweite der Generalklausel im Art. 19 Abs. 4 des Bonner Grundgesetzes. VVDStRL Bd. 8 (1950), S. 67 - 148.

— Die Übertragung rechtsetzender Gewalt nach deutschem Verfassungsrecht, in: Die Übertragung rechtsetzender Gewalt im Rechtsstaat. Bearbeitet von W. E. Genzer und W. Einbeck. Frankfurt a. M. 1952, S. 79 - 117.
(zit.: Übertragung)

— Zur rechtlichen Verbindlichkeit von Bundestagsbeschlüssen — BVerwGE 12, 16. JuS 1964, S. 181 - 190.

— Bundesverfassungsgericht und richterliche Beurteilung politischer Fragen. Rektoratsrede. Münster 1966.

Kleinschnittger, Karl-Heinz: Die rechtliche Stellung des Bundestagspräsidenten. Diss. jur. Münster 1963.

Klinger, Hans: Verwaltungsgerichtsordnung. Kommentar. 2. Auflage. Göttingen 1964.
(zit.: VwGO)

Knies, Wolfgang: Schranken der Kunstfreiheit als verfassungsrechtliches Problem. München 1967.

Koehler, Alexander: Verwaltungsgerichtsordnung. Kommentar. Berlin, Frankfurt 1960.
(zit.: VwGO)

von Köhler, Karl-Heinz: Das Kartellverfahren ist öffentliches Recht! Verw Arch. Bd. 54 (1963), S. 262 - 285.

Kopp, Ferdinand O.: Verwaltungsgerichtsordnung. Kommentar. München 1974.
(zit.: VwGO)

Kratzer, Jakob: Parlamentsbeschlüsse, ihre Wirkung und Überprüfung. BayVBl. 1966, S. 365 - 370, S. 408 - 413.

Kriele, Martin: Theorie der Rechtsgewinnung, entwickelt am Problem der Verfassungsinterpretation. Berlin 1967.

Krüger, Herbert: Der Regierungsakt vor den Gerichten. DÖV 1950, S. 536 bis 541.

— Verfassungsauslegung aus dem Willen des Verfassungsgebers. DVBl. 1961, S. 685 - 689.

— Allgemeine Staatslehre. Stuttgart 1964.

Krüger, Hildegard: Die Verfassungswidrigkeit der lex Schörner (Zugleich ein Beitrag zu Art. 19 Abs. 1 Satz 1 GG). DVBl. 1955, S. 758 - 763 u. 791 bis 796.

Küchenhoff, Günther / *Küchenhoff*, Erich: Allgemeine Staatslehre. 7. Auflage. Stuttgart/Berlin 1971.

Kühne, Dieter: Die verfassungsrechtliche Stellung des Wehrbeauftragten des Deutschen Bundestages. Diss. jur. Köln 1963.

Kuhn, Fritz: Der Rechtsschutz nach Art. 19 Abs. 4 des Grundgesetzes gegenüber Eingriffen der öffentlichen Gewalt. Diss. jur. Heidelberg 1950.

— Strukturprobleme der modernen Demokratie. 3. Auflage. Karlsruhe 1967.

— Der Status des Bundesverfassungsgerichts, in: Das Bundesverfassungsgericht 1951 - 1971. Karlsruhe 1971, S. 31 - 57.

Leibholz, Gerhard / *Rinck,* Hans Justus: Grundgesetz für die Bundesrepublik Deutschland. Kommentar an Hand der Rechtsprechung des Bundesverfassungsgerichts. 4. Auflage. Köln—Marienburg 1971.
(zit.: GG)

Leibholz, Gerhard / *Rupprecht,* Reinhard: Bundesverfassungsgerichtsgesetz. Rechtsprechungskommentar. Köln—Marienburg 1968, mit Nachtrag 1971.
(zit.: BVerfGG)

Leibold, Jürgen: Die Eingliederung der Verfassungsbeschwerde in die rechtsprechende Gewalt und die Erschöpfung des Rechtsweges. Diss. jur. Heidelberg 1972.

Leisner, Walter: Betrachtungen zur Verfassungsauslegung. DÖV 1961, S. 641 bis 653.

— Die quantitative Gewaltenteilung. Für ein neues Verständnis der Trennung der Gewalten. DÖV 1969, S. 405 - 411.

Lenz, Helmut: Der Umfang der gerichtlichen Prüfungsbefugnis gegenüber Rechtshandlungen des Regierungsbereichs in der Verfassungsordnung des Grundgesetzes. Diss. jur. Marburg 1957.

Lerche, Peter: Ordentlicher Rechtsweg und Verwaltungsrechtsweg. Berlin, Köln 1953.

— Übermaß und Verfassungsrecht. Zur Bindung des Gesetzgebers an die Grundsätze der Verhältnismäßigkeit und Erforderlichkeit, Köln, Berlin, München, Bonn 1961.

— Stil, Methode, Ansicht. Polemische Bemerkungen zum Methodenproblem, S. 690 - 701.

— Bundestagsbeschlüsse ohne Gesetzesbefehl über Subventionen. NJW 1961, S. 1758 - 1760.

— Die verwaltungsgerichtliche Klage aus öffentlich-rechtlichen Verträgen, in: Staatsbürger und Staatsgewalt, Band 2, S. 59 - 90.

— Zum „Anspruch auf rechtliches Gehör". ZZP Bd. 78 (1965), S. 1 - 31.

— Das Bundesverfassungsgericht und die Verfassungsdirektiven. Zu den „nicht erfüllten Gesetzgebungsaufträgen". AöR Bd. 90 (1965), S. 341 - 372.

Linck, Joachim: Zulässigkeit und Grenzen der Einflußnahme des Bundestages auf die Regierungsentscheidungen — Zum Verhältnis von Bundestag und Bundesregierung —. Diss. jur. Köln 1971.

Loening, Hellmuth: Die Verwaltungsgerichtsbarkeit im Bonner Grundgesetz. Für Rechtseinheit des Verwaltungsverfahrens. DÖV 1943, S. 324 - 326.

— Regierungsakt und Verwaltungsgerichtsbarkeit. DVBl. 1951, S. 233 - 238.

Löw, Konrad: Dauerproblem Verfassungsbeschwerde. DVBl. 1973, S. 971 - 944.

Loewenstein, Karl: Verfassungslehre (übersetzt von Rüdiger Doerner). Tübingen 1959.

Lorenz, Dieter: Anmerkung zum Urteil des Bundesverfassungsgerichts vom 25. 6. 1968 (BVerfGE Bd. 24, S. 33 ff.). DVBl. 1969, S. 144 - 146.

— Zur Problematik des verwaltungsgerichtlichen Insichprozesses. AöR Bd. 93 (1968), S. 308 - 340.

— Der Rechtsschutz des Bürgers und die Rechtsweggarantie. München 1973.

— Besprechung von Horst Bauer, Gerichtsschutz als Verfassungsgarantie. Berlin 1973. AöR Bd. 100 (1975), S. 189 f.

Loschelder, Hansjörg: Das aktive Wahlrecht und die Rechtsweggarantie des Art. 19 Abs. 4 GG. Diss. jur. Münster 1968.

Luhmann, Niklas: Öffentlich-rechtliche Entschädigung rechtspolitisch betrachtet. Berlin 1965.

Mang, Johann / *Maunz*, Theodor / *Mayer*, Franz / *Obermayer*, Klaus: Staats- und Verwaltungsrecht in Bayern. 2. Auflage. München 1964.

von Mangoldt, Hans: Besprechung von Horst Bauer, Gerichtsschutz als Verfassungsgarantie. Berlin 1973. Die Verwaltung Bd. 8 (1975), S. 125 f.

von Mangoldt, Hermann / *Klein*, Friedrich: Das Bonner Grundgesetz. Kommentar. 2. Auflage. Berlin und Frankfurt a. M. 1957.
(zit.: GG)

Mann, D. u. U.: Welcher Rechtsweg kann für die vermögensrechtlichen Ansprüche der Geistlichen und Kirchenbeamten eröffnet werden? DVBl. 1962, S. 243 - 247.

Martens, Wolfgang: Zum Rechtsanspruch auf polizeiliches Handeln. JuS 1962, S. 245 - 252.

— Öffentlich als Rechtsbegriff. Bad Homburg v. d. H., Berlin, Zürich 1969.

Mattern, Karl-Heinz: Petitionsrecht, in: Grundrechte II. Berlin 1954, S. 623 bis 639.

— Bundestag und Wehrbeauftragter. DÖV 1959, S. 41 - 843.

— Grundlinien des Parlaments. Berlin und Frankfurt a. M. 1969.

Maunz, Theodor: Deutsches Staatsrecht. 20. Auflage. München 1975.

Maunz, Theodor / *Dürig*, Günter / *Herzog*, Roman: Grundgesetz. Kommentar. München 1958 ff.
(zit.: GG)

Maunz, Theodor / *Sigloch*, Heinrich / *Schmidt-Bleibtreu*, Bruno / *Klein*, Franz: Bundesverfassungsgerichtsgesetz. Kommentar. München 1967 ff.
(zit.: BVerfGG)

Maurer, Hartmut: Anmerkung zum Urteil des Bundesverwaltungsgerichts vom 8. 3. 1962 (JZ 1963, S. 26 ff.). JZ 1963, S. 27 - 29.

— Wehrbeauftragter und Parlament. Tübingen 1965.

— Rechtsschutz gegen Rechtsnormen, in: Tübinger Festschrift für Eduard Kern. Tübingen 1968, S. 275 - 312.

Mayer, Otto: Deutsches Verwaltungsrecht. 1. Band. 3. Auflage. München und Leipzig 1924.

Menger, Christian-Friedrich: Der Begriff des sozialen Rechtsstaates im Bonner Grundgesetz. Tübingen 1953.
(zit.: Sozialer Rechtsstaat)

— Zur verfassungsrechtlichen Stellung der politischen Parteien. AöR Bd. 78 (1952/1953), S. 149 - 162.

Menger, Christian-Friedrich: System des verwaltungsgerichtlichen Rechtsschutzes. Tübingen 1954.

— Über die Identität des Rechtsgrundes der Staatshaftungsklagen und einiger Verwaltungsstreitsachen, in: Forschungen und Berichte aus dem öffentlichen Recht. Gedächtnisschrift für Walter Jellinek. Herausgegeben von Otto Bachof, Martin Draht, Otto Gönnenwein, Ernst Walz. München 1955, S. 347 - 360.

— Zum staatlichen Rechtsschutz gegenüber kirchlichen Rechtshandlungen. Ein Beitrag zur Auslegung der Generalklauseln in Art. 19 Abs. 4 und in den Verwaltungsprozeßordnungen. MDR 1955, S. 512 - 514.

— Das Gesetz als Norm und Maßnahme. VVDStRL Bd. 15 (1957), S. 3 - 34.

— Der Schutz der Grundrechte in der Verwaltungsgerichtsbarkeit, in: Grundrechte III/2. Berlin 1959, S. 717 - 778.

— Höchstrichterliche Rechtsprechung zum Verwaltungsrecht. VerwArch. Bd. 51 (1960), S. 373 - 387.

— Allgemeine Prozeßrechtssätze in der Verwaltungsgerichtsordnung, in: Staatsbürger und Staatsgewalt, 2. Band. Karlsruhe 1963, S. 437 - 447.

— Zur Geschichte der Verwaltungsgerichtsbarkeit. DÖV 1963, S. 726 - 729.

— Stichwort: Rechtsstaat, in: Handwörterbuch der Sozialwissenschaften. Band 8. Stuttgart, Tübingen, Göttingen 1964, S. 768 - 772.

— Rechtsschutz im Bereich der Verwaltung. Versuch einer Bilanz. DÖV 1969, S. 153 - 161.

— Kommunale Satzungen als Strafnormen? VerwArch. Bd. 63 (1972), S. 447 bis 452.

— Besprechung von Dieter Lorenz, Der Rechtsschutz des Bürgers und die Rechtsweggarantie. München 1973. JZ 1974, S. 71 f.

— Zu den Grenzen richterlicher Rechtsfortbildung. VerwArch. Bd. 65 (1974), S. 195 - 200.

— Abgrenzung zwischen verwaltungs- und verfassungsrechtlichen Streitigkeiten. VerwArch. Bd. 66 (1975), S. 169 - 176.

— Deutsche Verfassungsgeschichte der Neuzeit. Eine Einführung in die Grundlagen. Karlsruhe 1975.

Menger, Christian-Friedrich / *Erichsen*, Hans-Uwe: Höchstrichterliche Rechtsprechung zum Verwaltungsrecht. VerwArch. Bd. 56 (1965), S. 374 - 392; VerwArch. Bd. 57 (1966), S. 64 - 83 und S. 377 - 392; VerwArch. Bd. 58 (1967), S. 70 - 83; VerwArch. Bd. 59 (1968), S. 167 - 183; VerwArch. Bd. 61 (1970), S. 168 - 182 und S. 274 - 289.

Menzel, Eberhard: Die auswärtige Gewalt der Bundesrepublik. VVDStRL Bd. 12 (1954), S. 179 - 220.

Meyer, Georg: Lehrbuch des deutschen Staatsrechts. 7. Auflage, bearbeitet von Gerhard Anschütz. München, Leipzig 1919.
(zit.: Meyer / Anschütz, Staatsrecht)

Meyer, Hans: Das parlamentarische Regierungssystem des Grundgesetzes. VVDStRL Bd. 33 (1975), S. 69 - 119.

Middelhaufe, Siegfried: Justizfreie Regierungsakte. DöD 1952, S. 185 - 187.

Mohrs, Werner: Der gerichtsfreie Hoheitsakt im Rechtsstaat. Diss. jur. Mainz 1953.

Moecke, Hans-Jürgen: Die Rechtsnatur der parlamentarischen Fraktionen. NJW 1965, S. 276 - 282.

Moecke, Hans-Jürgen: Die parlamentarischen Fraktionen als Vereine des öffentlichen Rechts. NJW 1965, S. 567 - 572.

— Die verfassungsrechtliche Stellung der Fraktionen — Staatsrechtliche und dogmatische Probleme ihrer Institutionalisierung. DÖV 1966, S. 162 - 172.

Mössner, Jörg Manfred: Rechtsvergleichung und Verfassungsrechtsprechung. AöR Bd. 99 (1974), S. 193 - 242.

Moller, Hans: Immunität und Verfassungsgerichtsbarkeit. DVBl. 1966, S. 881 bis 884.

Müller, Friedrich: Normstruktur und Normativität. Zum Verhältnis von Recht und Wirklichkeit in der juristischen Hermeneutik, entwickelt an Fragen der Verfassungsinterpretation. Berlin 1966.

— Die Positivität der Grundrechte. Fragen einer praktischen Grundrechtsdogmatik. Berlin 1969.

— Fragen einer Theorie der Praxis. (Zu: Martin Kriele: Theorie der Rechtsgewinnung). AöR Bd. 95 (1970), S. 154 - 168.

— Juristische Methodik. Berlin 1971.

— Arbeitsmethoden des Verfassungsrechts, in: Enzyklopädie der geisteswissenschaftlichen Arbeitsmethoden, 11. Lieferung, Methoden der Rechtswissenschaft Teil I. München und Wien 1972, S. 123 - 190.

— Fallanalysen zur juristischen Methodik. Berlin 1974.

Münch, Fritz: Die Bundesregierung. Frankfurt a. M. und Berlin 1954.

— Stichwort: Regierungsakte, in: Wörterbuch des Völkerrechts, begründet von Karl Strupp, in 2. Auflage herausgegeben von Hans-Jürgen Schlochauer, 3. Band. Berlin 1962, S. 87.

von Münch, Ingo (Hrsg.): Grundgesetz. Kommentar. Band 1 (Präambel bis Art. 20). Frankfurt a. M. 1974.
(zit.: von Münch, GG)

von Mutius, Albert: Garantiert Art. 19 Abs. 4 GG Rechtsschutz gegen Bebauungspläne? VerwArch. Bd. 63 (1972), S. 207 - 211.

— Rechtsnorm und Verwaltungsakt. Zu Möglichkeiten und Grenzen rechtsdogmatischer Differenzierungen im Bereich des Verwaltungshandelns, in: Fortschritte des Verwaltungsrechts. Festschrift für Hans J. Wolff zum 75. Geburtstag. Im Namen seiner Schüler herausgegeben von Christian-Friedrich Menger. München 1973, S. 167 - 218.

Naumann, Richard: Besprechung von Gerhard Oettl, Grenzen der Gerichtsbarkeit im sozialen Rechtsstaat. Berlin 1971. DÖV 1973, S. 177 f.

Nawiasky, Hans: Die Grundgedanken des Grundgesetzes für die Bundesrepublik Deutschland. Stuttgart und Köln 1950.

— Allgemeine Staatslehre. In vier Teilen, der 2. Teil in zwei Bänden. Einsiedeln, Zürich, Köln 1952 - 1958.

— Die Verpflichtung der Regierung durch Beschlüsse des Landtages nach bayerischem Verfassungsrecht, in: Festschrift für Willibalt Apelt zum 80. Geburtstag. Herausgegeben von Theodor Maunz, Hans Nawiasky, Johannes Heckel. München und Berlin 1958, S. 137 - 148.

Niggemann, Franz Josef: Art. 19 IV Grundgesetz und der Rechtsstaat. Diss. jur. Köln 1956.

Nipperdey, Hans Carl: Die Würde des Menschen. Grundrechte II. Berlin 1954, S. 1 - 50.

Obermayer, Klaus: Der gerichtsfreie Hoheitsakt und die verwaltungsgerichtliche Generalklausel. BayVBl. 1955, S. 129 - 132; S. 173 - 176.

— Verwaltungsakt und innerdienstlicher Rechtsakt. Stuttgart, München, Hannover 1956.

— Der Plan als verwaltungsrechtliches Institut. VVDStRL Bd. 18 (1960), S. 144 - 175.

— Verfassungsrechtliche Aspekte der verwaltungsgerichtlichen Normenkontrolle. DVBl. 1965, S. 625 - 633.

— Gedanken zur Methode der Rechtserkenntnis. NJW 1966, S. 1885 - 1892.

— Grundzüge des Verwaltungsrechts und des Verwaltungsprozeßrechts. 3. Auflage. Stuttgart, München, Hannover 1975.

Obermeier, Max: Die schlichten Parlamentsbeschlüsse nach dem Bonner Grundgesetz, insbesondere ihre Zulässigkeit und Rechtsnatur. Diss. jur. München 1965.

Oermann, Josef: Die Begriffe „Ausübung öffentlicher Gewalt“ und „Staatshoheitsverwaltung“ in den verschiedenen Zweigen des öffentlichen Rechts. Diss. jur. Münster 1929.

Oettl, Gerhard: Grenzen der Gerichtsbarkeit im sozialen Rechtsstaat. Berlin 1971.

Olschewski, Bernd-Dietrich: Wahlprüfung und subjektiver Wahlrechtsschutz. Nach Bundesrecht unter Berücksichtigung der Landesrechte. Berlin 1970.

Oppermann, Thomas: Das parlamentarische Regierungssystem des Grundgesetzes. VVDStRL Bd. 33 (1975), S. 8 - 68.

Ossenbühl, Fritz: Probleme und Wege der Verfassungsauslegung. DÖV 1965, S. 649 - 661.

— Rechtliches Gehör und Rechtsschutz im Eingemeindungsverfahren. DÖV 1969, S. 548 - 554.

— Welche normativen Anforderungen stellt der Verfassungsgrundsatz des demokratischen Rechtsstaates an die planende staatliche Tätigkeit? Dargestellt am Beispiel der Entwicklungsplanung. Gutachten für den 50. Deutschen Juristentag, in: Verhandlungen des 50. Deutschen Juristentages, Band 1 (Gutachten, Teil B), München 1974.
(zit.: 50. DJT, Bd. I B)

Perels, Kurt: Das autonome Reichstagsrecht. Berlin 1903.

— Geschäftsgang und Geschäftsformen. HdbDStR Bd. 1, S. 449 - 466.

Perschel, Wolfgang: Stichwort: Gewalt, in: Handlexikon zur Rechtswissenschaft, S. 146 f. Herausgegeben von Axel Görlitz. München 1972.

Pestalozza, Christian Graf von: Kritische Bemerkungen zu Methoden und Prinzipien der Grundrechtsauslegung in der Bundesrepublik Deutschland. Der Staat Bd. 2 (1963), S. 425 - 443.

Peters, Hans: Geschichtliche Entwicklung und Grundfragen der Verfassung, bearbeitet von Jürgen Salzwedel und Günter Erbel. Berlin, Heidelberg, New York 1969.

Pfeiffer, Gerd: Die Verfassungsbeschwerde in der Praxis. Mit einer Darstellung des Normenkontrollverfahrens auf Antrag eines Gerichts. Essen 1959.

Pietzner, Rainer: Petitionsausschuß und Plenum. Zur Delegation von Plenarzuständigkeiten. Berlin 1974.

Pötsch-Hefter, Fritz: Vom Staatsleben unter der Weimarer Verfassung. III. (letzter) Teil (vom 1. Januar 1929 bis 31. Januar 1933). JöR Bd. 21 (1933/34), S. 1 - 204.

Redeker, Konrad: Anmerkung zum Urteil des Bundesverfassungsgerichts vom 4. 5. 1971. NJW 1971, S. 1171.

Redeker, Konrad / *von Oertzen*, Hans-Joachim: Verwaltungsgerichtsordnung. Kommentar. 5. Auflage. Stuttgart, Berlin, Köln, Mainz 1975. (zit.: VwGO)

Renck, Ludwig: Verwaltungsakt und Gesetzesvorbehalt — BVerwGE 18, 283. JuS 1965, S. 129 - 134.

— Verwaltungsgerichtlicher Rechtsschutz gegen Rechtsnormen — BVerwG DÖV 1965, 169. JuS 1966, S. 273 - 279.

— Die Rechtsmittel gegen Verwaltungsvollstreckungsakte. NJW 1966, S. 1247 bis 1252.

Rittstieg, Helmut: Grenzen ausländerbehördlichen Ermessens. JZ 1971, S. 113 bis 118.

Roellecke, Gerd: Politik und Verfassungsgerichtsbarkeit. Heidelberg 1961.

Rupp, Hans Heinrich: Die Beseitigungs- und Unterlassungsklage gegen Träger hoheitlicher Gewalt. (Eine Untersuchung zur prozeßrechtlichen Behandlung des schlichten Verwaltungshandelns insbesondere im Bereich der staatlichen Daseinsvorsorge). DVBl. 1958, S. 113 - 120.

— Zur neuen Verwaltungsgerichtsordnung: Gelöste und ungelöste Probleme. AöR Bd. 85 (1960), S. 149 - 199 und S. 301 - 336.

— Kommentare zur Verwaltungsgerichtsordnung. AöR Bd. 88 (1963), S. 479 bis 494.

— Grundfragen der heutigen Verwaltungsrechtslehre. Tübingen 1965.

Rumpf, Helmut: Regierungsakte im Rechtsstaat. Rechtsvergleichende Beiträge zu einer Untersuchung des Verhältnisses von Politik und Recht. Bonn 1955.

— Verwaltung und Verwaltungsrechtsprechung. VVDStRL Bd. 14 (1956), S. 136 - 173.

von Savigny, Friedrich Carl: System des heutigen Römischen Rechts. Erster Band. Berlin 1840.

Schack, Friedrich: Das Maß der Enteignungsentschädigung. MDR 1953, S. 195 bis 199.

— Die Haftung des Staates für die am Gesetzgebungsverfahren beteiligten Organe. DÖV 1971, S. 446 - 449.

Schäfer, Friedrich: Der Bundestag. Eine Darstellung seiner Aufgaben und seiner Arbeitsweise. 2. Auflage. Opladen 1975.

Schäfer, Hans: Verfassungs- und Verwaltungsgerichtsbarkeit, in: Staatsbürger und Staatsgewalt. Band 1, S. 159 - 182.

Scheuner, Ulrich: Probleme und Verantwortungen der Verfassungsgerichtsbarkeit in der Bundesrepublik. DVBl. 1952, S. 291 - 298.

— Der Bereich der Regierung, in: Rechtsprobleme in Staat und Kirche. Festgabe für Rudolf Smend zum 70. Geburtstag. Göttingen 1952, S. 253 bis 301.

Scheuner, Ulrich: Die neuere Entwicklung des Rechtsstaats in Deutschland, in: Hundert Jahre Deutsches Rechtsleben. Festschrift zum Hundertjährigen Bestehen des Deutschen Juristentages. 1860 - 1960. Im Auftrag der ständigen Deputation des Deutschen Juristentages herausgegeben von Ernst von Caemmerer, Ernst Friesenhahn, Richard Lange. Karlsruhe 1960, S. 229 bis 262.

— Das Grundgesetz in der Entwicklung der Jahrzehnte. AöR Bd. 85 (1970), S. 353 - 408.

Schick, Walter: Anmerkung zum Urteil des Bundesverwaltungsgerichts vom 18. 4. 1969 (BVerwGE Bd. 32, S. 21 ff.). JZ 1970, S. 139.

Schilling, Karl-Jürgen: Kommunalverfassungsstreitigkeiten in Bayern. Bay VBl. 1965, S. 113 - 119.

Schilling, Margit: Die Unterstellung von Regierungsentscheidungen unter die Verwaltungsgerichtsbarkeit. Zürich 1973.

Schmidt-Bleibtreu, Bruno / *Klein*, Franz: Kommentar zum Grundgesetz für die Bundesrepublik Deutschland. 2. Auflage. Neuwied—Berlin 1973.
(zit.: GG)

Schmitt, Carl: Verfassungslehre. 3. Auflage. Berlin 1954.

Schneider, Hans: Gerichtsfreie Hoheitsakte. Ein rechtsvergleichender Bericht über die Grenzen richterlicher Nachprüfbarkeit von Hoheitsakten. Tübingen 1951.

— Stichwort: Gewalt, öffentliche. EvStL, Sp. 660 - 662.

— Gerichtsfreie Hoheitsakte (Actes de gouvernement — Acts of State) im Deutschen Recht, in: Deutsche Landesreferate zum IV. internationalen Kongreß für Rechtsvergleichung in Paris 1954. Herausgegeben von Ernst Wolff. Düsseldorf 1955, S. 319 - 332.

Schneider, Peter: Prinzipien der Verfassungsinterpretation. VVDStRL Bd. 20 (1963), S. 1 - 52.

Scholler, H.: Besprechung von Horst Bauer, Gerichtsschutz als Verfassungsgarantie. Berlin 1973. BayVBl. 1974, S. 540.

Scholz, Rupert: Das Grundrecht der freien Entfaltung der Persönlichkeit in der Rechtsprechung des Bundesverfassungsgerichts. AöR Bd. 100 (1975), S. 80 - 130 und S. 265 - 290.

Schomburg, Fokke: Der „gerichtsfreie Hoheitsakt" der auswärtigen Gewalt unter besonderer Berücksichtigung des Verwaltungsrechtsschutzes und der Staatshaftung. Diss. jur. Göttingen 1973.

Schornstein, Hans J.: Organpersönlichkeit und Organkompetenz. Bonn und Köln 1933.

Schröder, Walter: Die schlichten Parlamentsbeschlüsse im deutschen Staatsleben der Vergangenheit und Gegenwart unter besonderer Berücksichtigung der parlamentarischen Vorbehalte. Diss. jur. Marburg 1953.

Schrödter, Hans: Kommentar zum Bundesbaugesetz. 2. Auflage. Berlin und Frankfurt a. M. 1969. 3. Auflage. München 1973.
(zit.: BBauG)

Schuler, Andrea Hans: Die Verfassungsbeschwerde in der Schweiz, der Bundesrepublik Deutschland und Österreich. Zürich 1968.

Schumann, Ekkehard: Verfassungs- und Menschenrechtsbeschwerde gegen richterliche Entscheidungen. Berlin 1963.

Schunck, Egon / *de Clerck*, Hans: Verwaltungsgerichtsordnung mit ergänzenden Bundesgesetzen und Ausführungsgesetzen der Länder. Kommentar. 1. Auflage. Siegburg 1961. 2. Auflage. Siegburg 1967.
(zit.: VwGO).

Schuppert, Folke: Die verfassungsgerichtliche Kontrolle der auswärtigen Gewalt. Baden-Baden 1973.

Schweitzer, G. B.: Aktuelle Probleme des parlamentarischen Geschäftsordnungsrechts. NJW 1956, S. 84 - 88.

Schwerdtfeger, Gunther: Die öffentlichrechtliche Fallbearbeitung. 2. Auflage. München 1973.

Sczostak, Günter: Zur Problematik der gerichtsfreien Hoheitsakte. JR 1958, S. 445 - 449.

Seidel, Harald: Das Petitionsrecht. Grundlagen, Verfahren, Reformen, Frankfurt a. M. 1972.

Seiwerth, Jakob: Die Zulässigkeit der Verfassungsbeschwerde gegenüber Grundrechtsverletzungen des Gesetzgebers durch Unterlassen. Berlin 1962.

Sellmann, Klaus-Albrecht: Der schlichte Parlamentsbeschluß. Eine Studie zum Parlamentsakt außerhalb des Gesetzgebungsverfahrens. Dargestellt an Beschlüssen des Bundestages und des Bayerischen Landtages. Berlin 1966.

Seuffert, Walter: Über gerichtsfreie Akte und die Grenzen des Rechts, in: Festschrift für Gebhard Müller. Zum 70. Geburtstag des Präsidenten des Bundesverfassungsgerichts, herausgegeben von Theo Ritterspach und Willi Geiger, Tübingen 1970, S. 491 - 502.

Spiegel, Ludwig: Die Verwaltungsrechtswissenschaft. Beiträge zur Systematik und Methodik der Rechtswissenschaften. Leipzig 1909.
(zit.: Verwaltungsrechtswissenschaft)

Starck, Christian: Der Gesetzesbegriff des Grundgesetzes. Ein Beitrag zum juristischen Gesetzesbegriff. Baden-Baden 1970.

Steiger, Heinhard: Rechtliches Instrumentarium (Umweltschutz u. Umweltgestaltung), in: Gerechtigkeit in der Industriegesellschaft. Rechtspolitischer Kongreß der SPD vom 5., 6. u. 7. Mai 1972. Dokumentation, herausgegeben von Konrad Duden u. a. Karlsruhe 1972.
(zit.: Instrumentarium)

— Organisatorische Grundlagen des parlamentarischen Regierungssystems. Eine Untersuchung zur rechtlichen Stellung des Deutschen Bundestages. Berlin 1973.
(zit.: Grundlagen)

Stein, Ekkehart: Staatsrecht. 3. Auflage. Tübingen 1973.

Steinberger, Helmut: Anmerkung zum Urteil des BVerwG vom 12. 10. 1962. DVBl. 1963, S. 729 - 731.

Stern, Klaus: Verwaltungsprozessuale Probleme in der öffentlichrechtlichen Arbeit. JuS 1965, S. 139 ff., 183 ff., 232 ff., 270 ff.

— Verwaltungsprozessuale Probleme in der öffentlichrechtlichen Klausur. München 1972.

Stern, Klaus: Zur verwaltungsgerichtlichen Normenkontrolle. Ein Plädoyer für ihre Auswertung, in: Verfassung, Verwaltung, Finanzkontrolle. Festschrift für Hans Schäfer zum 65. Geburtstag. Herausgegeben von Eckart Schiffer und Helmut Karehnke. Köln, Berlin, Bonn, München 1975, S. 59 -77.

Stöber, Robert (Hrsg.): Die saarländische Verfassung vom 15. Dezember 1947 und ihre Entstehung. Sitzungsprotokolle der Verfassungskommission der Gesetzgebenden Versammlung des Saarlandes (Landtag) und des Verfassungsausschusses. Köln 1952.

Struck, Gerhard: Topische Jurisprudenz. Argument und Gemeinplatz in der juristischen Arbeit. Frankfurt a. M. 1971.

— Dogmatische Diskussion über Dogmatik. JZ 1975, S. 84 - 88.

Thoma, Richard: Das richterliche Prüfungsrecht. AöR Bd. 4 (1922), S. 267 bis 286.

— Gegenstand — Methode — Literatur. HdbDStR Bd. 1, S. 1 - 13.

— Die Funktion der Staatsgewalt. Grundbegriffe und Grundsätze. HdbDStR Bd. 2, S. 108 - 159.

— Der Vorbehalt der Legislative und das Prinzip der Gesetzmäßigkeit von Verwaltung und Rechtsprechung. HdbDStR Bd. 2, S. 221 - 236.

— Über die Grundrechte im Grundgesetz für die Bundesrepublik Deutschland, in: Recht, Staat, Wirtschaft. Band 3, S. 9 - 19.

Tomuschat, Christian: Auswärtige Gewalt und verfassungsgerichtliche Kontrolle — Einige Bemerkungen zum Verfahren über den Grundvertrag. DÖV 1973, S. 801 - 808.

Triepel, Heinrich: Streitigkeiten zwischen Reich und Ländern. Beiträge zur Auslegung des Artikels 19 der Weimarer Reichsverfassung, in: Festgabe der Berliner Juristischen Fakultät für Wilhelm Kahl zum Doktorjubiläum. Tübingen 1923, Bd. II, S. 1 - 118.

— Staatsrecht und Politik. Rede beim Antritt des Rektorats der Friedrich-Wilhelms-Universität Berlin am 15. Oktober 1927. Berlin und Leipzig 1927.

Trossmann, Hans: Parlamentsrecht und Praxis des Deutschen Bundestages. Kommentar. Bonn 1967.

Tschira, Oskar / *Schmitt Glaeser,* Walter: Verwaltungsprozeßrecht. Grundriß mit Systematik zur Fallbearbeitung. 2. Auflage. Stuttgart, München, Hannover 1975.

Ule, Carl Hermann: Der Wehrbeauftragte des Bundestages. JZ 1957, S. 422 bis 429.

— Militärisches Beschwerderecht und öffentliche Kontrolle, in: Von den Grundrechten des Soldaten. Eine Arbeitstagung des Deutschen Bundes für Bürgerrechte. Freiburg, München 1957, S. 109 - 133.

— Anmerkung zum Urteil des Bundesgerichtshofs vom 19. 1. 1959. JZ 1959, S. 501 - 503.

— Verwaltungsgerichtsbarkeit. M. von Brauchitsch, Verwaltungsgesetze des Bundes und der Länder. Neu herausgegeben von C. H. Ule, Band 1. Zweiter Halbband. 2. Auflage. Köln, Berlin, München, Bonn 1962.

— Diskussionsbeitrag. VVDStRL Bd. 20 (1963), S. 105 f.

— Stichwort: Rechtsweggarantie. EvStL Sp. 1776 - 1780.

Ule, Carl Hermann: Besprechung von Dieter Lorenz, Der Rechtsschutz des Bürgers und die Rechtsweggarantie. München 1973. DVBl. 1973, S. 423 f.

— Besprechung von Horst Bauer, Gerichtsschutz als Verfassungsgarantie. Berlin 1973. DVBl. 1973, S. 899.

— Verwaltungsprozeßrecht. 6. Auflage. München 1975.

Ule, Carl Hermann / *Laubinger*, H.-W.: Rechtliches Gehör bei Gebietsänderungen und gerichtlicher Rechtsschutz. DVBl. 1970, S. 760 - 765.

Umbach, Dieter C.: Anmerkung zum Beschluß des Bundesverfassungsgerichts vom 27. 7. 1971. DVBl. 1971, S. 741 - 744.

von Unruh, Georg Christoph: Befehls- und Kommandogewalt. Die juristische und pragmatische Entwicklung einer Funktionsregelung, in: Fortschritte des Verwaltungsrechts. Festschrift für Hans J. Wolff zum 75. Geburtstag. Im Namen seiner Schüler herausgegegen von Christian-Friedrich Menger, Münster 1973, S. 109 - 145.

Vogel, Klaus: Der gerichtliche Rechtsschutz des Einzelnen gegenüber der vollziehenden Gewalt in der Bundesrepublik Deutschland, in: Gerichtsschutz gegen die Exekutive, Band 1, Länderberichte. Köln, Berlin, Bonn, München, New York 1969, S. 127 - 183.
(zit.: Der gerichtliche Rechtsschutz)

Volkmar, Dieter: Allgemeiner Rechtssatz und Einzelakt. Berlin 1962.

Viehweg, Theodor: Topik und Jurisprudenz. Ein Beitrag zur rechtswissenschaftlichen Grundlagenforschung. 5. Auflage. München 1974.

Walz, Ernst: Anmerkung zum Urteil des OLG Köln vom 19. 11. 1951. JZ 1952, S. 223 - 225.

Weber, Werner: Spannungen und Kräfte im westdeutschen Verfassungssystem. 3. Auflage. Berlin 1970.

Wehrhahn, Herbert: Das Gesetz als Norm und Maßnahme. VVDStRL Bd. 15 (1957), S. 35 - 65.

Wertenbruch, Wilhelm: Anmerkung zum Urteil des Bundesgerichtshofs vom 19. 1. 1953. DÖV 1959, S. 505 ff. (506 f.).

— Erwägungen zur materiellen Rechtsstaatlichkeit, in: Festschrift für Hermann Jahrreiß zu seinem 70. Geburtstag. Im Auftrag der Rechtswissenschaftlichen Fakultät der Universität Köln, herausgegeben von Karl Carstens und Hans Peters. Köln, Berlin, Bonn, München 1964, S. 487 bis 501.

Weyreuther, Felix: Empfiehlt es sich, die Folgen rechtswidrigen hoheitlichen Verwaltungshandelns gesetzlich zu regeln?, in: Verhandlungen des 47. Deutschen Juristentages 1968, Band 1 B 73 ff.
(zit.: 37. DJT, Bd. I, B)

Wilke, Dieter: Terminologisches zum Begriff des Verwaltungsaktes. JZ 1968, S. 221 - 223.

Wilken, Rainer: Rechtsschutz gegen Normen und verwaltungsgerichtliche Normenkontrolle. DVBl. 1969, S. 532 - 539.

Wimmer, Raimund: Über Rechtsnatur und Justiziabilität öffentlicher Bildungspläne. DVBl. 1970, S. 305 - 310.

Witte, Wielant: Die Rechtsnatur der Streitkräfte und ihre Beeinflussung und Kontrolle durch zivile Institutionen. Diss. jur. Münster 1974.

Witte-Wegmann, Gertrud: Parlamentarische Redefreiheit auch für Regierungsmitglieder? DVBl. 1974, S. 866 - 870.

Wolf, Erik: Besprechung von Peter Liver, Der Wille des Gesetzes. AöR Bd. 80 (1955/1956), S. 488 f.

Wolff, Hans J.: Organschaft und juristische Person. Untersuchungen zur Rechtstheorie und zum öffentlichen Recht. Band 1, Juristische Person und Staatsperson. Berlin 1933. Band 2, Theorie der Vertretung. Stellvertretung, Organschaft und Repräsentation als soziale und juristische Vertretungsformen. Berlin 1934.

— Verwaltungsrecht I. 8. Auflage. München 1971.
Verwaltungsrecht II. 3. Auflage. München 1970.
Verwaltungsrecht III. 2. Auflage. München und Berlin 1967. 3. Auflage. München 1973.

Wolff, Hans J. / *Bachof*, Otto: Verwaltungsrecht I. 9. Auflage. München 1974.

Wurzel, Gabriele: Gemeinderat als Parlament? Würzburg 1975.

Wuttke, Horst: Wahlprüfungsentscheidungen als Angriffsgegenstand einer Verfassungsbeschwerde. AöR Bd. 96 (1871), S. 506 - 527.

Zeidler, Karl: Maßnahmegesetz und „klassisches" Gesetz. Karlsruhe 1961.

Zeitler, Franz-Christoph: Verfassungsgericht und völkerrechtlicher Vertrag. Die gerichtliche Kontrolle völkerrechtlicher Akte der Regierung nach deutschem, amerikanischem und englischem Verfassungsrecht. Berlin 1974.

Zinn, Georg August / *Stein*, Erwin: Die Verfassung des Landes Hessen — Kommentar. Erster Band. Bad Homburg v. d. H. und Berlin 1954.
(zit.: Zinn / Stein, hess.Verf.)

Zippelius, Reinhold: Problemjurisprudenz und Topik. NJW 1967, S. 2229 bis 2234.

— Allgemeine Staatslehre. 4. Auflage. München 1973.

Zuck, Rüdiger: Die Verfassungsbeschwerde. München 1973.

— Political- Question-Doctrin, Judicial-self-restraint und das Bundesverfassungsgericht. JZ 1974, S. 361 - 368.

Zweigert, Konrad: Die Verfassungsbeschwerde. JZ 1952, S. 321 - 328.